U1069982

统计年鉴 2016

景德镇

JING DE ZHEN

TONG JI NIAN JIAN

景德镇市统计局
国家统计局景德镇调查队 编

2016年7月26日，市委书记钟志生听取市统计局局长周镇清工作汇报。

2016年6月8日，市委副书记、市长梅亦在市政协副主席、市政府秘书长刘朝阳和市统计局局长周镇清的陪同下，前往省统计局联系工作，与省统计局局长曾文明亲切交谈。

2016年3月22日—23日，省统计局副局长韩志生一行莅临我市调研一季度经济形势，市委常委、常务副市长史文斌主持召开政府部门座谈会，并作重要讲话。

2016年6月27日—28日，省统计局副局长彭勇平一行莅临我市调研上半年经济形势。

2016年5月12日，市统计局召开“两学一做”学习动员部署会，会议邀请市纪委副书记况小军作《中国共产党廉洁自律准则》、《中国共产党纪律处分条例》宣讲教育。

2015年10月9日，市统计局开展走访慰问困难老党员志愿服务活动。

2016年3月25日，为纪念第106个“三八”国际劳动妇女节，市统计局组织女干部开展登山活动。

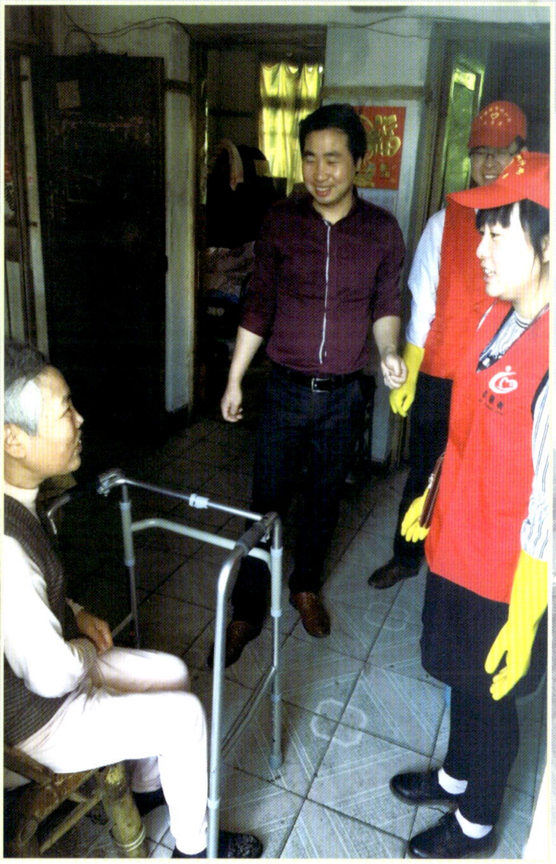

2016年4月19日，市统计局学雷锋志愿服务队开展慰问特困老人活动。

2015年9月25日，市统计局、市国调队联合举办全市统计调查系统迎国庆暨第六届“中国统计开放日”“我的统计、我的声音”歌唱比赛。

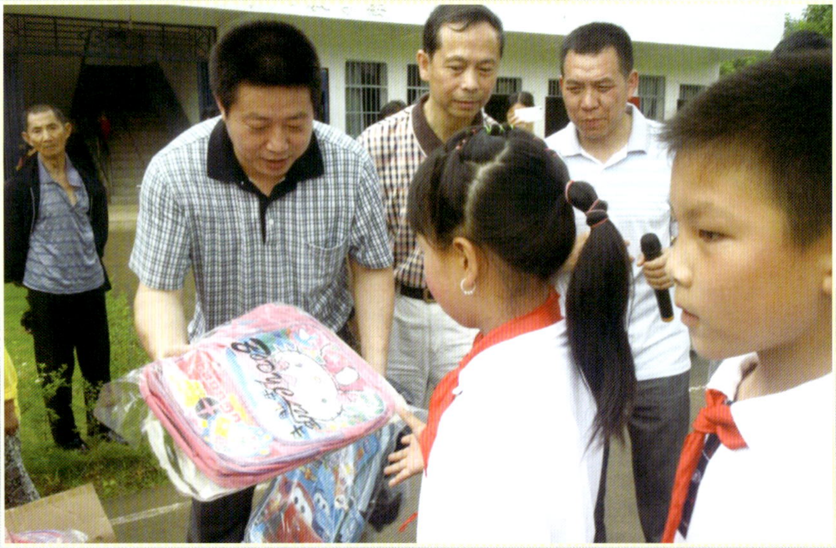

2016年6月1日，市统计局扶贫组开展“六一”儿童节慰问“帮扶村”儿童活动。

2016年6月28日，市统计局组织党员干部到景德镇学院思政部参观“红十军和方志敏精神展示室”。

2016年7月5日，市统计局以“实事求是闯新路”为主题，深入开展“两学一做”学习教育活动。全体党员集中观看了《咬定青山不放松》专题片，认真学习了《中国共产党章程》，并面对党旗宣誓、重温入党誓词。

2016年7月21日，首届“最美江西统计人”表彰暨先进事迹报告会在南昌召开。乐平市统计局戴东军、浮梁县统计局郑枝成获“最美江西统计人”称号；景德镇市统计局吴巍、曹亚芳获“最美江西统计人”提名。

2016年7月22日，市统计局干部代表参加第二届市直机关职工趣味运动会，荣获优秀组织奖。

统计图表

经　济　发　展

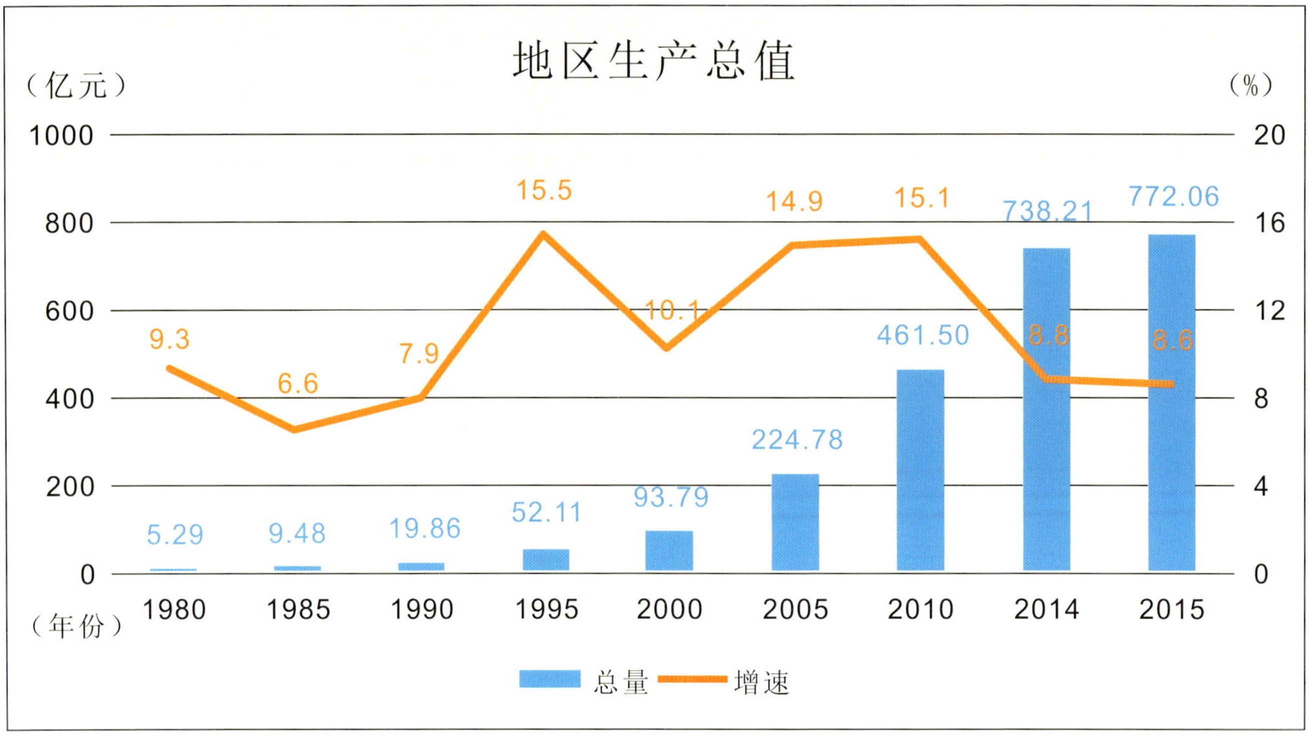
地区生产总值
（亿元）
（%）
1000
800
600
400
200
0
20
16
12
8
4
0
5.29
9.48
19.86
52.11
93.79
224.78
461.50
738.21
772.06
9.3
6.6
7.9
15.5
10.1
14.9
15.1
8.8
8.6
（年份）
1980
1985
1990
1995
2000
2005
2010
2014
2015
总量
增速

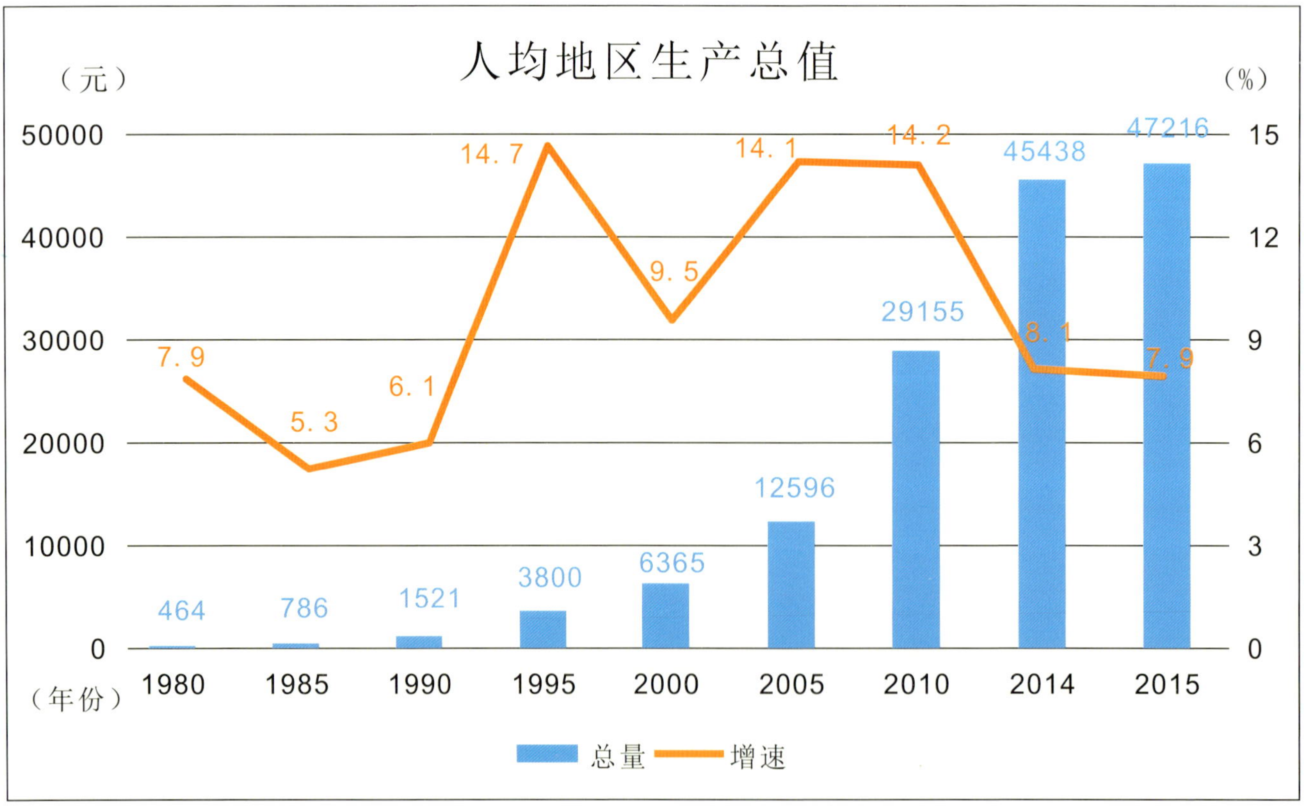
人均地区生产总值
（元）
（%）
50000
40000
30000
20000
10000
0
15
12
9
6
3
0
464
786
1521
3800
6365
12596
29155
45438
47216
7. 9
5. 3
6. 1
14. 7
9. 5
14. 1
14. 2
8. 1
7. 9
（年份）
1980
1985
1990
1995
2000
2005
2010
2014
2015
总量
增速

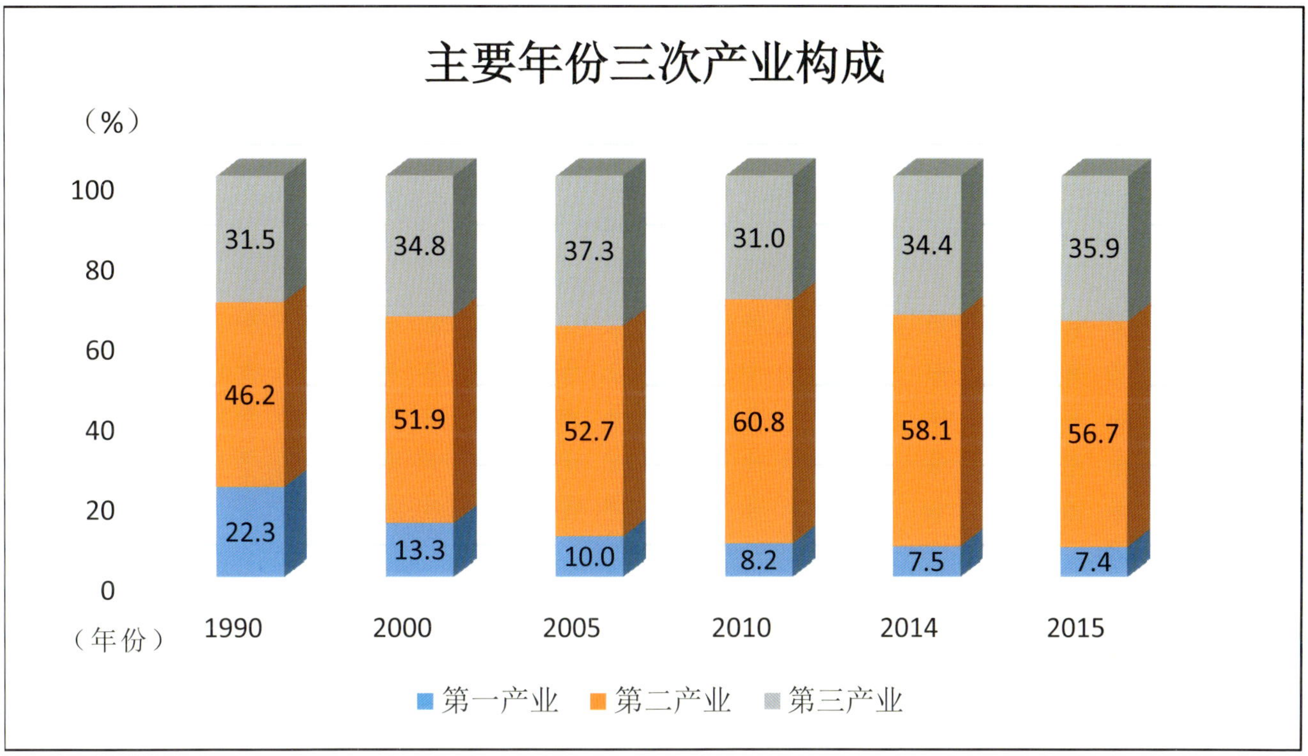
主要年份三次产业构成
（%）
100
80
60
40
20
0
（年份）
1990
2000
2005
2010
2014
2015
31.5
46.2
22.3
34.8
51.9
13.3
37.3
52.7
10.0
31.0
60.8
8.2
34.4
58.1
7.5
35.9
56.7
7.4
第一产业
第二产业
第三产业

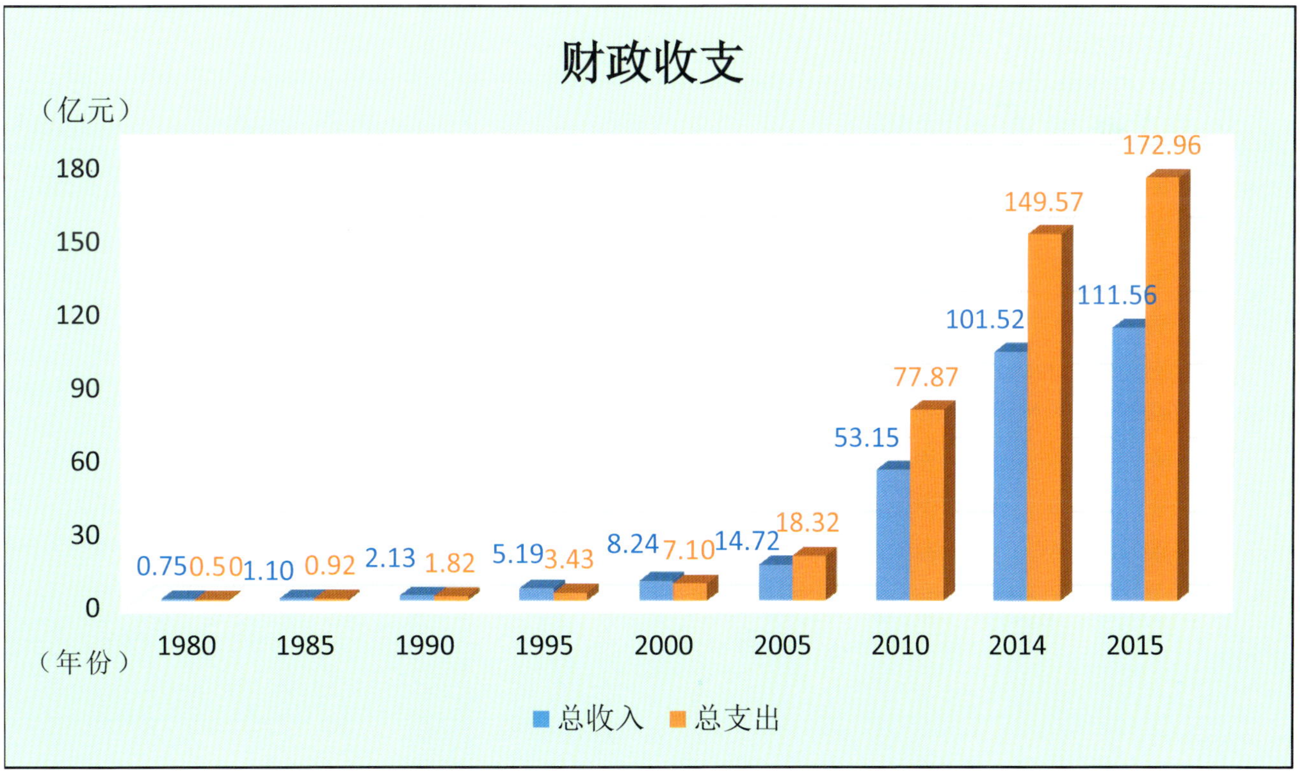
财政收支
（亿元）
180
150
120
90
60
30
0
（年份）
1980
1985
1990
1995
2000
2005
2010
2014
2015
0.75
0.50
1.10
0.92
2.13
1.82
5.19
3.43
8.24
7.10
14.72
18.32
53.15
77.87
101.52
149.57
111.56
172.96
总收入
总支出

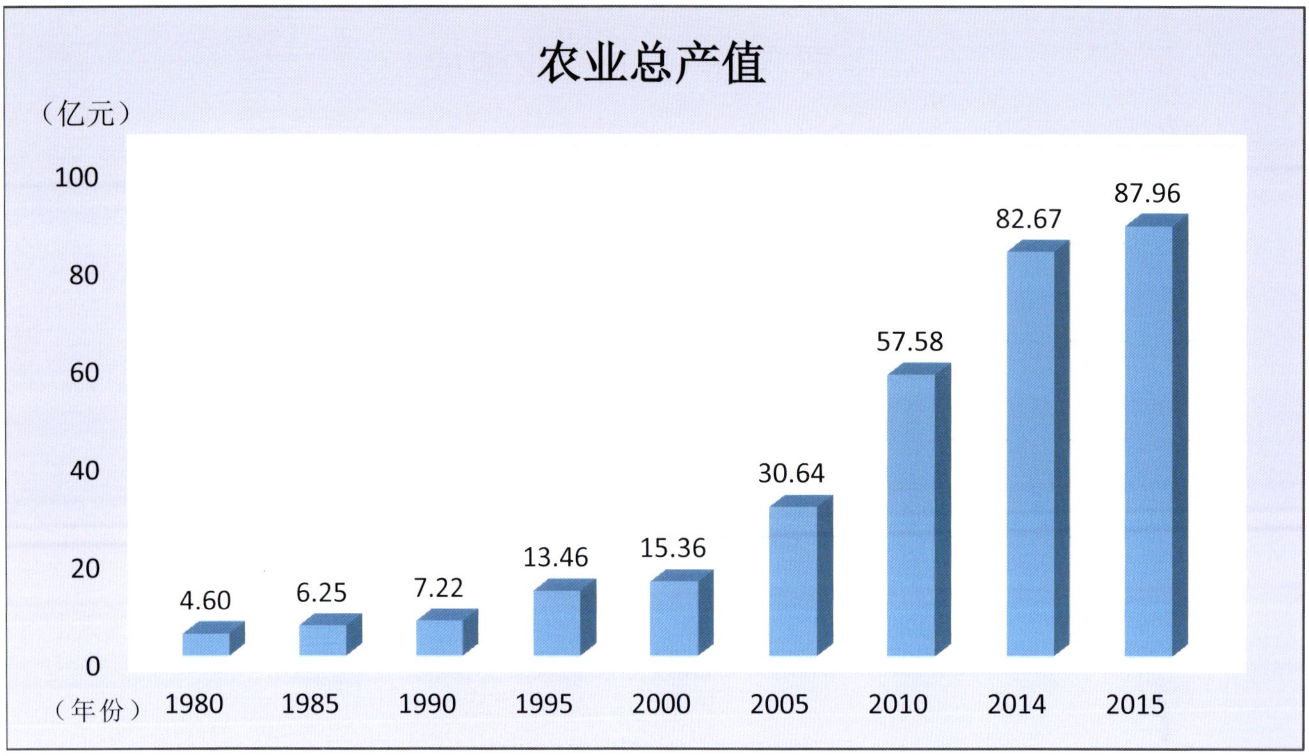
农业总产值
（亿元）
100
80
60
40
20
0
4.60
6.25
7.22
13.46
15.36
30.64
57.58
82.67
87.96
（年份）
1980
1985
1990
1995
2000
2005
2010
2014
2015

粮食总产量
（万吨）
80
60
40
20
0
36.00
42.80
46.40
45.60
43.70
49.21
57.53
62.92
63.60
1980
1985
1990
1995
2000
2005
2010
2014
2015
（年份）

肉类总产量
（万吨）
8
6
4
2
0
0.84
1.44
2.39
5.49
4.19
4.58
5.68
6.10
5.98
1980
1985
1990
1995
2000
2005
2010
2014
2015
（年份）

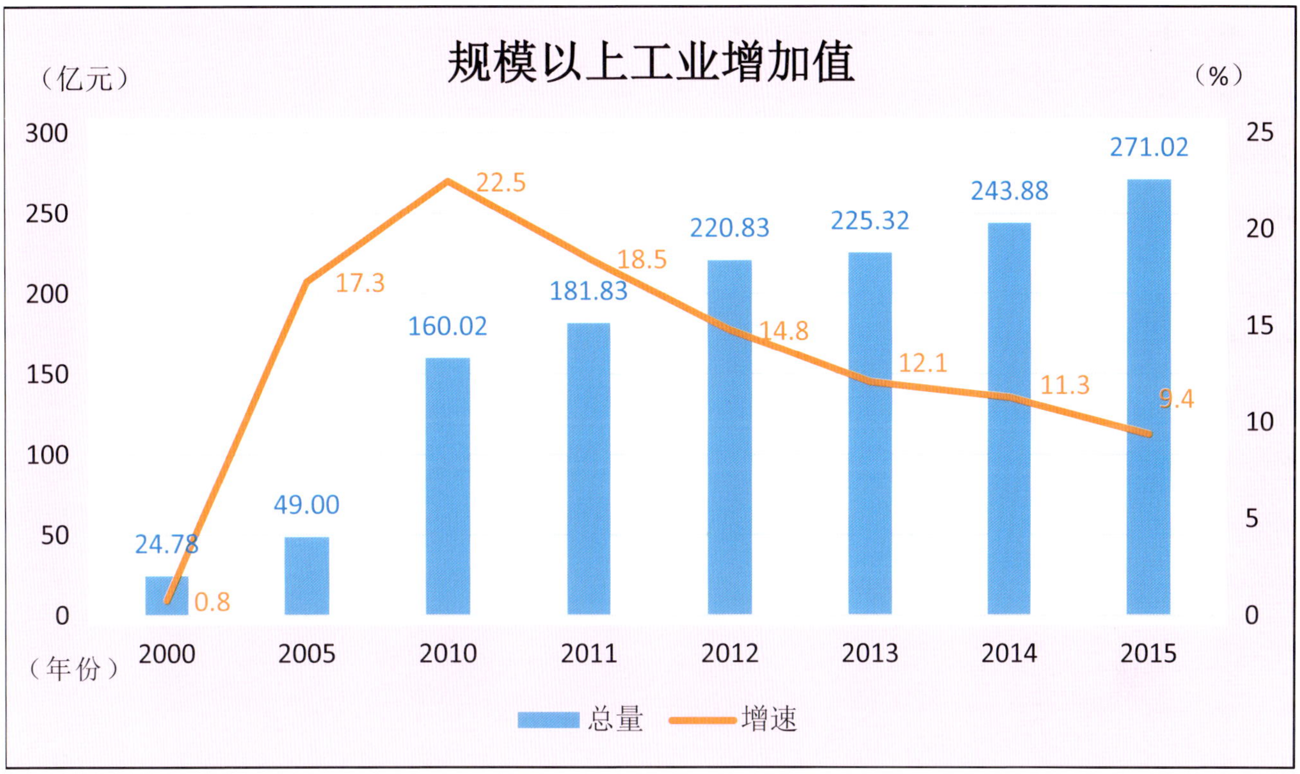
规模以上工业增加值
（亿元）
（%）
300
250
200
150
100
50
0
25
20
15
10
5
0
24.78
49.00
160.02
181.83
220.83
225.32
243.88
271.02
0.8
17.3
22.5
18.5
14.8
12.1
11.3
9.4
（年份）
2000
2005
2010
2011
2012
2013
2014
2015
总量
增速

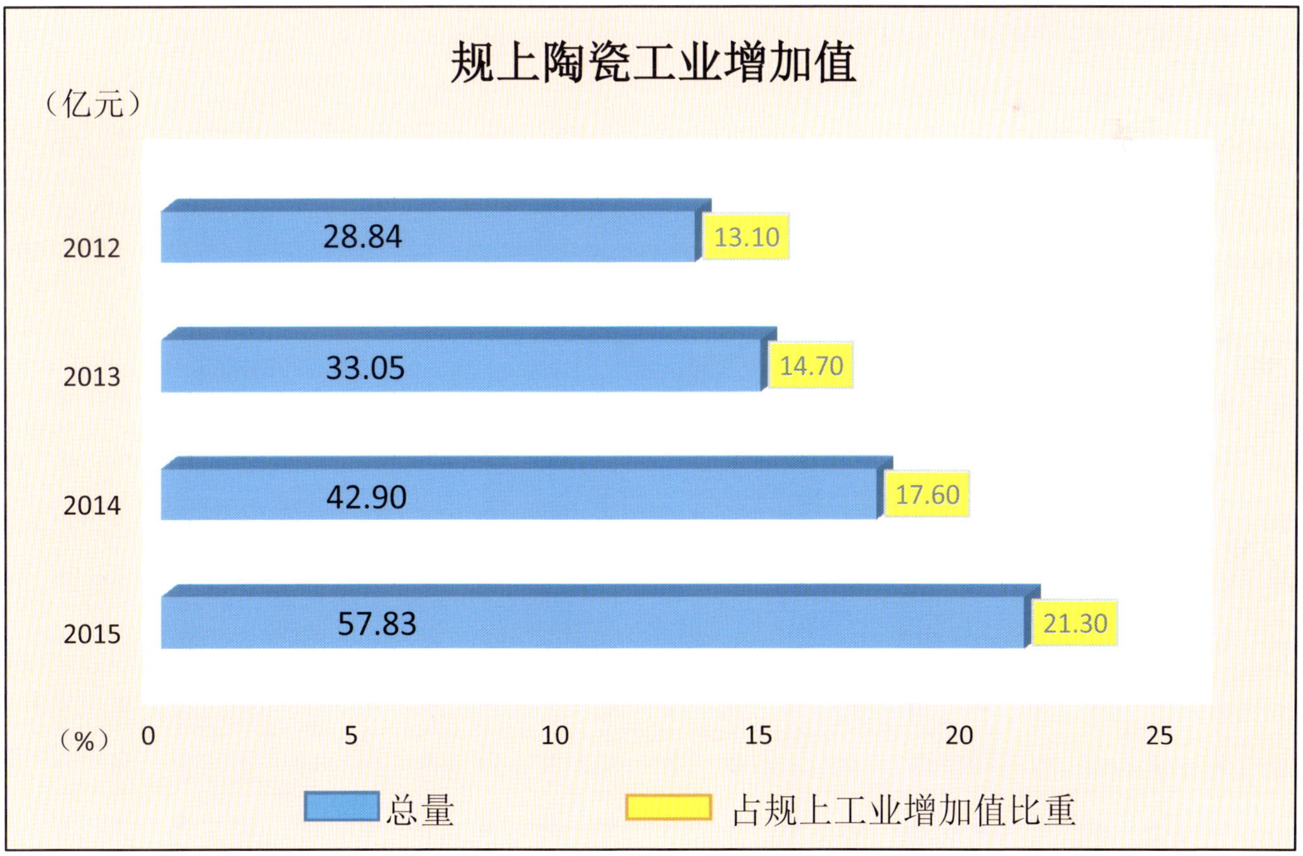
规上陶瓷工业增加值
（亿元）
2012
28.84
13.10
2013
33.05
14.70
2014
42.90
17.60
2015
57.83
21.30
（%）
0
5
10
15
20
25
总量
占规上工业增加值比重

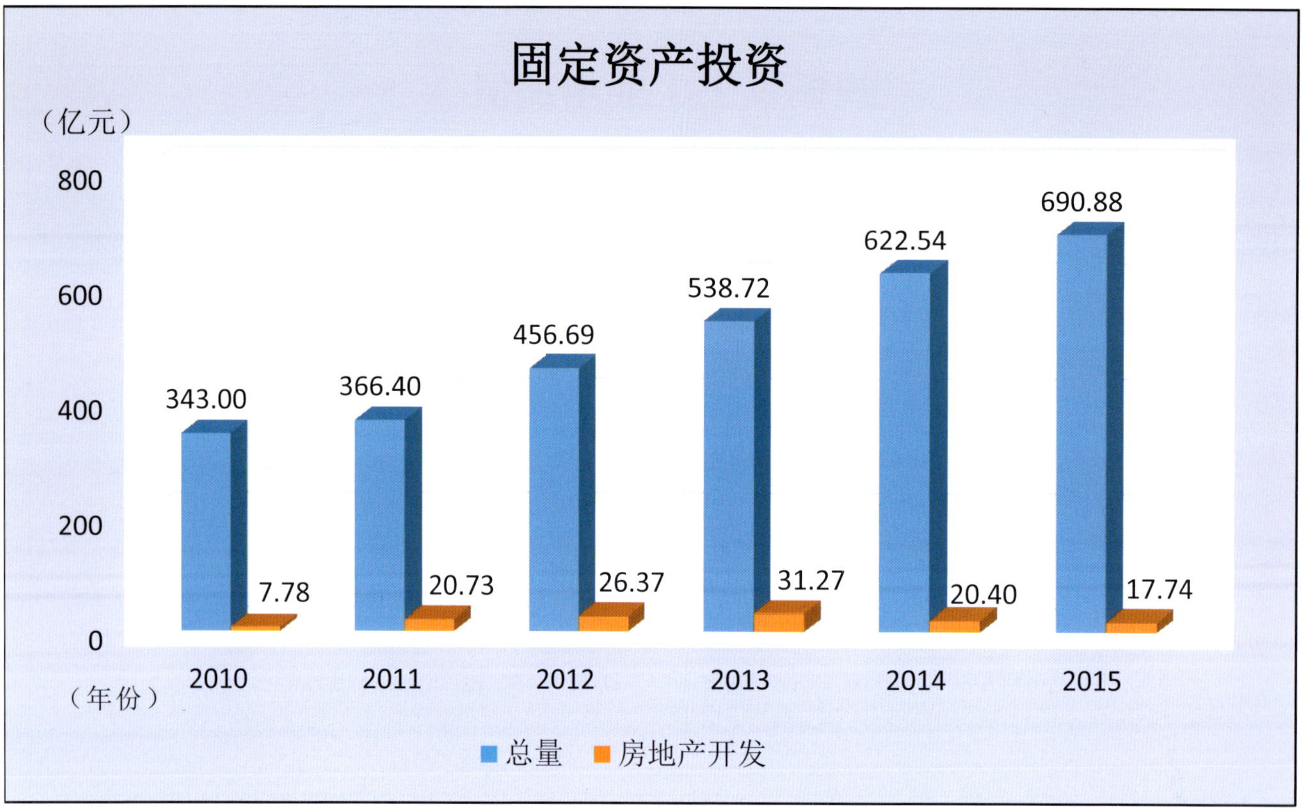
固定资产投资
（亿元）
800
600
400
200
0
343.00
7.78
366.40
20.73
456.69
26.37
538.72
31.27
622.54
20.40
690.88
17.74
2010
2011
2012
2013
2014
2015
（年份）
总量
房地产开发

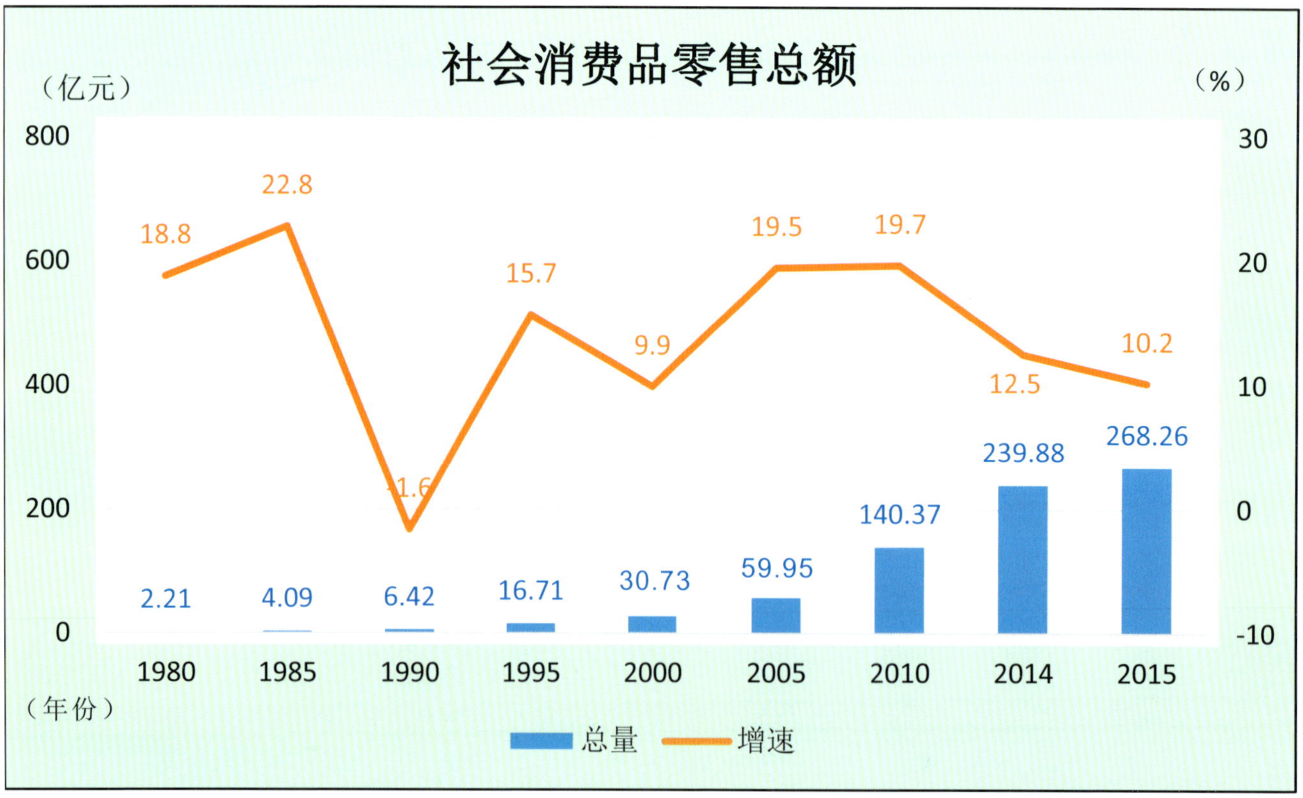
社会消费品零售总额
（亿元）
（%）
800
600
400
200
0
30
20
10
0
-10
18.8
22.8
15.7
9.9
19.5
19.7
12.5
10.2
2.21
4.09
6.42
16.71
30.73
59.95
140.37
239.88
268.26
1980
1985
1990
1995
2000
2005
2010
2014
2015
（年份）
总量
增速

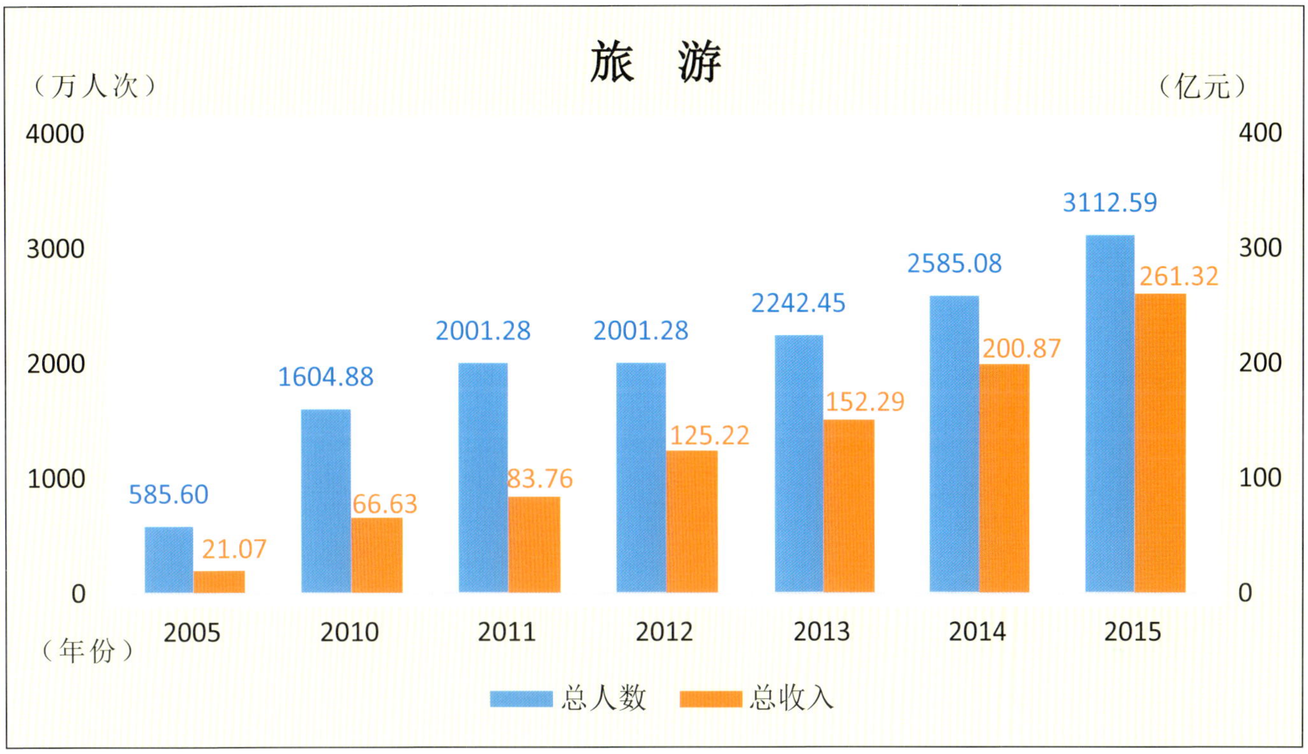
旅　游
（万人次）
（亿元）
4000
3000
2000
1000
0
400
300
200
100
0
585.60
21.07
1604.88
66.63
2001.28
83.76
2001.28
125.22
2242.45
152.29
2585.08
200.87
3112.59
261.32
（年份）
2005
2010
2011
2012
2013
2014
2015
总人数
总收入

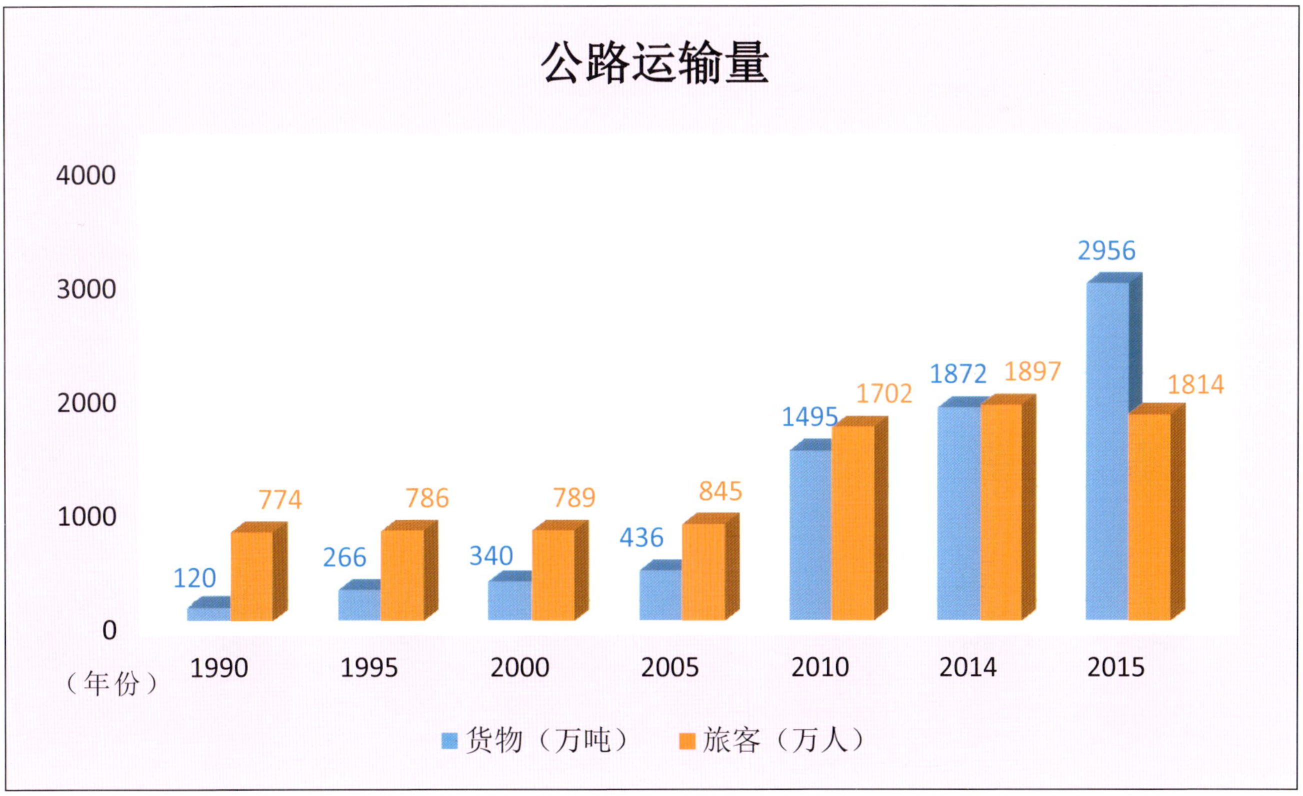
公路运输量
4000
3000
2000
1000
0
120
774
266
786
340
789
436
845
1495
1702
1872
1897
2956
1814
（年份）
1990
1995
2000
2005
2010
2014
2015
货物（万吨）
旅客（万人）

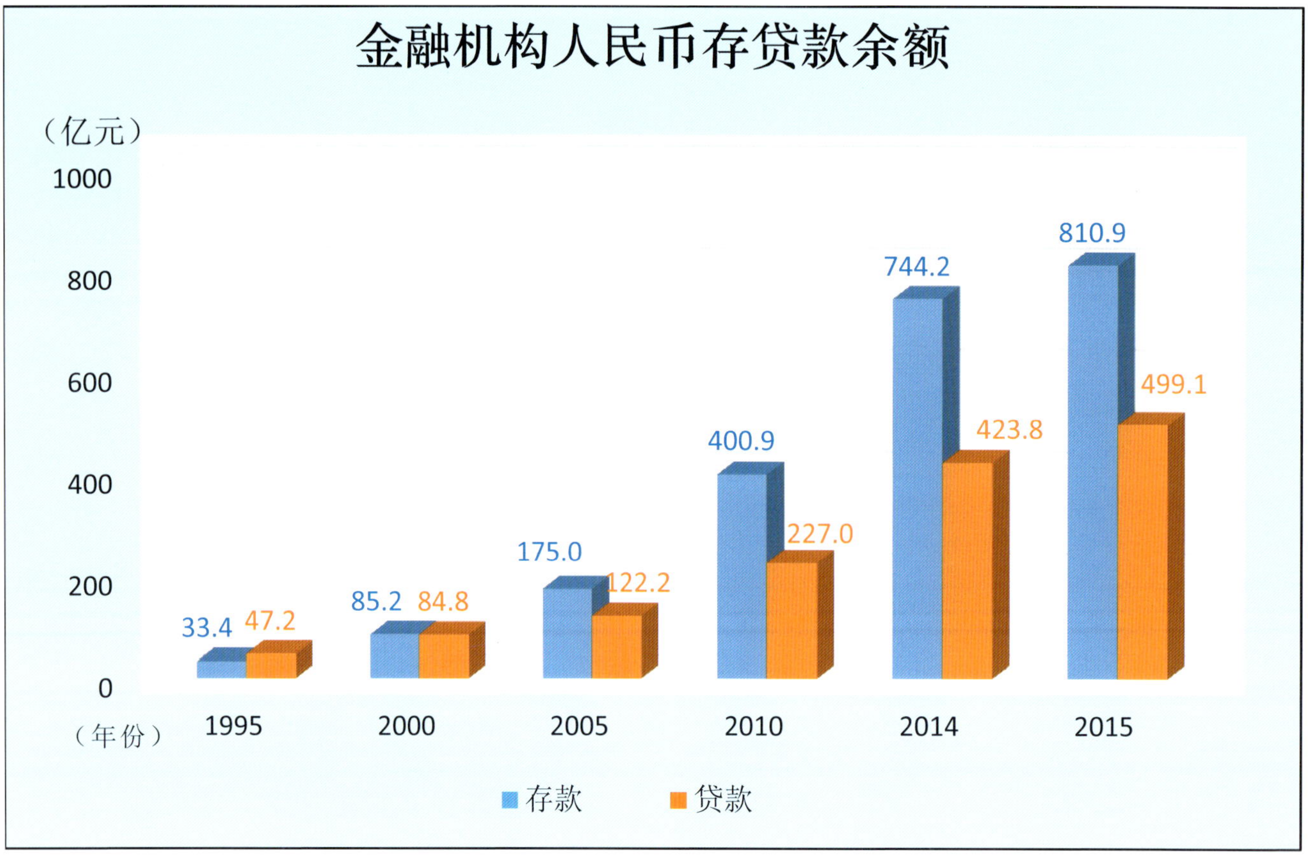
金融机构人民币存贷款余额
（亿元）
1000
800
600
400
200
0
（年份）
1995
2000
2005
2010
2014
2015
33.4
47.2
85.2
84.8
175.0
122.2
400.9
227.0
744.2
423.8
810.9
499.1
存款
贷款

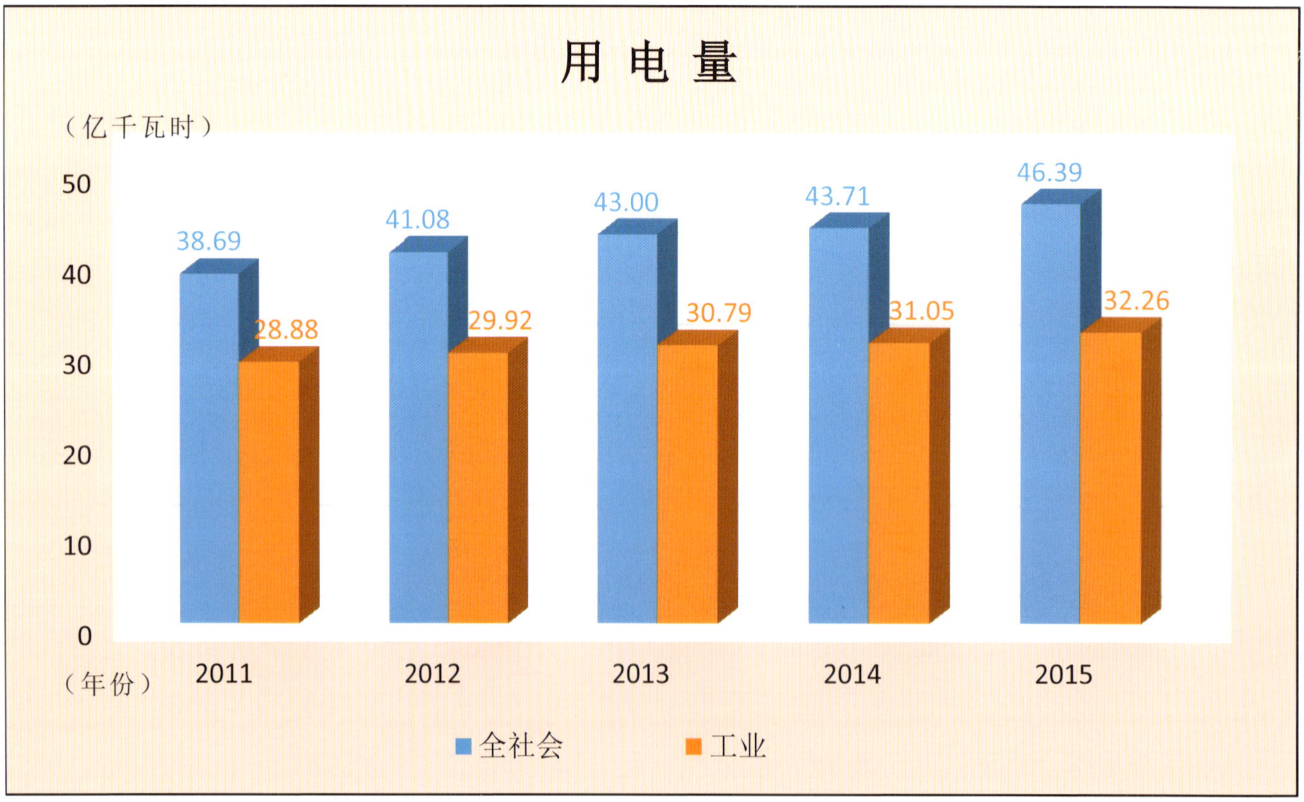
用 电 量
（亿千瓦时）
50
40
30
20
10
0
（年份）
2011
2012
2013
2014
2015
38.69
28.88
41.08
29.92
43.00
30.79
43.71
31.05
46.39
32.26
全社会
工业

社　会　民　生

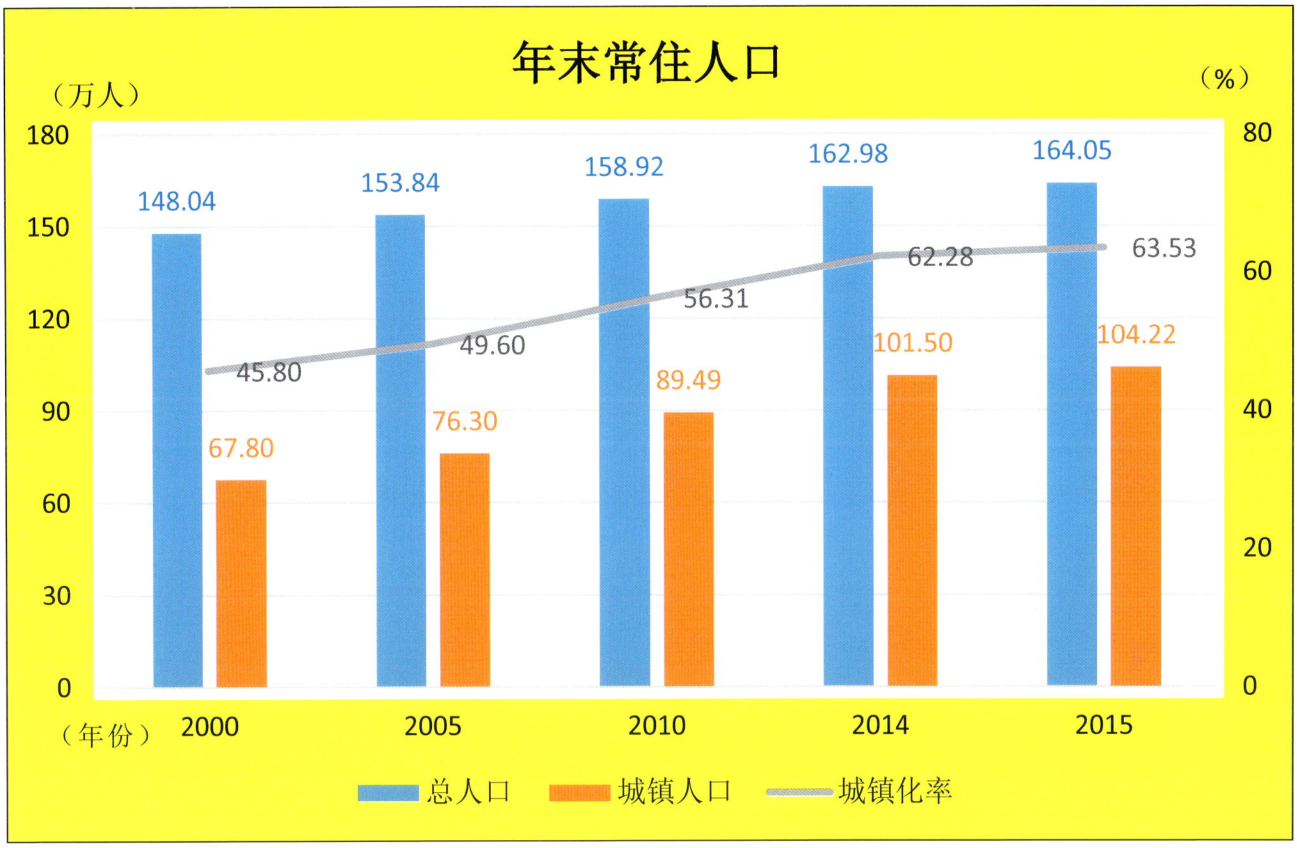

年末常住人口
（万人）
（%）
180
150
120
90
60
30
0
80
60
40
20
0
148.04
153.84
158.92
162.98
164.05
45.80
49.60
56.31
62.28
63.53
67.80
76.30
89.49
101.50
104.22
（年份）
2000
2005
2010
2014
2015
总人口
城镇人口
城镇化率

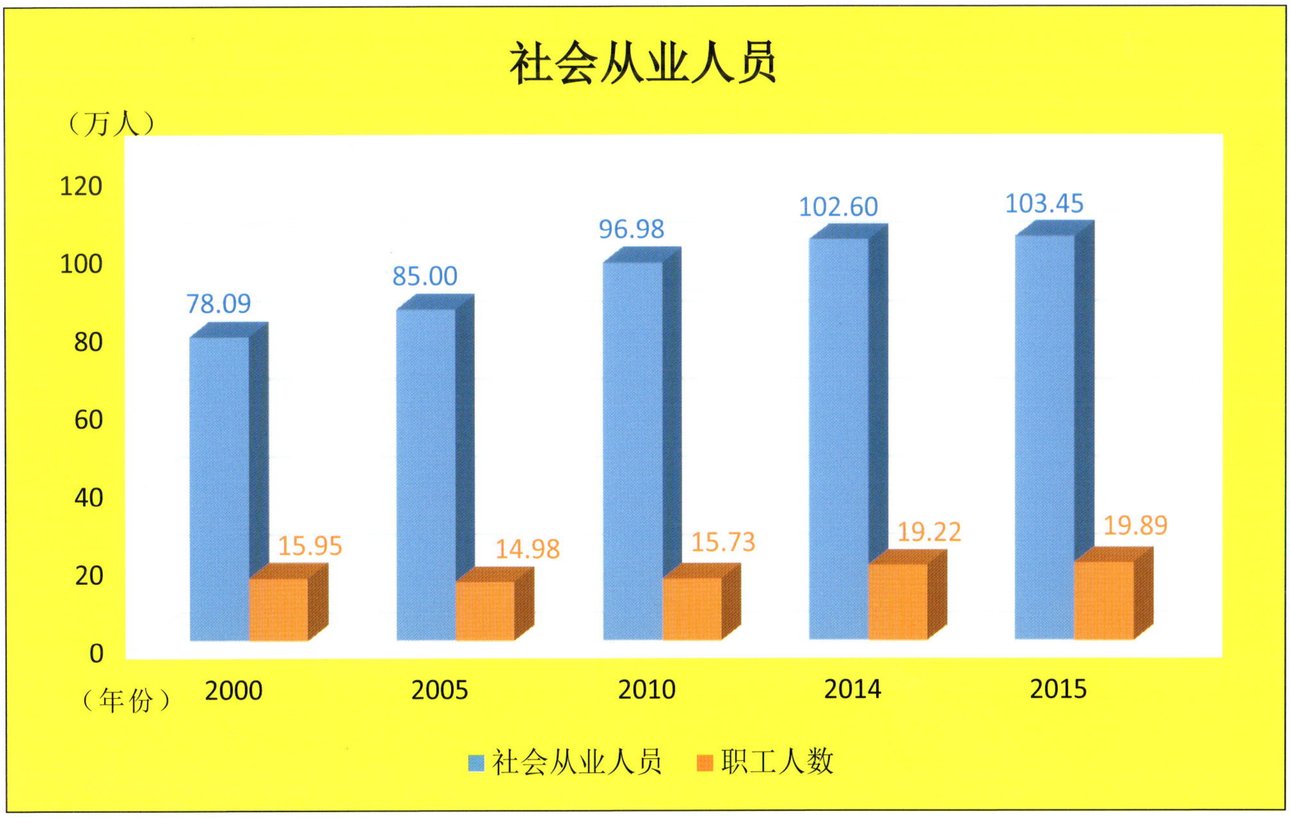

社会从业人员
（万人）
120
100
80
60
40
20
0
78.09
85.00
96.98
102.60
103.45
15.95
14.98
15.73
19.22
19.89
（年份）
2000
2005
2010
2014
2015
社会从业人员
职工人数

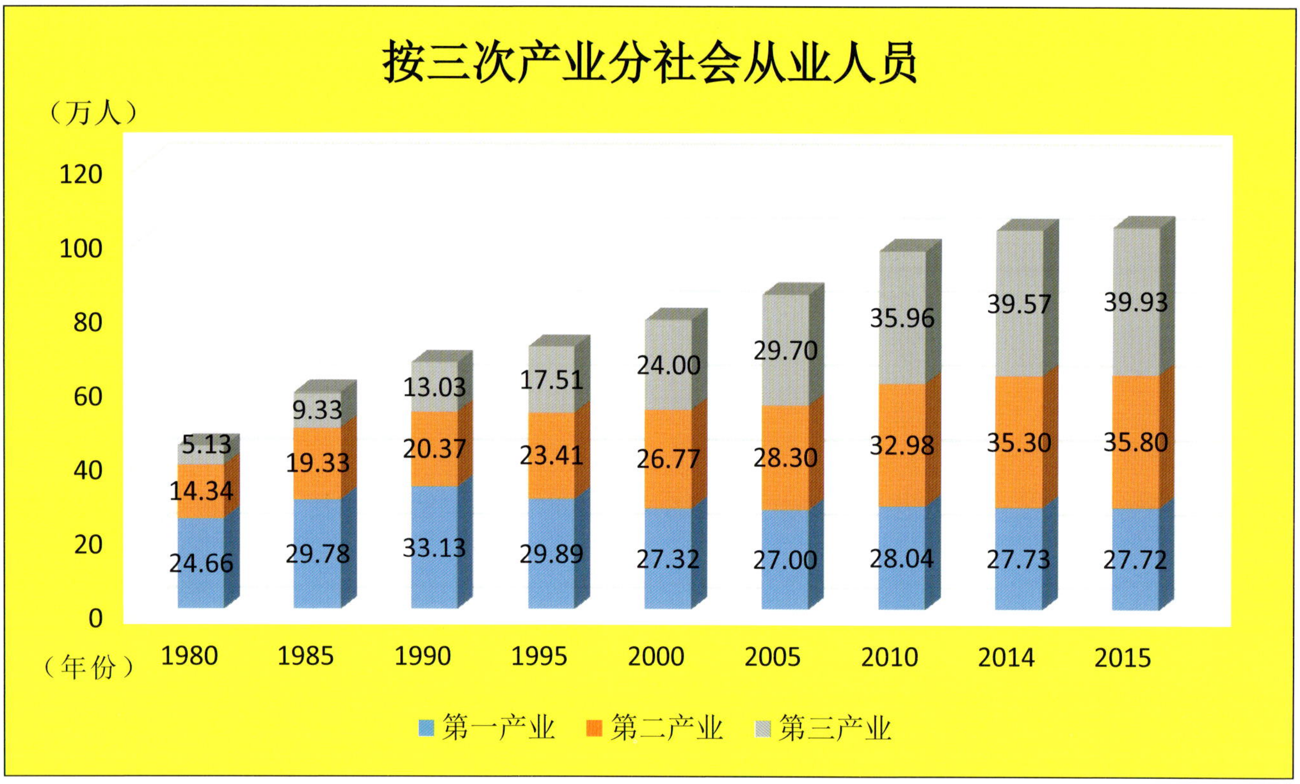
按三次产业分社会从业人员
（万人）
120
100
80
60
40
20
0
（年份）
1980
1985
1990
1995
2000
2005
2010
2014
2015
24.66
14.34
5.13
29.78
19.33
9.33
33.13
20.37
13.03
29.89
23.41
17.51
27.32
26.77
24.00
27.00
28.30
29.70
28.04
32.98
35.96
27.73
35.30
39.57
27.72
35.80
39.93
第一产业
第二产业
第三产业

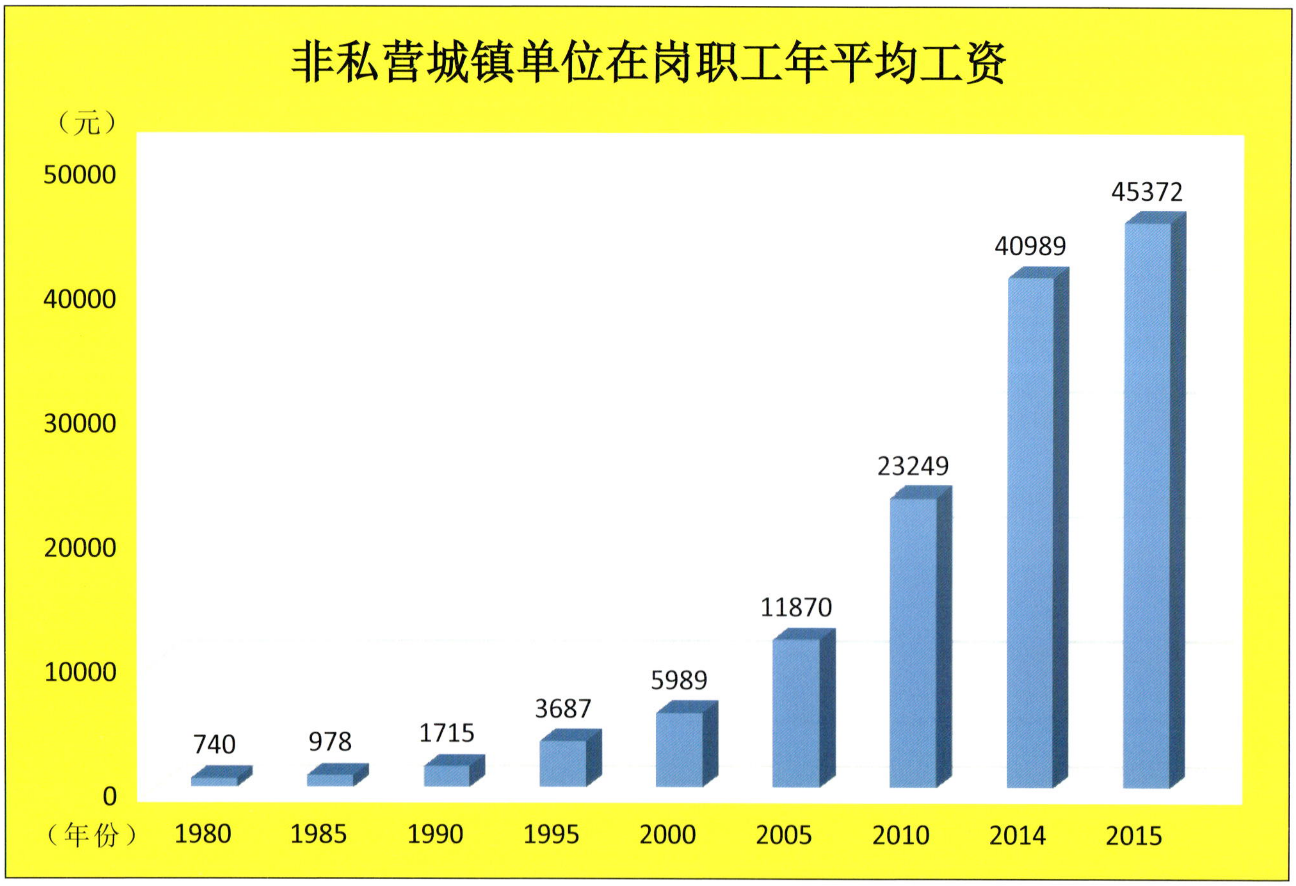
非私营城镇单位在岗职工年平均工资
（元）
50000
40000
30000
20000
10000
0
（年份）
1980
1985
1990
1995
2000
2005
2010
2014
2015
740
978
1715
3687
5989
11870
23249
40989
45372

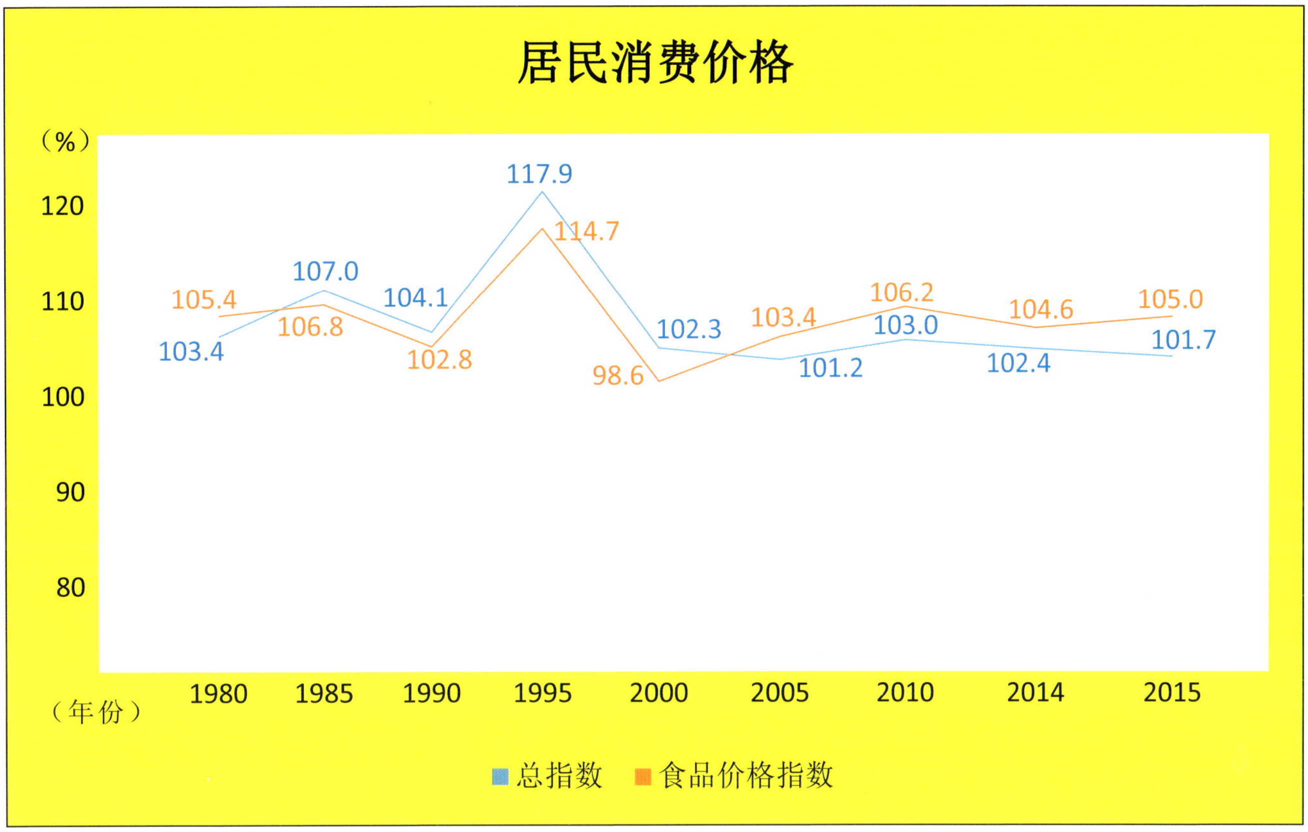

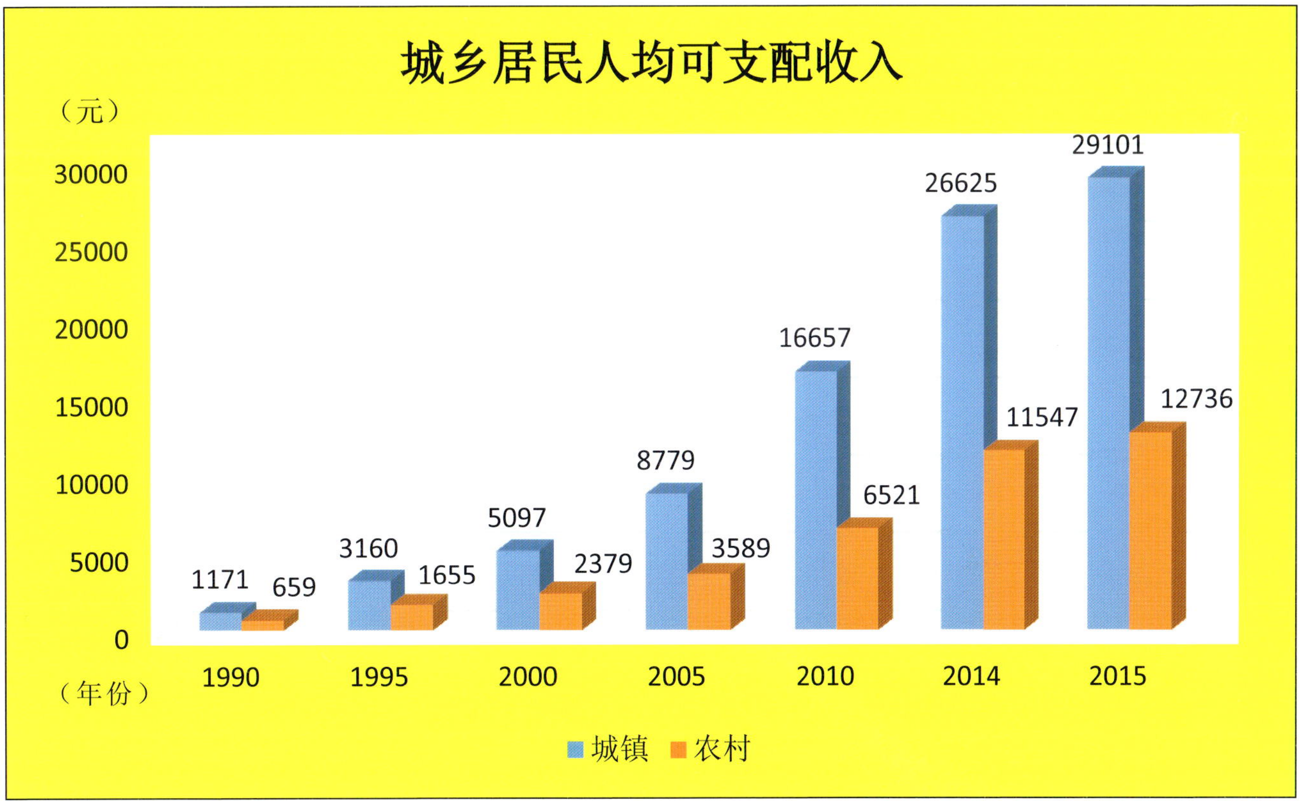

注：2013年及以前，农村居民人均可支配收入为农民人均纯收入。

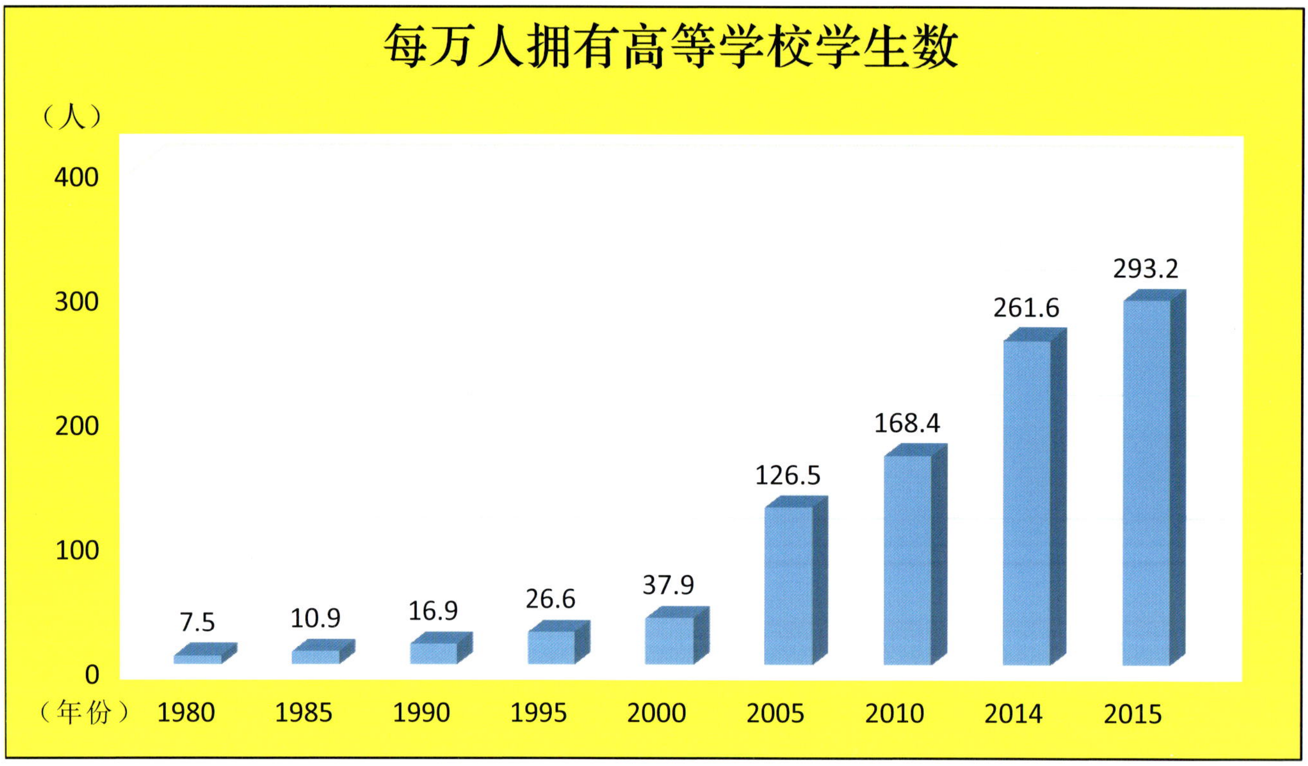
每万人拥有高等学校学生数
（人）
400
300
200
100
0
（年份）
1980
1985
1990
1995
2000
2005
2010
2014
2015
7.5
10.9
16.9
26.6
37.9
126.5
168.4
261.6
293.2

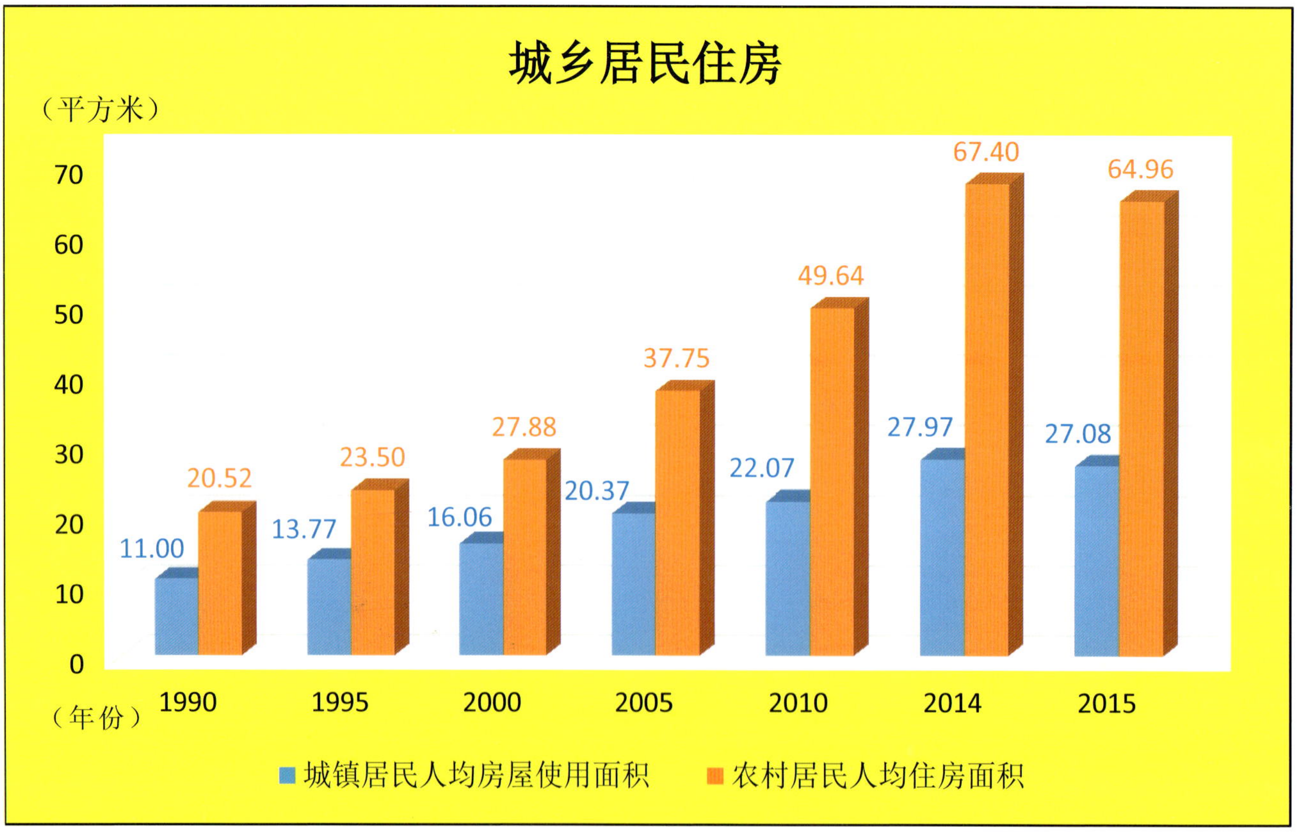
城乡居民住房
（平方米）
70
60
50
40
30
20
10
0
（年份）
1990
1995
2000
2005
2010
2014
2015
11.00
20.52
13.77
23.50
16.06
27.88
20.37
37.75
22.07
49.64
27.97
67.40
27.08
64.96
城镇居民人均房屋使用面积
农村居民人均住房面积

资　源　环　境

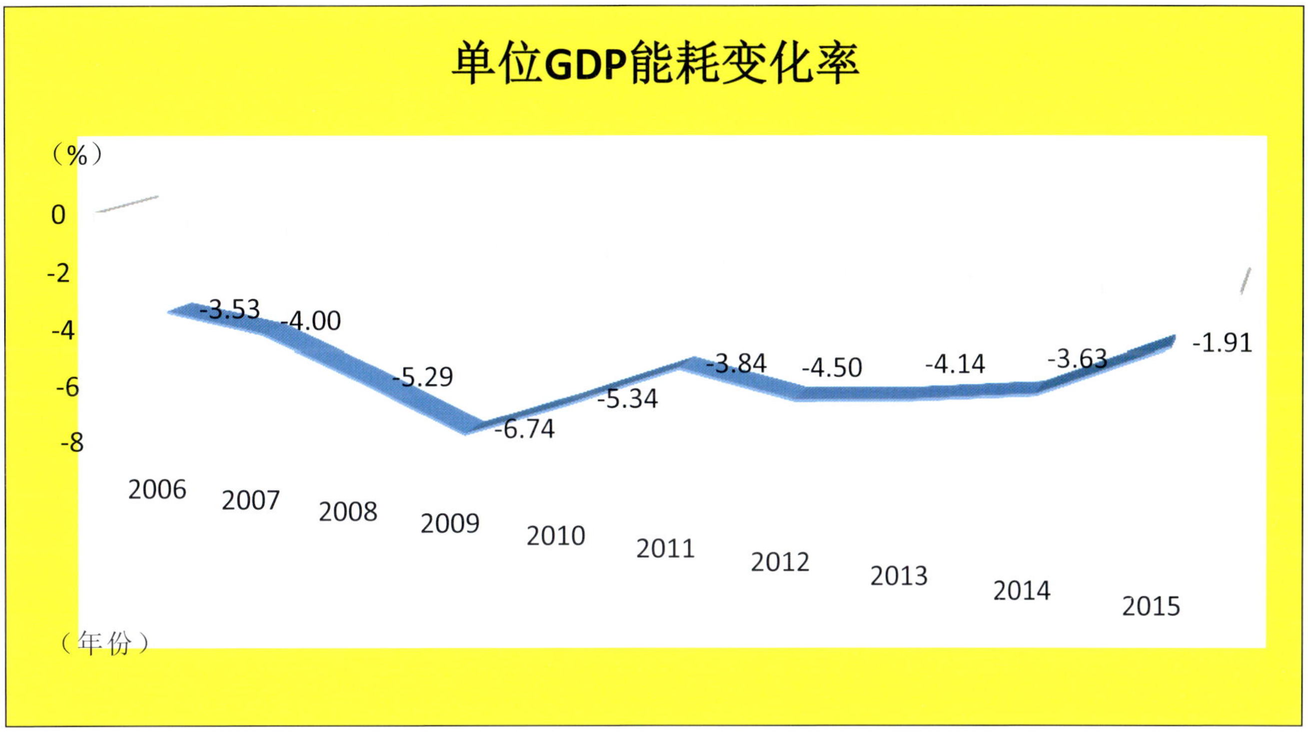

单位GDP能耗变化率
（%）
0
-2
-4
-6
-8
-3.53
-4.00
-5.29
-6.74
-5.34
-3.84
-4.50
-4.14
-3.63
-1.91
2006
2007
2008
2009
2010
2011
2012
2013
2014
2015
（年份）

2014年末森林覆盖率
65.07%

2015年末森林覆盖率
65.73%

“十二五”展示

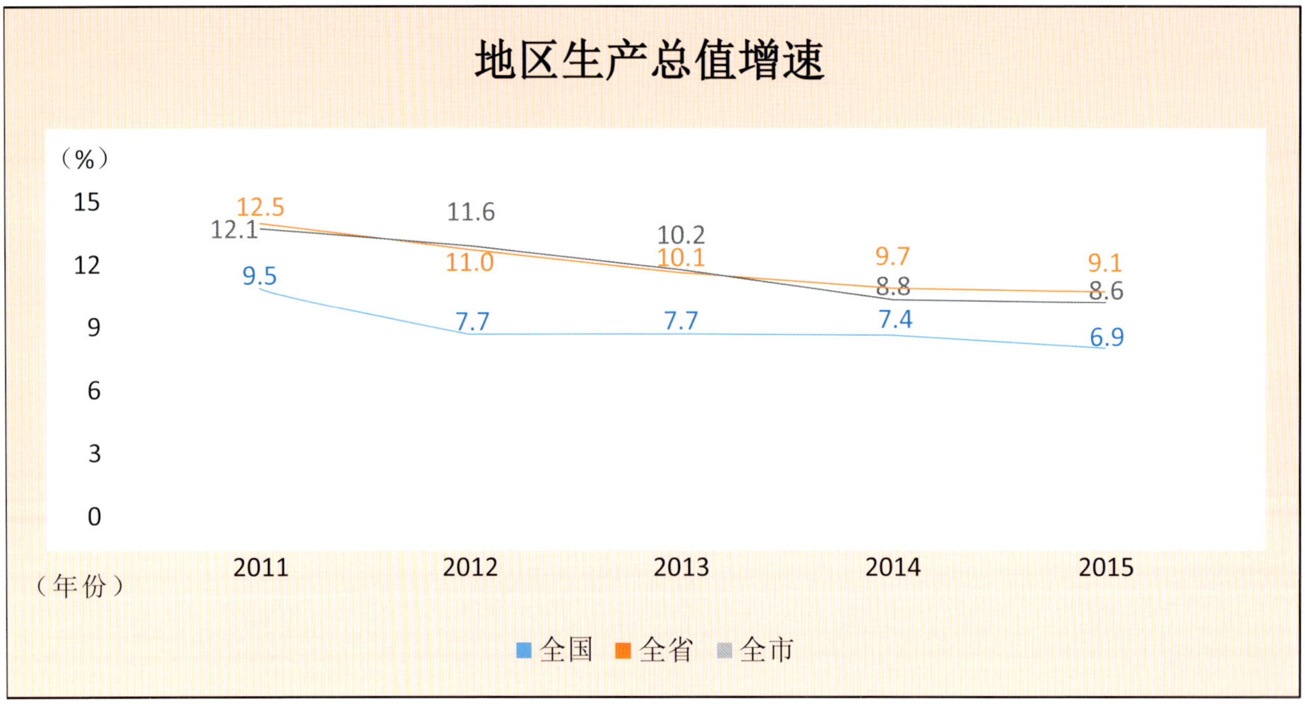

地区生产总值增速
（%）
15
12
9
6
3
0
12.5
12.1
9.5
11.6
11.0
7.7
10.2
10.1
7.7
9.7
8.8
7.4
9.1
8.6
6.9
2011
2012
2013
2014
2015
（年份）
全国
全省
全市

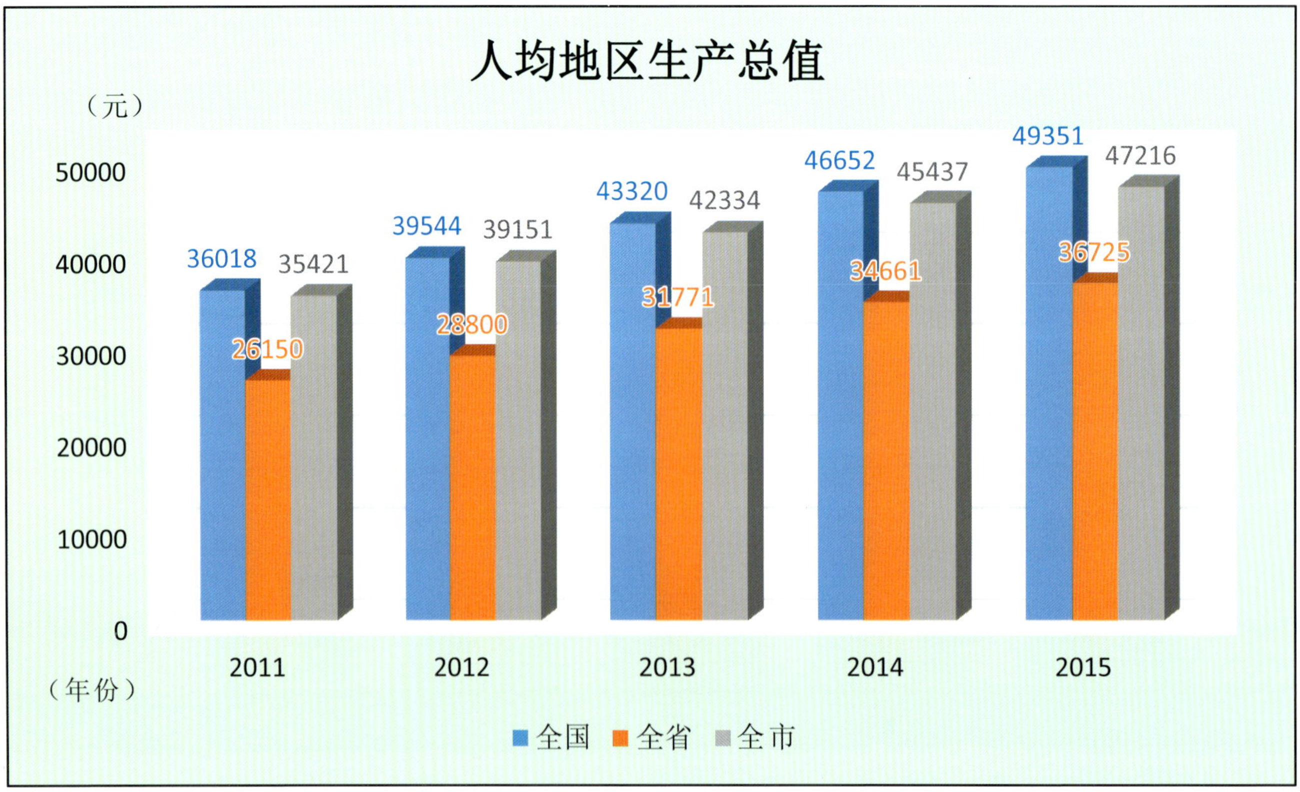

人均地区生产总值
（元）
50000
40000
30000
20000
10000
0
36018
26150
35421
39544
28800
39151
43320
31771
42334
46652
34661
45437
49351
36725
47216
2011
2012
2013
2014
2015
（年份）
全国
全省
全市

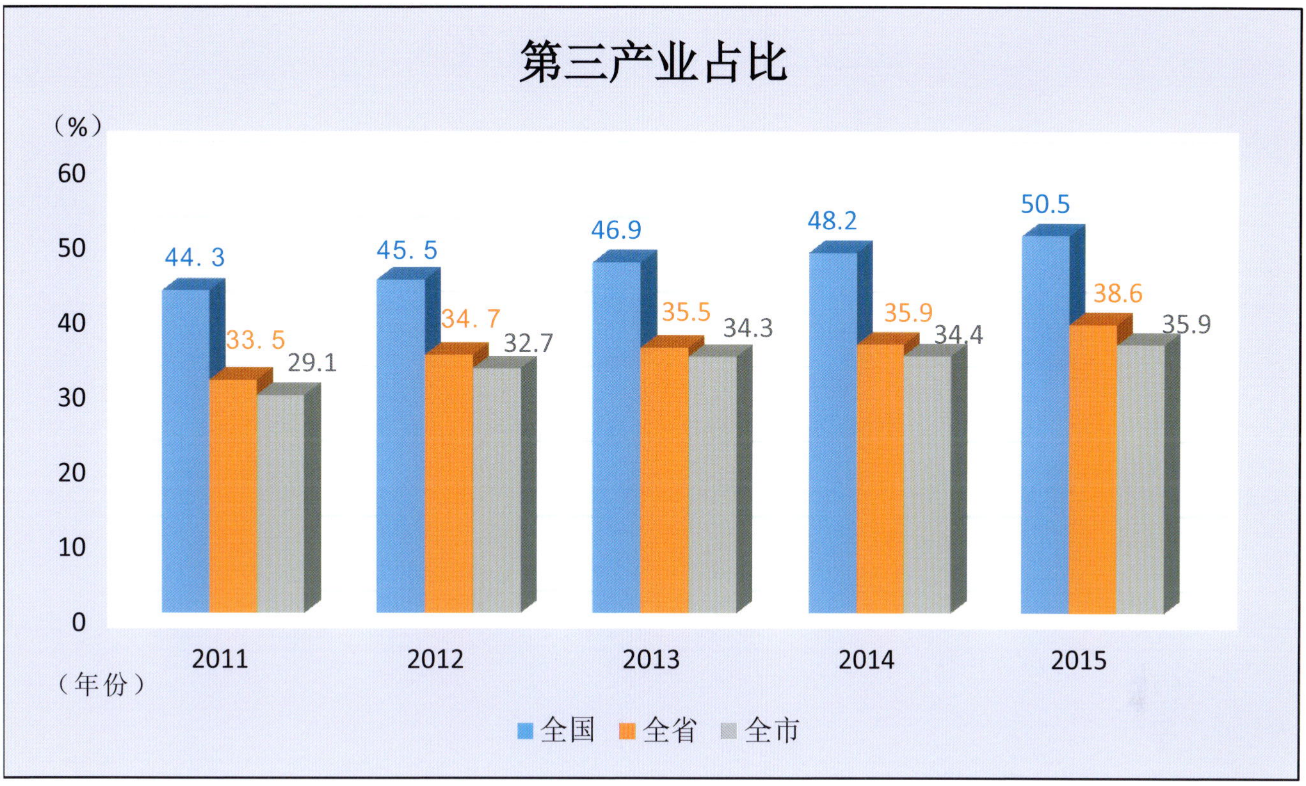
第三产业占比
（%）
60
50
40
30
20
10
0
44. 3
33. 5
29.1
45. 5
34. 7
32.7
46.9
35.5
34.3
48.2
35.9
34.4
50.5
38.6
35.9
2011
2012
2013
2014
2015
（年份）
全国
全省
全市

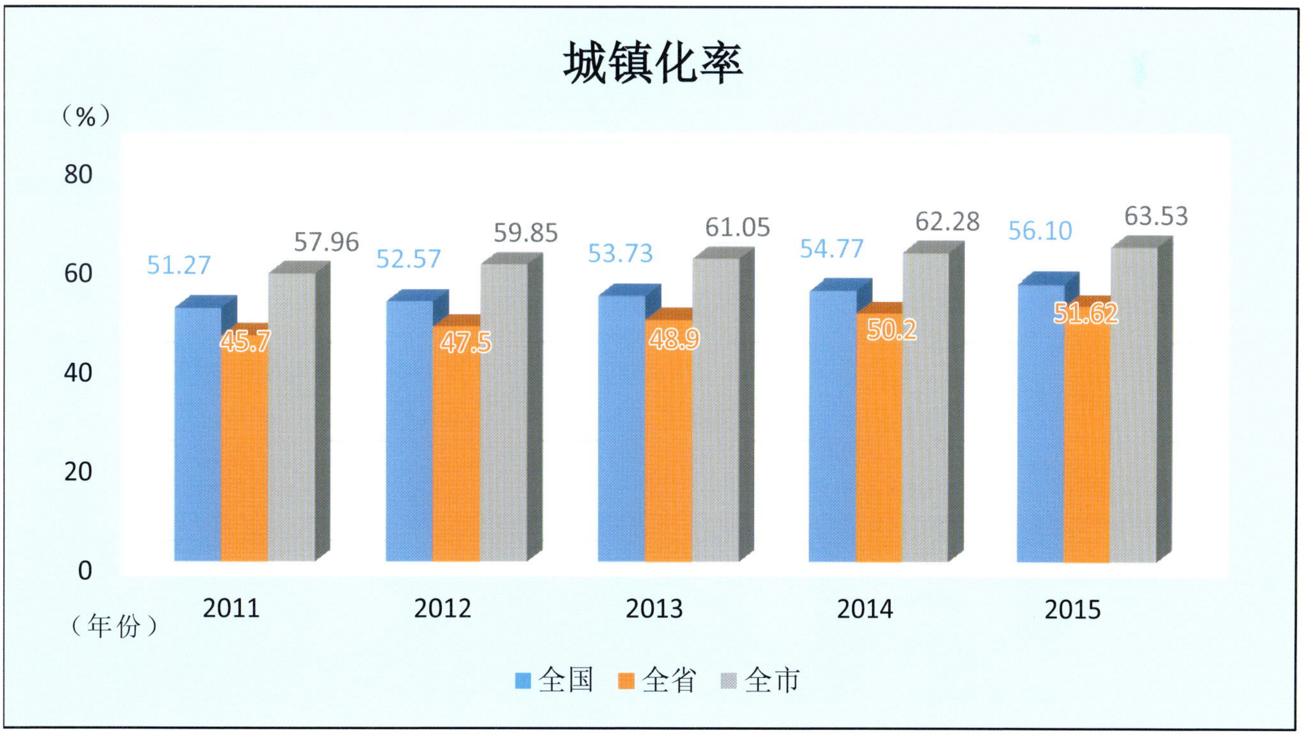
城镇化率
（%）
80
60
40
20
0
51.27
45.7
57.96
52.57
47.5
59.85
53.73
48.9
61.05
54.77
50.2
62.28
56.10
51.62
63.53
2011
2012
2013
2014
2015
（年份）
全国
全省
全市

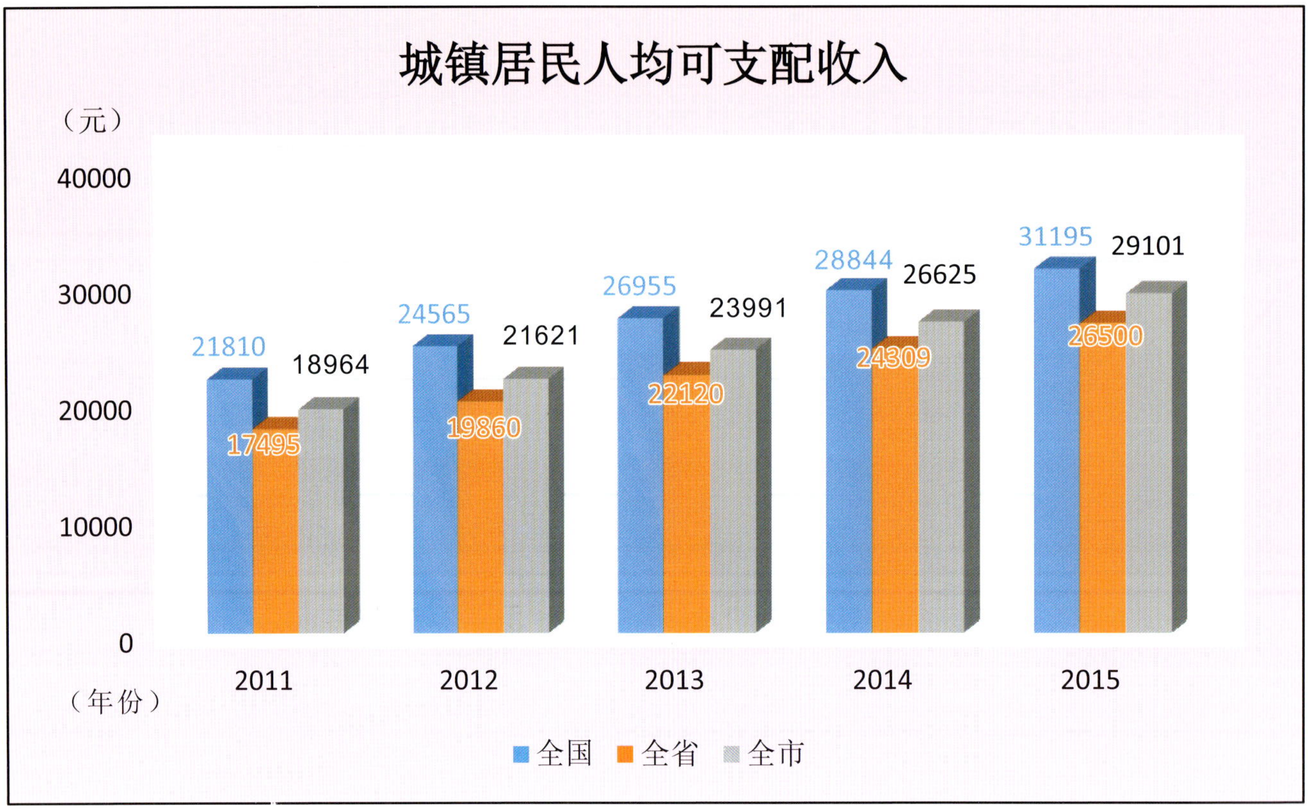

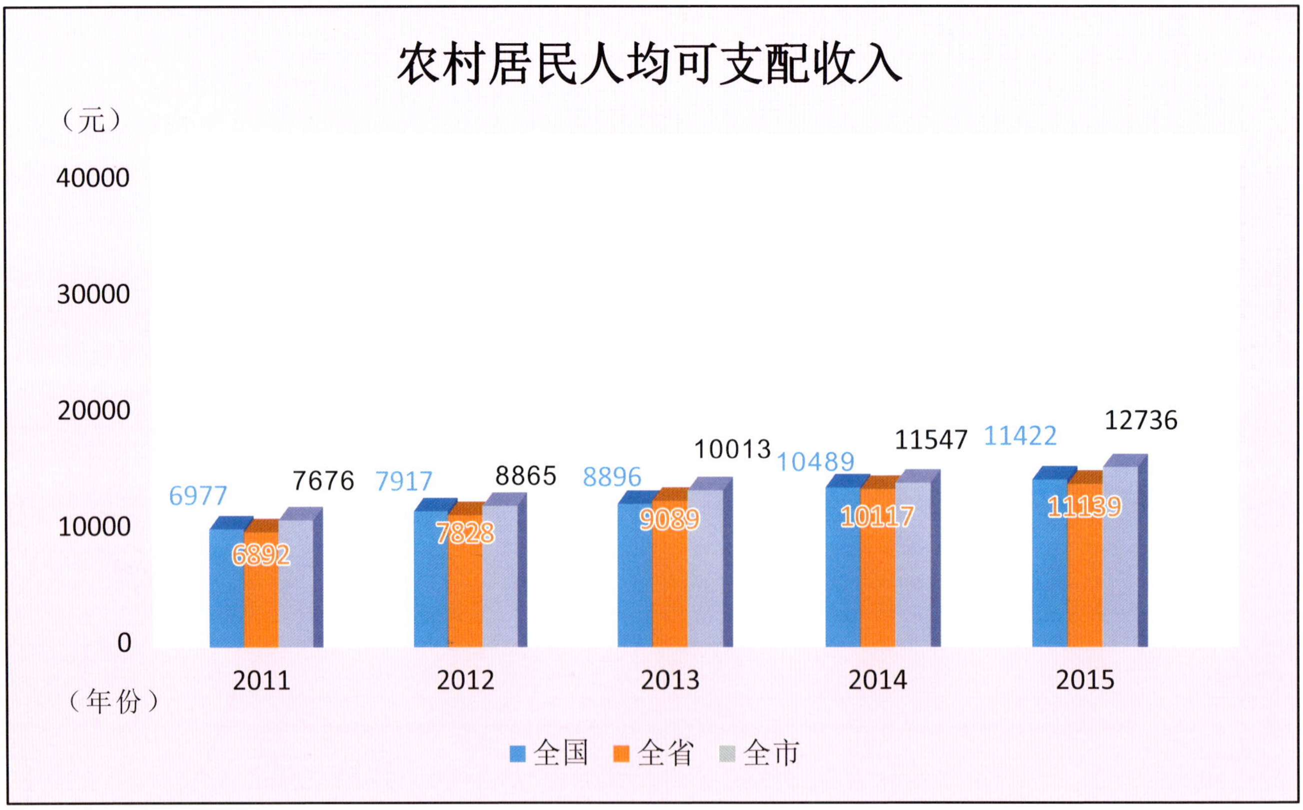

注：2013年及以前，农村居民人均可支配收入为农民人均纯收入。

2016

景德镇统计年鉴

景 德 镇 市 统 计 局
国家统计局景德镇调查队 编

《景德镇统计年鉴—2016》编辑委员会

顾　　问:梅　亦　市委副书记、市长

主　　任:史文斌　市委常委、常务副市长

副 主 任:雷　铧　市政府副秘书长、办公室主任

　　　　周镇清　市统计局局长

　　　　李寿木　国家统计局景德镇调查队队长

委　　员:汪　海　市委副秘书长、农工部部长

　　　　江　华　市委组织部副部长、市人力资源和社会保障局局长

　　　　艾春龙　市委宣传部副部长、市文化广电新闻出版局局长

　　　　闫　浩　市发展和改革委员会主任

　　　　李学锋　市工业和信息化委员会主任

　　　　唐　良　市瓷局局长

　　　　马　翔　市编办主任

　　　　舒超英　市财政局局长

　　　　胡友林　市民政局局长

　　　　龙　骏　市交通局局长

　　　　余华平　市国土资源局局长

　　　　俞永红　市农业局局长

　　　　张学锋　市教育局局长

　　　　胡士桓　市卫生和计划生育委员会主任

　　　　方胜平　市公安局常务副局长

　　　　陈振中　市建设局局长

　　　　张景根　市房管局局长

　　　　黎廷相　市林业局局长

　　　　程卫东　市水务局局长

　　　　郑胜林　市体育局局长

　　　　江民强　市环保局局长

　　　　余志华　市旅游发展委员会

陈烽进　市商务局局长
滕晓华　市粮食局局长
雷　铭　市科技局局长
刘纯福　市国税局局长
江　华　市地税局局长
钟良贵　市市场监督管理局局长
施杏兰　人行景市中心支行行长
罗　璇　乐平市市长
孙艳峰　浮梁县县长
林卫春　珠山区区长
方霞云　昌江区区长
向　华　市高新区党工委副主任
高唤虎　市陶瓷工业园区管委会主任

《景德镇统计年鉴—2016》编辑部

总 编 辑：周镇清
副总编辑：李寿木　刘　彬　卢运玲　戴四维　吴镇和　熊少平　王选华　鲍桂顺　曹　璐
吴浪萍　黄功平　魏跃文　雷劲松　龚建华
责任编辑：曹　璐　吴　巍
编　　辑：邱敬琳　李斯宇　张志岳
编　　审：吴　巍　郑景勇　凌　华　刘建东　袁　蔚　周丽珺　李　丹　孙朝良　刘　瑶
资料整理：陈莹莹　董瑞莹　李　洁　李　丹　李斯宇　刘　瑶　倪　艳　邱敬琳　孙朝良
王　莹　吴卫青　袁　蔚　徐　甜　叶　蔚　王少波　赵　婷　杨　毅
制　　图：张志岳

编 者 说 明

一、《景德镇统计年鉴—2016》是一部史实性、权威性、综合性强的年度统计资料书。它通过大量、翔实的统计数字，全面、系统地反映了改革开放以来景德镇市国民经济和各项社会事业的发展变化情况，为各级领导和有关部门研究经济社会发展战略、制订规划、管理经济提供有参考价值的咨询依据。

二、本《年鉴》以2015年各项统计资料为主，全书内容分为综合，人口，就业和职工工资，固定资产投资，贸易和外向型经济，能源，财政、金融、保险，价格指数，人民生活，城市建设，农业，工业，建筑业，规上服务业，交通运输、邮电通讯业，房地产开发，科技、教育、文化，卫生、体育和其他，“十二五”时期经济发展成就，全省各设区市及“四省九市”主要指标，附录等共21篇。

三、本《年鉴》中的地区生产总值、农业总产值、农业增加值、工业总产值、工业增加值等指标绝对数按现价计算，增长速度按可比价格计算。

四、根据国家报表制度规定，从2011年起，规模以上工业企业是指年主营业务收入在2000万元及以上的法人工业企业；社会消费品零售总额是指企业（单位、个体户）通过交易直接售给个人、社会集团非生产、非经营用的实物商品金额，以及提供餐饮服务所取得的收入金额。按规模分为限额以上消费品零售额和限额以下消费品零售额。限额以上消费品零售额的统计对象包括年主营业务收入在2000万元及以上的批发业法人单位和个体经营户、年主营业务收入在500万元及以上的零售业法人单位和个体经营户及年主营业务收入在200万元及以上的住宿和餐饮业法人单位和个体经营户，限额以下消费品零售额的统计对象为限额以上消费品零售额统计对象以外的所有法人企业和个体经营户。固定资产投资的统计口径为计划总投资500万元及以上项目投资。

五、因行政区划调整，本《年鉴》中县区数据，2012年及以前的数据按行政区划调整前的口径整理。

六、本《年鉴》表内符号的使用：“ - ”表示无该项统计指标数据；“…”表示该数据不足本表最小计量单位数；“空格”表示该项统计数据不详；“#”表示其中的主要项；“( )”表示该项数据为推算数。

政府工作报告

——2016年1月19日在景德镇市第十四届人民代表大会第六次会议上

市长　颜赣辉

各位代表：

现在，我代表市人民政府向大会作工作报告，请予审议，并请各位政协委员和其他列席人员提出意见。

一、“十二五”时期经济社会发展主要情况

“十二五”期间，我市经受了经济下行压力加大的严峻考验，经济社会发展取得巨大成就。在省委、省政府和市委的坚强领导下，我们认真贯彻落实省委十六字方针和市委战略部署，主动适应经济发展新常态，稳增长、促改革、调结构、惠民生，圆满完成各项目标任务。2015年生产总值772.06亿元，比“十一五”末增长62.9%；人均生产总值7581美元，增长59.5%；三次产业比例调整到7.4:56.7:35.9；财政总收入111.56亿元，增长109.9%；固定资产投资690.88亿元，增长101.5%；社会消费品零售总额268.26亿元，增长91.1%；人口自然增长率保持在7.6‰以下；节能减排完成计划目标。通过“十二五”时期全市上下的奋力拼搏，特别是近两三年来全力实施工业、招商、城建“三大战役”，我市主要经济指标增幅排位企稳前移，部分指标实现翻番，城市面貌发生可喜变化，项目建设取得重大突破，主导产业在全省格局中地位更加突显，发展基础更加牢固，经济增长爆发力加速形成。

（一）转型升级迈出坚实步伐，经济发展量质双升

工业经济加速崛起。规上工业增加值271.02亿元，比“十一五”末增长85.7%；主营业务收入超亿元企业达到159户，昌飞、焦化突破百亿元。产业集聚水平进一步提升，优势主导产业完成主营业务收入960亿元，比重达到78%。直升机、精细化工和陶瓷产业集群列入省重点产业集群，精细化工产业集群列入省级工业示范产业集群。一批重大产业项目先后建成。北汽重组昌汽并投资140亿元建设南方总部基地，一期工程竣工投产；组建江直投公司并与北京通航签订60亿元战略重组协议，总装厂房主体工程完工，昌飞直升机总装园厂房主体工程完工；陶瓷股份公司成为中国陶瓷行业最具竞争力十强企业，名坊园一期正式开园；华意压缩新600项目一期竣工投产，成为全球最大家用压缩机制造商；天新药业维生素B1和B6、宏柏化学硅烷偶联剂市场份额全球第一，黑猫炭黑市场份额全球第四、亚洲第一，世龙实业AC发泡剂市场份额全国第一。通过扩园强区和权力下放，园区对工业经济的承载能力大幅提高。高新区直升机产业基地成为国家战略性新兴产业区域集聚发展等“两试点两基地”，陶瓷工业园获批国家新型工业化陶瓷制品产

业示范基地，乐平工业园获批国家级精细化工高新技术产业化基地。

现代服务业蓬勃发展。深入推进国家服务业综合改革试点，现代服务业对经济的拉动作用日益突出。服务业增加值277.25亿元，比"十一五"末增长56.9%，占生产总值比重提高4.9个百分点。旅游产业发展迅速，接待游客、旅游总收入分别年均递增18.56%、31.3%，达到3112.59万人次和261.32亿元。新增3个4A景区，古窑成功创建5A景区。连续3年获得全省旅游商品博览会特等奖。金融改革发展不断加快，金融业增加值18.06亿元、增长2.1倍。引进了3家银行、3家保险公司和2家证券公司设立分支机构，在全国首批设立2家村镇银行。世龙实业、富祥药业首发上市。文化产业生机勃发，老城保护区列入省级服务业集聚区。陶溪川国际陶瓷文化产业园核心区基本完工，部分场馆对外开放。连续12届成功举办的瓷博会，成为深化贸易合作、扩大人文交流、展示瓷都形象的重要会展品牌。电子商务爆发式增长，跻身全国电商百佳城市，网商指数全省第一，美淘电商孵化基地、唐龙陶瓷成为全省电商示范基地(企业)。

农业经济稳中有进。农业总产值87.96亿元，较"十一五"末增长22.1%。粮食总产63.60万吨，增长10.6%，实现"十二连丰"。蔬菜播种面积30631公顷、产量98.88万吨，分别增长15.3%、20.3%。茶叶种植面积10233公顷、总产7193吨，分别增长40.8%、77.1%。浮梁茶品牌知名度进一步提升，入选全省重点整合的"四绿一红"茶叶品牌。市级以上龙头企业119家，增加70%，带动33万户农民增收。获得2个国家农产品地理标志，龙头企业拥有省级以上品牌34个。乐平现代农业示范区晋升为国家级。完成病险水库除险加固401座，新增高标准农田37.25万亩。

(二)城乡面貌发生巨大变化，生态家园初具雏形

中心城加速扩容提质。建成区面积达到86平方公里，比"十一五"末增加19.4%。规划体系日趋完善。完成新一轮城市总体规划修编及相关专项规划编制，控制性详规覆盖率超过80%。古镇风貌初步展现，编制完成《历史文化名城保护规划》，并按规划要求对老街区、老厂区和老窑址等实施了"点、线、面"立体控制和保护。御窑景巷完成河堤景观区及沿街商业用房建设。明清窑作陶瓷文化遗址及彭家弄、三间庙等历史文化街区保护项目主体完工，改造维修了一批主干道及里弄、桥梁、排水系统，新建了一批街心花园和停车场。城市新框架全面拉开。昌南拓展区南片区主骨架基本成型，主要公建项目进展顺利，绿地陶瓷文化旅游城全面开工。高铁商务区开工建设。赣东北物流园进展顺利，国际会展中心、国大汽车城、罗家滩收费站西迁等项目相继完工。规划了昌江、珠山两个区域副中心并启动前期工作。城市管理水平明显提升。全面启动"五城同创"并以此为抓手整顿市容市貌，开展了规范陶瓷市场、

治理交通拥堵、整顿城市建设秩序等16个方面综合整治活动，重拳打击“两违”。完成城市管理体制调整，推行政府服务外包，建成数字化城市管理平台并投入使用，初步形成“市级监管、区级实施、街道和社区为重要参与主体”的城市管理新格局。以珠山中路、珠山西路、莲社北路为核心打造文明创建示范区，蝉联全国文明城市提名城市。

城乡一体化协调推进。户籍制度改革稳步实施，农业转移人口市民化进程加快，城镇化率63.53%，提高7.22个百分点。累计投入资金2.3亿元用于新农村建设，惠及32万农村人口。7个镇村联动试点镇建设初见成效。在5个省级百强中心镇开展了扩权强镇试点。与省水投集团合作的城乡一体化供水项目加快推进。县乡公路新建和改造力度加大，行政村公路通达率100%。农村生活垃圾专项治理效果显著，村庄周边和干道沿线卫生环境极大改善；2个中心镇污水处理设施及污水管网建设完工；乐平市、浮梁县、昌江区获评全省新农村建设、清洁工程等先进单位。

基础设施建设取得重大突破。一批事关景德镇长远发展的重大项目陆续开工或竣工。浯溪口水利枢纽工程进展顺利，主体工程混凝土浇筑量完成96%。九景衢铁路全面开工，已进入铺轨阶段。西瓜洲段防洪堤全面建成，吕蒙堤主体工程基本完工，瓷都大桥至观音阁段及西河防洪堤陆续开工。飞虹大桥及飞虹大道开工建设。206国道完成大中修。洋湖水厂搬迁改造项目开工。景德镇机场搬迁和电厂2台100万千瓦机组扩建工程已开展前期工作。昌景黄高铁初步列入国家“十三五”路网规划。共争取到全国低碳试点城市、全国老工业城市调整改造以及资源型城市转型延续5年等政策，获得中央各类资金支持70亿元。

生态文明建设成效显著。单位生产总值能耗累计下降16.79%，主要污染物排放总量完成削减任务。2015年地表水断面达标率97.4%、全年空气质量优良天数329天。宋家山垃圾填埋场扩容有序推进，垃圾焚烧发电厂完成主体结构。城市供水水源工程启动实施。第二污水处理厂完成扩容，污水管网一期工程完工。累计新增造林34.4万亩，森林覆盖率提高到65.73%，建成区绿化覆盖率由42%提高到52.1%。建成国家级森林公园2个、省级森林公园5个。水生态文明试点建设和自主创建加快推进，一批乡镇、村成为省级试点。浮梁县成功创建国家级生态县，并列入全省第一批生态文明先行示范县。高新区成为省级生态工业园区。陶瓷工业园、乐平工业园列入省级生态工业园试点。

（三）开放创新向纵深推进，发展活力加速迸发

开放型经济生机勃勃。全力打好招商引资大会战，加快“走出去”、“引进来”步伐，通过组建专业队伍、完善工作机制，营造了浓厚氛围，激活了招商局面。在积极参加全省重大招商活动的同时，赴发达省市推介产业、对接项目，并在上海、厦门等地成立商会以商招

商。五年累计引进内资实现翻番；引进外资6.89亿美元，增长51.76%。落实鼓励出口政策、组织企业参加境内外展会并加快通关一体化，帮助企业扩大外贸出口。五年累计出口49.5亿美元，增长193.6%，其中生产型出口超过77%。对外交流合作持续扩大。荣膺"世界手工艺与民间艺术之都"，加入全球创意城市网络，并借此平台与国内外69个城市建立了广泛联系。成为联合国海陆丝绸之路城市联盟首批创始成员。与国外20个省市建立或深化友好关系，60多个国家或国际组织派员来我市访问。与上饶、鹰潭建立了赣东北扩大开放合作关系。承办了首届驻华外交官"中国文化之旅"交流活动和第六届世界缅华同侨联谊大会，举办了御窑遗址与故宫瓷器对比展、"中国文化遗产美术展"等展览，先后赴10多个国家及国内多个省市开展文化交流活动。

深化改革成果斐然。完成部分行政区划调整和新一轮政府机构改革。行政审批制度改革顺利推进，"三单一网"已出台权力清单、责任清单，建成政务服务网并投入运行。整合市场监督管理职能，商事制度完成"三证合一"改革。警务机制改革强力推进。完善了国库集中支付制度，建成社会综合治税信息平台，建立了房地产税费一体化征管和艺术陶瓷税收征管机制，"营改增"试点稳步推进。基本建立了统一规范的公共资源交易平台。数字化综合办公平台投入使用。第一轮行政及参公单位公务用车改革进展顺利。混合所有制经济改革取得突破，开门子肥业首开先河引进民营资本进入上市辅导期。公交公司改制基本完成。出租车行业改革有序推进，基本完成出租车更新换代。市农信社在全省率先改革成立农商银行。完成了国有林场和农垦企业改革。基本完成农村土地确权工作。

(四)公共服务能力显著增强，幸福指数持续提高

人民生活继续改善。五年民生支出占一般公共预算支出比重56%。城乡居民人均可支配收入分别由16846元、6748元增加到29101元、12736元，年均增长11.5%和13.5%，超过GDP增速。新增城镇就业17.62万人，城镇就业率96%，转移农村劳动力13.78万人。连续11年提高企业退休人员养老金，城乡居民社会养老保险参保率95.9%。城乡低保标准提高到470元、255元。基本医疗保险和新农合参保率分别达到98%、99.5%。完成44681套(户)保障房建设及棚户区改造，超额完成任务，发放廉租补贴9789万元。加大扶贫开发力度，贫困人口累计减少1.46万人。中心城新增公交车100辆、公交线路16条。

社会治理不断加强。基层建设水平进一步提升，珠山区获评全国和谐社区建设示范城区，创建了4个全国示范和谐社区和9个全省精品农村社区。积极推进依法信访，信访形势总体稳定。综合性应急救援队伍建设和基层单位应急管理规范化建设进入全省先进

行列。大力推进“平安瓷都”建设，立体化治安防控体系逐步完善，各项打击整治行动深入开展，社会治安好转率连续5年全省第一。食品药品安全监管进一步加强。严格落实安全生产责任制，连续14年未发生重特大安全生产事故，打击非法小煤窑连续9年“零开采、零死亡”。

各项事业全面进步。义务教育均衡发展，办学条件显著改善。基本普及了学前三年教育。高考上线率、普通高中优质资源率居全省前列。景德镇高专升格为景德镇学院。老年大学新教学楼投入使用。科研经费占GDP比重2%，高于全省平均水平，国家知识产权局批准在我市设立中国陶瓷知识产权维权中心。与中科院上硅所、北京航空大学、浙江大学等国内知名科研院所深化了产学研合作。直升机技术项目入选国家“863”计划。我市列入国家版权示范基地。乐平市被评为全国科普示范县。御窑厂遗址成为国家考古遗址公园并初具规模，启动了大遗址保护和世界文化遗产申报工作。新增5处国家文物保护单位，乐平南窑入选2013年全国十大考古新发现。保护挖掘了寿安金家坞龙窑和湘湖进坑瓷石矿洞遗址，填补和完善了景德镇宋代制瓷业体系。成功承办全国第9个文化遗产日主场城市活动。乐平市被评为全国文化先进县。丽阳镇入选江西十大文化古镇。陶瓷博物馆完成改造并正式开馆。电视人口综合覆盖率99.3%。圆满举办第12届市运会，获得第15届省运会举办权，被评为全国群众体育先进单位。医药卫生体制改革持续深化，在全省率先实现县级公立医院综合改革全覆盖，基本医疗和公共卫生服务能力明显增强。国防动员建设和双拥工作成效明显，实现双拥模范城“五连冠”。此外，供销、气象、水文、减灾、民宗、慈善、人防、档案、统计、地方志、邮政、通讯、烟草等其他各项事业都取得了新的进步。

同时，我们深入开展党的群众路线教育实践、“三严三实”专题教育以及“转作风、提效能、促发展”等主题活动，严格落实中央八项规定和国务院“约法三章”，坚决反对“四风”，“三公”经费大幅压减。深入推进依法行政，全面推行政府法律顾问制度，法治政府建设水平迈上新台阶。自觉接受人大依法监督和政协民主监督，认真办理人大代表建议417件、政协提案674件，办理质量不断提高。大力推进简政放权，审批流程不断优化，行政效能持续提升。进一步扩大政务公开，阳光政府建设取得新成效。严格落实廉政责任制，强化了审计监督和行政监察，严肃查处了一批损害群众利益的突出问题。

各位代表，以上成绩的取得，是全市人民共同努力的结果，来之不易，值得倍加珍惜。在此，我代表市人民政府，向全市广大干部群众，向各位人大代表、政协委员、各民主党派、工商联、无党派和社会各界人士，向驻景各单位、解放军、武警官兵、公安干警和离退休老同志，向所有关心、支持、参与景德镇建设发展的朋友们，表示衷心的感谢并致以崇高的敬意！

在总结成绩的同时，我们也清醒地看到，经济总量较小、综合实力较弱的基本市情没有改变。龙头骨干企业数量较少且有些还处在培育期，产业集聚水平还不够高，新型工业化仍然任重道远。此外，城市建设任务繁重，公共服务供需矛盾突出，社会治理水平亟待提高，部分公职人员存在懒政怠政现象。对此，我们将采取有力措施，认真加以解决。另外，2015年承诺的10件民生实事，由于各种原因还未完全办结，在此我代表市政府向各位代表表示歉意！

二、“十三五”时期经济社会发展的指导思想

根据《中共景德镇市委关于制定全市国民经济和社会发展第十三个五年规划的建议》，市政府制定了《景德镇市国民经济和社会发展第十三个五年规划纲要（草案）》，提交本次大会审议。

根据《纲要（草案）》，“十三五”时期全市经济社会发展的指导思想是：高举中国特色社会主义伟大旗帜，以马列主义、毛泽东思想、邓小平理论、“三个代表”重要思想和科学发展观为指导，深入贯彻习近平总书记系列重要讲话精神，遵循“四个全面”战略布局，落实省委十六字方针，以“五大发展”理念为引领，以“形、实、魂”为要求，以“提质翻番、率先小康”为目标，复兴千年古镇、重塑世界瓷都、保护生态家园、建设旅游名城，打造一座与世界对话的城市。

按照“提质翻番、率先小康”的总目标，综合考虑发展基础、环境和条件，《纲要（草案）》提出，未来五年我市经济社会发展主要目标是：地区生产总值年均增长8.5%以上，到2020年达到1200亿元，人均生产总值突破1.1万美元；财政总收入年均增长10%以上，到2020年达到180亿元；三次产业比例优化调整为5:53:42；科技进步贡献率提高到60%；常住人口城镇化率达到69%，户籍人口城镇化率达到46%；文化产业增加值达到100亿元；森林覆盖率稳定在65%以上，全市主要河流监测断面Ⅰ～Ⅲ类水质提高到85%以上，万元GDP能耗累计下降完成省下达目标任务；城乡居民人均可支配收入年均分别增长9%和10%左右，达到4.5万元和2.1万元；现行标准下贫困人口全面脱贫。

围绕上述目标，《纲要（草案）》提出了“十三五”时期的重点任务：

第一，强力推进“3+1”特色优势产业。要加快形成一批极具竞争力的企业，进一步提升陶瓷产业技术创新水平，加速培育陶瓷品牌集群，做强陶瓷产业；扩大整机产能，加快航空零部件和通航产业发展，做大航空产业；扩大整车产能，增强零部件生产实力，提升核心技术竞争力，做优汽车产业。优化旅游产品体系，形成旅游发展新机制，大力发展全域旅游，推动旅游与文化等领域深度融合，做旺旅游产业。继续加大航空、汽车及零部件、旅游文化招商引资力度，举全市之力实施“3+1”特色优势产业发展战略，到“十三五”末，力争航空、汽车、旅游文化（含陶瓷文化创意)三大产业全口径主营业务收入均突破千亿元。

第二,推动现代服务业和传统产业优化升级。要加快发展现代服务业,推动生产性服务业向专业化和价值链高端延伸、生活性服务业向精细化和高品质转变。改造提升传统产业,促进精细化工、生物医药等传统产业转型升级。以数字化、柔性化、智能化为重点,做大家电电子产业集群。坚持用工业化理念发展农业,推动农业特色化、绿色化、生态化和现代化发展。加快推进互联网与经济社会各领域深度融合发展,使“互联网+”成为创新发展的重要驱动力。

第三,培育文化引领新格局。要培育和践行社会主义核心价值观,深化群众性精神文明创建活动,全面提高公民道德素质和社会文明程度。大力发展文化产业,加快推进文化产业提档升级,使文化产业成为支柱产业。正确处理文化遗产传承保护与经济发展、城市建设的关系,延续瓷都历史文脉,留住城市记忆。大力推进基本公共服务体系标准化、均等化建设,加快构建广覆盖、强保障、一体化、可持续的基本公共服务体系。

第四,构筑城市发展新支撑。要强化规划的引领作用,树立全域规划的理念,建立覆盖全域、衔接紧密的科学规划体系。坚持拓展区与老城并举、建设与保护并重,着力完善城市功能,提升城市品位。完善交通、信息、水电气、综合管廊等基础设施,提高污水处理和截污能力。加强各种运输方式衔接,畅通对外开放通道,实现与周边城市无缝对接。强化能源总量保障,优化能源结构,构建稳定、安全、经济、清洁的现代能源体系。以“五城同创”为抓手,提高城市管理科学化、规范化、精细化水平。

第五,增强创新发展新动力。要增强科技创新能力,优化技术创新体系,全面提升科技创新对经济增长和产业升级的贡献度。强化人才支撑体系建设,加强高端创业创新人才平台建设。放宽政策、放开市场、放活主体,激发各类创新创业主体活力,大力推进大众创业万众创新。全面深化教育领域综合改革,增强教育在创新发展、文化传承中的基础性作用,基本实现教育现代化。

第六,持续提升开放水平。要加强对外交流与合作,融入国家开放大战略。强化产业项目承载平台建设,夯实“引进来”工作基础条件,强化“走出去”指导和服务,推进口岸建设,构筑大开放平台。坚持招大引强,积极开展产业对接合作,深入实施对接央企战略,不断拓宽吸纳外资途径,着力提高招商引资的质量和水平。扩大外贸出口规模,提高外贸出口质量,推进对外贸易转型升级。

第七,保护美丽生态家园。要建设质量更优的森林生态系统,加大湿地保护和修复力度,增加生态公共服务供给,构建优质自然生态体系。加快推进清洁生产,发展循环经济,倡导绿色消费,构建绿色生产和消费体系。深入实施“净空”、“净水”、“净土”工程,实行最严格的环境保护制度,形成政府、市场、企业、公众多元共治的环境治理体系。严守生态红线，坚持源头严防、过程严管、损害严惩、责任追究，实行资源有偿使用和生态补偿制度，完善考核评价制度，形成有利于生态文明建设的利益导向机制。

第八，建设幸福美好生活。要引导和鼓励县（市、区）发展产业集群，推进扩权强镇改革，提升县域经济发展的层次和水平。大力实施产业脱贫、就业脱贫、移民搬迁脱贫和保障脱贫，力争提前两年实现现行标准下贫困人口全部脱贫。实施更加积极的就业政策，健全收入分配调节机制，努力提高城乡居民收入。以扩大保障覆盖面、提高保障标准为重点，稳步提高社会保障水平。加强医疗卫生服务能力建设，广泛开展全民健身运动，统筹做好人口和计划生育工作。

第九，全面深化改革。要以经济体制改革为重点，努力在重点领域和关键环节改革上取得决定性成果，为经济社会发展提供持久动力和制度保障。健全宏观调节体系，完善财税管理体制，进一步转变政府职能。建立公平开放透明的市场规则，大力推进要素市场建设，加快形成统一开放、竞争有序的现代市场体系。积极发展混合所有制经济，促进多种所有制经济协调发展。

第十，全面依法治市。要坚持运用法治思维和法治方式推动发展，增强全民法治观念，深入推进依法行政，努力营造公平公正的法治环境，建设法治瓷都。推进平安瓷都建设，促进多层次、多领域依法治理，提高社会治理法治化水平。发展社会主义民主政治，最大限度凝聚全社会推进改革发展、维护社会和谐的共识和力量。

《纲要（草案）》还就加强党的领导、完善规划落实机制、形成规划实施合力提出了要求。

三、2016 年工作安排

今年是全面建成小康社会决胜阶段的第一年，我们将深入贯彻省委十三届十二次全会、全省经济工作会议和市委十届十二次全会精神，紧紧围绕市委提出的发展定位，按照产业更强、城市更美、文化更特、生态更优、民生更实的发展要求，坚持国际化思维、全域化规划、项目化推进、景区化建设、一体化发展，精心实施“三大战役”深入推进年活动，努力实现“十三五”经济社会发展的良好开局。主要预期目标是：生产总值增长 8.5% 以上，财政总收入增长 9%，规上工业增加值增长 9%，固定资产投资增长 15%，社会消费品零售总额增长 11%，实际利用外资增长 10%，外贸出口增长 2%，城镇居民人均可支配收入增长 9%，农村居民人均可支配收入增长 10%，居民消费价格涨幅低于 3%，单位生产总值能耗、主要污染物排放完成省政府下达目标，人口自然增长率低于 9.7‰。为实现上述目标，将主要采取以下举措：

（一）深入推进新型工业化

加快产业集聚。围绕做优汽车、做大航空、做强陶瓷产业的总体要求，坚持“产城融合、集约发展、合作共赢”，加大基础设施建设力度，完善配套服务功能，做优工业发展平台，全力推进高新区、陶瓷工业园、北汽昌河新基地和配套产业园建设，加快实施昌飞总装园、北京通航直升机、名坊园、邑山陶瓷综合体等重大产业项目，进一步完善产业配套，延伸产业链条，加快优势产业集群化步伐。完善运行调度和企业帮扶机制，帮助实体经济降低成本。大力扶持中小企业发展，力争两年内建成10个标准化创业园、发展20户“专精特新”中小企业。

实施创新驱动。加大科技创新投入，完善协同创新体系，充分发挥科技创新对产业转型升级的支撑作用。支持企业建立研发机构，帮助企业组建各类工程技术研究中心与重点实验室，培育一批创新型龙头企业、科技型中小企业，增强企业自主创新能力。探索建立科技成果转化产业基金，调动科技人员创新创业积极性，加快科技成果转移转化。积极推进“互联网+”行动，推动物联网、大数据、云计算等在制造业领域的应用，加速工业化、信息化深度融合。加快企业技术升级改造，实施一批重大技改项目，支持汽车、航空、陶瓷等主导产业提高工艺、装备、能效水平。

坚持绿色发展。深入推进生态文明先行示范区建设，加快构建环境友好的绿色产业体系，走出一条绿色循环低碳发展的新路。大力发展节能环保产业，积极推广清洁生产及节能减排新技术、新装备，加快陶瓷、水泥、医药、化工等传统制造业技术改造。鼓励企业、园区推行循环生产方式，提高资源综合利用水平。严格按照国家产业政策，把好能耗和环保准入关。加强污染源综合治理，加大环保执法力度，加快生态红线划定工作。加强水资源管理、保护、开发，全面推进节水型社会建设。

（二）全面扩大对外开放

主动融入大开放格局。把握国家“一带一路”、长江经济带等战略机遇，创新开放模式，拓宽开放领域，提升开放程度。加快九景衢铁路建设，全面开工建设景德镇北站房和高铁商务区，加快机场迁建和昌景黄高铁前期工作步伐，新增景德镇至昆明、杭州航线，启动景南收费站及出入口连接线工程，不断提升对外通达能力。充分发挥陶瓷文化的独特优势和魅力，全面拓展与全球创意网络城市合作，提升“世界手工艺与民间艺术之都”影响力，并通过文化搭桥，推动各领域全方位开放。全面推进通关一体化，进一步提升外贸便利化水平。加大对外向型企业的帮扶力度，扶持医药化工及压缩机、陶瓷、茶叶等产品出口，着力培育成长型出口企业，鼓励有条件的企业走出去，开拓国际市场。

加大招商引资力度。大力开展产业招商。工业要重点围绕汽车、航空、陶瓷等产业上下游配套开展产业链招商，不断壮大主导产业集群；现代农业、服务业要重点引进龙头企业整合产业资源，提升产业档次和规模。积极实施精准招商。紧盯跨国公司、央企、知名民企投资动向，主动上门对接；积极参与全国、全省各类招商推介活动，并主动赴长三角、珠三角等地举办形式多样的专题招商推介会；充分利用驻外机构、商会等开展代理招商、以商招商，并实施“景商返景”计划。进一步改善投资环境，提高服务水平，加快项目落地开工。

增强筹资融资能力。在发挥国有资本引领作用的同时，按照“非禁即入”原则在产业投资、基础建设和一般公共服务领域推行 PPP 模式，拓宽项目融资渠道，促进政府主导直接融资向市场主导直接与间接融资相结合转变。加强对国家政策的研究，结合我市实际和发展需要，着力谋划并向上争取更多的项目和资金支持。

（三）着力提升城市品质

精心打造功能片区。昌南拓展区要启动北片区路网和西城区水系整体改造工程，建成市民服务中心、社区服务中心、学校、医院等公建项目，加快推进绿地陶瓷文化旅游城等项目建设，改造国际陶瓷创意中心。高铁商务区要加快主干道和站前广场建设，为 2017 年动车通车创造条件。赣东北物流园要加快基础设施建设和家居建材、农副产品批发、物流仓储等项目的引进落地。昌江、珠山两个区域副中心要加快前期工作步伐。统筹地上地下基础设施，开工建设 2 条地下综合管廊。

保护提升老城区。按照留住历史文脉、体现古镇特色的要求，继续推进老城区保护利用工程，联动推进沿江东路保护与彭家弄老街区综合利用项目。加快中心城区更新改造，重点对“老街区、老厂区、老窑址”、“城市出入口沿线、城区主干道沿线、滨江景观带沿线”以及城中村实施环境整治和整体提升，改造部分道路街区外立面。优化城市交通路网，加快推进景东大道二期、景德大道延伸工程，拓宽改造 206 国道丽阳至唐英大道段，实施一批城市道路绿化提升、断头路优化贯通、破损路面维修改造工程。加快推进观音阁至瓷都大桥段及吕蒙防洪堤、飞虹大桥及飞虹大道、洋湖水厂搬迁及配套管网工程。中心城区 110 千伏以下电线逐步下地。同时，完善一批事关民生和城市形象的市政基础设施，实现建筑形象美、景观环境优、基础设施全、户外广告靓。

提高城市治理水平。以“五城同创”推动城市治理方式转变和治理能力提升，着力增强城市宜居性。结合立法权限下放，加快城市管理法制化进程。强化规划引领作用，推进“多规合一”，提高规划覆盖率。启动老城区、迎宾路周边、高新区组团、高铁商务区等区域城市设计工作，塑造城市特色。积极推进“天网工程”建设，不断扩大视频监控覆盖面。充分发挥属地管理优势和“数字城管”平台作用，实行全覆盖管理，对珠山中路、珠山西路、莲社北路实行精细化管理，加快城市管理由“单一向互动、粗放向精细、突击向长效”转变。深入开展市容环境专项治理，对施工扬尘、建筑垃圾、渣土运输等进行源头管控，落实“门前三包”制度，集中整治夜宵摊点和占道经营，全面推进城区主次干道店招广告规范改造。深入开展交通拥堵治理和停车规范管理，积极做好全国文明城市测评和省级文明城市复查考评，争取测评成绩排位前移，力争成功创建国家森林城市。以开展违规自建、参与“两违”和插手干预打击“两违”工作专项治理为突破口，继续保持打击“两违”的高压态势，深入开展房地产市场专项整顿，规范小区物业管理。

（四）加快构筑“三农”发展新格局

夯实农业生产基础。继续推进我市农业三大体系及粮食高产创建项目建设。落实粮食安全责任制，加强耕地保护，全面完成永久性基本农田划定工作，整合资金继续建设高标准农田9.2万亩。推进浯溪口水利枢纽建设，确保年底竣工。大力开展农田水利基本建设，对新出险的37座小型病险水库进行除险加固，实施中小河流治理项目。粮食播种面积和总产量分别稳定在139万亩和12.5亿公斤以上，完成造林4万亩。

推动农业产业升级。充分发挥生态和资源优势，在蔬菜、茶叶、休闲农业等领域打造特色鲜明、链条较长、带动力强的优势农业产业集群。扩大农业经营主体规模，新增农民专业合作社106家，培育家庭农场72家。扩大农产品展示展销，提高农产品市场竞争力。在稳定蔬菜、茶叶产量的基础上，大力推进精深加工和品牌整合，提升产业层次和效益。加快发展休闲农业，争创1个国家级示范点、2个省级示范点。加快推进乐平国家级现代农业示范园区和浮梁、昌江2个省级示范园区建设，充分发挥园区对转变农业生产方式的引领带动作用。

建设和谐秀美乡村。继续抓好重点村、亮点村建设，着力提升新农村建设的品质。重点打造1个省级示范中心村、7个市级重点中心村，加快推进5个省级百强中心镇扩权强镇试点。大力开展农村人居环境整治，严把垃圾处理源头和终端两个环节，基本实现垃圾处理城乡一体化覆盖，有序开展农村生活污水处理工作，浮梁县、昌江区农村生活垃圾专项治理要通过省级验收。完成浯溪口水库移民搬迁安置。全力实施精准扶贫攻坚，提高扶贫对象自我发展能力。

（五）不断壮大现代服务业

努力做旺旅游产业。编制完成旅游名城发展系列规划，促进旅游与陶瓷、文化、商贸、农业等产业深度融合，推动旅游产业集群化发展，努力打造“国际知名、国内一流”的旅游目的地。大力发展城市旅游，创新发展文化旅游，提升发展乡村旅游，不断丰富旅游业态。新建和创评一批高档旅游饭店，打造一批农家乐联合体和示范旅游乡、村，开发一批体现瓷都特色的旅游商品。积极培育壮大旅游市场主体，加快筹建旅游集团，打造实力雄厚、竞争力强的区域旅游龙头企业。依托老街区、陶溪川、名坊园、浯溪口水库等载体打造旅游精品项目，力争引进具有轰动性、震撼力的大型旅游综合体项目。扩大旅游区域合作与营销，创新旅游推介形式，壮大旅游产业规模。

加快发展金融服务业。继续加大金融机构引进力度,完善金融服务体系,积极争取设立金融租赁公司、基金公司等新型金融机构。鼓励融资担保、小额贷款等金融中介机构加快发展,壮大业务规模。推进普惠金融发展,努力构建乐平市普惠金融示范区。完善政银企对接机制,继续扩大“财园信贷通”、“惠农信贷通”和实体经济还贷周转基金业务,鼓励银行业加大对中小微企业和“三农”信贷投放。加快宏柏化学、昌兴航空、开门子肥业等企业上市或“新三板”挂牌筹备步伐。继续优化融资平台建设,充分发挥航空、陶瓷等产业发展基金的杠杆作用和乘数效应,广泛吸引各类资本投入实体经济。

积极拓展服务业领域。坚持把文化作为对外竞争发展的软实力和转型升级的内动力,充分挖掘利用丰厚的陶瓷文化资源,更大程度地转化为经济优势。以陶溪川、名坊园、三宝瓷谷等集聚区为重点,打造文化创意产业集群。引进北辰集团组建国内一流的专业会展公司,并以此为契机转变瓷博会运作模式,推动会展经济进入快车道。加快发展电子商务,建立垂直电商交易平台和电商产业园区,扶持壮大一批电商企业,促进电商与陶瓷、现代农业、旅游等产业链的高效整合。建设陶瓷电商示范基地,承办好第二届中国陶瓷电商峰会。加快发展现代物流、工业设计、技术研发、融资租赁、信息服务等生产性服务业,助推产业向价值链高端提升。适应消费结构升级新形势,推动商贸、餐饮、娱乐、养老、家政等生活性服务业精细化、便利化、品质化发展,增加有效服务供给。

(六)统筹推进民生和社会事业

加大民生保障力度。真诚回应群众关切,增加民生资金投入,提高公共服务质量,切实增强群众获得感。重点为民办好10件实事:1. 发放小额贷款4.3亿元,为2570个公益性岗位发放补贴。2. 改造10条老城区道路和4条人行道。3. 完成50座旱厕改造,新建7座站厕合一垃圾中转站和2座公厕。4. 新建、改造5个街心花园。5. 新建400套公租房,发放租赁补贴7300户,实施棚户区改造7000户以上。6. 购置20辆新空调公交车,建设(改造)60座公交候车亭;新增昌南拓展区公交线路,加密高新区、陶瓷工业园公交线路;开通至婺源高铁站直通车。7. 完成1.8万人农村饮水安全改造工程。8. 建设10条全民健身路径、5个农民健身工程。9. 建设20个城乡居家养老服务中心(站)。10. 中心城区增设3个汽车加气站、建设一批汽车充电桩。

协调发展社会事业。优化城乡教育布局,实施义务教育阶段学校标准化建设、薄弱学校改造等工程,促进义务教育均衡发展。加强公办幼儿园、优质特色高中建设。创新校企合作模式,提高职业教育针对性。以申报世界文化遗产为龙头,做好御窑厂大遗址保护工作。加强文化遗产保护利用,完成国家级项目《景德镇手工制瓷技艺》数字化保护。深入实施文化惠民工程,积极推动基本公共文化服务标准化、均等化。推进公立医院改革，加强医疗服务体系建设和医疗质量管理，提升医疗卫生服务能力。稳妥有序实施两孩政策，推进出生人口性别比综合治理。深入开展全民健身活动，加快建设、改造体育场馆，加快省运会筹备工作。加快二轮《市志》编修，积极推进档案馆、地方志馆数字化建设。建立公共检测技术平台“大数据”信息安全机制。加强防灾减灾科普教育，增强群众防灾意识。

维护社会安定和谐。围绕保障社会公正、促进社会诚信、维护社会秩序三大重点，加快“法治景德镇”建设。深入开展法治宣传教育，加强普法工作，加快社会信用体系建设。加强社区规范化建设和网格化管理，推动社会建设和管理重心下移，提高社区服务水平。完善立体化社会治安防控体系，充实规范辅警队伍，严厉打击违法犯罪，切实增强公众安全感。改进信访和调解工作，完善依法维权和矛盾化解体系，健全利益表达、协商沟通、行政裁决和救济救助机制，努力实现风险预警和矛盾化解常态化。完善应急管理体制机制，增强应急处置能力。深化重点行业领域隐患排查治理和安全生产专项整治，加强食品药品和农产品质量安全监管，加强重大活动、节假日、人员密集场所等公共安全管理，坚决遏制重特大事故发生。支持驻景解放军和武警部队建设，做好国防建设、国防动员、人民防空和优抚安置等工作，大力推进军民融合发展。

（七）全面深化各项改革

坚持把改革创新作为推动发展升级的根本动力，今年要在落实已出台改革措施的同时，重点推进以下改革：优化行政审批流程，进一步缩短办结时限、提高办事效率。建好中介机构服务平台，打造中介服务超市。积极推进公共资源交易平台诚信机制建设，完善招标代理机构信誉评价机制。全面完成第一批行政及参公单位公务用车制度改革。全面实施县以下机关职务与职级并行制度。全面启动机关事业单位养老保险制度改革，建立与企业职工等城镇从业人员统一的基本养老保险制度。大力推进财政资金统筹使用，盘活沉淀资金，提高资金使用效益。进一步完善县、乡财政管理体制，合理划分县、乡财政收支，保障基层政权基本需要。进一步深化国资国企改革，通过兼并重组发展壮大一批国有企业集团，积极引进战略合作伙伴发展混合所有制经济。全面实施市属企业负责人薪酬制度改革。全面完成农村土地承包经营权确权登记颁证工作。以警务前移为核心深化警务改革，建立规范化、信息化现代警务机制。多渠道引入社会资本办医、办校，支持社会资本参与养护中心、康复医院、护理中心及学校建设。

（八）加强政府自身建设

新的形势和任务对政府自身建设提出了更高要求。各级各部门要进一步解放思想，把解放思想作为全面深化改革的先导，以思想的再解放，推动环境改善和创新创业。要进一步强化依法行政，深入推进法治政府建设，坚持用法治思维和法治方法履行政府职能、规范行政行为、推动改革发展。要进一步改进工作作风，勤政为民、善谋敢为、务实高效，不断提高工作效率和服务质量。要进一步加强廉政建设，认真落实“一岗双责”，把纪律挺在前面，持之以恒落实八项规定精神，着力解决群众身边的不正之风和腐败问题。

各位代表，千里之行，始于足下！“十三五”规划描绘了一幅美好的“效果图”，要把它变成真正的“实景图”，需要我们保持定力、埋头苦干、久久为功。让我们在省委、省政府和市委的坚强领导下，努力实现“十三五”发展的良好开局，为提质翻番、率先小康打下坚实基础，为复兴千年古镇、重塑世界瓷都、保护生态家园、建设旅游名城、打造一座与世界对话的城市作出新的更大贡献！

注 释：

1、2015 年市政府为民办 10 件实事完成情况

7 件已完成：(1) 为困难群众购买公益性就业岗位 2100 个，新增发放小额贷款 3.85 亿元；(2) 新农合省、市级定点医疗机构住院补偿比例提高到 55%，启动城乡居民健康一卡通工程；(3) 规划建设 4 个停车场，实施 10 条老城区道路建设和改造；(4) 开工建设 1995 套公租房，改造棚户区 4801 套(户)；(5) 新建官庄农贸市场，改造黄泥头、中华北路等 3 个农贸市场；(6) 新建 5 个城市公园或街心花园；(7) 建成 8 座站厕合一垃圾中转站，改造 15 座中心城区旱厕。

3 件正在办理：(1) 开工建设 1 座老城区跨江大桥(签订了瓷都廊桥建设框架协议，做好了前期资料准备工作)；(2) 购置 100 辆新能源空调公交车，新建(改造) 100 座公交候车亭(50 辆预计春节前到位，另 50 辆 2016 年到位。新建(改造) 100 座公交候车亭已完成 25 座)；(3) 实施卫星直播户户通工程，让 7.2 万户边远群众接收到广播电视(完成 16886 户，进度全省第二)。

2、生产总值、规上工业增加值、服务业增加值、金融业增加值、农业总产值增速均按可比价计算。

3、部分指标实现翻番：2015 年与 2010 年相比，财政总收入、固定资产投资、陶瓷工业总产值、规上文化产业增加值、规上工业 R&D 经费支出实现翻番。

4、“两试点两基地”：国家战略性新兴产业区域集聚发展试点、国家创新型产业集聚试点、国家新型工业化军民结合(直升机)产业示范基地、国家高新技术直升机产业化基地。

5、2 个国家农产品地理标志：浮梁茶、乐平花猪。

6、“五城同创”：创建全国文明城市、国家卫生城市、国家森林城市、国家环保模范城市、国家生态园林城市。

7、国家森林公园 2 个：景德镇国家森林公园、瑶里国家森林公园。

8、省级森林公园 5 个：乐平 1 个(洪源省级森林公园)，浮梁 3 个(浮梁省级森林公园、

万寿寺省级森林公园、四亩里省级森林公园),昌江1个(郭璞峰省级森林公园)。

9、“三证合一”:将企业依次申请的工商营业执照、组织机构代码证和税务登记证三证合为一证。

10、“3+1”特色优势产业:陶瓷产业、航空产业、汽车产业和旅游产业。

目　　录

一、综合

二、人口

三、就业人员和职工工资

四、固定资产投资

五、贸易和外向型经济

六、能源

十二、工业

十三、建筑业

一、综　　合

·2015 年末,全市土地面积 5256 平方公里,常住人口 164.05 万人。

·2015 年,全市地区总值 772.06 亿元,比上年增长 8.6%。其中,第一产业增加值 57.22 亿元,增长 3.6%;第二产业增加值 437.58 亿元,增长 8.9%;第三产业增加值 277.25 亿元,增长 8.8%。三次产业比重为 7.4:56.7:35.9。

·2015 年,全市平均每天创造地区生产总值 21152 万元,规模以上工业总产值 30072 万元。

·2015 年,全市人均地区生产总值 47216 元。

本篇章
资料审核:吴　巍
资料整理:邱敬琳　李斯宇

景德镇市2015年国民经济和社会发展统计公报

景德镇市统计局　　国家统计局景德镇调查队

2016年3月30日

2015年，面对全国、全省经济下行压力加大的严峻考验，市委、市政府持之以恒贯彻省委“发展升级、小康提速、绿色崛起、实干兴赣”十六字方针，准确把握经济发展新常态，增强加快发展的定力，持续深入实施好工业、招商、城建“三大战役”质量提升年活动，坚持好为标准、快字当先、量质双升，统筹做好稳增长、促改革、调结构、惠民生、防风险各项工作，实现了经济健康较快发展和社会和谐稳定，“十二五”规划顺利完成。

一、综合

图1 2011－2015年地区生产总值及其增长速度

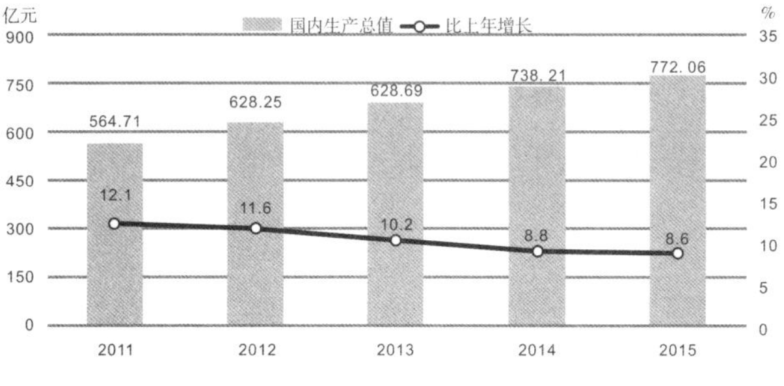

初步核算，全年实现地区生产总值772.06亿元，比上年增长8.6%。其中，第一产业增加值57.22亿元，增长3.6%；第二产业增加值437.58亿元，增长8.9%；第三产业增加值277.25亿元，增长8.8%。第一产业增加值占地区生产总值的比重为7.4%，第二产业增加值占比为56.7%，第三产业增加值占比为35.9%。非公有制经济增加值433.90亿元，比上年增长8.9%，占地区生产总值比重56.2%。

图2 2011－2015年三次产业增加值占地区生产总值比重

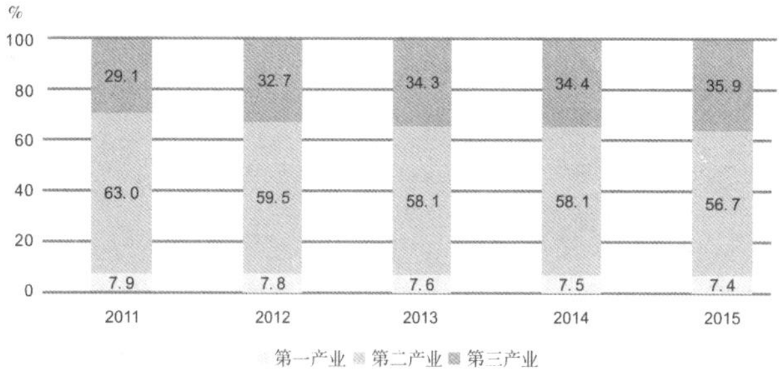

年末全市常住总人口为1640515人，比上年末增加10761人，其中城镇常住人口为1042219人，占总人口比重(常住人口城镇化率)为63.53%，比上年末提高1.25个百分点。全市出生人口21388人，出生率为13.08‰；死亡人口10220人，死亡率6.25‰；自然增长率6.83‰。人均预期寿命74.93岁。

图3 2011－2015年城镇新增就业人数

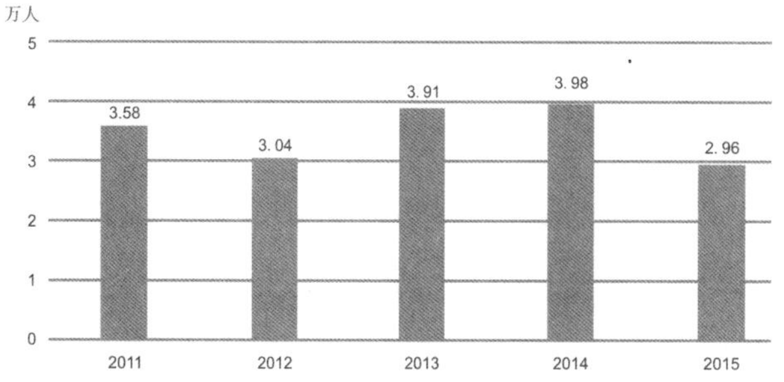

全年城镇新增就业2.96万人。年末城镇就业率为96.8%。

全年居民消费价格比上年上涨1.7%,其中食品价格上涨5.0%。

表1 2015年居民消费价格比上年涨跌幅度

单位:%

指　　标	全市
居民消费价格总指数	1.7
服务项目价格指数	0.1
消费品价格指数	2.3
#食 品	5.0
烟酒及用品	2.6
衣 着	0.7
家庭设备用品及维修服务	0.2
医疗保健及个人用品	1.4
交通和通信	-1.1
娱乐教育文化用品及服务	0.3
居 住	-1.3

全年全市财政总收入111.56亿元,比上年增长9.9%;一般公共预算收入90.59亿元,增长10.3%。在财政总收入中:税收收入89.28亿元,增长9.6%,税收收入占比80.0%。

图4 2011－2015年财政总收入及其增长速度

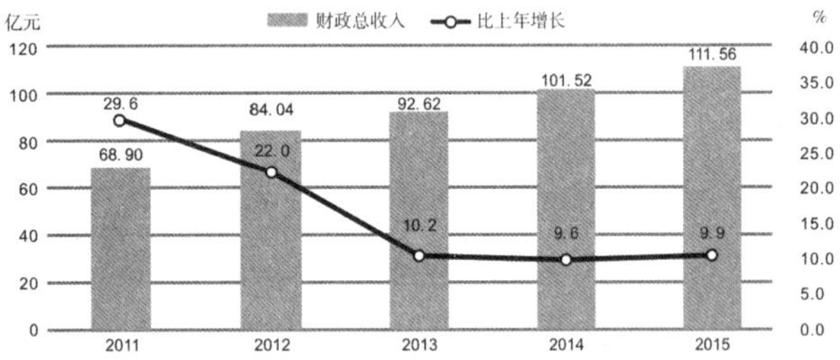

二、农业

全年粮食种植面积95373公顷,比上年增加394公顷。棉花种植面积1096公顷,增加30公顷。油料种植面积25056公顷,增加220公顷。糖料种植面积1052公顷,增加32公顷。

全年粮食产量636044吨,比上年增加6881吨,增产1.1%。其中,夏粮产量5950吨,增产14.8%;早稻产量185853吨,增产0.6%;秋粮产量444241吨,增产1.1%。全年谷物产量599647吨,比上年增产1.0%。其中,稻谷产量589807吨,增产0.9%;小麦产量175吨,减产3.3%;玉米产量8855吨,增产3.8%。

图5 2011－2015年粮食产量及其增长速度

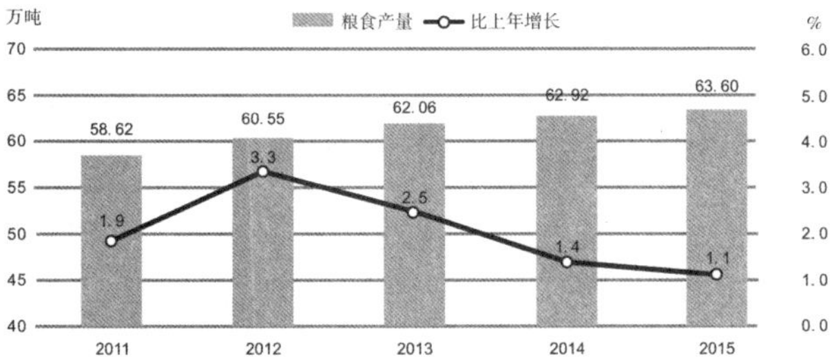

全年棉花产量1647吨,比上年减产8.8%。油料产量37441吨,增产1.2%。糖料产量47799吨,增产2.3%。茶叶产量7193吨,增产8.5%。

全年肉类总产量59800吨,比上年下降2.0%。其中,猪肉产量46725吨,下降2.5%;牛肉产量2553吨,增长0.1%;羊肉产量227吨,增长2.3%;禽肉产量9556吨,下降0.5%。禽蛋产量10252吨,增长5.0%。牛奶产量261吨,增长26.1%。年末生猪存栏36.49万头,下降3.5%;生猪出栏56.77万头,下降2.8%。

全年水产品产量33929吨,比上年增长3.2%。其中,养殖水产品产量29926吨,增长3.1%;捕捞水产品产量4003吨,增长4.0%。

三、工业和建筑业

全年全部工业增加值383.59亿元,比上年增长9.1%。规模以上工业增加值271.02(不含军工涉密企业)亿元,增长9.4%。在规模以上工业中,分经济类型看,国有控股企业下降3.8%,集体企业增长1.8%,股份制企业增长9.4%,外商及港澳台商投资企业增长

12.9%，私营企业增长5.8%。

图6 2011－2015年全部工业增加值及其增长速度

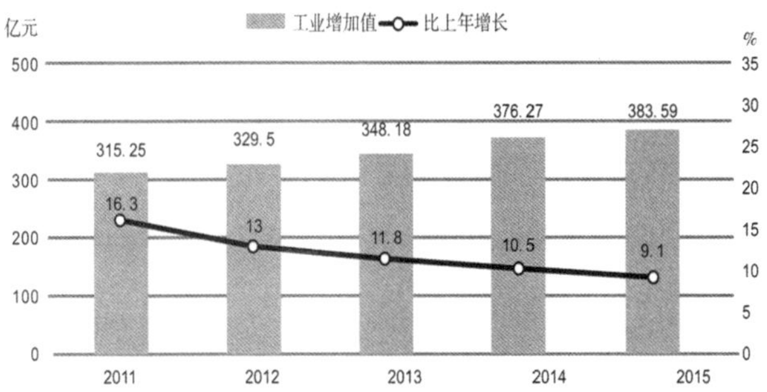

在规模以上工业中，十大战略性新兴产业实现增加值30.25亿元，比上年增长7.5%；六大优势产业实现增加值199.49亿元，增长9.2%；陶瓷工业实现增加值57.83亿元，增长12.4%。

全年规模以上工业产品销售率98.98%。实现主营业务收入1084.17亿元，比上年增长4.0%。利税总额95.25亿元，增长3.7%。利润总额48.50亿元，增长4.3%；其中股份制企业28.37亿元，增长7.9%；集体企业0.22亿元，增长6.9%；私营企业16.57亿元，增长1.9%；外商及港澳台商投资企业4.23亿元，下降1.9%；国有企业亏损0.90亿元，增亏0.34亿元。

全市工业园区规模以上工业企业完成工业增加值212.17亿元，比上年增长14.0%，占全市规模以上工业增加值的比重为78.3%。

全年全社会建筑业增加值53.99亿元，比上年增长7.5%。

图7 2011－2015年建筑业增加值及其增长速度

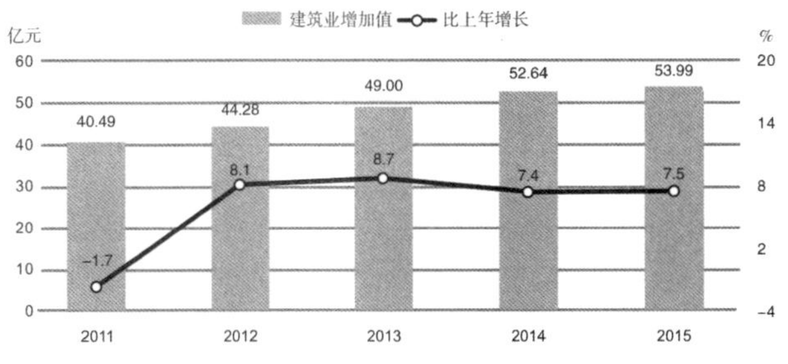

四、固定资产投资

全年完成固定资产投资690.88亿元，比上年增长11.0%。其中，民间投资574.65亿元，增长14.1%，占固定资产投资的比重为83.2%。

在固定资产投资中，第一产业投资5.15亿元，比上年下降21.3%；第二产业投资487.48亿元，增长6.7%；第三产业投资198.25亿元，增长24.7%。

全年房地产开发投资27.44亿元，比上年下降25.8%。其中，住宅投资23.82亿元，下降21.9%；办公楼投资0.29亿元，下降67.3%；商业营业用房投资2.38亿元，下降46.9%。

五、国内贸易

全年社会消费品零售总额268.26亿元，比上年增长10.2%。按经营地统计，城镇消费品零售额235.74亿元，增长10.3%；乡村消费品零售额32.52亿元，增长9.7%。

图8 2011－2015年社会消费品零售总额及其增长速度

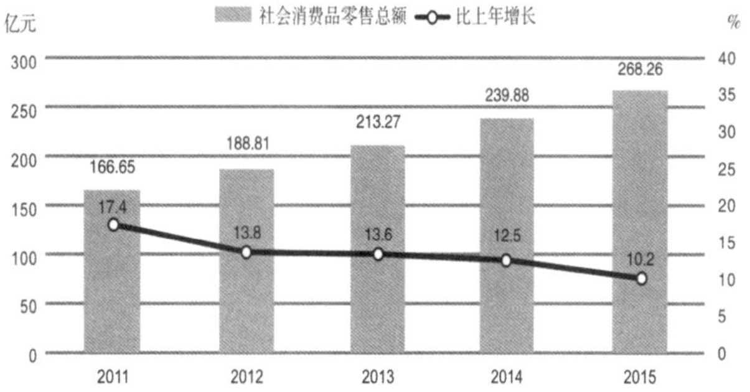

在限额以上企业商品零售额中，粮油、食品、饮料、烟酒类零售额比上年增长55.7%；汽车类零售额增长6.5%。

六、对外经济

全年货物进出口总额8.02亿美元，比上年增长2.3%。其中，出口7.75亿美元，增长2.2%；进口0.27亿美元，增长5.3%。进出口差额(出口减进口)7.48 亿美元。生产型出口总额 5.76 亿美元,下降 18.0%。

图 9 2011 －2015 年进出口总额

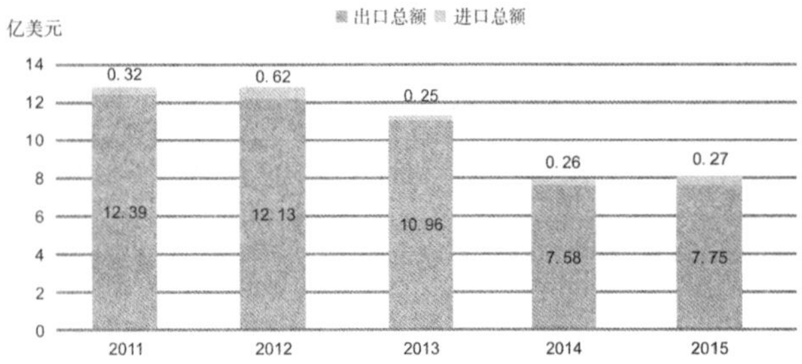

全市新签合同外资项目 16 个。合同外资金额 1.53 亿美元,比上年下降 23.7%。实际利用外资 1.76 亿美元,增长 13.6%。

七、交通和旅游

全年货物运输总量 2956.20 万吨,比上年增长 57.8%。客运总量 1863.04 万人次,比上年下降 4.1%。

图 10 2011 －2015 年旅游总收入及其增长速度

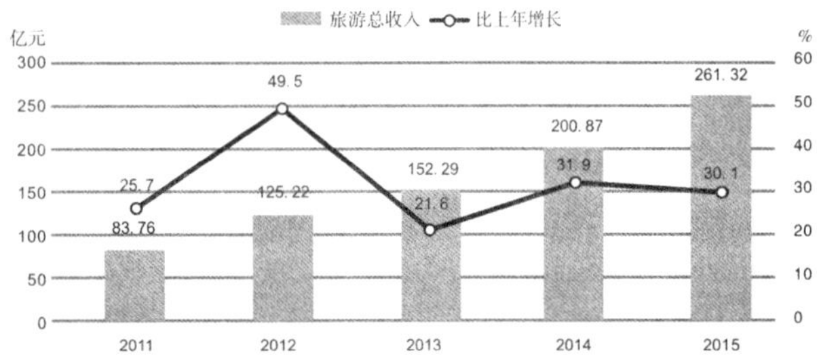

全年接待国内外游客人数达 3112.59 万人次,比上年增长 20.4%;其中,境外旅游人数 42.47 万人次,增长 14.9%。旅游总收入 261.32 亿元,增长 30.1%;其中,旅游创汇 1.64 亿美元,增长 19.9%。旅游收入占地区生产总值的比重为 33.8%。

八、金融

年末全市金融机构本外币各项存款余额 815.10 亿元,比年初增加 62.70 亿元;其中人民币各项存款余额 810.92 亿元,增加 61.40 亿元。金融机构本外币各项贷款余额 499.78 亿元,增加 74.30 亿元;其中人民币各项贷款余额 499.08 亿元,增加 75.33 亿元。

表 2 2015 年年末金融机构人民币存贷款余额及其增长速度

	年末数(亿元)	比年初增长(%)
金融机构人民币存款余额合计	810.92	8.2
其中:住户存款	510.28	12.1
非金融企业存款	175.56	-8.3
广义政府存款	122.01	-29.4
金融机构人民币贷款余额合计	499.08	17.8
其中:住户贷款	155.85	12.8
非金融企业及机关团体贷款	343.21	20.2

九、人民生活和社会保障

图 11 2011 －2015 年城镇居民人均可支配收入及其增长速度

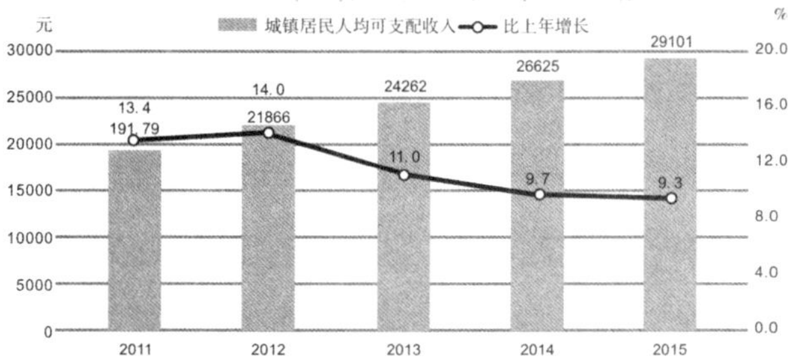

全年城镇居民人均可支配收入 29101 元,比上年增长 9.3%;农村居民人均可支配收入 12736 元,增长 10.3%。城镇居民人均消费支出 18198 元,增长 8.4%;农村居民人均消费支出 9508 元,增长 14.8%。

图 12 2011 －2015 年农村居民人均可支配收入及其增长速度

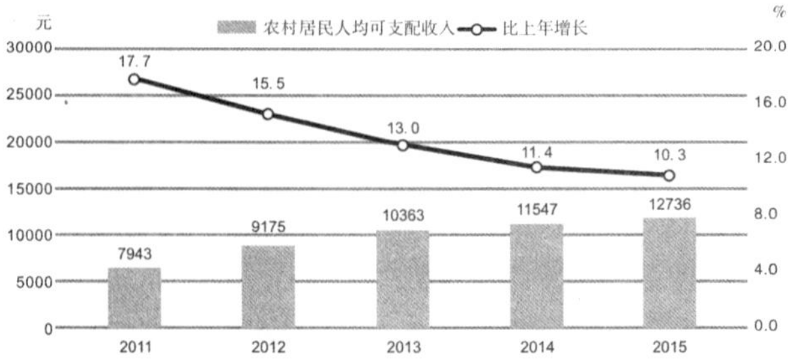

年末全市城镇职工基本养老保险参保人数42.3万人；被征地农民参加养老保险人数3.80万人。城镇基本医疗保险参保缴费人数72.45万人，城镇基本医疗基金征缴总额7.25亿元。城镇新增就业人数2.96万人。

十、教育、文化、卫生和体育

小学学龄儿童入学率100%；中小学生升学率83.02%。全市各级各类学校在校学生28.33万人，其中普通中学在校学生8.85万人，中等学校在校学生0.82万人，高等学校在校学生3.50万人。全市专任教师1.55万人，其中高等学校专任教师0.20万人，普通中学专任教师0.74万人。幼儿园在园幼儿5.77万人。主要劳动年龄人口平均受教育年限9.53年。

图13 主要劳动年龄人口平均受教育年限

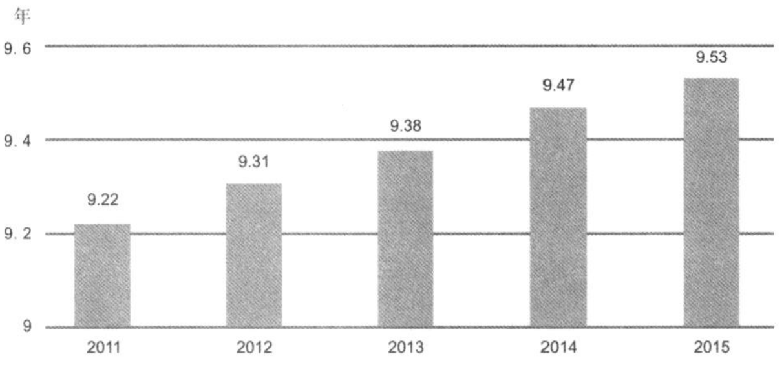

全年文化系统艺术表演团演出113场次，观众658万人次；公共图书馆共5个，藏书96.8万册。

卫生体育事业不断进步。年末拥有卫生机构1074所，其中医院30所；拥有病床7608张；卫生工作人员11430人，其中卫生技术人员8683人，执业医师和执业助理医师2984人，注册护士3879人。

全年县及县以上运动会2场次，参加运动会运动员1570人次。全年在省级以上比赛获奖牌数250枚，其中，金牌88枚，银牌84枚，铜牌78枚。

十一、资源和环境

森林覆盖率65.73%；地表水水质总体良好，Ⅰ–Ⅲ类水质断面达标率为97.4%，水质稳定；全年空气质量指数均值为65，评价为良好，优良天数出现频率为90.1%。

图14 2011–2015年万元GDP能耗降低率

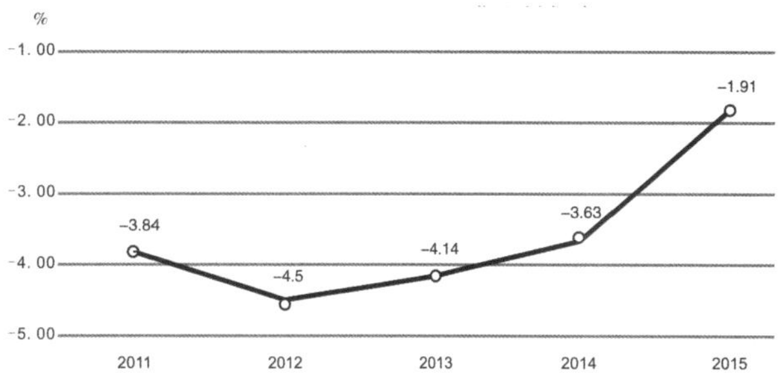

初步核算，全年能源消费总量389.51万吨标准煤，比上年增长6.48%；其中，工业能源消耗总量294.21万吨标准煤，增长6.41%。全年万元GDP能耗下降1.91%，万元规模以上工业增加值能耗下降3.81%。

注：

1、本公报中数据均为初步统计数；部分数据因四舍五入的原因，存在着与分项合计不等的情况。

2、本公报中人口数据为人口变动抽样调查推算的常住人口数，与公安部门统计的户籍人口数口径不同。

3、地区生产总值、各产业增加值、农业总产值绝对数按现价计算，增长速度按不变价格计算。

4、数据来源：本公报中财政数据来自财政局；肉类、水产品产量等数据来自农业局；进出口、招商引资数据来自商务局;交通运输等数据来自交通运输局;旅游数据来自旅游发展委员会;金融数据来自人民银行;教育数据来自教育局;艺术表演团体、公共图书馆数据来自文化广播电影电视新闻出版局;卫生数据来自卫计委;体育数据来自体育局;城乡居民收支、物价数据来自国家统计局景德镇调查队;城镇新增就业、就业率、社会保障数据来自人力资源和社会保障局;森林覆盖率数据来自林业局;主要河流断面优质水率、空气环境质量数据来自环境保护局;其他数据均来自统计局。

新常态稳中有进　“十二五”圆满收官

——《景德镇市2015年统计公报》评读　　李斯宇

2015年，在市委、市政府的坚强领导下，持之以恒贯彻省委“发展升级、小康提速、绿色崛起、实干兴赣”十六字方针，主动适应经济发展新常态，持续深入实施工业、招商、城建“三大战役”质量提升年活动，狠抓改革攻坚，突出创新驱动，加强民生保障，全市经济社会发展迈上新台阶，实现“十二五”圆满收官。

稳中有进 转型升级蕴势蓄力

在新常态下，面对复杂多变的经济环境，市委、市政府坚持好为标准、快字当先、量质双升，加快转型升级步伐，全市经济发展稳中有进，经济结构得到进一步优化，为“十三五”时期的再次腾飞蕴势蓄力。

1、**经济发展质量兼具**。看增速，据初步核算，2015年地区生产总值增速达8.6%。从各季度累计增速看，一季度地区生产总值同比增长8.5%，之后各季度累计增速均为8.6%，增速波动仅为0.1个百分点，全年经济运行演绎出稳中提质的增长轨迹。看就业，全年城镇新增就业人数2.96万人，目标完成率达到128.0%。城镇登记失业率为3.2%，控制在3.5%的年度目标以内。看物价，居民消费价格总水平涨幅温和，上涨幅度始终运行在1.8%以内，全年居民消费价格上涨为1.7%。看信贷，金融机构人民币贷款余额各月末比年初增长呈逐月加快态势，截止12月末，全市贷款余额比年初增长17.8%，比2014年末加快0.3个百分点。

2、**结构调整蕴势蓄力**。一是三次产业结构优化。2015年，服务业对经济增长的拉动更加明显，产业结构趋于优化，三次产业结构由2014年的7.5:58.1:34.4调整为2015年的7.4:56.7:35.9。其中，第二产业下降1.4个百分点，第三产业上升1.5个百分点。第三产业增速8.8%，比2014年加快了1.8个百分点，我市经济正由工业主导型逐渐向服务业主导型转变。二是三驾马车驱动协调。在投资上，继续发挥其对经济增长的关键性作用，2015年完成固定资产投资690.88亿元，比上年增长11.0%。在消费上，围绕实施提高居民收入、加强物价调控、培育消费新热点激活消费，实现社会消费品零售总额268.26亿元，增长10.2%。在出口上，全市进一步落实鼓励出口政策、组织企业参加境内外展会并加快通关一体化，帮助企业扩大外贸出口，全年完成出口总值7.75亿美元，增长2.2%，其中生产型出口占比达到74.3%。三是城乡结构明显改善。随着城乡一体化的协调推进，户籍制度改革稳步实施，农业转移人口市民化进程加快，至年末，常住人口城镇化率达63.53%，较2014年提高1.25个百分点。农村的发展潜力得到进一步发挥，乐平市、浮梁县地区生产总值增速分别达到8.5%与8.9%；城乡收入差距也继续缩小，由2014年的2.31:1优化至2.28:1。

优化布局 发展规格更上台阶

全市在产业发展上优化布局，实现特色引领，坚持创新驱动，以陶瓷产业为切入点，寻求发展新突破，推动大众创业、万众创新；培育发展新动力，进一步激发民间投资活力，统筹兼顾发展与稳定的关系，打造瓷都发展的新优势。

1、**“3+1”体系形成**。以陶瓷作为立市产业，确立了“航空是新兴产业、汽车是重要产业、旅游是希望产业”的“3+1”产业体系。一是陶瓷产业辐射效应更强。陶瓷产业一直以来是我市的支柱产业，在集聚发展的同时，辐射效应也在快速增强。2015年，全市陶瓷产业实现工业增加值80.4亿元，其中规上工业增加值57.83亿元，比上年增长12.4%，增速较全部规上工业快3.0个百分点。二是航空产业列入国家战略布局。组建江直投公司并与北京通航签订60亿元战略重组协议，总装厂房主体工程完工，昌飞直升机总装园厂房主体工程完工。全年规上航空工业增加值1.11亿元，比上年增长78.7%。高新区直升机产业基地成为国家战略性新兴产业区域集聚发展等“两试点两基地”。三是汽车产业初见峥嵘。北汽重组昌汽并投资140亿元建设南方总部基地，一期工程竣工投产。2015年12月27日，首辆汽车下线，我市汽车产业迸发出新的活力。四是旅游业蓬勃发展。2015年，全市接待旅游总人数3112.59万人次，比上年增长20.4%；旅游总收入261.32亿元，增长30.1%，占地区生产总值比重由上年27.2%提高至33.8%。

2、**制造业加速发展**。一是战略性新兴产业蓬勃发展。以先进装备制造产业、生物和新医药技术产业、锂电及电动汽车产业、新能源产业等为代表的十大战略新兴产业蓬勃发展，2015年实现增加值30.25亿元，比上年增长7.5%。其中，新材料业实现增加值1.67亿元，增长18.9%；新能源产业实现增加值3.32亿元，增长16.2%。二是优势产业转型升级。广泛集聚创新资源，充分发挥人才、技术优势，不断增强优势产业发展新动力，同时，积极开拓市场，把技术创新优势转化为市场竞争优势，优势产业转型升级再加速。2015年，六大优势产业实现增加值199.49亿元，增长9.2%。其中，精细化工及生物医药产业实现增加值100.25亿元，增长10.2%。

深化改革 经济活力明显增强

随着全面深化改革的不断推进，政府简政放权获得民众一片赞赏，同时进一步加大对民间资本发展的扶持力度，创造出一个优良适宜、公平竞争的制度环境，为全市经济发展注入了强大的动力和活力。

1、**简政放权成果斐然**。一是大力推进简政放权，审批流程不断优化，行政效能持续提升。行政审批制度改革顺利推进，行政性收费收入降幅达10.8%，“三单一网”已出台权力清单、责任清单，建成政务服务网并投入运行。进一步扩大政务公开，阳光政府建设取得新成效。二是创业创新氛围浓厚。随着注册资本登记制度改革的不断推进，税收优惠政策的落地实施，创业费用补贴标准的进一步提高，大众创业、万众创新的热情得到进一步激发。

2、**政策扶持力度加大**。一是科技投入持续加大。政府积极搭建创新平台，组建科技协同创新体，2015 年，财政投入科学技术支出总额 2.61 亿元，比上年增长 128.9%；全市规上 R&D 经费支出预计 15.44 亿元，占 GDP 比重达到 2%。二是非公有制经济平稳增长。市委、市政府在高度重视非公经济和中小企业发展，不断优化发展环境、加大财政投入、减轻企业负担、完善扶持政策、健全服务体系，使全市非公经济实现了健康、快速、持续发展。2015 年，非公有制经济增加值 433.90 亿元，比上年增长 8.9%，增速较地区生产总值快 0.3 个百分点，占地区生产总值比重 56.2%。三是民间投资活力进一步激发。鼓励和引导民间资本进入基础产业和基础设施、市政公用事业、社会事业、商贸流通等领域，为民间投资创造良好环境。2015 年，全市民间投资 574.65 亿元，增长 14.1%，增速较固定资产投资快 3.1 个百分点，占固定资产投资的比重为 83.2%，比上年提高 2.3 个百分点。

民生改善 幸福指数显著提升

市委、市政府以人民对美好生活的向往为奋斗目标，以民为本，为全市人民提供更好的教育、更稳定的工作、更满意的收入、更可靠的社会保障、更高水平的医疗卫生服务、更舒适的居住条件、更优美的环境。

1、**以民为本藏富于民**。一是居民生活质量提高。2015 年，城镇、农村居民人均可支配收入分别比上年增长 9.3% 和 10.3%，增速分别快于全省 0.3 和 0.2 个百分点，快于全国 1.1 和 1.4 个百分点。居民消费价格指数涨幅温和，未对收入增长产生冲抵效应。城乡居民生活用电增长 9.6%，比上年提高 9.8 个百分点。二是民生支出持续增加。2015 年，市委、市政府进一步加大民生支出投入，将财政支出的近 60% 用于民生，涉及民生的包括医疗卫生与计划生育支出、教育支出、社会保障和就业支出等八项支出共计 103.30 亿元，占财政支出的 59.7%，较上年提高 3.1 个百分点。三是社会保障水平提升。城乡低保标准提高到 470 元、255 元。基本医疗保险和新农合参保率分别达到 98%、99.5%。“十二五”时期完成 44681 套(户)保障房建设及棚户区改造，超额完成任务，发放廉租补贴 9789 万元。加大扶贫开发力度，贫困人口累计减少 1.46 万人。

2、**生态建设成效显著**。一是节能降耗超额完成。万元 GDP 能耗为 0.5189 吨标准煤，同比下降 1.91%，“十二五”期间累计下降 16.79%，超额完成“十二五”期间单位 GDP 能耗累计下降 16% 的目标任务；主要污染物排放总量完成削减任务。二是环境保护成果喜人。地表水水质总体良好，I—III 类水质断面达标率 97.4%，水质稳定；全年空气质量指数均为 65，评价为良好，优良天数出现频率为

90.1%；累计新增造林34.4万亩，森林覆盖率提高到65.73%，建成区绿化覆盖率由42%提高到52.1%，构建出天蓝地绿水清的生活环境。

过去的一年，面对复杂多变的经济环境，我市经济始终在上升通道中稳健运行，各项经济社会事业取得长足进步，实现了“十二五”圆满收官。面对已经走来的2016年，也是“十三五”规划实施的开局之年，我市将全面落实党中央、国务院、省委、省政府的各项施政新理念，为提质翻番、率先小康打下坚实基础，为复兴千年古镇、重塑世界瓷都、保护生态家园、建设旅游名城、打造一座与世界对话的城市作出新的更大贡献！

自然环境

一、地理位置

东经116°57′-117°42′

北纬28°44′-29°56′

二、辖区面积

全市5256平方公里，其中市区422平方公里，乐平市1980平方公里;浮梁县2859平方公里;市区建成区面积90平方公里。

三、气候特点

年平均气温18.5℃

全年日照时间1424.9小时

全年降水总量2420.9mm

全年无霜期286天

四、主要山脉

五股尖:海拔1618米

五花尖:海拔1016米

三花尖:海拔1016米

铜钱尖:海拔746米

大游山:海拔1063.3米

跑马降:海拔1063.3米

白石塔:海拔1019米

雷打石:海拔746米

五、主要河流

昌　江:全长约210公里

南　河:全长约25公里

西　河:全长约56公里

建溪河:全长约50公里

梅湖河:全长约60公里

乐安河:全长约240公里

行政区划

单位:个

地　区	街道办	居委会	乡镇	村委会	所辖街道及乡(镇)名称
全　市	13	206	39	477	
市　区	11	122	5	49	
珠山区	9	86	1	14	太白园街道、珠山街道、周路口街道、昌江街道、新厂街道、石狮埠街道、里村街道、新村街道、昌河街道、竟成镇
昌江区	2	36	4	35	西郊街道、新枫街道、鲇鱼山镇、丽阳镇、荷塘乡、吕蒙乡
乐平市	2	69	16	268	洎阳街道、塔山街道、镇桥镇、乐港镇、涌山镇、众埠镇、接渡镇、洪岩镇、礼林镇、后港镇、塔前镇、双田镇、临港镇、高家镇、名口镇、浯口镇、鸬鹚乡、十里岗镇
浮梁县	-	15	18	160	浮梁镇、鹅湖镇、经公桥镇、蛟潭镇、湘湖镇、瑶里镇、洪源镇、寿安镇、三龙镇、峙滩镇、王港乡、庄湾乡、黄坛乡、兴田乡、勒功乡、西湖乡、江村乡、罗家桥乡

主要年份主要指标(4－1)

	单位	1980 年	1985 年	1990 年	1995 年	2000 年	2005 年	2010 年	2014 年	2015 年
一、地区生产总值	万元	52867	94756	198585	541052	952653	1930985	4615001	7382137	7720557
第一产业	万元	15110	23690	44378	86455	124984	193235	380879	552450	572169
第二产业	万元	28856	50580	91671	253545	486932	1016686	2805060	4289070	4375840
第三产业	万元	8921	20486	62536	181052	326033	721064	1429062	2540617	2772548
二、人　口										
年末总人口(户籍数)	万人	114.64	121.45	131.43	137.64	143.78	150.83	163.16	167.84	166.73
年末常住人口(抽样调查数)	万人					148.04	153.84	158.92	162.98	164.05
三、城镇化率	%					45.80	49.60	56.31	62.28	63.53
四、年末全社会从业人员	万人	44.13	58.44	66.53	70.81	78.09	85.00	96.98	102.60	103.45
#职工人数	万人	19.14	24.36	25.74	25.10	15.95	14.98	15.73	19.22	19.89
五、固定资产投资										
完成投资额	万元	7449	17927	23294	76022	141683	939698	3430000	6225413	6908760
#工　业	万元			18927	38209	61154	289513	2708759	4515147	4854904
六、贸易和旅游										
社会消费品零售总额	万元	22070	40949	64172	167124	280897	583007	1403748	2398830	2696072
出口总值	万美元	2815	2005	2820	1322	3642	8781	77599	75809	77488
实际利用外资	万美元	–	–	814	3202	1160	5101	12136	15507	17621
旅游总收入	亿元	–	–	–	–	–	21.04	66.63	200.87	261.32
旅游创汇	万元	24	56	233	2842	4289	12608	42795	83347	99964
接待境外旅游人数	人	719	3555	6103	12793	14814	48067	194867	369557	424658
七、能源生产与消费										
万元 GDP 能耗	吨标准煤							0.958	0.529	0.519

主要年份主要指标(4－2)

	单位	1980 年	1985 年	1990 年	1995 年	2000 年	2005 年	2010 年	2014 年	2015 年
八、财　政										
财政总收入	万元	7460	10999	21333	52000	83500	147000	531462	1015218	1115604
一般公共预算收入	万元				25306	43615	84378	387567	821539	905885
一般公共预算支出	万元	4959	9246	18199	34283	70697	183151	778735	1495691	1729617
九、金融业										
金融机构人民币存款余额	万元	17884	41874	104530	334286	852316	1750214	4009210	7442451	8109230
金融机构人民币贷款余额	万元	30413	61399	169353	472219	847840	1221812	2269952	4237557	4990812
十、人民生活										
在岗职工年平均工资	元	740	978	1715	3687	5989	11870	23249	40989	45372
城镇居民人均可支配收入	元	363	564	1171	3160	5097	8779	16657	26625	29101
农村居民人均可支配收入	元	211	362	659	1655	2379	3589	6521	11547	12736
年末城乡居民储蓄余额	万元	4463	17801	69765	273514	577641	1229343	2485978	4436007	5102789
十一、农　　业										
农业总产值	万元	19169	30906	64232	134551	153577	306416	575807	826652	879606
主要农产品产量										
粮　　食	万吨	36.86	42.84	46.38	45.60	43.70	49.21	57.53	62.92	63.60
棉　　花	吨	1460	1525	1099	716	520	467	1418	1805	1647
油料总计	吨	4603	8256	15026	27231	22162	16298	29521	36986	37441

注:农村居民人均可支配收入 2014 年以前为农民人均纯收入。

主要年份主要指标(4－3)

	单位	1980 年	1985 年	1990 年	1995 年	2000 年	2005 年	2010 年	2014 年	2015 年
茶　　叶	吨	1132	1729	2734	2261	2226	2121	4061	6630	7193
水　　果	吨	324	971	1893	3050	3971	6506	9706	16129	20164
猪　　肉	吨	8376	13732	22552	50245	37834	39808	44339	47916	46725
生猪年末存栏	万头	1.64	2.20	37.18	55.22	43.70	39.17	37.91	37.79	36.49
耕牛年末存栏	万头	4.90	5.15	6.02	7.23	6.43	6.34	4.93	4.97	4.97
水 产 品	吨	1384	3709	5081	10763	14147	17312	27910	32886	33929
十二、工　　业										
主要工业产品产量										
发 电 量	万千瓦时	94353	109915	89244	96524	152468	247180	222341	695511	635291
原　　煤	万吨	149	207	219	390	163	158	241	254	119
日 用 瓷	万件	28383	30024	36529	34340	45669	61000	268948	248200	180000
建 筑 瓷	万平方米	137	386	498	655	－	－	396	4397	4500
家用冰箱	台	－	3640	120084	200000	270012	180700	361922	416700	364300
印刷机械	吨	390	586	222	478	881	993	657	927	611
汽　　车	辆	232	1000	2178	25395	103233	115652	172630	144965	96758
规模以上工业主要指标										
工业总产值	万元					876982	1591811	6847221	10835305	10976166
工业增加值	万元					267161	490017	1600343	2438800	2710200
主营业务收入	万元					808381	1477859	6743682	10468026	10841674

注：规模以上工业统计从 1998 年开始；2014 年起，规模以上工业数据不包含军工涉密企业。

主要年份主要指标(4－4)

	单位	1980 年	1985 年	1990 年	1995 年	2000 年	2005 年	2010 年	2014 年	2015 年
利税总额	万元					56041	3101	558783	915211	952467
#利 润 总 额	万元					11957	69443	245621	464248	485013
十三、交通运输										
全社会货运量	万吨	282	274	371	595	655	707	1783	2156	3136
全社会客运量	万人	423	789	859	911	1750	965	1865	2082	1863
十四、教育、卫生										
普通高等学校在校学生数	人	862	1322	2219	3652	5425	19068	27233	26164	29320
普通中学在校学生数	人	62521	55828	63027	69670	90432	107057	91823	87269	88512
小学在校学生数	万人	18.09	18.07	16.18	15.00	14.39	12.05	14.14	14.36	15.16
医院病床数	张	2948	3146	3955	3719	3274	3292	5052	5832	6302
专业卫生技术人员数	人	3457	4656	5476	5634	5013	4509	6478	8218	8683
#执业(助理)医师	人	1444	1999	2409	2303	1914	1600	2486	2924	2984

主要年份主要指标增长速度(4－1)

	2015年比下列各年增长(%)							
	1980年	1985年	1990年	1995年	2000年	2005年	2010年	2014年
一、地区生产总值	52.4倍	33.6倍	20.1倍	9.4倍	5.2倍	2.2倍	62.9倍	8.6
第一产业	3.4倍	2.8倍	1.6倍	1.1倍	1.0倍	64.0	21.9	3.6
第二产业	107.7倍	61.6倍	36.7倍	14.9倍	7.4倍	2.9倍	71.3	8.9
第三产业	52.0倍	27.3倍	6.5倍	7.6倍	4.2倍	1.7倍	56.9	8.8
二、人口								
年末总人口(户籍数)	45.4%	37.3%	26.9%	21.1%	16.0%	10.5%	2.2%	－0.7%
年末常住人口(抽样调查数)					10.8%	6.6%	3.2%	0.7%
三、城镇化率(增加百分点)					17.7	13.9	7.2	1.3
四、年末全社会从业人员	1.3倍	77.0	55.5	46.1	32.5	21.7	6.7	0.8
#职工人数	3.9	－18.4	－22.7	－20.8	24.7	32.7	26.4	3.4
五、固定资产投资								
完成投资额	926.5倍	384.4倍	295.6倍	89.9倍	47.8倍	6.4倍	1.0倍	11.0
#工　业			255.5倍	126.1倍	78.4倍	15.8倍	79.2	7.5
六、贸易和旅游								
社会消费品零售总额	121.2倍	64.8倍	41.0倍	15.1倍	8.6倍	3.6倍	92.1	12.4
出口总值	26.5倍	37.6倍	26.5倍	57.6倍	20.3倍	7.8倍	－0.1	2.2
实际利用外资			20.6倍	4.5倍	14.2倍	2.5倍	45.2	13.6
旅游总收入						11.4倍	2.9倍	30.1
旅游创汇	4164.2倍	1784.1倍	428.0倍	34.2倍	22.3倍	6.9倍	1.3倍	19.9
接待境外旅游人数	589.6倍	118.5倍	68.6倍	32.2倍	27.7倍	7.8倍	1.2倍	14.9
七、能源生产与消费								
能源消费总量	－	－	－	－	－	－	－16.8	－1.9

主要年份主要指标增长速度(4－2)

	2015年比下列各年增长(%)							
	1980年	1985年	1990年	1995年	2000年	2005年	2010年	2014年
八、财　政								
财政总收入	148.5倍	100.4倍	51.3倍	20.5倍	12.4倍	6.6倍	1.1倍	9.9
一般公共预算收入				34.8倍	19.8倍	9.7倍	1.3倍	10.3
一般公共预算支出	347.8倍	186.1倍	94.0倍	49.5倍	23.5倍	8.4倍	1.2倍	15.6
九、金融业								
金融机构人民币存款余额	452.4倍	192.7倍	76.6倍	23.3倍	8.5倍	3.6倍	1.0倍	9.0
金融机构人民币贷款余额	163.1倍	80.3倍	28.5倍	9.6倍	4.9倍	3.1倍	1.2倍	17.8
十、人民生活								
在岗职工年平均工资	60.3倍	45.4倍	25.5倍	11.3倍	6.6倍	2.8倍	95.2	10.7
城镇居民人均可支配收入	79.2倍	50.6倍	23.9倍	8.2倍	4.7倍	2.3倍	74.7	9.3
农村居民人均可支配收入	59.4倍	34.2倍	18.3倍	6.7倍	4.4倍	2.5倍	95.3	10.3
年末城乡居民储蓄余额	1142.4倍	285.7倍	72.1倍	17.7倍	7.8倍	3.2倍	1.1倍	15.0
十一、农　业								
农业总产值	3.7倍	2.3倍	1.7倍	1.1倍	94.6	57.5	22.1	3.7
主要农产品产量								
粮　　食	72.6	48.5	37.1	39.5	45.5	29.3	10.6	1.1
棉　　花	12.8	8.0	49.9	1.3倍	2.2倍	2.5倍	16.1	－8.8
油料总计	7.1倍	3.5倍	1.5倍	37.5	68.9	1.3倍	26.8	1.2

注:农村居民人均可支配收入2014年以前数据为农民人均纯收入。

主要年份主要指标增长速度(4－3)

	2015年比下列各年增长(%)							
	1980年	1985年	1990年	1995年	2000年	2005年	2010年	2014年
茶　　叶	5.4倍	3.2倍	1.6倍	2.2倍	2.2倍	2.4倍	77.1	8.5
水　　果	61.2倍	19.8倍	9.7倍	5.6倍	4.1倍	2.1倍	1.1倍	25.0
猪　　肉	4.6倍	2.4倍	1.1倍	－7.0	23.5	17.4	5.4	－2.5
生猪年末存栏	21.2倍	15.6倍	－1.9	－33.9	－16.5	－8.0	－3.7	－3.5
耕牛年末存栏	1.4	－3.5	－17.4	－31.3	－22.7	－21.6	0.8	0.0
水 产 品	23.5倍	8.1倍	5.7倍	2.2倍	1.4倍	96.0	21.6	3.2
十二、工　　业								
主要工业产品产量								
发 电 量	5.7倍	4.8倍	6.1倍	5.6倍	3.2倍	1.6倍	1.9倍	－8.7
原　　煤	－19.8	－42.3	－45.4	－69.4	－26.7	－24.5	－50.4	－53.0
日用瓷(全口径)	5.3倍	5.0倍	3.9倍	4.2倍	2.9倍	2.0倍	－33.1	－27.5
建筑瓷(釉面砖)	31.8倍	10.7倍	8.0倍	5.9倍	－	－	10.4倍	2.3
家用冰箱		99.1倍	2.0倍	82.2	34.9	1.0倍	0.7	－12.6
印刷机械	56.7	4.3	1.8倍	27.8	－30.7	－38.5	－7.0	－34.1
汽　　车	416.1倍	95.8倍	43.4倍	2.8倍	－6.3	－16.3	－44.0	－33.3
规模以上工业主要指标								
工业总产值					11.5倍	5.9倍	60.3	1.3
工业增加值					8.1倍	4.2倍	85.7	9.4
主营业务收入					12.4倍	6.3倍	60.8	3.6

注:规模以上工业统计从1998年开始;2014年起,规模以上工业数据不包含军工涉密企业。

主要年份主要指标增长速度(4－4)

	2015年比下列各年增长(%)							
	1980年	1985年	1990年	1995年	2000年	2005年	2010年	2014年
利税总额					16.0倍	306.1倍	70.5	4.1
#利润总额					39.6倍	6.0倍	97.5	4.5
十三、交通运输								
全社会货运量	10.1倍	10.4倍	7.5倍	4.3倍	3.8倍	3.4倍	75.9	45.5
全社会客运量	3.4倍	1.4倍	1.2倍	1.0倍	6.5	93.1	-0.1	-10.5
十四、教育、卫生								
普通高等学校在校学生数	33.0倍	21.2倍	12.2倍	7.0倍	4.4倍	53.8	7.7	12.1
普通中学在校学生数	41.6	58.5	40.4	27.0	-2.1	-17.3	-3.6	1.4
小学在校学生数	-16.2	-16.1	-6.3	1.1	5.3	25.8	7.2	5.6
医院病床数	1.1倍	1.0倍	59.3	69.5	92.5	91.4	24.7	8.1
专业卫生技术人员数	1.5倍	86.5	58.6	54.1	73.2	92.6	34.0	5.7
#执业(助理)医师	1.1倍	49.3	23.9	29.6	55.9	86.5	20.0	2.1

主要年份主要指标年均增长速度(4－1)

	下列各年至2015年平均每年递增(%)							
	1981年	1986年	1991年	1996年	2001年	2006年	2011年	2014年
一、地区生产总值	12.0	12.5	13.0	12.4	12.9	12.4	10.3	8.6
第一产业	4.3	4.6	3.9	3.7	4.7	5.1	4.0	3.6
第二产业	14.3	14.8	15.6	14.8	15.2	14.6	11.4	8.9
第三产业	12.0	11.8	12.1	11.3	11.6	10.5	9.4	8.8
二、人　口								
年末总人口(户籍数)	1.1	1.1	1.0	1.0	1.0	1.0	0.4	-0.7
年末常住人口(抽样调查数)					0.7	0.6	0.6	0.7
三、城镇化率(增加百分点)					1.2	1.4	1.4	1.3
四、年末全社会从业人员	2.5	1.9	1.8	1.9	1.9	2.0	1.3	0.8
#职工人数	0.1	-0.7	-1.0	-1.2	1.5	2.9	4.8	3.4
五、固定资产投资								
完成投资额	21.6	22.0	25.6	25.3	29.6	22.1	15.0	11.0
#工　业			24.8	27.4	33.9	32.6	12.4	7.5
六、贸易和旅游								
社会消费品零售总额	14.7	15.0	16.1	14.9	16.3	16.5	13.9	12.4
出口总值	9.9	13.0	14.2	22.6	22.6	24.3	0.0	2.2
实际利用外资			13.1	8.9	19.9	13.2	7.7	13.6
旅游总收入						28.7	31.4	30.1
旅游创汇	26.9	28.3	27.4	19.5	23.4	23.0	18.5	19.9
接待境外旅游人数	20.0	17.3	18.5	19.1	25.1	24.3	16.9	14.9
七、能源生产与消费								
万元GDP能耗	-	-	-	-	-	-	-3.6	-1.9

主要年份主要指标年均增长速度(4-2)

	下列各年至2015年平均每年递增(%)							
	1981年	1986年	1991年	1996年	2001年	2006年	2011年	2014年
八、财　政								
财政总收入	15.4	16.6	17.1	16.6	18.9	22.5	16.0	9.9
一般公共预算收入				19.6	22.4	26.8	18.5	10.3
一般公共预算支出	18.2	19.1	20.0	21.7	23.8	25.2	17.3	15.6
九、金融业								
金融机构人民币存款余额	19.1	19.2	19.0	17.3	16.2	16.6	15.1	9.0
金融机构人民币贷款余额	15.7	15.8	14.5	12.5	12.5	15.1	17.1	17.8
十、人民生活								
在岗职工年平均工资	12.5	13.7	14.0	13.4	14.5	14.3	14.3	10.7
城镇居民人均可支配收入	13.3	14.0	13.7	11.7	12.3	12.7	11.8	9.3
农村居民人均可支配收入	12.4	12.6	12.6	10.7	11.8	13.5	14.3	10.3
年末城乡居民储蓄余额	22.3	20.8	18.7	15.8	15.6	15.3	15.5	15.0
十一、农　业								
农业总产值	4.5	4.1	4.0	3.6	4.6	4.7	4.1	3.9
主要农产品产量								
粮　　食	1.6	1.3	1.3	1.7	2.5	2.6	2.0	1.1
棉　　花	0.3	0.3	1.6	4.3	8.0	13.4	3.0	-8.8
油料总计	6.2	5.2	3.7	1.6	3.6	8.7	4.9	1.2

注:农村居民人均可支配收入2014年以前数据为农民人均纯收入。

主要年份主要指标年均增长速度(4-3)

	下列各年至2015年平均每年递增(%)							
	1981年	1986年	1991年	1996年	2001年	2006年	2011年	2014年
茶　叶	5.4	4.9	3.9	6.0	8.1	13.0	12.1	7.1
水　果	12.5	10.6	9.9	9.9	11.4	12.0	15.7	22.5
猪　肉	5.0	4.2	3.0	-0.4	1.4	1.6	1.0	-0.1
生猪年末存栏	9.7	10.3	0.1	-2.0	-1.0	-0.4	-0.1	-1.5
耕牛年末存栏	0.0	-0.1	-0.8	-1.9	-1.7	-2.5	0.2	-0.1
水产品	9.6	7.7	7.9	5.9	6.0	7.0	4.0	4.1
十二、工　业								
主要工业产品产量								
发电量	5.6	6.0	8.2	9.9	10.0	9.9	23.4	-8.7
原　煤	-0.6	-1.8	-2.4	-5.7	-2.0	-2.8	-13.1	-53.0
日用瓷	5.4	6.2	6.6	8.6	9.6	11.4	-7.7	-27.5
建筑瓷	10.5	8.5	9.2	10.1			62.6	2.3
家用冰箱		16.6	4.5	3.0	2.0	7.3	0.1	-12.6
印刷机械	1.3	0.1	4.1	1.2	-2.4	-4.7	-1.4	-34.1
汽　车	18.8	16.5	16.4	6.9	-0.4	-1.8	-10.9	-33.3
规模以上工业主要指标								
工业总产值					18.3	21.3	9.9	1.3
工业增加值					15.9	17.8	13.2	9.4
主营业务收入					18.9	22.1	10.0	3.6

注:规模以上工业统计从1998年开始;2014年起,规模以上工业数据不包含军工涉密企业。

主要年份主要指标年均增长速度(4－4)

	下列各年至2015年平均每年递增(%)							
	1981年	1986年	1991年	1996年	2001年	2006年	2011年	2014年
利税总额					20.8	77.3	11.3	4.1
#利润总额					28.0	21.5	14.6	4.5
十三、交通运输								
全社会货运量	7.1	8.5	8.9	8.7	11.0	16.1	12.0	45.5
全社会客运量	4.3	2.9	3.1	3.6	0.4	6.8	0.0	-10.5
十四、教育、卫生								
普通高等学校在校学生数	10.6	10.9	10.9	11.0	11.9	4.4	1.5	12.1
普通中学在校学生数	1.0	1.5	1.4	1.2	-0.1	-1.9	-0.7	1.4
小学在校学生数	-0.5	-0.6	-0.3	0.1	0.3	2.3	1.4	5.6
医院病床数	2.2	2.3	1.9	2.7	4.5	6.7	4.5	8.1
专业卫生技术人员数	2.7	2.1	1.9	2.2	3.7	6.8	6.0	5.7
#执业(助理)医师	2.1	1.3	0.9	1.3	3.0	6.4	3.7	2.1

主要年份主要比例关系

单位:%

	1980年	1985年	1990年	1995年	2000年	2005年	2010年	2014年	2015年
地区生产总值中三次产业比例									
第一产业	28.58	25.00	22.35	15.98	11.13	9.80	8.25	7.48	7.41
第二产业	54.58	53.38	46.16	46.86	51.11	52.50	60.78	58.09	56.68
第三产业	16.84	21.62	31.49	37.16	37.76	37.70	30.97	34.26	35.91
社会从业人员									
第一产业	24.66	29.78	33.13	29.89	27.32	27.00	28.04	27.03	26.80
第二产业	14.34	19.33	20.37	23.41	26.77	28.30	32.98	34.41	34.60
第三产业	5.13	9.33	13.03	17.51	24.00	29.70	35.96	38.56	38.60
农林牧渔业总产值比例									
#农业	71.47	67.03	64.03	53.44	55.79	59.20	56.70	53.97	54.70
林业	15.12	14.59	12.80	11.37	11.29	5.70	6.96	7.15	7.20
牧业	12.15	15.90	20.22	29.89	25.46	25.20	25.85	26.52	25.55
渔业	1.26	2.48	2.95	5.30	7.46	3.60	6.93	7.55	7.37
工业总产值中轻重工业比例									
轻工业	49.62	41.82	52.38	45.32	30.24	24.00	30.00	25.65	25.15
重工业	50.38	58.18	47.62	54.68	69.76	76.00	70.00	74.35	74.85
固定资产投资中三次产业比例									
第一产业	5.54	2.16	2.60	0.10	0.09	1.60	1.81	1.05	0.74
第二产业	64.96	73.23	80.64	43.40	42.48	32.80	78.48	73.41	70.56
第三产业	12.18	13.27	6.00	36.81	41.78	65.60	19.71	25.54	28.70

主要年份主要指标每人年平均水平

	单位	1980年	1985年	1990年	1995年	2000年	2005年	2010年	2014年	2015年
地区生产总值	元	464	786	1521	3946	6365	12596	29155	45438	47216
财政总收入	元	65	91	163	394	567	959	3287	6229	6823
一般公共预算收入	元	65	91	163	185	305	550	2397	5041	5540
年末住户存款	元	39	148	534	2071	3920	8019	15375	27218	31209
主要农产品产量										
粮　　食	公斤	323	356	355	333	306	321	356	386	388
棉　　花	公斤	1.28	1.27	0.84	0.52	0.40	0.30	0.90	1.11	1.00
油　　料	公斤	4.04	6.85	11.51	19.86	15.50	10.60	18.30	22.69	22.82
茶　　叶	公斤	0.99	1.43	2.09	1.65	1.60	1.38	2.51	4.07	4.38
水　　果	公斤	0.28	0.81	1.45	2.20	2.80	4.20	6.10	9.90	12.29
肉类产量	公斤	7.35	11.93	18.27	40.10	28.50	29.90	35.10	37.44	36.45
水 产 品	公斤	1.21	3.08	3.89	7.85	9.90	11.30	17.30	20.18	20.68
主要工业产品产量										
发 电 量	千瓦小时	828	912	684	704	1066	1603	1375	4267	3885
原　　煤	公斤	1303	1714	1678	2845	1137	967	1490	1558	7308
水　　泥	公斤	76	111	80	182	566	1198	–	2912	2475
自 来 水	吨	11.81	21.89		36.00	25.30	27.33	31.58	35.05	41.12

注:住户存款2014年及以前为居民储蓄存款。

主要年份每天主要社会经济活动

	单位	1980 年	1985 年	1990 年	1995 年	2000 年	2005 年	2010 年	2014 年	2015 年
全市每天创造财富										
地区生产总值	万元	145	260	544	1482	2610	5304	12645	20225	21152
工业总产值	万元	245	425	691	2669	3567	5742	18760	29686	30072
农业总产值	万元	126	171	198	265	281	839	1578	2265	2410
财政总收入	万元	20	30	58	69	119	231	1062	2537	3056
原　　煤	吨	4068	5659	6000	10689	4455	4062	6600	6959	3274
水　　泥	吨	239	368	287	684	2219	5030	14723	13005	11089
发 电 量	万千瓦时	259	301	245	264	418	673	609	1906	1741
自 来 水	万吨	4	7	12	13	10	9	14	16	18
日 用 瓷	万件	78	82	100	94	125	167	737	680	493
粮　　食	吨	1010	1174	1271	1249	1197	1348	1576	1724	1743
油料(含油茶籽)	吨	13	23	41	71	61	14	81	101	120
肉类产量	吨	30	39	65	151	115	126	156	167	164
水 产 品	吨	4	10	14	30	39	47	76	90	93
全市每天消费量										
最终消费	万元	98	176	345	809	1259	2440	5706	10355	10872
居民消费	万元	75	143	293	777	1114	2099	4696	8262	8154
农村居民消费	万元	42	71	148	346	449	621	1517	2721	2155
城镇居民消费	万元	33	72	145	430	664	1478	3179	5542	5999
政府消费	万元	23	33	52	33	145	341	1010	2093	2718
能源消费	万吨标煤							0.79	1.00	0.80
社会消费品零售总额	万元	60	112	176	458	770	1597	3846	5875	7386

历 年 地 区 生 产 总 值

单位:万元

	地区生产总值	第一产业	第二产业	工业	建筑业	第三产业	交通运输邮政业	批零贸易餐饮业	金融业	人均地区生产总值（元）
1978	43946	11196	25547	23673	1874	7203	1517	1692	2238	398
1979	47189	12717	26830	24705	2125	7642	1624	1845	2492	419
1980	52887	15110	28856	26226	2630	8921	2049	2422	2399	464
1981	57099	15646	30859	28462	2397	10594	2296	3552	2461	496
1982	63752	18781	33325	30379	2946	11646	2617	3806	3238	547
1983	67199	18231	35566	32153	3413	13402	3607	4329	3703	570
1984	81951	19762	45518	40163	4455	16671	3898	5057	4349	688
1985	94756	23690	50580	45618	4962	20486	4927	6041	5630	786
1986	105768	23998	56600	50992	5608	25170	5293	7872	6721	865
1987	123629	25418	63947	57009	6938	34264	6091	8754	6973	982
1988	147491	26139	81565	73048	8517	39787	6456	11908	7279	1173
1989	169637	30868	89515	79383	10132	49254	6886	11721	14176	1322
1990	198585	44378	91671	81516	10155	62536	7485	18524	6950	1521
1991	218980	45986	101508	90493	11015	71486	7674	20621	20095	1640
1992	273912	47154	132061	113703	18358	94697	9185	28766	28455	2037
1993	335340	51426	167618	143450	24168	116296	13946	32219	36402	2487
1994	426595	69195	205420	176382	29038	151980	18753	42704	45842	3132
1995	521052	86455	253545	229258	24287	181052	24480	56742	42482	3800
1996	616859	97783	307444	282331	25113	211632	36716	68823	37400	4453
1997	702507	105339	358838	330649	28189	238330	45802	77842	37506	5020
1998	776532	102921	414099	386306	27793	259512	52450	88167	38082	5491
1999	827781	108986	425454	393248	32206	293341	60352	96653	36045	5818
2000	937949	124984	486932	446053	40879	326033	72573	105590	32806	6365
2001	1044606	131762	542958	494401	48557	369886	99310	110465	29476	7027
2002	1188325	147219	619476	540604	78872	421630	121376	121463	26255	7925
2003	1434188	159625	761078	614298	146780	513485	134837	145302	30891	9485
2004	1667330	179100	862900	640800	222100	625330	131500	182500	27730	10948
2005	1930985	193235	1016686	771149	245537	721064	140822	214990	28335	12596
2006	2247759	208353	1215761	956965	258796	823645	160864	247740	31764	14582
2007	2618517	242933	1471125	1238933	232192	904459	165341	285086	30784	16899
2008	3223766	304462	1881755	1611755	270000	1037549	185196	354518	30205	20672
2009	3640337	336431	2119804	1823900	295904	1184102	195197	421857	35792	23174
2010	4615001	380879	2805060	2437660	367400	1429062	260026	493527	41490	29155
2011	5647106	447297	3557411	3152518	404893	1642398	290457	555637	45556	35421
2012	6282524	489743	3737767	3295013	442754	2055014	337845	655669	92649	39151
2013	6836900	522933	3971768	3481759	490009	2342199	379477	723002	132515	42340
2014	7382137	552450	4289070	3762702	526368	2540617	397376	784495	154489	45438
2015	7720557	572169	4375840	3835909	539931	2772548	412558	845601	180594	47216

历年地区生产总值构成

（以地区生产总值为100）　　　　单位:%

	第一产业	第二产业	工业	建筑业	第三产业	交通运输邮政业	批零贸易餐饮业	金融业
1978	25.5	58.1	53.9	4.3	16.4	3.5	3.9	5.1
1979	26.9	56.9	52.4	4.5	16.2	3.4	3.9	5.3
1980	28.6	54.6	49.6	5.0	16.9	3.9	4.6	4.5
1981	27.4	54.0	49.9	4.2	18.5	4.0	6.2	4.3
1982	29.5	52.3	47.7	4.6	18.3	4.1	6.0	5.1
1983	27.1	52.9	47.9	5.1	19.9	5.4	6.4	5.5
1984	24.1	55.5	50.1	5.4	20.4	4.8	6.2	5.3
1985	25.0	53.4	48.1	5.2	21.6	5.2	6.4	5.9
1986	22.7	53.5	48.2	5.3	23.8	5.0	7.4	6.4
1987	20.6	51.7	46.1	5.6	27.7	4.9	7.1	5.6
1988	17.7	55.3	49.5	5.8	27.0	4.4	8.1	4.9
1989	18.2	52.8	46.8	6.0	29.0	4.1	6.9	8.4
1990	22.5	46.2	41.1	5.1	31.5	3.8	9.3	8.5
1991	21.0	46.4	41.3	5.0	32.6	3.5	9.4	9.2
1992	17.2	48.2	41.5	6.7	34.6	3.4	10.5	10.4
1993	15.3	50.0	42.8	7.2	34.7	4.2	9.6	10.9
1994	16.2	48.2	41.4	6.8	35.6	4.4	10.0	10.8
1995	16.6	48.7	42.4	4.5	34.8	4.5	10.5	8.2
1996	15.9	49.8	45.8	4.1	34.3	6.0	11.2	6.1
1997	15.0	51.1	47.1	4.0	33.9	6.5	11.1	5.3
1998	13.3	53.3	49.8	3.6	33.4	6.8	11.4	4.9
1999	13.2	51.4	47.5	3.9	35.4	7.3	11.7	4.4
2000	13.3	51.9	47.6	4.4	34.8	7.7	11.3	3.5
2001	12.6	52.0	47.3	4.7	35.4	9.5	10.6	2.8
2002	12.4	52.1	45.5	6.6	35.5	10.2	10.2	2.2
2003	11.1	53.1	42.8	10.2	35.8	9.4	10.1	2.2
2004	10.7	51.8	38.4	13.3	37.5	7.9	11.0	1.7
2005	10.0	52.7	39.9	12.7	37.3	7.3	11.1	1.5
2006	9.3	54.1	42.6	11.5	36.6	7.2	11.0	1.4
2007	9.3	56.2	47.3	8.9	34.5	6.3	10.9	1.2
2008	9.5	58.4	50.0	8.4	32.2	5.7	11.0	0.9
2009	9.2	58.2	50.1	8.1	32.5	5.4	11.6	1.0
2010	8.3	60.8	52.8	8.0	31.0	5.6	10.7	0.9
2011	7.9	63.0	55.8	7.2	29.1	5.1	9.8	0.8
2012	7.8	59.5	52.4	7.1	32.7	5.4	10.4	1.5
2013	7.6	58.1	50.9	7.2	34.3	5.6	10.6	1.9
2014	7.5	58.1	51.0	7.1	34.4	5.4	10.7	2.1
2015	7.4	56.7	49.7	7.0	35.9	5.3	11.0	2.3

历年地区生产总值指数

	以1952年为100				以上年为100			
	地区生产总值	第一产业	第二产业	第三产业	地区生产总值	第一产业	第二产业	第三产业
1978	569.8	386.5	1848.0	409.9	108.3	96.9	120.8	111.4
1979	571.9	359.5	1951.2	426.8	100.4	93.0	105.6	104.1
1980	624.9	398.8	2110.8	463.5	109.3	110.9	108.2	108.6
1981	657.1	389.9	2234.8	536.9	105.1	97.8	105.9	115.8
1982	732.7	458.1	2431.7	578.6	111.5	117.5	108.8	107.8
1983	759.6	425.4	2623.9	652.8	103.7	92.9	107.9	112.8
1984	904.3	443.9	3388.5	790.7	119.1	104.4	129.1	121.1
1985	964.3	460.4	3663.6	868.2	106.6	103.7	108.1	109.8
1986	1058.1	466.4	4036.3	997.1	109.7	101.3	110.2	114.9
1987	1234.2	536.8	4529.0	1247.7	116.6	115.1	112.2	125.1
1988	1397.7	599.7	5704.1	1200.2	113.3	111.7	126.0	96.2
1989	1467.4	603.9	6067.3	1277.7	105.0	100.7	106.4	106.5
1990	1583.9	673.9	6079.0	1408.0	107.9	111.6	100.2	110.2
1991	1714.6	692.2	6563.1	1559.3	108.3	102.7	108.0	110.7
1992	2020.8	709.3	8594.3	1797.2	117.9	102.5	31.0	115.3
1993	2343.0	729.3	10173.2	2065.3	115.9	102.8	118.4	114.9
1994	2774.1	795.0	12390.9	2437.1	118.4	109.0	121.8	118.0
1995	3204.0	845.9	14447.8	2868.5	115.5	106.4	116.6	117.7
1996	3697.5	887.3	17351.8	3229.9	115.4	104.9	120.1	112.6
1997	4181.8	913.9	20405.7	3549.6	113.1	103.0	117.6	109.9
1998	4600.0	815.2	23548.2	3837.2	110.0	89.2	115.4	108.1
1999	4922.0	857.6	24396.0	4359.0	107.0	105.2	103.6	113.6
2000	5419.1	886.8	27347.9	4725.2	110.1	103.4	112.1	108.4
2001	5961.0	889.4	30438.2	301.6	110.0	100.3	111.3	112.2
2002	6724.0	913.4	35947.5	5858.3	112.8	102.7	118.1	110.5
2003	7773.0	946.3	42921.3	6719.5	115.6	103.6	119.4	114.7
2004	9001.1	1031.5	50733.0	7707.2	115.8	109.0	118.2	114.7
2005	10342.3	1074.8	58647.3	9025.2	114.9	104.2	115.6	117.1
2006	11852.3	1139.3	69145.2	10117.2	114.6	106.0	117.9	112.1
2007	13570.8	1211.1	77497.9	10845.7	114.5	106.3	120.8	107.2
2008	15647.2	1286.2	93385.0	11843.5	115.3	106.2	120.5	109.2
2009	17806.5	1376.2	107206.0	13477.9	113.8	107.0	114.8	113.8
2010	20495.3	1446.4	124251.7	15661.3	115.1	105.1	115.9	116.2
2011	22975.2	1504.3	141646.9	17321.4	112.1	104.0	114.0	110.6
2012	25640.3	1565.9	159211.2	19348.0	111.6	104.1	112.4	111.7
2013	28255.6	1628.5	177520.5	21108.7	110.2	104.0	111.5	109.1
2014	30742.1	1701.8	195450.1	22586.3	108.8	104.5	110.1	107.0
2015	33385.9	1763.1	212845.2	24573.9	108.6	103.6	108.9	108.8

主要年份支出法地区生产总值

单位:万元

	1980 年	1985 年	1990 年	1995 年	2000 年	2005 年	2010 年	2013 年	2014 年	2015 年
地区收入总值	51255	93311	197112	542028	939436	1933648	4622684	6811931	7391137	7729322
一、地区生产总值	52867	94756	198585	541052	937949	1930985	4615001	6802847	7382137	7720557
(一)最终消费支出	35763	64328	126058	295434	459387	890726	2082749	3246996	3779619	3968366
1、居民消费支出	27412	52324	106933	283448	406456	766219	1714102	2594305	3015800	2976274
农村居民	15344	25944	54079	126326	163981	226790	553655	854325	993100	786734
城镇居民	12068	26380	52854	57122	242475	539429	1160447	1739980	2022700	2189540
2、政府消费支出	8351	12004	19125	11986	52931	124507	368647	652691	763819	992092
(二)资本形成总额	11170	23852	42275	259004	486058	1048530	2539328	3560842	3607318	3756328
1、固定资产形成总额	7670	20224	29531	169852	318909	903732	2326024	3243046	3285816	3493385
2、存货增加	3500	3628	12744	89152	167149	144798	213304	317796	321502	262943
(三)货物和服务净流出	5934	6576	30252	-13386	-7496	-8271	-7076	-4991	-4800	-4137
二、地区外净要素收入	-1612	-1445	-1473	976	1487	2663	7683	9084	9000	8765

主要年份支出法地区生产总值指数

（以上年为100）

	1980年	1985年	1990年	1995年	2000年	2005年	2010年	2014年	2015年
地区收入总值	109.1	107.0	108.0	115.7	110.1	114.9	115.1	108.8	108.6
一、地区生产总值	109.3	106.6	107.9	115.5	110.1	114.9	115.1	108.8	108.6
（一）最终消费支出	100.4	94.8	113.7	105.6	108.1	122.0	111.7	116.4	110.3
1、居民消费支出	100.7	111.0	115.3	106.6	107.7	124.6	108.4	116.2	111.4
农村居民	100.7	106.3	127.4	108.1	102.0	108.5	116.2	116.2	111.7
城镇居民	100.7	116.2	104.7	105.0	112.3	153.1	105.2	116.2	111.3
2、政府消费支出	99.3	57.5	106.4	86.1	115.9	107.8	128.6	117.0	106.0
（二）资本形成总额	79.0	137.3	91.7	85.6	111.2	109.3	117.9	101.9	106.7
1、固定资产形成总额	114.7	230.2	100.6	80.8	111.5	104.1	119.3	101.9	108.7
2、存货增加	47.3	37.8	76.2	88.8	111.0	158.2	104.9	101.2	86.0
（三）货物和服务净流出	1369.7	183.6	119.2	14.2	101.4	80.9	96.6	97.8	89.4
二、地区外净要素收入	107.9	99.5	115.9	–	110.3	111.7	117.8	98.9	97.4

收入法地区生产总值

单位:万元

	增加值	劳动者报酬	生产税净额	固定资产折旧	营业盈余
地区生产总值	7720557	3490474	1144956	1170621	1714506
第一产业	572169	562746		9423	
第二产业	4375840	1825362	812026	589319	1149133
工业	3835909	1685536	779205	529210	841958
建筑业	539931	139826	32821	60109	307175
第三产业	2772548	1102366	332930	571879	765373
交通运输、仓储及邮政业	412558	64737	26466	318186	3169
信息传输、计算机服务和软件业	213741	58387	86467	34853	34034
批发和零售业	661297	113465	103384	30823	413625
住宿和餐饮业	184304	52489	14049	11394	106372
金融业	180594	98611	33784	9917	38282
房地产业	113195	2729	10945	90653	8868
租赁和商务服务业	80638	58569	4332	14243	3494
科学研究、技术服务和地质勘查业	74500	58383	3272	4739	8106
水利、环境和公共设施管理业	56845	33588	304	11433	11520
居民服务和其他服务业	121344	24437	5903	2671	88333
教　育	322187	287182	306	17349	17350
卫生、社会保障和社会福利业	85624	69026	606	5420	10572
文化、体育和娱乐业	40577	17428	1486	2878	18785
公共管理和社会组织	208294	149008	41626	14797	2863
农林牧渔服务业	16850	14327		2523	

分地区生产总值构成项目(3－1)

单位:万元、%

	全市			
	2014 年		2015 年	
	绝对值	构成	绝对值	构成
地区生产总值	7382137	100.0	7720557	100.0
第一产业	537727	7.3	572169	7.4
第二产业	4289070	58.1	4375840	56.7
工业	3762702	51.0	3835909	49.7
建筑业	526368	7.1	539931	7.0
第三产业	2555340	34.6	2772548	35.9
交通运输、仓储及邮政业	397376	5.4	412558	5.3
信息传输、计算机服务和软件业	165435	2.2	213741	2.8
批发和零售业	617868	8.4	661297	8.6
住宿和餐饮业	166627	2.3	184304	2.4
金融业	154489	2.1	180594	2.3
房地产业	118555	1.6	113195	1.5
租赁和商务服务业	62410	0.8	80638	1.0
科学研究、技术服务和地质勘查业	28368	1.5	17880	0.9
水利、环境和公共设施管理业	55731	0.8	56845	0.7
居民服务和其他服务业	93905	1.3	121344	1.6
教　育	315728	4.3	322187	4.2
卫生、社会保障和社会福利业	83911	1.1	85624	1.1
文化、体育和娱乐业	31415	0.4	40577	0.5
公共管理和社会组织	204142	2.8	208294	2.7
农林牧渔服务业	14723	0.2	16850	0.2

注:由于地区生产总值核算方法的调整,此表农林牧渔服务业增加值已由第一产业划分到第三产业。

分地区生产总值构成项目(3－2)

单位:亿元、%

	乐平市				浮梁县			
	2014 年		2015 年		2014 年		2015 年	
	绝对值	构成	绝对值	构成	绝对值	构成	绝对值	构成
地区生产总值	2571943	100.0	2650783	100.0	962170	100.0	1001002	100.0
第一产业	330105	12.8	343131	12.9	150872	15.7	161351	16.1
第二产业	1477467	57.4	1488225	56.1	529172	55.0	538741	53.8
工业	1294235	50.3	1298580	49.0	498353	51.8	507552	50.7
建筑业	183232	7.1	189645	7.2	30819	3.2	31189	3.1
第三产业	764371	29.7	819427	30.9	282126	29.3	300910	30.1
交通运输、仓储及邮政业	148679	5.8	151097	5.7	52142	5.4	54187	5.4
信息传输、计算机服务和软件业	19910	0.8	21620	0.8	10421	1.1	11962	1.2
批发和零售业	169127	6.6	178865	6.7	66333	6.9	70968	7.1
住宿和餐饮业	61743	2.4	64194	2.4	20325	2.1	21860	2.2
金融业	31296	1.2	35840	1.4	7284	0.8	9186	0.9
房地产业	52830	2.1	52746	2.0	18803	2.0	17915	1.8
租赁和商务服务业	19035	0.7	20787	0.8	8625	0.9	10020	1.0
科学研究、技术服务和地质勘查业	18013	0.7	19856	0.7	2512	0.3	2786	0.3
水利、环境和公共设施管理业	5525	0.2	6056	0.2	3432	0.4	3502	0.3
居民服务和其他服务业	38401	1.5	41081	1.5	16125	1.7	18712	1.9
教　育	63632	2.5	70455	.7	16025	1.7	16736	1.7
卫生、社会保障和社会福利业	26142	1.0	28808	1.1	3914	0.4	4182	0.4
文化、体育和娱乐业	17403	0.7	18451	0.7	4425	0.5	4957	0.5
公共管理和社会组织	86321	3.4	101359	3.8	47326	4.9	48916	4.9
农林牧渔服务业	6711	0.3	8212	0.3	4083	0.4	5021	0.5

分地区生产总值构成项目(3－3)

单位:亿元、%

	珠山区				昌江区			
	2014年		2015年		2014年		2015年	
	绝对值	构成	绝对值	构成	绝对值	构成	绝对值	构成
地区生产总值	1853384	100.0	2000040	100.0	1984372	100.0	2068731	100.0
第一产业	5379	0.3	5151	0.3	58082	2.9	62535	3.0
第二产业	811777	43.8	854918	42.7	1460654	73.6	1493956	72.2
工业	617621	33.3	656879	32.8	1342493	6737	1372898	66.4
建筑业	194156	0.5	198039	9.9	118161	6.0	121058	5.9
第三产业	1036228	55.9	1139971	57.0	465636	23.5	512240	24.8
交通运输、仓储及邮政业	169129	9.1	184488	9.2	78864	4.0	81958	4.0
信息传输、计算机服务和软件业	66554	3.6	99818	5.0	32945	1.7	39450	1.9
批发和零售业	253040	13.7	268388	13.4	111947	5.6	121259	5.9
住宿和餐饮业	75935	4.1	79915	4.0	33797	1.7	36689	1.8
金融业	56570	3.1	66634	3.3	27098	1.4	36351	1.8
房地产业	51935	2.8	52046	2.6	25789	1.3	24915	1.2
租赁和商务服务业	35999	1.9	50638	2.5	12429	0.6	14534	0.7
科学研究、技术服务和地质勘查业	28368	1.5	17880	0.9	11367	0.6	12458	0.6
水利、环境和公共设施管理业	21646	1.2	13642	0.7	8673	0.4	10382	0.5
居民服务和其他服务业	24171	1.3	29120	1.5	18703	0.9	20763	1.0
教　育	122684	6.6	146327	7.3	49158	2.5	51907	2.5
卫生、社会保障和社会福利业	32604	1.8	41098	2.1	13064	0.7	16610	0.8
文化、体育和娱乐业	18115	1.0	19474	1.0	6254	0.3	6229	0.3
公共管理和社会组织	79315	4.3	70325	3.5	31781	1.6	35296	1.7
农林牧渔服务业	163	0.0	178	0.0	3765	0.2	3439	0.2

主要统计指标解释

地区生产总值 地区生产总值是按市场价格计算的地区生产总值的简称。它是一个地区所有常住单位在一定时期内生产活动的最终成果。地区生产总值有三种表现形态，价值形态、收入形态和产品形态。从价值形态看，它是所有常住单位在一定时期内所生产的全部货物和服务价值超过同期投入的全部非固定资产货物和服务价值的差额，即所有常住单位的增加值之和；从收入形态看，它是所有常住单位在一定时期内所创造并分配给常住单位和非常住单位的初次分配收入之和；从产品形态看，它是最终使用的货物和服务减去进出口货物和服务。在核算中，地区生产总值的三种表现形态表现为三种计算方法，即生产法，收入法和支出法。三种方法分别从不同的方面反映地区生产总值及其构成。

地区收入总值 地区收入总值是按市场价格计算的地区收入总值的简称。它是一个地区所有常住单位在一定时期内应收原始收入（即雇员报酬、生产税净额、固定资产折旧、营业盈余和财产收入）之和，它等于地区生产总值加上来自地区外的生产税净额、雇员报酬和财产收入减去应付给地区外的地区报酬和财产收入。与地区生产总值不同，地区生产总值是一个生产概念，而地区收入总值是一个收入概念。

第一产业 指农、林、牧、渔业（不含农、林、牧、渔服务业）。

第二产业 指采矿业（不含开采辅助活动），制造业（不含金属制品、机械和设备修理业），电力、热力、燃气及水生产和供应业，建筑业。

第三产业 指除第一产业、第二产业以外的其他行业。

当年价格 指报告期的实际价格，如工厂的出厂价格，农产品的收购价格，商业的零售价格等。按当年价格计算，是指一些以货币表现的物量指标如工农业总产值、国民生产总值等，按照当年的实际价格来计算总量。使用当年价格计算的数字，是为了使国民经济各项指标互相衔接，便于考察当年经济效益，便于对生产和流通、生产和分配、生产和消费进行经济核算和综合平衡。按当年价格计算的价值指标，在不同年份之间进行对比时，因为包含有各年份价格变动因素，不能确切地反映实物量的增减变化，必须消除价格变动因素后，才能真实反映经济发展动态。因此，在计算增长速度时都使用按可比价格计算的数字。

可比价格 指在不同时期的价值指标对比时，扣除了价格变动的因素，以确切表示物量的变化。按可比价格计算有两种方法：一种是直接按产品产量乘其不变价格计算，一种是用物价指数换算。

不变价格 用某一时期的同类产品的平

均价格作为固定价格,来计算各个时期的产品价值。新中国成立后,随着工农业产品的价格水平的变化,国家统计局先后五次制定了全国统一的工业产品不变价格和农业产品不变价格。从1949年到1957年使用1952年工(农)业产品不变价格,从1957年到1971年使用1957年不变价格,从1971年到1981年使用1970年不变价格,从1991年开始使用1990年不变价格,从2001年开始使用2000年不变价格。本《年鉴》按不变价格计算的指标均系采用2010年不变价格。

平均每年增长速度 在我国计算平均增长速度有两种方法,一种是习惯上经常使用的"水平法",又称几何平均法,是以间隔期最后一年的水平同基期水平对比来计算平均每年增长(或下降)速度。另一种是"累计法",又称代数平均法或方程法,是以间隔期内各年水平的总和同基期水平对比来计算平均每年增长(或下降)速度。在一般正常情况下,两种方法计算的平均每年增长速度比较接近,但在经济发展不平衡,出现大起大落时,两种方法计算的结果差别较大。

二、人　　口

· 据人口变动抽样调查,2015 年末,全市常住人口 164.05 万人。其中,城镇人口 104.22 万人,乡村人口 59.83 万人。

· 据人口变动抽样调查,2015 年末,全市城镇化率63.53%。

· 据人口变动抽样调查,全市人口自然增长率6.83‰。

本篇章

资料审核:刘建东

资料整理:叶　蔚

历年按城乡分年末常住人口数

	总人口（万人）	按城乡分		以年末总人口为100	
		城镇人口	乡村人口	城镇人口	乡村人口
2000	148.04	67.80	80.24	45.80	54.20
2001	149.44	68.59	80.85	45.90	54.10
2002	150.64	69.29	81.35	46.00	54.00
2003	151.77	72.55	79.22	47.80	52.20
2004	152.83	74.28	78.55	48.60	51.40
2005	153.84	76.30	77.54	49.60	50.40
2006	154.50	78.72	75.78	50.95	49.05
2007	155.44	81.65	73.79	52.53	47.47
2008	156.52	84.13	72.39	53.75	46.25
2009	157.66	86.90	70.76	55.12	44.88
2010	158.92	89.49	69.43	56.31	43.69
2011	159.94	92.70	67.24	57.96	42.04
2012	161.00	96.36	64.64	59.85	40.15
2013	161.95	98.87	63.08	61.05	38.95
2014	162.98	101.50	61.48	62.28	37.72
2015	164.05	104.22	59.83	63.53	36.47

注:本表为人口变动抽样调查推算数据。

历年人口自然变动情况

	年平均人口（万人）	人口出生率（‰）	人口死亡率（‰）	人口自然增长率(‰)	人口密度（人/平方公里）
2000	147.37	15.40	5.88	9.52	282
2001	148.69	15.12	5.80	9.32	284
2002	149.99	14.77	5.72	9.05	287
2003	151.21	14.16	5.95	8.21	289
2004	152.30	13.72	5.62	8.10	291
2005	153.33	13.47	5.53	7.94	293
2006	154.17	13.37	5.62	7.75	294
2007	154.97	13.50	5.64	7.86	296
2008	155.98	13.54	5.66	7.88	298
2009	157.09	13.51	5.69	7.82	300
2010	158.29	13.58	5.93	7.65	303
2011	159.43	13.39	6.01	7.38	304
2012	160.47	13.30	6.12	7.18	306
2013	161.47	13.04	6.24	6.80	308
2014	162.46	13.12	6.27	6.85	310
2015	163.51	13.08	6.25	6.83	312

注:本表为人口变动抽样调查推算数据。

分地区常住人口主要数据

	单位	全市	昌江区	珠山区	浮梁县	乐平市
年末人口合计	人	1640515	161408	331363	311746	835998
#城镇人口	人	1042219	128497	331363	135267	447092
#男	人	845071	83060	170362	160732	430917
女	人	795444	78348	161001	151014	405081
总人口性别比	女=100	106.24	106.01	105.81	106.44	106.38
人口出生率	‰	13.08	10.14	10.95	13.73	14.25
人口死亡率	‰	6.25	5.97	6.19	6.73	6.15
人口自然增长率	‰	6.83	4.17	4.76	7.00	8.10
城镇化率	%	63.53	79.61	100.00	43.39	53.48
6岁及以上人口平均受教育年限	年	9.17	9.37	11.22	9.12	8.40
15岁及以上人口平均受教育年限	年	9.53	9.68	11.53	9.38	8.99

注:本表为人口变动抽样调查推算数据。

历年公安年报户数、人口数及其构成

	总户数（万户）	总人口（万人）	男	女	城镇人口	乡村人口
1978	23.17	111.64	59.06	52.58	35.08	76.56
1979	23.57	113.38	59.88	53.50	35.70	77.68
1980	24.20	114.64	60.43	54.21	36.98	77.66
1981	24.54	115.56	60.63	54.93	38.23	77.33
1982	25.00	117.34	61.65	55.69	38.62	78.72
1983	25.56	118.54	62.19	56.35	39.07	79.47
1984	26.04	119.52	62.54	56.98	39.86	79.66
1985	27.04	121.45	63.58	57.87	41.33	80.12
1986	27.80	123.18	64.39	58.79	41.76	81.42
1987	28.43	124.54	65.07	59.44	42.23	82.28
1988	29.51	127.00	66.33	60.67	42.55	84.45
1989	31.09	129.66	67.58	62.08	43.56	86.09
1990	32.44	131.43	68.64	62.79	43.96	87.47
1991	34.17	132.88	69.31	63.57	44.44	88.44
1992	34.02	133.86	69.91	63.95	44.90	88.96
1993	34.49	135.78	70.94	64.84	45.86	89.92
1994	35.31	136.59	71.22	65.37	46.43	90.16
1995	36.39	137.64	71.84	65.80	47.65	89.99
1996	36.84	139.38	72.76	66.61	48.37	91.01
1997	37.56	140.49	73.41	67.08	49.05	91.44
1998	39.22	142.30	74.36	67.94	49.91	92.39
1999	40.31	142.23	74.37	67.86	50.43	91.80
2000	41.36	143.78	75.19	68.59	51.03	92.75
2001	42.69	145.61	76.13	69.48	52.57	93.34
2002	43.12	147.30	77.60	69.70	53.30	94.00
2003	43.83	148.30	77.59	70.67	56.78	91.46
2004	44.80	150.57	78.65	71.93	59.30	91.27
2005	46.23	150.83	78.87	71.95	59.64	91.19
2006	47.76	153.62	80.35	73.26	60.67	92.95
2007	49.69	156.18	81.97	74.21	61.65	94.53
2008	51.44	158.23	83.17	75.06	62.64	95.59
2009	52.45	160.22	84.07	76.15	63.08	97.14
2010	53.80	163.16	85.56	77.60	63.78	99.38
2011	54.71	164.59	86.35	78.24	64.17	100.59
2012	55.65	166.69	87.48	79.21	64.95	101.74
2013	56.90	166.28	87.39	78.89	64.76	101.52
2014	55.16	167.84	88.55	79.29	65.86	101.98
2015	52.93	166.73	87.83	78.91	89.96	76.77

注:2014 年以前城镇人口为非农业人口,乡村人口为农业人口。

分地区公安户籍人口及其变动情况

	单位	全市	昌江区	珠山 区	浮梁县	乐平市
总户数	户	529276	55342	105566	93661	274707
总人口	人	1667347	150256	309308	275928	931855
#男	人	878261	77573	156250	144562	499876
女	人	789086	72683	153058	131366	431979
#城镇人口数	人	899605	82480	302181	201452	313492
乡村人口数	人	767742	67776	7127	74476	618363
出生人口数	人	25448	2055	3386	3976	16031
#男	人	13865	1092	1743	2204	8826
女	人	11583	963	1643	1772	7205
死亡人口数	人	5646	679	2040	795	2132
#男	人	3399	381	1042	546	1430
女	人	2247	298	998	249	702
省内迁入	人	11395	1020	8994	523	858
省外迁入	人	2723	357	989	408	969
迁往省内	人	13544	1309	9757	667	1811
迁往省外	人	5093	438	1885	824	1946

主要统计指标解释

常住人口　是指在一定的时间内经常居住在某一地区的人口。常住人口包括以下各类人口:住本户,户口在本乡、镇、街道的人;住本户半年以上,户口在外乡、镇、街道的人;住本户不满半年,户口在外乡、镇、街道,离开户口登记地半年以上的人;住本户,户口待定的人。

人口数　指一定时点、一定地区范围内的有生命的个人的总和。

出生率　(又称总出生率或粗出生率)指在一定时期内(通常为在一年内)一定地区的出生人数与同期平均人口总数之比,它反映人口的出生水平,一般以千分率即平均每千人口所出生的人数来表示,计算公式为:

出生率 = 年出生人数/年平均人口数 × 1000‰

死亡率　指在一定时期内(通常在一年内)一定地区的死亡人数与同期平均人口数(或期中人口数)之比。一般以千分率表示。计算公式为:死亡率 = 年死亡人数/年平均人口数 × 1000‰

人口自然增长率　指在一定时期内(通常为在一年内)一定地区人口自然增加数(即出生人数减死亡人数)与平均人口数(或期中人口数)之比,一般以千分率表示。计算公式为:

人口自然增长率 = (本年出生人口数—本年死亡人口数)/年平均人口数 × 1000‰

也可直接用出生率减死亡率求得。

城镇人口　是指在一定时期内(通常为在一年内)一定地区居住在城镇范围内的全部常住人口,包括居住在城镇半年以上、户口在乡村的外来人口。

乡村人口　是指在一定时期内(通常为在一年内)一定地区除城镇人口以外的全部人口。

三、就业人员和职工工资

·2015 年末，全市社会从业人员 103.45 万人。其中，城镇从业人员 49.13 万人，乡村从业人员 54.32 万人。

·2015 年，全市在岗职工工资总额 85.49 亿元，比上年增长 8.6%。

·2015 年，全市在岗职工平均工资为 45372 元，比上年增长 10.7%。

本篇章

资料审核:刘建东

资料整理:叶　蔚

主要年份社会从业人员分布与构成(2-1)

	合计（万人）			构成(合计数为100)	
		物质生产部门	非物质生产部门	物质生产部门	非物质生产部门
1990	66.53	59.30	7.23	89.31	10.87
1991	66.35	59.42	6.93	89.56	10.44
1992	66.16	58.99	7.17	89.16	10.84
1993	66.48	60.41	6.07	90.87	9.13
1994	68.47	59.58	8.89	87.02	12.98
1995	70.81	63.95	10.85	85.49	14.51
1996	71.23	61.12	10.11	85.81	14.19
1997	75.23	64.27	10.96	85.43	14.57
1998	74.93	61.24	13.69	81.73	18.27
1999	77.78	64.55	13.23	82.99	17.01
2000	78.09	62.35	15.74	79.84	20.16
2001	78.33	61.88	16.45	79.00	24.00
2002	78.50	60.25	18.25	76.75	23.25
2003	79.88	60.47	19.41	75.70	24.30
2004	84.09	62.34	21.75	74.13	25.87
2005	85.00	63.01	21.99	74.13	25.87
2006	87.28	64.87	22.41	74.32	25.68
2007	89.78	67.03	22.75	74.66	25.34
2008	92.37	69.32	23.05	75.05	24.95
2009	94.97	70.18	24.79	73.90	26.10
2010	96.98	71.27	25.71	73.49	26.51
2011	98.83	72.62	26.21	73.48	26.52
2012	100.78	74.14	26.64	73.57	26.43
2013	101.68	74.63	27.05	73.40	26.60
2014	102.60	75.02	27.58	73.12	26.88
2015	103.45	75.23	28.22	72.72	27.28

主要年份社会从业人员分布与构成(2－2)

	合计（万人）	第一产业	第二产业	第三产业	构成(以合计数为100) 第一产业	第二产业	第三产业
1990	66.53	33.13	20.37	13.03	49.80	30.62	19.58
1991	66.35	33.08	20.87	12.40	49.86	31.45	18.69
1992	66.16	32.36	21.28	12.52	48.91	32.16	18.93
1993	66.48	32.76	22.15	11.57	49.28	33.32	17.40
1994	68.47	30.11	22.99	15.37	43.98	33.58	22.44
1995	70.81	29.89	23.41	17.51	42.21	33.06	24.37
1996	71.23	30.82	23.74	16.67	43.27	33.33	23.40
1997	75.23	31.27	24.88	19.08	41.56	33.07	25.37
1998	74.93	29.37	25.61	19.95	39.20	34.18	26.62
1999	77.78	29.88	26.52	21.38	38.42	34.10	27.48
2000	78.09	27.32	26.77	24.00	34.99	34.28	30.73
2001	78.33	28.12	25.48	24.73	35.90	32.53	31.57
2002	78.50	26.70	25.98	25.82	34.01	33.10	32.89
2003	79.88	26.61	26.68	26.59	33.31	33.40	33.29
2004	84.09	27.11	27.77	29.21	32.24	33.02	34.74
2005	85.00	27.00	28.30	29.70	31.76	33.29	34.95
2006	87.28	27.40	29.00	30.88	31.39	33.23	35.38
2007	89.78	27.84	30.05	31.89	31.01	33.47	35.52
2008	92.37	28.17	31.21	32.99	30.50	33.79	35.71
2009	94.97	28.22	31.91	34.84	29.71	33.60	36.69
2010	96.98	28.04	32.98	35.96	28.91	34.01	37.08
2011	98.83	28.02	34.13	36.68	28.35	34.53	37.11
2012	100.78	27.86	34.82	38.10	27.64	34.55	37.81
2013	101.68	27.75	35.31	38.62	27.29	34.73	37.98
2014	102.60	27.73	35.30	39.57	27.03	34.41	38.56
2015	103.45	27.72	35.80	39.93	26.80	34.60	38.60

劳动力资源平衡表

	城乡合计（万人）	城镇	乡村
一、年末劳动力资源总数	108.70	52.40	56.30
#当年新增的劳动力资源	0.98	0.51	0.47
1、年末16岁以上全部人数	122.90	59.22	63.68
#不计入劳动力资源的人数	14.20	7.11	7.09
2、机械变动差额跨地区调整数（+－）	9.81	4.13	5.68
二、经济活动人口	104.61	50.29	54.32
（一）从业人员	103.45	49.13	54.32
1、按就业身份分组			
单位从业人员	19.95	19.95	
私营业主	0.83	0.54	0.29
个体户	5.74	4.04	1.70
私营企业和个体从业人员	21.12	18.23	2.89
乡镇企业从业人员	8.45	0.00	8.45
农村从业人员	40.89	0.00	40.89
其他	6.47	6.37	0.10
2、按登记注册类型分组			
国有	10.55	10.55	
集体	48.79	1.05	47.74
股份合作	0.22	0.22	
联营			
有限责任公司	6.03	6.03	
股份有限公司	2.09	2.06	0.03
私营	12.17	9.74	2.43
个体	16.25	12.37	3.88
港澳台投资	0.22	0.22	
外商投资	0.52	0.52	
其他	6.61	6.37	0.23
3、按国民经济行业分组			
第一产业	27.72	0.95	26.77
农林牧渔业	27.72	0.95	26.77
第二产业	35.80	19.50	16.30
采矿业	2.85	1.01	1.84
制造业	26.14	16.30	9.84
电力燃气及水的生产和供应业	0.97	0.97	
建筑业	5.84	1.22	4.62
第三产业	39.93	28.68	11.25
交通运输、仓储和邮政业	3.03	1.45	1.58
信息传输计算机服务和软件业	0.29	0.26	0.03
批发和零售业	8.68	5.97	2.71
住宿和餐饮业	5.36	4.44	0.92
金融业	0.48	0.48	
房地产业	0.46	0.46	
租赁和商务服务业	0.23	0.23	
科学技术服务和地质勘查业	0.45	0.43	0.02
水利环境和公共设施管理业	0.27	0.25	0.02
居民服务和其他服务业	4.25	3.60	0.65
教育	3.13	1.96	1.17
卫生社会保障和社会福利业	1.03	0.90	0.13
文化体育和娱乐业	0.31	0.22	0.09
公共管理和社会组织	2.07	1.99	0.08
其他	9.89	6.04	3.85
（二）失业人员	1.16	1.16	
三、非经济活动人口	21.72	7.89	13.83
#16岁以上的在校学生	5.56	5.16	0.40
家务劳动者	9.29	3.9	5.39

历年职工人数、工资总额、平均工资

	职工年末人数(人)	国有单位	工资总额(万元)	国有单位	职工年平均人数(人)	平均工资(元)
1978	180432	141084	10321	8162	176824	584
1979	181588	137998	11446	9041	180567	634
1980	191392	147618	13844	10992	186990	740
1981	205797	155614	14672	11556	199417	736
1982	210242	158404	15616	12135	208282	750
1983	217535	165111	16496	12990	216735	761
1984	223702	162486	19717	15068	223451	882
1985	243640	169327	23242	17216	237587	978
1986	253491	174144	27950	20891	248302	1125
1987	257705	180460	30411	22683	251253	1210
1988	258162	182562	35891	27165	252781	1420
1989	256689	185010	39569	30540	253380	1562
1990	257397	184487	43702	33391	254849	1715
1991	263802	190776	48060	37167	258272	1861
1992	265728	190079	54323	42214	262110	2073
1993	257238	184018	61311	48461	252841	2425
1994	252921	186306	79463	65706	252727	3144
1995	251059	183512	87764	72829	238037	3687
1996	251436	184067	92251	78837	220238	4189
1997	246427	184142	82180	80353	197977	4544
1998	173534	126428	85850	66119	173933	4936
1999	168304	124597	91733	71012	166573	5507
2000	159497	118374	96201	76376	160622	5989
2001	152686	115369	108249	86339	153470	7053
2002	138802	104783	119570	97029	146725	8149
2003	143287	105093	136183	108418	142246	9574
2004	142893	104700	152563	122676	140090	10890
2005	149795	95973	174136	122005	146703	11870
2006	150618	95834	193263	135599	147467	13106
2007	164410	106033	246778	167281	151033	16339
2008	158384	96426	291803	200413	156475	18649
2009	158498	95010	321801	218268	158173	20345
2010	157297	94330	361726	248794	155586	23249
2011	175987	91649	507448	272173	174689	29049
2012	179980	89616	611939	341249	179766	34041
2013	193371	77648	713199	324783	191796	37185
2014	192225	76749	787540	376067	192133	40989
2015	187379	79332	846710	427098	184651	45372

单位从业人员和工资(6－1)

	单位数（个）	单位从业人员年末人数(人)							单位从业人员平均人数(人)				
		合计	女性	非全日制	在岗职工	劳务派遣人员	在岗劳务合计	其他从业人员	合计	在岗职工	劳务派遣人员	在岗劳务合计	其他从业人员
总　计	1853	195067	67279	1008	181219	6160	187379	7688	193096	178401	6250	184651	8445
按企业、事业、机关分组													
企　业	667	133645	42039	436	23812	6010	129822	3823	132046	121508	6042	127550	4496
事　业	550	41149	19572	358	38512	43	38555	2594	40811	38103	43	38146	2665
机　关	636	20273	5668	214	18895	107	19002	1271	20239	18790	165	18955	1284
按经济类型分组													
国有经济单位	1332	84773	31838	738	78444	888	79332	5441	84563	77456	958	78414	6149
城镇集体单位	53	7277	1507	35	6528	257	6785	492	6992	6271	250	6521	471
其他所有制单位	468	103017	33934	235	96247	5015	101262	1755	101541	94674	5042	99716	1825
股份合作	3	430	288		430		430		428	428		428	
联营	2	198	48		137	61	198		197	136	61	197	
有限责任公司	380	79213	25841	141	76098	2106	78204	1009	77894	74657	2198	76855	1039
股份有限公司	36	13336	3538	76	10528	2356	12884	452	13196	10461	2259	12720	476
港澳台商投资	18	4717	1956		4412	82	4494	223	4722	4412	84	4496	226
外商投资	19	4427	2039	18	3989	410	4399	28	4412	3931	440	4371	41
其他	10	696	224		653		653	43	692	649		649	43
按隶属关系分组													
中央单位	41	8535	3933		7712	123	7835	700	8571	6988	136	7124	1447
省属单位	19	6861	1650	54	6594	116	6710	151	7058	6696	174	6870	188
市、县属单位	1793	179671	61696	954	166913	5921	172834	6837	177467	164717	5940	170657	6810
按地区分组													
市直单位	592	45075	18726	248	41650	223	41873	3202	44405	40171	294	40465	3940
乐平市	500	49773	14437	233	47206	293	47499	2274	49155	46606	285	46891	2264
浮梁县	321	22968	8505	236	22246	168	22414	554	22889	22147	167	22314	575
珠山区	192	23290	7485	248	19398	2714	22112	1178	23024	19075	2772	21847	1177
昌江区	109	20004	6795	23	18886	667	19553	451	19908	18763	689	19452	456
高新区	139	33957	11331	20	31833	2095	33928	29	33715	31639	2043	33682	33
按国民经济行业分组													
农、林、牧、渔业	39	6344	1077	120	5943		5943	401	6342	5941		5941	401
农　　业	11	4398	538		4117		4117	281	4397	4116		4116	281
林　　业	7	1418	426	120	1298		1298	120	1418	1298		1298	120
畜 牧 业	1	17	3		17		17		17	17		17	
农、林、牧、渔服务业	20	511	110		511		511		510	510		510	
采 矿 业	8	5102	922	16	4905		4905	197	5328	5093		5093	235
煤炭开采和洗选业	5	4859	869	16	4755		4755	104	5083	4941		4941	142
非金属矿采选业	3	243	53		150		150	93	245	152		152	93
制 造 业	258	71385	22696	74	66911	3088	69999	1386	70466	65971	3117	69088	1378
农副食品加工业	4	315	92		315		315		313	313		313	
食品制造业	6	441	172		441		441		436	436		436	
酒、饮料和精制茶制造业	1	398	260	20	378		378	20	399	379		379	20
纺织服装、服饰业	3	259	138		259		259		259	259		259	

注:本表数据为网报数据;部分指标为省统计局反馈指标。

单位从业人员和工资(6－2)

	单位数(个)	单位从业人员年末人数(人)							单位从业人员平均人数(人)				
		合计	女性	非全日制	在岗职工	劳务派遣人员	在岗劳务合计	其他从业人员	合计	在岗职工	劳务派遣人员	在岗劳务合计	其他从业人员
家具制造业	2	530	221		530		530		515	515		515	
造纸和纸制品业	4	203	53		203		203		200	200		200	
印刷和记录媒介复制业	3	431	185		431		431		430	430		430	
石油加工、炼焦和核燃料加工业	4	11327	3202	4	11311		11311	16	11326	11312		11312	14
化学原料和化学制品制造业	19	8174	2225		8174		8174		7936	7931		7931	5
医药制造业	7	2509	798		2509		2509		2419	2419		2419	
橡胶和塑料制品业	4	537	65		537		537		467	467		467	
非金属矿物制品业	89	16187	6593		15080	9	15089	1098	16101	15011	9	15020	1081
黑色金属冶炼和压延加工业	33	2946	986		2946		2946		2921	2921		2921	
有色金属冶炼和压延加工业	1	187	26		187		187		176	176		176	
金属制品业	3	205	118	17	153	35	188	17	205	153	35	188	17
通用设备制造业	4	6689	1387	14	4864	1805	6669	20	6578	4845	1713	6558	20
专用设备制造业	4	571	170	7	564		564	7	567	560		560	7
汽车制造业	26	8119	1820	12	7136	957	8093	26	8107	7046	1036	8082	25
铁路、船舶、航空航天和其他运输设备制造业	11	6201	1925	6076	6076	125	5921	5793		5793	128		
电气机械和器材制造业	10	3010	1250		2671	282	2953	57	3038	2654	323	2977	61
计算机、通信和其他电子设备制造业	18	2023	980		2023		2023		2029	2029		2029	
仪器仪表制造业	1	117	27		117		117		117	116	1	117	
其他制造业	1	6	3		6		6		6	6		6	
电力、热力、燃气及水生产和供应业	14	4590	1513		4328	87	4415	175	4639	4374	87	4461	178
电力、热力生产和供应业	7	3198	954		2955	87	3042	156	3230	2984	87	3071	159
燃气生产和供应业	3	676	237		676		676		689	689		689	
水的生产和供应业	4	716	322		697		697	19	720	701		701	19
建筑业	35	11559	1669	209	10410	370	10780	779	11264	10177	349	10526	738
房屋建筑业	17	8872	1229	143	8212	155	8367	505	8640	8016	158	8174	466
土木工程建筑业	8	1850	234	21	1679	88	1767	83	1830	1669	78	1747	83
建筑安装业	6	518	151		385	125	510	8	479	361	110	471	8
建筑装饰和其他建筑业	4	319	55	45	134	2	136	183	315	131	3	134	181
批发和零售业	87	6318	2905	28	5740	463	6203	115	6338	5763	459	6222	116
批发业	23	2076	725	10	1604	443	2047	29	2090	1621	439	2060	30
零售业	64	4242	2180	18	4136	20	4156	86	4248	4142	20	4162	86
交通运输、仓储和邮政业	60	8872	2196	7	7484	786	8270	602	8708	7016	759	7775	933
道路运输业	41	5807	1216	7	4755	707	5462	345	5583	4556	680	5236	347
水上运输业	6	993	97		936	24	960	33	994	937	24	961	33
装卸搬运和运输代理业	2	73	11		73		73		73	73		73	
仓储业	4	256	82		253	2	255	1	255	252	2	254	1
邮政业	7	1743	790		1467	53	1520	223	1803	1198	53	1251	552
住宿和餐饮业	23	2300	1443	2	2098	1	2099	201	2014	1834	1	1835	179
住宿业	19	2135	1351		1935	1	1936	199	1849	1671	1	1672	177
餐饮业	4	165	92	2	163		163	2	165	163		163	2
信息传输、软件和信息技术服务业	15	8743	3245	8	7870	572	8442	301	8636	7297	611	7908	728
电信、广播电视和卫星传输服务	9	2175	1168	8	1308	572	1880	295	2150	817	611	1428	722
互联网和相关服务	1	72	43		72		72		73	73		73	

单位从业人员和工资(6－3)

	单位数(个)	单位从业人员年末人数(人)							单位从业人员平均人数(人)				
		合计	女性	非全日制	在岗职工	劳务派遣人员	在岗劳务合计	其他从业人员	合计	在岗职工	劳务派遣人员	在岗劳务合计	其他从业人员
软件和信息技术服务业	5	6496	2034		6490		6490	6	6413	6407		6407	6
金融业	49	4120	1980	68	3784	132	3916	204	4083	3728	145	3873	210
货币金融服务业	39	3543	1725		3445	43	3488	55	3500	3388	57	3445	55
保险业	10	577	255	68	339	89	428	149	583	340	88	428	155
房地产业	61	1889	772	3	1683	23	1706	183	1882	1658	28	1686	196
房地产开发经营	55	1716	707	3	1510	23	1533	183	1709	1485	28	1513	196
物业管理	2	107	44		107		107		107	107		107	
房地产中介服务	3	63	20		63		63		63	63		63	
租赁和商务服务业	31	1136	319	1	1098	10	1108	28	1131	1093	10	1103	28
租赁业	2	163	48		158	2	160	3	163	158	2	160	3
商务服务业	29	973	271	1	940	8	948	25	968	935	8	943	25
科学研究、技术服务业	55	3747	1475	7	3655	6	3661	86	3714	3622	6	3628	86
研究和试验发展	15	2466	1069		2434		2434	32	2463	2431		2431	32
专业技术服务业	35	1233	384	7	1173	6	1179	54	1203	1143	6	1149	54
科技推广和应用服务业	5	48	22		48		48		48	48		48	
水利、环境和公共设施管理业	36	4165	1837	7	2968	438	3406	759	4133	2946	437	3383	750
水利管理业	10	294	78	2	292		292	2	294	294		294	
生态保护和环境治理业	1	8	3		8		8		8	8		8	
公共设施管理业	25	3863	1756	5	2668	438	3106	757	3831	2644	437	3081	750
居民服务、修理和其他服务业	4	602	146	20	555	24	579	23	613	566	24	590	23
居民服务业	4	602	146	20	555	24	579	23	613	566	24	590	23
教育	206	18307	9026	65	17854	1	17855	452	18278	17831	1	17832	446
初等教育	75	6625	3811	15	6559		6559	66	6642	6578		6578	64
中等教育	91	7231	3011		7142	1	7143	88	7216	7131	1	7132	84
高等教育	6	3257	1546		2978		2978	279	3250	2971		2971	279
卫生和社会工作	59	9521	6169	118	9129	8	9137	384	9191	8798	8	8806	385
卫生	55	9413	6110	118	9056	4	9060	353	9083	8725	4	8729	354
社会工作	4	108	59		73	4	77	31	108	73	4	77	31
文化、体育和娱乐业	37	2321	1068		2215	24	2239	82	2331	2218	23	2241	90
新闻和出版业	5	391	212		387		387	4	391	387		387	4
广播、电视、电影和影视录音制作业	7	507	253		507		507		515	515		515	
文化艺术业	23	1388	592		1286	24	1310	78	1390	1281		1304	86
体育	2	35	11		35		35		35	35		35	
公共管理、社会保障和社会组织	776	24046	6821	255	22589	127	22716	1330	24005	22475	185	22660	1345
中国共产党机关	43	814	214		771	8	779	35	814	770	8	778	36
国家机构	643	21385	5922	254	19982	111	20093	1292	21366	19893	169	20062	1304
人民政协、民主党派	13	178	63		177		177	1	178	175		175	3
社会保障	5	167	97		167		167		165	165		165	
群众社团、社会团体和其他成员组织	72	1502	525	1	1492	8	1500	2	1482	1472	8	1480	2

单位从业人员和工资(6－4)

	从业人员工资总额(千元)									平均工资(元)				
	合计	在岗职工工资总额					劳务派遣人员工资总额	在岗劳务合计	其他从业人员工资总额	从业人员	在岗职工	劳务派遣人员	在岗劳务合计	其他从业人员
		小计	基本工资	绩效工资	津贴和补贴	其他工资								
总　　计	8712781	8263657	4590990	2393265	1005550	273852	203443	8467100	245681	45121	45814	32551	45372	29092
按企业、事业、机关分组														
企　　业	5320541	4974436	3353586	1244517	250856	125477	197093	5171529	149012	40293	40939	32620	40545	33143
事　　业	2243813	2179547	829671	984242	273978	91656	2007	2181554	62259	54981	57201	46674	57190	23362
机　　关	1148427	1109674	407733	164506	480716	56719	4343	1114017	34410	56743	59057	26321	58772	26799
按经济类型分组														
国有经济单位	4430673	4224339	1743075	1452700	853476	175088	46638	4270977	159696	52395	54539	48683	54467	25971
城镇集体单位	290832	266478	188879	55135	19465	2999	7187	273665	17167	41595	42494	28748	41967	36448
其他所有制单位	3991276	3772840	2659036	885430	132609	95765	149618	3922458	68818	39307	39851	29674	39336	37708
股份合作	18925	18925	7691	5869	4785	580		18925		44217	44217		44217	
联营	8576	5079	2029	1801	901	348	3497	8576		43533	37346	57328	43533	
有限责任公司	3074331	2971236	2068696	54813	92270	55457	61192	3032428	41903	39468	39798	27840	39456	40330
股份有限公司	494851	404830	278686	78046	20002	28096	75499	480329	14522	37500	38699	33421	37762	30508
港澳台商投资	213240	199853	155235	29448	6184	8986	2930	202783	10457	45159	45298	34881	45103	46270
外商投资	152433	145004	123720	14518	4468	2298	6500	151504	929	34550	36887	14773	34661	22659
其他	28920	27913	22979	935	3999			27913	1007	41792	43009		43009	23419
按隶属关系分组														
中央单位	752524	677566	215069	338805	105470	18222	8745	686311	66213	87799	90311	64301	96338	45759
省属单位	309311	291411	175226	49333	59486	7366	11626	303037	6274	43824	80046	66816	44110	33372
市、县属单位	7650946	7294680	4200695	2005127	840594	248264	183072	7477752	173194	43112	44286	30820	43817	25432
按地区分组														
市直单位	2624635	2489142	906512	1068992	437191	76447	10386	2499528	125107	59107	61964	35327	61770	31753
乐平市	2223217	2156888	1227413	547188	278584	103703	11388	2168276	54941	45229	46279	39958	46241	24267
浮梁县	959604	937833	628967	140333	135033	33500	5494	943327	16277	41924	42346	32898	42275	28308
珠山区	1028754	898589	561613	257331	66697	12948	93355	991944	36810	44682	47108	33678	45404	31274
昌江区	916316	883431	438244	339916	78385	26886	21437	904868	11448	46028	47084	31113	46518	25105
高新区	960255	897774	828241	39505	9660	20368	61383	959157	1098	28482	28376	30046	28477	33273
按国民经济行业分组														
农、林、牧、渔业	109762	106788	79323	23207	3137	1121		106788	2974	17307	17975		17975	7416
农　　业	52357	49743	49743				49743	2614	11907	12085		12085	9302	
林　　业	37423	37063	18276	18787			37063	360	26391	28554		28554	3000	
畜 牧 业	212	212	212					212		12471	12471		12471	
农、林、牧、渔服务业	19770	19770	11092	4420	3137	1121		19770		38765	38765		38765	
采 矿 业	181114	173994	148366	13301	11513	814		173994	7120	33993	34163		34163	30298
煤炭开采和洗选业	174879	169579	143951	13301	11513	814		169579	5300	34405	34321		34321	37324
非金属矿采选业	6235	4415	4415				4415	1820	25449	29046		29046	19570	
制 造 业	2769560	2648499	1867567	625121	86972	68839	89239	2737738	31822	39303	40146	28630	39627	23093
农副食品加工业	7356	7356	4996	1113	587	660		7356		23502	23502		23502	
食品制造业	11394	11394	11094		300			11394		26133	26133		26133	
酒、饮料和精制茶制造业	14700	13968	8326	5642			13968	732	36842	36855		36855	36600	
纺织服装、服饰业	10191	10191	7991	2200			10191		39347	39347		39347		

单位从业人员和工资(6－5)

	从业人员工资总额(千元)									平均工资(元)				
	合计	在岗职工工资总额					劳务派遣人员工资总额	在岗劳务合计	其他从业人员工资总额	从业人员	在岗职工	劳务派遣人员	在岗劳务合计	其他从业人员
		小计	基本工资	绩效工资	津贴和补贴	其他工资								
家具制造业	17858	17858	17183			675		17858		34676	34676		34676	
造纸和纸制品业	4358	4358	4358					4358		21790	21790		21790	
印刷和记录媒介复制业	15111	15111	13430	945		736		15111		35142	35142		35142	
石油加工、炼焦和核燃料加工业	455038	454426	261187	158907	21862	12470		454426	612	40176	40172		40172	43714
化学原料和化学制品制造业	322729	322381	279267	29050	5840	8224		322381	348	40666	40648		40648	69600
医药制造业	93527	93527	65456	18352	5501	4218		93527		38663	38663		38663	
橡胶和塑料制品业	17739	17739	17623	116				17739		37985	37985		37985	
非金属矿物制品业	564766	546167	460227	30885	34764	20291	210	546377	18389	35076	36384	23333	36377	17011
黑色金属冶炼和压延加工业	58585	58585	58585					58585		20056	20056		20056	
有色金属冶炼和压延加工业	47998	7998		7998				7998		45443	45443		45443	
金属制品业	7628	6545	3670	2476	399		782	7327	301	37210	42778	22343	38973	17706
通用设备制造业	247433	193430	136400	28599	8572	19859	53446	246876	557	37615	39924	31200	37645	27850
专用设备制造业	14882	13932	13932					13932	950	26247	24879		24879	135714
汽车制造业	3422032	392736	230670	153547	8272	247	26764	419500	2532	52058	55739	25834	51905	101280
铁路、船舶、航空航天和其他运输设备制造业	298120	293215	125195	167628		392		293215	4905	50350	50615		50615	38320
电气机械和器材制造业	103351	92938	85813	6649	476		7917	100855	2496	34019	35018	24511	33878	40918
计算机、通信和其他电子设备制造业	66916	66916	54436	11014	399	1067		66916		32980	32980		32980	
仪器仪表制造业	7649	7529	7529				120	7649		65376	64905	120000	65376	
其他制造业	199	199	199					199		33167	33167		33167	
电力、热力、燃气及水生产和供应业	395823	381219	114175	227796	21603	17645	5942	387161	8662	85325	87156	68299	86788	48663
电力、热力生产和供应业	336373	322358	66825	223026	14862	17645	5942	328300	8073	104140	108029	68299	106903	50774
燃气生产和供应业	34373	34373	33497	622	254			34373		49888	49888		49888	
水的生产和供应业	25077	24488	13853	4148	6487			24488	589	34829	34933		34933	31000
建筑业	394169	360589	292951	39800	14898	12940	9776	370365	23804	34994	35432	28011	35186	32255
房屋建筑业	294704	271805	247577	10516	7552	6160	4969	276774	17930	34109	33908	31449	33860	38476
土木工程建筑业	64749	61490	31524	22417	6496	1053	1980	63470	1279	35382	36842	25385	36331	15410
建筑安装业	24075	21200	9188	5582	703	5727	2727	23927	148	50261	58726	24791	50800	18500
建筑装饰和其他建筑业	10641	6094	4662	1285	147		100	6194	4447	33781	46519	33333	46224	24569
批发和零售业	253859	231265	161388	62737	3364	3776	19398	250663	3196	40053	40129	42261	40287	27552
批发业	121389	101996	59471	38760	2156	1609	18436	120432	957	58081	62922	41995	58462	31900
零售业	132470	129269	101917	23977	1208	2167	962	130231	2239	31184	31209	48100	31290	26035
交通运输、仓储和邮政业	413378	324733	210351	70754	35958	7670	41865	366598	46780	47471	46285	55158	47151	50139
道路运输业	261799	216952	143559	40051	26949	6393	30947	247899	13900	46892	47619	45510	47345	40058
水上运输业	38805	33286	31530	20	1736		3001	36287	2518	39039	5524	125042	37760	76303
装卸搬运和运输代理业	2775	2775	2141		634			775		38014	38014		38014	
仓 储 业	7676	7424	6142	661	574	47	168	7592	84	30102	29460	84000	29890	84000
邮政业	102323	64296	26979	30022	6065	1230	7749	72045	30278	56752	53669	146208	57590	54851
住宿和餐饮业	58262	55839	48677	5505	715	942	21	55860	2402	28929	30447	21000	30441	13419
住宿业	54529	52136	45486	5169	598	883	21	52157	2372	29491	31200	21000	31194	13401
餐饮业	3733	3703	3191	336	117	59		3703	30	22624	22718		22718	15000
信息传输、软件和信息技术服务业	212681	164604	136699	17618	9937	350	12614	177218	35463	24627	22558	20645	22410	48713
电信、广播电视和卫星传输服务	92288	44284	21037	13717	9180	350	12614	56898	35390	42925	54203	20645	39845	49017
互联网和相关服务	5290	5290	1511	3022	757			5290		72466	72466		72466	

单位从业人员和工资(6－6)

	从业人员工资总额(千元)									平均工资(元)				
	合计	在岗职工工资总额					劳务派遣人员工资总额	在岗劳务合计	其他从业人员工资总额	从业人员	在岗职工	劳务派遣人员	在岗劳务合计	其他从业人员
		小计	基本工资	绩效工资	津贴和补贴	其他工资								
金融业	313562	297913	125703	133891	33982	4337	5454	303367	10195	76797	79912	37614	78329	48548
货币金融服务业	286725	281386	117772	129167	31950	2497	3330	284716	2009	81921	83054	58421	82646	36527
保险业	26837	16527	7931	4724	2032	1840	2124	18651	8186	46033	48609	24136	43577	52813
房地产业	89910	83671	63286	11531	6348	2506	1650	85321	4589	47774	50465	58929	50606	23413
房地产开发经营	83146	76907	59100	10506	4972	2329	1650	8557	4589	48652	51789	58929	51921	23413
物业管理	3673	3673	3115	558				3673		34327	34327		34327	
房地产中介服务	2968	2968	1004	467	1320	177		2968		47111	47111		47111	
租赁和商务服务业	49739	47862	36115	3137	7275	1335	561	48423	1316	43978	43790	56100	43901	47000
租赁业	12992	12686	12515		171		132	12818	174	79706	80291	66000	80113	58000
商务服务业	36747	35176	23600	3137	7104	1335	429	35605	1142	37962	37621	53625	37757	45680
科学研究、技术服务业	232176	229635	86257	105314	34611	3453	347	229982	2194	62514	63400	57833	63391	25512
研究和试验发展	170676	170162	58931	84044	26665	522		170162	514	69296	69997		69997	16063
专业技术服务业	59327	57300	26241	20368	7816	2875	347	57647	1680	49316	50131	57833	50171	31111
科技推广和应用服务业	2173	2173	1085	902	130	56		2173		45271	45271		45271	
水利、环境和公共设施管理业	171051	152398	73006	52917	24167	2308	8741	161139	9912	41387	51730	20002	47632	13216
水利管理业	15287	15287	6015	5289	3778	205		15287		51997	51997		51997	
生态保护和环境治理业	489	489	232	257				489		61125	61125		61125	
公共设施管理业	155275	136622	66759	47371	20389	2103	8741	145363	9912	40531	51672	20002	47180	13216
居民服务、修理和其他服务业	22265	20749	15617	2103	1240	1789	753	21502	763	36321	36659	31375	36444	33174
居民服务业	22265	20749	15617	2103	1240	1789	753	21502	763	36321	36659	31375	36444	33174
教育	1075453	1068894	426090	531660	92267	18877	58	1068952	6501	58839	59946	58000	59946	14576
初等教育	358804	357536	140202	207911	3904	5519		357536	1268	54020	54353		54353	19813
中等教育	424094	422784	199588	192417	19673	11106	58	422842	1252	58771	59288	58000	59288	14905
高等教育	231943	228216	61761	110763	54983	709		228216	3727	71367	76815		76815	13358
卫生和社会工作	510462	500134	173184	190877	103391	32682	301	500435	10027	55539	56846	37625	56829	26044
卫生	506298	496692	172037	190156	101866	32633	201	496893	9405	55741	56927	50250	56924	26568
社会工作	4164	3442	1147	721	1525	49	100	3542	622	38556	47151	25000	46000	20065
文化、体育和娱乐业	99222	96319	40976	47455	5960	1928	1656	97975	1247	42566	43426	72000	43719	13856
新闻和出版业	20862	20768	6921	12673	1174			20768	94	53355	53664		53664	23500
广播、电视、电影和影视录音制作业	26632	26632	10501	13635	2496			26632		51713	51713		51713	
文化艺术业	49401	46592	22788	20023	1853	1928	1656	48248	1153	35540	36372	72000	37000	13407
体育	2327	2327	766	1124	437			2327		66486	66486		66486	
公共管理、社会保障和社会组织	1360333	1318552	491259	228541	508212	90540	5067	1323619	36714	56669	58667	27389	58412	27297
中国共产党机关	52035	51104	16297	2805	26025	5977	302	51406	629	63925	66369	37750	66075	17472
国家机构	1217405	1176732	433495	208504	452166	82567	4665	1181397	36008	56979	59153	27604	58887	27613
人民政协、民主党派	9743	9698	3993	1169	4478	58		9698	45	54736	55417		55417	15000
社会保障	8682	8682	3041	1201	4264	176		8682		52618	52618		52618	
群众社团、社会团体和其他成员组织	72468	72336	34433	14862	21279	1762	100	72436	32	48899	49141	12500	48943	16000

主要统计指标解释

社会从业人员　指从事一定社会劳动并取得劳动报酬或经济收入的全部劳动力。它包括国有单位、各种合营单位、城镇集体所有制单位的全部职工、城镇私营企业从业人员、城镇个体从业人员、农村集体和个体从业人员以及离、退休返聘人员、外籍工作人员。

物质生产部门　指农、林、牧、渔、水利业，工业，建筑业，交通运输、邮电通讯业，商业、公共饮食业、物资供销和仓储业。

非物质生产部门　指除物质生产部门以外的其他国民经济行业。

农村从业人员　指农村人口中经常参加社会劳动并取得劳动报酬的整、半劳动力。包括在乡镇企业及其他集体经济组织和农户中参加各项生产的人员及外出从事个体经营的人员。

城镇失业人员　一般指在劳动年龄以内，有劳动能力无业而要求就业并在劳动就业主管部门进行登记的人员。包括城镇年满16岁至25岁的初高中毕业生中未能升学、参军的社会青年和年龄在25岁至男50岁、女45岁以下的其他未就业人员。

单位从业人员　各单位的从业人员是指在各级国家机关、政府机关、社会团体及企业事业单位中工作，取得工资及其他形式的劳动报酬的全部人员。包括：在岗职工、再就业的离退休人员、民办教师以及在各单位中工作的外籍人员和港澳台籍人员、兼职人员、借用的外单位人员和第二职业者。不包括离开本单位仍保留劳动关系的职工。

职工　指在国有单位、城镇集体所有制、国有与集体合营、国有与私人合营、集体和私人合营、中外合资、中外合作、华侨或港澳台工商业者经营、外资经营企业、事业、机关及其附属机构中工作，并由其支付工资的各种人员。

在岗职工　指在本单位工作由单位支付工资的人员，以及有工作岗位，但由于学习、病伤产假等原因暂未工作，仍由单位支付工资的人员。

离开本单位仍保留劳动关系职工　由于各种原因，已经离开本人的生产或工作岗位，并已不在本单位从事其他工作，但仍与用人单位保留关系的职工。包括停薪留职，挂编等。

城镇集体所有制单位职工　指在城镇集体所有制企业、事业及其管理部门中工作，并由其支付工资的各种人员。包括固定职工、临时职工、季节工、轮换工等。

其他各种所有制单位职工　在国有与集体合营、国有与私人合营、集体与私人合营、中外合资、中外合作、华侨或港澳台工商业才者经营、外资经营企业、事业单位中工作，并由其支付工资的各种人员。国有与集体合营单位包括与乡镇集体所有制单位合营，在统计职工人数时，包括参加劳动的乡村劳动力。

中外合资、中外合作、华侨或港澳台工商业者经营和外资经营单位职工人数中不包括外籍职工和港澳职工。

劳动报酬　指各单位在一定时期内直接支付给本单位全部从业人员的劳动报酬总额。包括在岗职工工资总额和本单位其他从业人员劳动报酬两部分。

工资总额　指各单位在一定时期内实际支付给本单位全部在岗职工的劳动报酬总额。凡是各单位根据职工劳动的数量和质量支付给职工个人的劳动报酬及其他根据国家法令、政策规定支付的工资，不论是由工资科目开支的，还是工资科目以外的其它各项科目（搬运费、材料费、加工费、职工福利基金、企业基金、企业利润留成与附属机构的业务收入等）开支的。也不论是货币形式或实物形式支付的，均包括在工资总额内。包括范围：

（1）计时工资：指按照计时工资标准和工作时间支付给职工的劳动报酬。包括对已做工作按照计时工资标准支付的计时工资，实际结构的工资制的单位支付给职工的基础职工和职务（岗位）工资，因病、工伤、产假、计划生育、事假、探亲假、定期休假、停工、学习、执行国家或社会义务等原因按计时工资标准或计件工资标准的一定比例支付的工资以及支付给学徒的生活津贴。

（2）计件工资：指已做工作按计件单位支付给职工的劳动报酬。其中：计件超额工资：指计件工人超过定额后所得的工资，即计件人实得的全部计件工资减去应得的计件标准工资后数额。某些企业的工人由于从事生产的工作物等级高于本人标准工资其超额工资也用全部工资减去应得的计件标准工资求得。

（3）各种资金：是对职工超额劳动的一种奖励。为了鼓励先进，对在生产、工作中有优良成绩的职工，在标准工资以外支付给职工的劳动报酬。

（4）津贴和补贴：指为了补偿职工额外负担外或特殊的劳动消耗，以及为了保证职工的工资水平不受特殊条件影响，而以津贴形式支付给职工的劳动报酬。

（5）加班工资：指对在法定节假日和公休日工作的职工发给的劳动报酬。

（6）其他工资：指其他根据国家规定支付的工资。如保留工资、附加工资、调整工资补发上年的工资等。

国有单位由企业奖励基金支付的职工的工资，视其使用情况，分别包括在工资总额各项构成中。

四、固定资产投资

·2015 年,全市完成固定资产投资 690.88 亿元,比上年增长 11.0%。其中,第一产业投资 5.15 亿元,第二产业投资 487.48 亿元,第三产业投资 198.25 亿元。

·2015 年,全市新增固定资产 358.13 亿元,比上年下降 7.4%。

·2015 年,全市固定资产投资施工项目 1128 个,比上年增长 44.4%。

·2015 年,全市完成竣工房屋面积 179.72 万平方米。其中,住宅面积 36.78 万平方米。

本篇章

资料审核:凌　华

资料整理:陈莹莹　倪　艳

历年固定资产投资完成额

单位:万元

	固定资产投资完成额	城镇以上固定资产	房地产开发投资
“六五时期”		57437	
1981		7881	
1982		8302	
1983		9703	
1984		13624	
1985		17927	
“七五时期”		109747	1226
1986		19428	
1987		20127	
1988		25884	
1989		21014	
1990		23294	1226
“八五时期”		420270	20148
1991		31714	1614
1992		52897	1781
1993		126830	2476
1994		132807	4593
1995		76022	9684
“九五时期”		527973	63418
1996		89471	8529
1997		93282	7365
1998		92191	9734
1999		111346	15630
2000		141683	22160
“十五时期”		2761074	583390
2001		176566	28365
2002		286796	66978
2003		536037	171012
2004		877540	181237
2005	939698	884135	135798
“十一五时期”	10354810	9985524	1044479
2006	941007	889269	145116
2007	1116683	1080362	161617
2008	2094615	2024800	230820
2009	2772505	2679203	249760
2010（老口径）	4395905	4239982	257166
2010（新口径）	3430000	3311890	257166
“十二五时期”			195572
2011	26752212	3618734	364502
2012	4566908	4403278	520370
2013	5387175	5330708	426646
2014	6225413		369684
2015	6908760		274370

注:1、2011年投资起报点由计划总投资50万元调整为500万元,即2010年以前投资起报点为计划总投资50万元,2011年开始为500万元。

2、表中2008年、2009年按新口径(即500万元以上)调整(后同)。

3、2014年取消城乡分组指标,不再计算城镇以上固定资产。

主要年份固定资产投资主要指标

	单位	2006 年	2010 年（老口径）	2010 年（新口径）	2011 年	2012 年	2013 年	2014 年	2015
一、投资额	万元	941007	4395905	3430000	3663956	4566908	5387175	6225413	6908760
#住宅	万元	108828	222517	212862	303631	417559	337829	308048	238465
（一）按建设性质分									
#新建	万元	547921	3756645	2963808	3421048	3959603	4447315	5604026	6252715
扩建	万元	101078	399526	247303	102320	243872	332618	345248	329479
改建和技术改造	万元	275603	239734	134280	124845	350039	566839	272609	255724
（二）按经济类型分									
国有经济	万元	439802	1096004	895662	521290	748312	775081	949428	960686
集体经济	万元	21045	37191	27482	10678	21800	3636	12700	15800
其它经济	万元	480160	3262710	2506856	3131988	3796796	4608458	5263285	5932274
（三）按构成分									
建筑工程	万元	616300	1891882	1487906	1763505	2641977	3493845	4024109	4826308
安装工程	万元	43380	780906	597534	596956	536242	457345	694848	652249
设备工具器具购置	万元	186669	1163582	703475	680077	834122	986739	896926	821006
其它费用	万元	94658	559535	641085	623418	554567	449246	609530	609197
（四）按工程用途分									
第一产业	万元	11192	79609	63388	46496	39246	32858	65360	51432
第二产业	万元	380099	3450014	2721327	2693267	3400495	4102019	4570247	4874804
#工业	万元	379079	3446384	2708759	2659767	3319662	4102019	4515147	4854904
第三产业	万元	549716	866282	645285	924193	1127167	1252298	1589806	1982524
#房地产业	万元	189584	297079	291972	398694	645133	589399	581972	336100
#房地产开发投资	万元	145116	257166	257166	364502	520370	426646	369684	274370
二、新增固定资产	万元	249934	2803208	826827	2110319	2246275	3322070	3887618	3581336
#房地产开发投资	万元	61484	77767	77767	207287	263726	312726	203976	177446
三、施工房屋建筑面积	万平方米	379.17	526.15	505.83	733.46	669.11	774.87	771.66	703.48
#住宅	万平方米	254.27	292.22	274.02	366.93	317.67	300.69	301.53	308.60
四、竣工房屋建筑面积	万平方米	96.28	136.43	79.69	207.3	213.76	156.42	174.55	179.72
#住宅	万平方米	68.63	48.58	45.63	92.04	122.66	51.94	70.94	36.78
五、房屋面积竣工率	%	25.39	25.93	15.75	28.26	31.95	20.19	22.62	25.55
六、固定资产交付使用率	%	26.56	63.77	24.11	57.60	49.19	61.67	62.45	51.84
七、全部施工项目个数	个	409	816	775	532	690	829	781	1128
#本年新开工	个	190	574	564	315	492	432	470	866
八、本年竣工、投产项目个数	个	101	376	110	265	220	339	412	512

固定资产投资

	单位	2014年	2015年	市区	浮梁县	乐平市	2015年比上年增长(%)
一、投资总额	万元	6225413	6908760	2966370	657193	3285197	11.0
#住宅	万元	308048	238465	95473	86845	56417	-22.6
(一)按经济类型分							
国有经济	万元	949428	960686	670620	235663	54403	1.2
集体经济	万元	12700	15800			15800	24.4
其它经济	万元	5263285	5932274	2295750	421530	3214994	12.7
(二)按构成分							
建筑工程	万元	4024109	4826308	1600386	597848	2628074	19.9
安装工程	万元	694848	652249	404562	4070	243617	-6.1
设备工具器具购置	万元	896926	821006	715846	50017	55143	-8.5
其它费用	万元	609530	609197	245576	5258	358363	-0.1
(三)按行业分							
第一产业	万元	65360	51432		25232	26200	-21.3
第二产业	万元	4570247	4874804	1363819	434526	3076459	6.7
#工业		4515147	4854904	1363819	434526	3056559	7.5
第三产业	万元	1589806	1982524	1602551	197435	182538	24.7
#房地产业	万元	581972	336100	242113	14912	79075	-42.2
#房地产开发投资	万元	369684	274370	183383	11912	79075	-25.8
二、新增固定资产	万元	3887618	3581336	1513968	180577	1886791	-7.9
#房地产开发投资	万元	121198	17446	105846	16488	55112	46.4
三、施工房屋建筑面积	万平方米	771.66	703.48	333.01	81.77	196.97	-8.8
#住宅	万平方米	301.53	308.6	173.56	32.20	81.89	2.3
四、竣工房屋建筑面积	万平方米	174.55	179.72	106.58	8.48	26.42	3.0
#住宅	万平方米	70.94	36.78	46.6	7.02	8.28	-48.2
五、房屋面积竣工率	%	22.6	25.5	32.0	10.4	13.4	12.9
六、固定资产交付使用率	%	62.5	51.8	51.0	27.5	57.4	-17.0
七、全部施工项目个数	个	781	1128	327	65	736	44.4
#本年新开工	个	470	866	277	25	564	84.3
八、本年竣工、投产项目个数	个	412	512	222	40	250	24.3

按行业和登记注册类型分固定资产投资（2－1）

单位：万元

	合　计	内　资							港澳台商投资	外商投资	个体经营
			国有	集体	有限责任公司	股份有限公司	私营	其他			
总　计	6908760	6844904	960686	15800	2119251	169993	3221673	357501		59528	4328
农、林、牧、渔业	53232	53232	2952				28000	22280			
农业	38612	38612	2952				13380	22280			
林业	10020	10020					10020				
畜牧业	2800	2800					2800				
渔业											
农、林、牧、渔服务业	1800	1800					1800				
采矿业	134640	134640			9000		125640				
#煤炭开采和洗选业											
黑色金属矿采选业											
非金属矿采选业	134640	134640			9000		125640				
开采辅助活动											
制造业	461122	4547365	391437		1038100	50889	2870819	196120		59528	4328
农副食品加工业	111660	111660					111660				
食品制造业	76348	76348					76348				
酒、饮料和精制茶制造业	64205	64205					57200	7005			
烟草制品业											
纺织业	50 035	50035				18735	31300				
纺织服装、服饰业	221260	221260					217760	3500			
皮革、毛皮、羽毛及其制品和制鞋业	129060	129060					129060				
木材加工及木、竹、藤、棕、草制品业	58088	53760					49660	4100			4328
家具制造业	107290	107290			5800		101490				
造纸及纸制品业	43250	43250			190		43060				
印刷业和记录媒介的复制	7160	7160			4860		2300				
文教、美工、体育和娱乐用品制造业	574760	74760					74760				
石油加工、炼焦和核燃料加工业	32647	32647	32647								
化学原料及化学制品制造业	586510	586510	42090		69310		475110				
医药制造业	29030	29030			27030		2000				
化学纤维制造业	5600	5600					5600				
橡胶和塑料制品业	131662	131662			19600		112062				
非金属矿制品业	1061484	1043152			437993	25754	418690	160715		18332	
黑色金属冶炼和压延加工业	3000	3000						3000			
有色金属冶炼和压延加工业	3000	3000					3000				
金属制品业	268990	268990			36380		228610	4000			
通用设备制造业	217293	217293			13693		203600				
专用设备制造业	157761	157761			59381		93580	4800			
汽车制造业	330528	330528	180260		116068		34200				
铁路、船舶、航空航天和其他运输设备制造业	258151	216955	87980		122575	6400				41196	
电气机械及器材制造业	331209	331209			85040		241369	4800			
计算机、通信和其他电子设备制造业	204190	204190	48460		31680		119850	4200			
仪器仪表制造业	10450	10450			8500		1950				
其他制造业	22300	22300					22300				
废弃资源综合利用业	14300	14300					14300				
金属制品、机械和设备修理业											
电力、燃气及水的生产和供应业	109115	109115	56478		4000		38200	10437			
电力、热力的生产和供应业	66900	66900	33500				33400				
燃气生产和供应业	28800	28800	20000		4000		4800				
水的生产和供应业	13415	13415	2978					10437			
建筑业	19900	19900					19900				
房屋建筑业											
建筑装饰和其他建筑业	19900	19900					19900				
交通运输、仓储和邮政业	191548	191548	3014		160634		27900				
铁路运输业											
道路运输业	179248	179248	3014		160634		15600				

按行业和登记注册类型分固定资产投资（2－2）

单位:万元

	合计	内资							港澳台商投资	外商投资	个体经营
			国有	集体	有限责任公司	股份有限公司	私营	其他			
装卸搬运和其他运输服务业	2700	2700					2700				
仓储业	9600	9600					9600				
批发和零售业	120270	120270			103200		12270	4800			
批发业	14570	14570			6100		3670	4800			
零售业	105700	105700			97100		8600				
住宿和餐饮业	70501	70501			65350	5151					
住宿业	61201	61201			56050	5151					
餐饮业	9300	9300			9300						
信息传输、软件和信息技术服务业	12000	12000			12000						
电信、广播电视和卫星传输服务											
互联网和相关服务	12000	12000			12000						
软件和信息技术服务业											
金融业											
其他金融活动											
房地产业	336028	336028	46730		173114	43700	72484				
租赁和商务服务业	62910	62910			27800	32710	2400				
租赁业	11356	11356				11356					
商务服务业	51554	51554			27800	21354	2400				
科学研究、技术服务和地质勘查业	46823	46823			9800	18343	8880	9800			
专业技术服务业	42263	42263			9800	18343	4320	9800			
科技交流和推广服务业	4560	4560					4560				
水利、环境和公共设施管理业	1049718	1049718	400472	15800	504253	19200	6380	103613			
水利管理业	36140	36140	36140								
生态保护和环境治理业	4800	4800			4800						
公共设施管理业	1008778	1008778	364332	15800	499453	19200	6380	103613			
居民服务和其他服务业	5000	5000			5000						
机动车、电子产品和日用产品修理业	5000	5000			5000						
其他服务业											
教　育	29453	29453	17353		7000		5100				
卫生、社会保障和社会福利业	14401	14401	5250				3700	5451			
卫　生	10050	10050	3750				3700	2600			
社会工作	4351	4351	1500					2851			
文化、体育和娱乐业	15000	15000	15000								
文化艺术业	15000	15000	15000								
娱乐业											
公共管理和社会组织	27000	27000	22000					5000			
国家机构	22000	22000	22000								
群众团体、社会团体和宗教组织	5000	5000						5000			
基层群众自治组织											

固定资产投资构成

单位:%

	2014 年	2015 年	2015 年比上年 +(-)百分点
固定资产投资	100.0	100.0	0.0
按登记注册类型分			
内　资	99.4	99.1	-0.3
国　有	15.3	13.9	-1.4
集　体	0.2	0.2	0.0
联　营	0.0		
有限责任公司	29.9	30.7	0.7
股份有限公司	2.8	2.5	-0.3
私　营	47.7	46.6	-1.0
其他内资	3.0	5.2	2.2
港、澳、台投资	0.1		-1.0
外商投资	0.4	0.9	0.4
个体经营	0.1	0.1	0.0
按构成分			
建筑工程	64.6	69.9	5.2
安装工程	11.2	9.4	-1.7
设备、工器具购置	14.4	11.9	-2.5
其他费用	9.8	8.8	-1.0
按建设性质分			
#新　建	90.0	90.5	0.5
扩　建	5.5	4.8	0.8
改建和技术改造	4.4	3.7	-0.7
按产业分			
第一产业	1.0	0.7	-0.3
第二产业	73.4	70.6	-2.9
#工　业	72.5	70.3	-2.3
第三产业	25.5	28.7	3.2

分行业固定资产投资和构成

	投资额(万元)		构成(%)	
	2014 年	2015 年	2014 年	2015 年
总　计	6225413	6908760	100.0	100.0
农、林、牧、渔业	72560	53232	1.2	0.8
采矿业	40600	134640	0.7	1.9
#煤炭开采和洗选业				
黑色金属矿采选业				
有色金属矿采选业				
非金属矿采选业	36800	134640	0.6	1.9
开采辅助活动	3800		0.1	
制造业	4354928	4611149	70.0	66.7
#石油加工、炼焦和核燃料加工业	51150	32647	0.8	0.5
非金属矿物制品业	1176402	1061412	18.9	15.4
黑色金属冶炼及压延加工业	11300	3000	0.2	0.0
有色金属冶炼及压延加工业		3000		0.0
计算机、通信和其他电子设备制造业	70600	204190	1.1	3.0
电力、热力、燃气及水生产和供应业	119619	66900	1.9	1.0
#电力、热力的生产和供应业	86400	28800	1.4	0.4
水的生产和供应业	6081	13415	0.1	0.21
建筑业	58900	19900	0.9	0.3
交通运输、仓储和邮政业	127356	191548	2.0	2.8
#道路运输业	68476	179248	1.1	2.6
航空运输业				
批发和零售业	110250	120270	1.8	1.7
住宿和餐饮业	38591	70501	0.6	1.0
信息传输、软件和信息技术服务业	38600	12000	0.6	0.2
金融业				
房地产业	581972	336100	9.3	4.9
租赁和商务服务业	65900	62910	1.1	0.9
科学研究、技术服务和地质勘查业	10400	46823	0.2	0.7
水利、环境和公共设施管理业	425639	1049718	6.8	15.2
水利管理业	54278	36140	0.9	0.5
生态保护和环境管理业	6446	4800	0.1	0.1
公共设施管理业	364915	1008778	5.9	14.6
居民服务、修理和其他服务业	8780	5000	0.1	0.1
教育	34658	29453	0.6	0.4
卫生和社会工作	25600	14401	0.4	0.2
#卫生	25600	10050	0.4	0.1
文化、体育和娱乐业	68970	15000	1.1	0.2
公共管理、社会保障和社会组织	42090	27000	0.7	0.4

固定资产投资资金来源

单位:万元

	资金来源合计	上年末结余资金	本年资金来源小计	国家预算内资金	国内贷款	利用外资	自筹资金	企事业单位自有资金	其他资金
总　　计	8034033	272933	7761100	6541	155013	11125	6921406	196522	667015
按行业分									
农、林、牧、渔业	53232		53232				30952		22280
采矿业	168210		168210				168210		
制造业	5169589	52300	5117289		70000	11125	4783575	110230	252589
电力、热力、燃气及水生产和供应业	115215	1000	114215				106378		7837
建筑业	22400		22400				22400		
交通运输、仓储和邮政业	120270	3100	117170				29170		88000
批发和零售业	198748	15500	183248				183248		
住宿和餐饮业	70501	8000	62501				62501		
信息传输软件业	12000	1000	11000				11000		
金融业									
房地产业	668785	112213	557113		300		245961	25972	253311
租赁和商务服务业	62910		62910				52910		10000
科学研究和技术服务业	46823		46823				46823		
水利、环境和公共设施管理业	1234296	79820	1153935	6541	21413		1101124	60320	25398
居民服务、修理和其他服务业	5000		5000				5000		
教　育	29653		29653		3500		26153		
卫生和社会工作	14401		14401		2800		9001		2600
文化、体育和娱乐业	15000		15000				15000		
公共管理、社会保障和社会组织	27000		27000				22000		5000
按地区分									
乐平市	3776651		3776651				3776651		
浮梁县	645281		645281		72800		161277		411204
珠山区	1092386	155720	936666				936666		
昌江区	969242	33914	935328	6541	42913		818684	4500	67190
高新区	1550473	83299	1467174		39300	11125	1228128	192022	188621

固定资产投资建设项目和新增固定资产（3－1）

	施工项目（个）	全部建成投产（个）	新增固定资产（万元）
总　　计	1128	12	3581336
农、林、牧、渔业	12	10	60452
农业	8	8	44432
林业	2	1	6820
畜牧业	1	1	9200
渔业			
农、林、牧、渔服务业	1		
采矿业	31	7	63560
#煤炭开采和洗选业			
黑色金属矿采选业			
有色金属矿采选业			
非金属矿采选业	31	7	63560
开采辅助活动			
制造业	878	356	2452092
农副食品加工业	24	12	76760
食品制造业	17	9	103210
酒、饮料喝精制茶制造业	10	6	35600
烟草制品业			
纺织业	7	2	33835
纺织服装、服饰业	59	18	93680
皮革、毛皮、羽毛及其制品和制鞋业	32	11	88460
木材加工和木、竹、藤、棕、草制品业	14	4	18888
家具制造业	25	8	70090
造纸和纸制品业	13	5	38860
印刷和记录媒介复制业	2	1	2302
文教、工美、体育和娱乐用品制造业	18	6	42810
石油加工、炼焦和核燃料加工业	2	1	2397
化学原料和化学制品制造业	122	34	256820
医药制造业	3	2	18521
化学纤维制造业	1	1	9600
橡胶和塑料制品业	27	17	120350
非金属矿物制品业	201	92	538137
黑色金属冶炼和压延加工业	1	1	3500
有色金属冶炼和压延加工业	1		
金属制品业	58	21	118130
通用设备制造业	50	26	178767

固定资产投资建设项目和新增固定资产（3－2）

	施工项目（个）	全部建成投产（个）	新增固定资产（万元）
专用设备制造业	35	20	128250
汽车制造业	25	11	103086
铁路、船舶、航空航天和其他运输设备制造业	17	8	50096
电气机械及器材制造业	64	23	196015
计算机及其他电子设备制造业	38	12	83328
仪器仪表及文化、办公用机械制造业	3	2	18500
其他制造业	6	2	17200
废弃资源和废旧材料回收加工业	3	1	4900
电力、燃气及水的生产和供应业	12	3	9478
电力、热力的生产和供应业	4		
燃气生产和供应业	3		
水的生产和供应业	5	3	6478
建筑业	3	2	17700
房屋建筑业			
土木工程建筑业			
建筑安装业			
建筑装饰和其他建筑业	3	2	17700
交通运输、仓储和邮政业	12	8	92764
铁路运输业			
道路运输业	9	5	76184
城市公共交通业			
水上运输业			
航空运输业			
管道运输业			
装卸搬运和其他运输服务业	1	1	6980
仓储业	2	2	9600
邮政业			
信息传输、软件和信息技术服务业	1	1	10000
电信、广播电视和卫星传输服务			
互联网和相关服务	1	1	10000
软件和信息技术服务业			
批发和零售业	8	5	24570
批发业	4	2	8470
零售业	4	3	16100
住宿和餐饮业	11	8	29800
住宿业	8	6	23800
餐饮业	3	2	6000
金融业			

固定资产投资建设项目和新增固定资产（3－3）

	施工项目（个）	全部建成投产（个）	新增固定资产（万元）
银行业			
证券业			
保险业			
其他金融活动			
房地产业	4	2	186676
租赁和商务服务业	8	4	17485
租赁业	1		
商务服务业	7	4	17485
科学研究和技术服务业	5	4	50123
研究与试验发展			
专业技术服务业	4	3	42263
科技交流和推广服务业	1	1	7860
水利、环境和公共设施管理业	125	93	513636
水利管理业	5	3	6582
生态保护和环境管理业	1	1	4800
公共设施管理业	119	89	502254
居民服务、修理和其他服务业	1		2000
居民服务业			
机动车、电子产品和日用产品修理业	1		
其他服务业			
教 育	6	4	20600
卫生和社会工作	6	7	11400
卫 生	4	2	9400
社会工作	2	1	2000
文化、体育和娱乐业	1	1	15000
新闻和出版业			
广播、电视、电影和影视录音制作业			
文化艺术业	1	1	15000
体 育			
娱乐业			
公共管理、社会保障和社会组织	4	1	6000
#中国共产党机关			
国家机构	3	1	6000
群众团体、社会团体和宗教组织	1		
基层群众自治组织			

分地区固定资产投资

单位:万元

	合　计	第一产业	第二产业	工　业	第三产业
全　　市	6908760	51432	4874804	4854904	1982524
乐 平 市	3285197	26200	3076459	3056559	182538
浮 梁 县	657193	25232	434526	434526	197435
珠 山 区	984362		313071	313071	671291
昌 江 区	922084		312322	312322	609762
高 新 区	1059924		738426	738426	321498

分地区固定资产投资增长速度

单位:%

	合　计	第一产业	第二产业	工　业	第三产业
全　　市	11.0	-21.3	6.7	7.5	24.7
乐 平 市	9.1	-37.8	14.5	15.5	-35.5
浮 梁 县	15.2	76.9	18.3	18.3	4.6
珠 山 区	10.4		27.0	27.0	4.1
昌 江 区	13.4		-31.8	-29.4	75.8
高 新 区	13.0		-9.0	-9.0	154.6

分地区按登记注册类型分的固定资产投资（2－1）

单位:万元

	合计	内资	国有	集体	股份合作	联营
全市	6908760	6844904	960686	15800		
乐平市	3285197	3285197	54403	15800		
浮梁县	657193	657193	235663			
珠山区	984362	984290	50476			
昌江区	922084	917756	161934			
高新区	1059924	1000468	458210			

分地区按登记注册类型分的固定资产投资（2－2）

单位:万元

	有限责任公司	股份有限公司	私营	其他	港澳台商投资	外商投资	个体经营
全市	2119251	169993	3221673	357501		59528	4328
乐平市	46571	23014	3145409				
浮梁县	216547		1922	203061			
珠山区	783512		37372	112930		72	
昌江区	530363	146979	36970	41510			4328
高新区	542258						

分地区按行业分固定资产投资（2－1）

单位：万元

	全　市	乐平市	浮梁县	珠山区	昌江区	高新区
总　计	6908760	3285197	657193	984362	922084	1059924
农、林、牧、渔业	53232	28000	5232			
农业	38612	13380	25232			
林业	10020	10020				
畜牧业	2800	2800				
渔业						
农、林、牧、渔服务业	1800	1800				
采矿业	134640	125640			9000	
煤炭开采和洗选业						
黑色金属矿采选业						
有色金属矿采选业						
非金属矿采选业	134640	125640			9000	
开采辅助活动						
制造业	4611149	2859219	404089	309071	300344	738426
农副食品加工业	111660	111660				
食品制造业	76348	76348				
酒、饮料和精制茶制造业	64205	57200	7005			
烟草制品业						
纺织业	50035	31300			18735	
纺织服装、服饰业	221260	217760	3500			
皮革、毛皮、羽毛及其制品和制鞋业	129060	129060				
木材加工及木、竹、藤、棕、草制品业	58088	49660			8428	
家具制造业	107290	101490			5800	
造纸和纸制品业	43250	43060			190	
印刷业和记录媒介的复制	7160	2300				
文教、美工、体育和娱乐用品制造业	74760	74760				
石油加工、炼焦和核燃料加工业	32647				2397	
化学原料和化学制品制造业	586510	475110			39020	
医药制造业	29030	2000				
化学纤维制造业	5600	5600				
橡胶和塑料制品业	131662	112062		4600	15000	
非金属矿制品业	1061412	414090	228584	110909	154944	152885
黑色金属冶炼和压延加工业	3000		3000			
有色金属冶炼和压延加工业	3000	3000				
金属制品业	268990	228610		27600	8000	
通用设备制造业	217293	203600		962	7811	
专用设备制造业	157761	93580		54600	9581	
汽车制造业	330528	34200	154000	64600	7838	69890
铁路、船舶、航空航天和其他运输设备制造业	258151			8800	6400	
电气机械及器材制造业	331209	234369		10000	11800	
计算机、通信和其他电子设备制造业	204190	119850	8000	18500	4400	53440
仪器仪表制造业	10450	1950		8500		
其他制造业	22300	22300				
废弃资源综合利用业	14300	14300				
电力、燃气及水的生产和供应业	109115	71700	30437	4000	2978	
电力、热力的生产和供应业	66900	66900				
燃气生产和供应业	28800	4800	20000	4000		
水的生产和供应业	13415		10437		2978	
建筑业	19900	9900				
房屋建筑业						
土木工程建筑业						
建筑安装业						
建筑装饰和其他建筑业	19900	19900				
交通运输、仓储和邮政业	191548	27900	3014	103434	57200	

分地区按行业分固定资产投资（2－2）

单位:万元

	全　市	乐平市	浮梁县	珠山区	昌江区	高新区
铁路运输业						
道路运输业	179248	15600	3014	103434	57200	
城市公共交通业						
水上运输业						
航空运输业						
管道运输业						
装卸搬运和运输代理业	2700	2700				
仓储业	9600	9600				
邮政业						
信息传输、软件和信息技术服务业	12000			12000		
电信、广播电视和卫星传输服务						
互联网和相关服务	12000			12000		
软件和信息技术服务业						
批发和零售业	120270		88000	15200	17070	
批发业	14570			6100	8470	
零售业	105700		88000	9100	8600	
住宿和餐饮业	70501			37350	33151	
住宿业	61201			28050	33151	
餐饮业	9300			9300		
金融业						
银行业						
证券业						
保险业						
其他金融活动						
房地产业	336100	79075	14912	70886	171059	168
租赁和商务服务业	62910	2400	10000	32710		
租赁业	11356				11 356	
商务服务业	51554	2400	10000		21354	
科学研究和技术服务业	46823	4560			42263	
研究与试验发展						
专业技术服务业	42263				42 263	
科技交流和推广服务业	4560	4560				
水利、环境和公共设施管理业	1049718	52700	57508	432421	203559	303530
水利管理业	36140		26601		9539	
环境管理业	4800			4800		
公共设施管理业	1008778	52700	30907	427621	194020	303530
居民服务和其他服务业	5000				5000	
居民服务业						
其他服务业	5000				5000	
教　育	29453	10403	12050		7000	
卫生和社会工作	14401	3700	6951		3750	
卫　生	10050	3700	260		3750	
社会工作	4351		4351			
文化、体育和娱乐业	15000				15000	
新闻和出版业						
广播、电视、电影和影视录音制作业						
文化艺术业	15000				15000	
体　育						
娱乐业						
公共管理、社会保障和社会组织	27000		5000		22000	
#中国共产党机关						
国家机构	22000					
群众团体、社会团体和宗教组织	5000					
基层群众自治组织						

分地区按构成分固定资产投资

单位:万元

	合　计	建筑、安装工程	设备、工器具购置	其他费用
全　　市	6908760	5478557	821006	609197
乐 平 市	3285197	2871691	55143	358363
浮 梁 县	657193	601918	50017	5258
珠 山 区	984362	776262	207234	866
昌 江 区	922084	724146	92011	105927
高 新 区	1059924	504540	416601	138783

分地区按建设性质分固定资产投资

单位:万元

	合　计	新　建	扩　建	改建和技术改造
全　　市	6908760	6252715	329479	255724
乐 平 市	3285197	3269797	10600	4800
浮 梁 县	657193	538523	113100	5570
珠 山 区	984362	809501	120209	30850
昌 江 区	922084	847676	37069	37339
高 新 区	1059924	787218	48501	177165

分地区工业投资

单位:万元

	合　计	采矿业	制造业	电力、燃气及水的生产和供应业
全　　市	4854904	134640	4611149	109115
乐平市	3056559	125640	2859219	71700
浮梁县	434526		404089	30437
珠山区	313071		309071	4000
昌江区	312322	9000	300344	2978
高新区	738426		738426	

分地区固定资产投资建设项目和新增固定资产

	施工项目（个）	新开工	全部建成投产（个）	新增固定资产（万元）
全　　市	1128	866	512	3581336
乐平市	736	564	250	1886791
浮梁县	65	25	40	180577
珠山区	139	133	100	608337
昌江区	90	57	51	572774
高新区	98	87	71	332857

主要统计指标解释

固定资产投资 指各种登记注册类型的企业、事业、行政单位及个体户进行的计划总投资(或实际需要总投资)500万元及500万元以上的建设项目投资、房地产开发投资。

房地产开发投资 指各种登记注册类型的房地产开发公司、商品房建设公司及其他房地产开发法人单位和附属于其他法人单位实际从事房地产开发法人单位和附属于其他法人单位实际从事房地产开发或经营活动的单位统一开发的包括统代建、拆迁还建的住宅、厂房、仓库、饭店、宾馆、度假村、写字楼、办公楼等房屋建筑物和配套的服务设施,土地开发工程(如道路、给水、排水、供电、供热、通讯、平整场地等基础设施工程)的投资;不包括单纯的土地交易活动。

固定资产投资的资金来源 根据固定资产投资的资金来源不同,分为国家预算内资金、国内资金、利用外资、自筹资金和其他资金。

(1)国家预算内资金:分为财政拨款和财政安排的贷款两部分。包括中央财政的基本建设基金(分经营性基金和非经营性基金两部分)、专项支出(如煤代油专项等)、收回再贷、贴息资金、财政安排的挖潜改造和新产品试制支出、城建支出、商业部门简易建筑支出、不发达地区发展基金等资金中用于固定资产投资的资金;地方财政中由国家统筹安排的资金等。

(2)国内贷款:指报告期固定资产投资单位向银行及非银行金融机构介入的用于固定资产投资的各种国内借款,包括银行利用自有资金及吸收的存款发放的贷款、上级主管部门拨入的国内贷款、国家专项贷款、地方财政专项资金安排的贷款、国内储备贷款、周转贷款等。

(3)利用外资:指报告期收到的用于固定资产建造和购置的国外资金(包括设备、材料、技术在内)。包括对外借款(外国政府、国际金融组织贷款、出口信贷、外国银行商业贷款、对外发行债券和股票)、外商直接投资及外商其他投资。不包括我国自有外汇资金(国家外汇、地方外汇、留成外汇、调剂外汇和中国银行自有资金发行的外汇贷款等)。计算利用外资时,需要折算成人民币,折算中所使用的外汇汇率按现汇计算,即按使用外汇时的汇率计算。

(4)自筹资金:指固定资产投资单位报告期收到的,由各地区、各部门及企、事业单位筹集用于固定资产投资的预算外资金,包括中央各部门、各级地方和企、事业单位的自筹资金。

(5)其他资金:指在报告期收到的除以上各种资金之外其他用于固定资产投资的资金,包括企业或金融机构通过发行各种债券筹集到资金、群众集资、个人资金、无偿捐赠的资金及其他单位拨入的资金等。

固定资产投资按国民经济行业分 根据建设项目建成投产后的主要产品或主要用途及社会经济活动性质来确定国民经济行业。一般情况下,一个建设项目或一个企业、事业单位只能属于一种国民经济行业。

固定资产投资按建设性质分 根据整个建设项目情况来确定。建设项目的性质一般分为新建、扩建、改建和技术改造、迁建、恢复。房地产开发单位、农村投资、城镇工矿区私人建房投资不划分建设性质。

(1)新建:一般指从无到有开始建设的企业、事业和行政单位或建设项目。现有企业、事业、行政单位一般不属于新建。但如有的单位原有基础很小,经过建设后新增的固定资产价值超过该企、事业、行政单位原有固定资产价值(原值)三倍以上的也应作为新建。

(2)扩建:指在厂内或其他地点,为扩大原有产品的生产能力(或效益)或增加新的产品生产能力,而增建主要的生产车间(或主要工程)、分厂、独立的生产线。行政、事业单位在原单位增建业务用房(如学校增建教学用房、医院增建门诊部、病房等)也作为扩建。

现有企、事业单位为扩大原有主要产品生产能力或增加新的产品生产能力,增建一个或几个主要生产车间(或主要工程)、分厂,同时进行一些更新改造工程的,也应作为扩建。

(3)改建和技术改造:指现有企业、事业单位,对原有设施进行技术改造或更新(包括相应配套的辅助性生产、生活福利设施)的建设项目。现有企业、事业单位为适应市场变化的需要,而改变企业的主要产品种类(如军工企业转产民用品等)的建设项目,应作为改建。原有产品生产作业线由于各工序(车间)之间能力不平衡,为填平补齐充分发挥原有生产能力而增建不增加本企业主要产品设计能力的车间,也应作为改建。技术改造是指企业、事业单位在现有基础上,用先进的技术代替落后的技术,用先进的工艺和装备代替落后的工艺和装备,以改变企业落后的技术经济面貌,实现以内涵为主的扩大而再生产,达到提高产品质量、促进产品更新换代、节约能源、降低消耗、扩大生产规模、全面提高社会经济效益的目的。技术改造具体包括以下内容:机器设备和工具的更新改造;生产工艺改革、节约能源和原材料的改造;厂房建筑和公共设施的改造;劳动条件和生产环境的改造等。

固定资产投资按构成分 固定资产投资活动按其工作内容和实现方式分为建筑安装工程,设备、工具、器具购置,其他费用三个部分。(1)建筑安装工程(建筑安装工作量):指各种房屋、建筑物的建筑工程和各种设备、装置的安装工程。包括各种房屋建筑工程;各种用途设备基础和各种工业窑炉的砌筑工程及金属结构工程;为施工而进行的各种准备工作和临时工程以及完工后的清理工作等;铁路、道路的铺设,矿井的开凿及石油管道的架设等;水利工程;防空地下建筑等特殊工程;列入房屋工程预算内的暖气、卫生、通风、照明、煤气等设备的价值及装设油饰工程;列入建筑工程预算内的各种管道(蒸汽、压缩空气、石油、给排水等管道)、电力、电讯电缆导线等的敷设工程;以及各种机械设备的安装工程;为测定安装工程质量,对设备进行的试运工作;房地产开发单位进行的商品房屋开发建设工程、土地开发工程。

在安装工程中,不包括被安装设备本身的价值。

(2)设备、工具、器具购置:指建设单位或企、事业单位购置或自制的,达到固定资产标准的设备、工具、器具的价值。新建单位及扩建单位的新建车间,按照设计或计划要求购置或自制的全部设备、工具、器具,不论是否达到固定资产标准均计入“设备、工具、器具购置”中。

(3)其他费用:指在固定资产建造和购置过程中发生的,除上述几项内容以外的各种应分摊计入固定资产的费用。

施工项目 指报告期内进行过建筑或安装施工活动的项目。凡是报告期内施过工的建设项目,不论施工时间长短,均作为施工项目统计。施工项目个数可以反映一定时期固定资产投资的实际规模,与同期全部建成投产项目个数相比,可以从建设速度的角度反映固定资产投资的效果。根据建设项目施工活动的不同性质,施工项目又分为:本年正式施工项目、本年收尾项目和以前年度全部停缓建项目。

全部建成投产项目 工业项目指设计文件规定形成生产能力的主体工程及其相应配套的辅助设施全部建成,经负荷试运转,证明具备生产设计规定合格产品的条件,并经过验收鉴定合格或达到竣工验收标准,与生产性工程配套的生活福利设施可以满足近期正常生产的需要,正式移交生产的建设项目。

非工业项目指设计文件规定的主体工程和相应的配套工程全部建成，能够发挥设计规定的全部效益，经验收鉴定合格或达到竣工验收标准，正式移交使用的建设项目。

房屋建筑面积　指房屋建筑物勒脚以上外墙外围的水平截面面积，包括房屋建筑物的有效面积和结构面积。该指标是从实物形态上反映建设规模和建设成果的重要指标之一，也是检查工程形象进度、计算工程造价、分析投资效果、研究施工任务和建筑材料之间平衡情况的重要依据。

住宅建筑面积　指施工和竣工房屋建筑面积中供居住用的房屋建筑面积。

施工面积　指报告期内施工的全部房屋建筑面积。包括本期新开工的面积和上期开工跨入本期继续施工的房屋面积，以及上期已停建在本期恢复施工的房屋面积。本期竣工和本期施工后又停缓建的房屋，其建筑面积仍计入本期房屋施工面积中。

竣工面积　指在报告期内房屋建筑按照设计要求已经全部完工，达到住人和使用条件，经验收鉴定合格（或达到竣工验收标准），正式移交使用单位的各栋房屋建筑面积的综合。

新增固定资产　指报告期内已经完成建造和购置过程，并已交付生产或使用单位的固定资产价值。该指标是表示固定资产投资成果的价值指标，也是反映建设进度，计算固定资产投资效果的重要指标。

五、贸易和外向型经济

· 2015 年，全市社会消费品零售总额 269.61 亿元，比上年增长 10.7%。

· 2015 年，全市外贸出口总值 77488 万美元，比上年增长 2.2%。

· 2015 年，全市接待旅游总人数 3112.59 万人次，比上年增长 20.4%。其中，境外旅游人数 42.47 万人次，比上年增长 14.9%。

本篇章

资料审核：袁　蔚

资料整理：袁　蔚　李　洁

主要年份贸易、外向型经济主要指标

	单位	1980 年	1985 年	1990 年	1995 年	2000 年	2005 年	2010 年	2014 年	2015 年
一、社会消费品零售总额	万元	22070	40949	64172	167124	280897	583007	1403748	2398830	2696072
按销售地区分										
城镇	万元	12749	25601	38319	125780	215610	481796	1195114	2084311	2342581
#城区	万元	3389	7752	11658	6442	7202	13730	1074996	1552987	1745420
乡村	万元	5932	7596	14195	34902	58085	87481	208633	314519	353491
按行业分										
批发业	万元	18841	29348	40006	107799	170763	510222	655224	1110958	1248618
零售业	万元	643	1518	3005	5227	11540	63744	569412	984178	1106129
住宿业	万元	1111	4254	9822	15814	26003	–	11021	18687	21002
餐饮业	万元	1149	4193	8417	34313	65278	–	168091	285007	320323
其他	万元	326	1636	2922	3971	7313	9041	–	–	–
二、亿元以上商品交易市场成交额	万元	563	2078	16989	159153	233129	–	373655	409053	420354
三、外贸										
进出口总值	万美元	–	–	–	–	–	23100	80913	78393	80208
#出口总值	万美元	–	–	–	–	3642	8781	77599	75809	77488
#陶瓷出口	万美元	–	–	–	–	1762	2184	30800	3861 –	
#陶瓷出口公司出口	万美元	2815	2005	2820	1322	1229	1550	4785	–	–
四、利用外资										
批准利用外资项目	个	–	–	3	11	10	35	23	18	16
合同外资金额	万美元	–	–	3230	4105	1130	7391	13831	20089	15327
实际使用外资	万美元	–	–	814	3202	1160	5101	12136	15507	17621
五、旅游										
旅游总收入	亿元	–	–	–	–	–	21.04	66.63	200.87	261.32
#旅游收汇	万元	20.4	34	233	2842	4289	12608	42795	83346.92	99963.69
旅游总人数	万人次	–	–	–	–	–	585.6	1324.59	2585.08	3112.59
#境外旅游人数	人次	719	3555	6103	12793	14814	48067	194867	369557	424658
外国人	人次	506	1060	1968	5615	7340	18217	74930	162656	190702
港澳台胞	人次	213	2495	4135	7178	7474	29850	119937	145595	233956
接待境外旅游人天数	人天	–	6161	10553	20319	27868	113568	377356	–	–
外国人	人天	–	2559	4242	10339	13686	42630	145839	–	–
港澳台胞	人天	–	3602	6311	9980	14182	70938	231517	–	–

注:2005 年起,进出口总值、出口值为海关数据;社会消费品零售总额按地区分组由市、县、县以下改为城镇、乡村。

历年社会消费品零售总额及指数

	社会消费品零售总额（万元）	社会消费品零售总额指数（以上年为100）
1978	16167	107.3
1979	18584	111.8
1980	22070	118.8
1981	25050	113.5
1982	26064	104.1
1983	28295	108.6
1984	33342	117.8
1985	40949	122.8
1986	45644	111.5
1987	51125	112.0
1988	64928	127.0
1989	65210	100.4
1990	64172	98.4
1991	71885	112.0
1992	88447	123.0
1993	112771	127.5
1994	144477	128.1
1995	182819	115.7
1996	210717	115.3
1997	235308	111.7
1998	257709	109.5
1999	279614	108.5
2000	307296	109.9
2001	338947	110.3
2002	372503	109.9
2003	421301	113.1
2004	487867	115.8
2005	599469	119.5
2006	699580	116.7
2007	822706	117.6
2008	1020978	124.1
2009	1185402	116.1
2010	1403748	119.7
2011	1666543	117.4
2012	1888148	113.8
2013	2144395	113.6
2014	2398830	112.5
2015	2696072	110.7

注:根据第一次经济普查口径,对1995年-2003年的数据进行了调整;根据第二次经济普查口径,对2005年-2008年的数据进行了调整。

分行业社会消费品零售总额

单位:万元

	社会消费品零售总额	按行业分					按所在地分		
		批发业	零售业	住宿业	餐饮业	其他	城镇	城区	乡村
1980	22070	18841	643	1111	1149	326	12749	3389	5932
1985	40949	29348	1518	4254	4193	1636	25601	7752	7596
1990	64172	40006	3005	9822	8417	2922	38319	11658	14195
1995	167124	107799	5227	15814	34313	3971	125780	6442	34902
2000	280897	170763	11540	26003	65278	7313	215610	7202	58085
2001	309675	188258	12722	28667	72550	7478	240521	7824	61330
2002	336725	204702	13833	31171	79257	7762	266762	8476	61487
2003	380670	229232	18478	39390	85490	8080	304147	9404	67119
2004	440791	410390	21829	–	–	8572	354100	10760	75931
2005	583007	510222	63744	–	–	9041	481796	13730	87481
2006	680546	594621	76558	–	–	9367	565113	15760	99673
2007	800291	696956	93549	–	–	9786	669438	18020	112833
2008	992761	867540	114636	–	–	10585	836778	21785	134198
2009	1185402	1022888	150830	–	–	11684	1000785	26011	158606
2010	1403748	655224	569412	11021	168091	–	1195114	1074996	208633
2011	1666543	771818	683740	12982	198003	–	1449881	1305147	216662
2012	1888148	874449	775905	14632	223162	–	1647426	1255206	240722
2013	2144395	993123	879790	16705	254777	–	1871005	1407088	273390
2014	2398830	1110958	984178	18687	285007	–	2084311	1552987	314519
2015	2696072	1248618	1106129	21002	320323	–	2342581	1745420	353491

限额以上批发零售法人企业商品购进、销售、库存总额(3－1)

单位:万元

	商品购进额	进口	商品销售额	批发额	出口	零售额	期末商品库存额
总计	571547		815388	290683		524705	55306
一、批发业	245865		450115	231532		218583	18536
1.按批发行业小类分							
农、林、牧产品批发	7553		7585	7585			108
谷物、豆及薯类批发	7553		7585	7585			108
食品、饮料及烟草制品批发	133959		136856	131260		5597	10860
米、面制品及食用油批发	6711		6632	6632			213
盐及调味品批发	3718		5597			5597	830
烟草制品批发	123530		124628	124628			9817
矿产品、建材及化工产品批发	54501		252314	45605		206709	6121
石油及制品批发	22758		222771	16062		206709	3586
化肥批发	31743		29544	29544			2535
机械设备、五金产品及电子产品批发	48036		51332	45055		6277	1340
农业机械批发	3514		2952	2952			562
汽车批发	14235		15294	9016		6277	777
五金产品批发	30287		33087	33087			…
贸易代理							
其他批发业	1816		2027	2027			13
再生物资回收与批发	1816		2027	2027			13
2、按登记注册类型分							
内资企业	245865		450115	231532		218583	18536
国有企业	141512		144441	138845		5597	11063
有限责任公司	38994		37046	34516		2530	2794
其他有限责任公司	38994		37046	34516		2530	2794
股份有限公司	22758		222771	16062		206709	3586
私营企业	42601		45857	42110		3747	1094
私营有限责任公司	42601		45857	42110		3747	1094
3、按控股情况分							
国有控股	196013		396755	184450		212306	17184
集体控股	1816		2027	2027			13
私人控股	48036		51332	45055		6277	1340
4、按经营形式分							
独立门店	191364		197800	185927		11874	12415
连锁总店	22758		222771	16062		206709	3586
其他	31743		29544	29544			2535
5、按单位规模分							
大型	123530		324628	140690		183938	13136
中型	46175		48059	17161		30898	1662
小型	45873		44341	40594		3747	3642

限额以上批发零售法人企业商品购进、销售、库存总额(3－2)

单位:万元

	商品购进额	进口	商品销售额	批发额	出口	零售额	期末商品库存额
微型	30287		33087	33087			96
二、零售业	325683		365273	59151		306123	36770
1、按零售行业小类分							
综合零售	78708		69882	798		69084	17548
百货零售	46182		36093	100		35993	14216
超级市场零售	32526		33789	698		33091	3332
食品、饮料及烟草制品专门零售	5929		5826	2979		2847	1357
果品、蔬菜零售	385		552	498		54	306
肉、禽、蛋、奶及水产品零售	1912		1919	829		1090	1
酒、饮料及茶叶零售	3632		3355	1652		1703	1049
纺织、服装及日用品专门零售	9899		7090	5080		2009	2933
服装零售	9899		7090	5080		2009	2933
文化、体育用品及器材专门零售	86589		135933	48642		87292	795
工艺美术品及收藏品零售	86589		135933	48642		87292	795
医药及医疗器材专门零售	3287		3653			3653	195
药品零售	3287		3653			3653	195
汽车、摩托车、燃料及零配件专门零售	106876		107010	1500		105510	10585
汽车零售	104340		104676			104676	10039
摩托车及零配件零售	2536		2335	1500		835	546
家用电器及电子产品专门零售	31979		33482	152		33330	3089
家用视听设备零售	2232		2788			2788	69
日用家电设备零售	28548		29608	152		29456	2896
通信设备零售	1200		1086			1086	124
五金、家具及室内装饰材料专门零售	1021		940			940	121
陶瓷、石材装饰材料零售	1021		940			940	121
货摊、无店铺及其他零售业	1394		1458			1458	147
其他未列明零售业]1394		1458			1458	147	
2、按登记注册类型分							
内资企业	277944		326061	59151		266911	21924
国有企业	2293		2359			2359	233
集体企业	498		526	100		426	1
有限责任公司	212471		260001	58553		201448	16828
国有独资公司	11465		12216			12216	

限额以上批发零售法人企业商品购进、销售、库存总额(3－3)

单位:万元

	商品购进额	进口	商品销售额	批发额	出口	零售额	期末商品库存额
其他有限责任公司	201007		247784	58553		189232	16828
股份有限公司	21456		21624			21624	325
私营企业	41225		41552	498		41054	4538
私营独资企业	118		97			97	21
私营合伙企业	1575		1575			1575	4
私营有限责任公司	26566		28539	498		28041	2787
私营股份有限公司	12967		11341			11341	1726
外商投资企业	47739		39212			39212	14845
中外合资经营企业	34260		24818			24818	13230
外资企业	13479		14394			14394	1615
3、按控股情况分							
国有控股	100347		150508	48642		101867	1028
集体控股	498		526	100		426	1
私人控股	173148		163987	5052		158935	29735
外商控股	13479		14394			14394	1615
其他	38211		35858	5357		30501	4390
4、按经营形式分							
独立门店	305727		343021	58453		284568	34639
连锁门店	19182		2133	698		20634	2014
其他	774		921			921	117
5、按单位规模分							
大型	86589		135933	48642		87292	795
中型	170717		158978	5509		153469	30618
小型	48870		50711	4502		46209	3951
微型	19506		19652	498		19154	1406
6、按零售业态分							
有店铺零售	322354		361746	58729		303017	36239
食杂店	385		552	498		54	306
超市	17125		17334	698		16636	1497
大型超市	15402		16455			16455	1835
百货店	47576		37551	100		37451	14363
专业店	137302		187504	50445		137059	5558
专卖店	90382		90161	1500		88661	9458
购物中心	10203		7477	4659		2819	2989
厂家直销中心	3980		4712	829		3882	233
无店铺零售	3329		3528	422		3106	531
邮购	1255		1152			1152	270
网上商店	2073		2376	422		1954	261

限额以上批发零售法人企业主要财务指标(3-1)

单位:万元

	流动资产合计	固定资产原价	资产总计	负债合计	所有者权益合计	主营业务收入	主营业务成本	主营业务税金及附加	其他业务利润	营业利润	利润总额
总计	433192	250813	662705	441481	221225	835476	714957	27150	1624	36865	32793
一、批发业	121859	50214	180870	89886	90984	473190	405463	20385	42	24343	25003
1、按批发行业小类分											
农、林、牧产品批发	2268	633	2697	2610	87	7585	7553			-212	0
谷物、豆及薯类批发	2268	633	2697	2610	87	7585	7553			-212	0
食品、饮料及烟草制品批发	60142	25714	73181	20587	52594	187558	134725	18428	42	23657	24382
米、面制品及食用油批发	2460	1875	3145	5699	-2554	6632	6472			-927	-3
盐及调味品批发	1123	812	1571	429	1142	5597	3624	24	16	245	235
烟草制品批发	56559	23027	68464	14458	54006	175330	124628	18404	26	24339	24150
矿产品、建材及化工产品批发	15547	22917	58372	25312	33060	223836	211879	251		861	577
石油及制品批发	1607	22917	44432	12578	31854	194293	182747	251		628	345
化肥批发	13940	0.4	13940	12734	1206	29544	29133			233	232
机械设备、五金产品及电子产品批发	35807	74	35912	35593	319	51332	48671	1682		279.9	279.9
农业机械批发	1778	2	1780	1640	140	2952	2662	0		27	27
汽车批发	942	71	982	813	169	15294	14713	13		135	135
五金产品批发	33087	1	33150	33140	10	33087	31296	1669		118	118
贸易经纪与代理	7759	824	10332	5720	4612	852	823			-244	-237
贸易代理	7759	824	10332	5720	4612	852	823			-244	-237
其他批发业	336	52	378	65	313	2027	1813	25		1	1
再生物资回收与批发	336	52	378	65	313	2027	1813	25		1	1
2、按登记注册类型分											
内资企业	121859	50214	180870	89886	90984	473190	405463	20385	41.6	24342	25003
国有企业	70169	27171	86209	28916	57293	195995	143100	18428	42	23201	24145
有限责任公司	14440	56	14514	12902	1613	37046	35950	37		368	367
其他有限责任公司	14440	56	14514	12902	1613	37046	35950	37		368	367
股份有限公司	1608	22917	44432	12578	31854	194293	182747	251		628	345
私营企业	35642	70	35716	35491	225	45857	43667	1670		145	145
私营有限责任公司	35642	70	35716	35491	225	45857	43667	1670		145	145
3、按控股情况分											
国有控股	85716	50088	144581	54228	90352	419831	354979	18678	42	24062	24722
集体控股	336	52	378	65	313	2027	181	25		1	1
私人控股	35807	74	35912	35593	319	51332	48671	1682	280	280	
4、按经营形式分											
独立门店	106312	27297	122499	64574	57925	249354	193584	20135	42	23481	24426
连锁总店	1608	22917	44432	12578	31854	194293	182747	251	628	345	
其他	13940	0.4	13940	12734	1206	29544	29133			233	232
5、按单位规模分											
大型	57481	43117	100905	15415	85490	345860	285386	18630	26	24800	24340
中型	6701	6151	19600	20461	-861	49050	44642	61	16	-592	522
小型	16832	121.7	16884	15150	1734	44341	43317	26		261	60

限额以上批发零售贸易法人企业主要财务指标(3－2)

单位:万元

	流动资产合计	固定资产原价	资产总计	负债合计	所有者权益合计	主营业务收入	主营业务成本	主营业务税金及附加	其他业务利润	营业利润	利润总额
微型	40846	825	43482	38860	4622	33939	32119	1669		－127	－120
二、零售业	311333	200600	481835	351594	130241	362286	309494	6765	1583	12523	7790
1、按零售行业小类分											
综合零售	16659	5958	23564	24582	－1018	68114	59962	297	1071	－1772	－1481
百货零售	7085	963	7449	5871	1578	36093	32770	77	268	－242	153
超级市场零售	9574	4995	16114	18710	－2596	32021	27192	220	803	－1530	－1633
食品、饮料及烟草制品专门零售	4019	724	5434	4154	1281	5808	5008	7	139	112	120
果品、蔬菜零售	508	173	643	53	590	552	483			32	32
肉、禽、蛋、奶及水产品零售	383	368	1550	1236	314	1901	1551	1		104	112
酒、饮料及茶叶零售	3128	184	3241	2864	377	3355	2974	6	139	－24	－25
纺织、服装及日用品专门零售	9623	6051	16199	3334	12865	7090	5372	391		174	2
服装零售	9623	6051	16199	3334	12865	7090	5372	391		174	2
文化、体育用品及器材专门零售	249305	175983	374678	280691	93988	135933	109658	4857		8515	8515
工艺美术品及收藏品零售	249305	175983	374678	280691	93988	135933	109658	4857		8515	8515
医药及医疗器材专门零售	842	91	1042	779	263	3653	3304	7		16	19
药品零售	842	91	1042	779	263	3653	3304	7		16	19
汽车、摩托车、燃料及零配件专门零售	26105	10130	42041	30482	11559	107680	96105	1043	305	4966	426
汽车零售	25350	10114	41286	30319	10967	105345	94084	1017	305	4827	286
家用电器及电子产品专门零售	3605	1400	17325	7130	10195	31580	28370	153	68	376	16
家用视听设备零售	82	26	99	78	21	2383	2226	3	3	－43	－44
日用家电设备零售	3399	1118	14936	7052	7884	28111	25415	96	65	177	60
通信设备零售	124	256	2290		2290	1086	728	54		242	
五金、家具及室内装饰材料专门零售	960	167	1195	182	1014	971	721	2		－148	－148
陶瓷、石材装饰材料零售	960	167	1195	182	1014	971	721	2		－148	－148
文化、体育用品及器材专门零售	117777	159627	214489	120484	94006	132944	103545	5000		13307	13307
货摊、无店铺及其他零售业	218	96	357	262	95	1458	995	9		284	321
其他未列明零售业	218	96	357	262	95	1458	995	9		284	321
2、按登记注册类型分											
内资企业	301304	197977	470600	343619	126981	324842	277584	6652	1314	12571	7436
国有企业	304	659	4861	3959	902	2359	1550	63		468	321
集体企业	316	21	337	267	70	526	498	1		0	0
有限责任公司	290969	192879	445427	329892	115535	259874	222600	5510	1288	7223	7265
国有独资公司	3156	310	3391	1869	1523	11977	11281	4	56	257	516
其他有限责任公司	287813	192569	442036	328023	14012	247897	211319	5506	1232	6966	6749
股份有限公司	353	1156	6111	2253	3858	21624	15555	968		4817	

限额以上批发零售法人企业主要财务指标(3-3)

单位:万元

	流动资产合计	固定资产原价	资产总计	负债合计	所有者权益合计	主营业务收入	主营业务成本	主营业务税金及附加	其他业务利润	营业利润	利润总额
医药及医疗器材专门零售	842	91	1042	779	263	3653	3304	7		16	19
药品零售	842	91	1042	779	263	3653	3304	7		16	19
汽车、摩托车、燃料及零配件专门零售	26105	10130	42041	30482	11559	107680	96105	1043	305	4966	426
汽车零售	25350	10114	41286	30319	10967	105345	94084	1017	305	4827	286
家用电器及电子产品专门零售	3605	1400	17325	7130	10195	31580	28370	153	68	376	16
家用视听设备零售	82	26	99	78	21	2383	2226	3	3	-43	-44
日用家电设备零售	3399	1118	14936	7052	7884	28111	25415	96	65	177	60
通信设备零售	124	256	2290		2290	1086	728	54		242	
五金、家具及室内装饰材料专门零售	960	167	1195	182	1014	971	721	2		-148	-148
陶瓷、石材装饰材料零售	960	167	1195	182	1014	971	721	2		-148	-148
文化、体育用品及器材专门零售	117777	159627	214489	120484	94006	132944	103545	5000		13307	13307
货摊、无店铺及其他零售业	218	96	357	262	95	1458	995	9		284	321
其他未列明零售业	218	96	357	262	95	1458	995	9		284	321
内资企业	301304	197977	470600	343619	126981	324842	277584	6652	1314	12571	7436
国有企业	304	659	4861	3959	902	2359	1550	63		468	321
集体企业	316	21	337	267	70	526	498	1		0	0
有限责任公司	290969	192879	445427	329892	115535	259874	222600	5510	1288	7223	7265
国有独资公司	3156	310	3391	1869	1523	11977	11281	4	56	257	516
其他有限责任公司	287813	192569	442036	328023	14012	247897	211319	5506	1232	6966	6749
股份有限公司	353	1156	6111	2253	3858	21624	15555	968		4817	
私营企业	9362	3263	13864	7248	6616	40459	37382	111	27	63	-151
私营独资企业	657	123	870	7	864	97	78	0		-136	-136
私营合伙企业	111	0	111	0	111	1575	1568	0		1	-1
私营有限责任公司	6615	2429	10374	4621	5753	27446	24881	101	27	459	247
私营股份有限公司	1980	710	2509	2621	-112	11341	10854	10		-259	-261
外商投资企业	10028	2622	11235	7975	3260	37445	31910	113	268	-48	355
中外合资经营企业	5717	702	5910	4910	1000	24818	21760	75	268	-378	16
外资企业	4312	1920	5325	3065	2260	12626	10150	38		330	339
国有控股	252764	176952	382931	286518	96412	150269	122489	4924	56	9239	9352
集体控股	316	21	337	267	70	526	498	1		0	0
私人控股	35171	8581	55673	33064	22610	162350	144732	1225	712	5176	587
外商控股	4312	1920	5325	3065	2260	12626	10150	38		330	339
其他	18770	13126	37570	28681	8889	36515	31625	577	815	-2223	2487
独立门店	304793	198258	473338	347547	125791	341921	292650	6584	1576	12244	7608
连锁门店	5776	2207	7517	3894	3623	19564	16114	180	3	455	358
其他	764	134	980	153	827	801	730	1	4	-176	-176
大型	249305	175983	374678	280691	93988	135933	109658	4857		8515	8515
中型	477756	20869	76679	56811	19868	158342	138905	1694	1223	2721	-1953
小型	10532	2549	25699	11945	13754	48704	43408	200	201	1216	985
微型	3720	1199	4779	2148	2631	19307	17523	15	158	72	244
有店铺零售	308457	200119	478591	349627	128964	358578	306402	6757	1583	12625	7929
食杂店	508	173	643	53	590	552	483			32	32
超市	5024	2956	10447	15025	-4578	17334	15119	179	784	-1759	-1888
大型超市	4550	2039	5667	3685	1982	14687	12073	41	19	228	255
百货店	7303	1059	7806	6133	1673	37551	33764	86	268	42.5	474
专业店	259603	178843	397980	292516	105464	185063	154059	4944	359	9033	8878
专卖店	21153	8870	38225	27364	10861	91545	81069	1110	147	4947	241
购物中心	9660	5891	16183	3463	12719	7358	5621	391	5	132	-39
厂家直销中心	658	288	639	1387	252	4487	4215	7	3	-31	-23
无店铺零售	2876	480	3244	1967	1277	3709	3092	8		-102	-139
邮购	1718	142	1790	1686	104	1152	912	4		10	10
网上商店	1158	338	1454	281	1173	2557	2179	4		-112	-149

限额以上餐饮法人企业主要财务指标

单位:万元

	资产合计	流动资产合计	固定资产原价	负债合计	所有者权益合计	主营业务收入	主营业务成本	主营业务税金及附加	其他业务利润	营业利润	利润总额
总　　计	6462	2937	3092	6142	319	6233	3065	310	6	727	-544
按登记注册类型分组											
内资企业	6462	2937	3092	6142	319	6233	3065	310	6	727	-544
国有企业											
集体企业											
股份合作企业											
有限责任公司	365	108	249	75	290	539	390	29		17	13
其他有限责任公司	365	108	249	75	290	539	390	29	17	13	
股份有限公司	232	33	188	169	63	246	134	13		5	5
私营企业	5712	2792	2502	5898	-187	4926	2206	233	6	667	-562
私营独资企业											
私营合伙企业											
私营有限责任公司	5712	2792	2502	5898	-187	4926	2206	233	6	667	-562
其他企业	153	4	153		153	523	335	35		38	
港澳台商投资企业											
外商投资企业											
按国民经济行业分组											
正餐服务业	6462	2937	3092	6142	319	6233	3065	310	6	727	-544
饮料及冷饮服务											
#咖啡馆服务											

限额以上住宿法人企业主要财务指标

单位:万元

	资产合计	流动资产合计	固定资产原价	负债合计	所有者权益合计	主营业务收入	主营业务成本	主营业务税金及附加	其他业务利润	营业利润	利润总额
总　　计	118036	33375	30053	88263	29773	21185	6094	1206	23	-1702	-35
按登记注册类型分组											
内资企业	114280	30653	27496	87965	26315	17816	5357	1017	23	-2133	-461
国有企业	4901	1433	5846	10210	-5309	825	262	39		-819	834
集体企业											
股份合作企业											
有限责任公司	101939	26116	19576	72323	29616	14659	4065	826	18	-1295	-1298
其他有限责任公司	20379	6324	12198	19451	928	7373	2414	418	18	-1400	-1396
股份有限公司	6061	2751	1639	4453	1608	1141	634	84	5	-31	-14
私营企业	1379	353	436	978	400	1192	395	68		12	16
私营独资企业											
私营合伙企业											
私营有限责任公司	1175	266	59	977	198	775	155	45		-11	-13
私营股份有限公司	204	87	177	1	203	417	240	23		23	29
其他企业											
港澳台商投资企业	3756	2722	2556	298	3459	3369	738	189		431	426
#与港澳台商合资经营企业											
与港澳台合作经营企业											
港澳台商独资企业	3756	2722	2556	298	3459	3369	738	189		431	426
港澳台商独资股份有限公司											
外商投资企业											
中外合资经营企业											
按国民经济行业分组											
旅游饭店	112503	30645	28277	84955	27548	18687	5006	1044	23	-1694	101
一般旅馆	4512	2580	1605	2348	2164	2072	998	138		5	-123
其他住宿服务	1021	151	170	959	62	426	91	24		-14	-14

限额以上餐饮法人企业经营情况

单位:万元

类　别	法人企业（个）	从业人数（人）	营业额	客房收入	餐费收入	商品销售
总　　计	10	463	6225	489	5062	551
按登记注册类型分						
内资企业	10	463	6225	489	5062	551
有限责任公司	2	98	539	264	275	
其他有限责任公司	2	98	539	264	275	
股份有限公司	1	64	246	109	137	
私营企业	6	260	4918	116	4128	551
私营独资企业						
私营合伙企业						
私营有限责任公司	4	260	4918	116	4128	551
其他企业	1	41	523		523	
按国民经济行业分组						
正餐服务业	9	463	6225	489	5062	551
饮料及冷饮服务						
#咖啡馆服务						

限额以上住宿法人企业经营情况

单位:万元

	法人企业（个）	从业人数（人）	营业额	客房收入	餐费收入	商品销售
总　计	22	2248	21339	11384	9383	99
按登记注册类型分						
内资企业	20	2068	17970	10022	7386	95
国有企业	3	346	825	376	432	9
有限责任公司	10	1399	14840	7573	4750	89
股份有限公司	3	189	1114	949	137	1
私营企业	4	134	1191	1124	67	
私营独资企业						
私营有限责任公司	3	78	775	708	67	
私营股份有限公司	1	56	417	417		
港澳台商投资企业	2	180	3369	1362	1997	
与港澳台商合资经营企业						
港澳台商独资企业	1	180	3369	1362	1997	
港澳台商独资						
按国民经济行业分						
旅游饭店	16	1839	18777	9829	8395	99
一般旅馆	5	379	2137	1151	965	
其他住宿服务	1	30	426	404	23	

分地区社会消费品零售总额

单位:万元

	社会消费品零售总额	按行业分				按所在地分		
		批发业	零售业	住宿业	餐饮业	城　镇	城　区	乡　村
全　市	2696072	1248618	1106129	21002	320323	2342581	1745420	353491
昌江区	597752	347619	116649	7405	126079	597752	576376	–
珠山区	1169044	775691	254849	9235	129269	1169044	1169044	–
浮梁县	191468	56205	111987	636	22640	116722	–	74746
乐平市	737808	69103	622644	3726	42335	459063	–	278745

分地区限额以上批发零售法人企业基本情况

	法人企业(个)	批发企业	零售企业	产业活动单位(个)	年末从业人数(人)	销售合计(万元)	批发额(万元)	出　口	零售额(万元)
全　市	68	13	55	205	5002	815388	290683		524705
昌江区	11	5	6	14	794	187733	163008		24725
珠山区	30	3	27	152	3477	495634	73991	421644	
浮梁县	11	1	10	23	528	51123	7130		43993
乐平市	15	3	12	15	200	47811	13468		34344
高新区	1	1	–	1	3	33087	33087		–

分地区限额以上批发零售法人企业主要财务指标

单位:万元

	主营业务收入	主营业务成本	主营业务税金及附加	营业利润
全　市	835476	714957	27150	36865
昌江区	240439	187086	18433	24187
珠山区	464154	405653	6943	2492
浮梁县	51661	48710	53	-636
乐平市	46136	42213	53	705
高新区	33087	31296	1669	118

分地区限额以上住宿餐饮法人企业基本情况

	法人企业(个)			产业活动单位(个)	年末从业人数(人)	营业额(万元)			
		住宿企业	餐饮企业				客房收入	餐费收入	商品销售
全　市	32	22	10	2711	27565	11873	14445	650	
昌江区	8	7	1	969	13954	6553	7143	89	
珠山区	17	11	6	912	7875	2795	4348	561	
浮梁县	3	1	2	136	901	552	349		
乐平市	4	3	1	694	4835	1973	2605		

分地区限额以上住宿餐饮法人企业主要财务指标

单位:万元

	主营业务收入	主营业务成本	主营业务税金及附加	营业利润
全　市	27418	9159	1516	-975
昌江区	13976	3370	784	581
珠山区	7688	3878	388	-280
浮梁县	901	444	49	12
乐平市	4854	1466	295	-1288

亿元以上商品交易市场摊位成交额情况

	摊位数（个）	成交额（万元）
全　市	5143	420354
粮油、食品类	479	148363
饮料类	88	10818
烟酒类	61	5540
服装、鞋帽、针纺织品类	375	33343
化妆品类	35	4283
金银珠宝类	4	700
日用品类	117	12336
五金、电料类	280	12563
体育、娱乐用品类	9	1140
书报杂志类	9	1309
电子出版物及音像制品类	33	5222
家用电器和音像器材类	243	10315
中西药品类	5	650
文化办公用品类	22	2868
家俱类	182	11294
通讯器材类	2	330
木材及制品类	165	9213
化工材料及制品类	55	4891
金属材料类	16	7510
建筑及装潢材料类	2029	78089
机电产品及设备类	5	865
汽车类	23	7002
种子饲料类	21	2880
棉麻类		
其他类	885	48830
分地区		
昌江区	1714	160916
乐平市	3429	259438

旅游业发展情况

	旅游总收入（亿元）	占全市地区生产总值比重（%）
1991	0.21	…
1992	0.23	…
1993	0.26	0.86
1994	0.38	0.89
1995	0.55	1.18
1996	2.09	3.23
1997	3.84	5.22
1998	2.55	5.00
1999	3.98	4.89
2000	4.53	4.79
2001	5.14	4.94
2002	9.42	8.12
2003	11.42	8.12
2004	17.51	10.61
2005	21.07	10.91
2006	25.10	11.16
2007	30.27	11.56
2008	44.02	13.65
2009	53.36	14.66
2010	66.63	14.81
2011	83.76	14.83
2012	125.22	19.93
2013	152.29	22.40
2014	200.87	27.21
2015	261.32	33.85

入境旅游情况

	2005	2010	2011	2012	2013	2014	2015
旅游人数(人次)	48067	194867	234668	286463	321040	369557	424658
外国人	18217	74930	91429	116466	135960	162656	190702
港澳同胞	20879	81527	98457	117656	128868	145595	164638
台湾同胞	8971	38365	44782	52341	56212	61306	69318
旅游外汇收入(万美元)	1576.41	6484.11	8054.47	9826.90	11326.20	13663.43	16387.49

注:外国人包括华侨人数。

分地区旅游情况

	入境旅游人数(万人次)	国际旅游外汇收入(万美元)	国内旅游人数(万人次)	国内旅游收入(亿元)	星级饭店数(个)
全市	42.47	16387.49	3070.12	251.32	28
乐平	1.05	423.05	720.46	52.23	2
浮梁	16.98	6460.75	840.83	65.72	2
珠山	13.04	5052.96	763.56	64.02	16
昌江	11.05	4360.18	650.69	54.03	8

海关货物进出口总额

	人民币（万元）				美　元（万美元）			
	进出口总　额	出口总额	进口总额	差　额	进出口总　额	出口总额	进口总额	差　额
2000	30156	30156	–	–	3642	3642	–	–
2001	34594	34594	–	–	4179	4179	–	–
2002	39829	39829			4812	4812	–	–
2003	50107	50107	–	–	6053	6053	–	–
2004	54824	54824	–	–	6624	6624	–	–
2005	189993	72222	117771	–45549	23100	8781	14319	–5538
2006	177975	96063	81913	14150	22275	12023	10252	1771
2007	192888	125649	67240	58409	25207	16420	8787	7633
2008	202272	154084	48188	105895	28858	21983	6875	15108
2009	383638	328734	54904	273830	56172	48133	8039	40094
2010	547895	525454	22440	503014	80913	77599	3314	74285
2011	823439	802506	20932	781574	127101	123870	3231	120639
2012	826438	785636	40802	744834	127564	121266	6298	114968
2013	726493	710031	16462	693568	112137	109596	2541	107055
2014	507878	491138	16741	474397	78393	75809	2584	73225
2015	519634	502013	17621	484392	80208	77488	2720	74768

外商直接投资情况

	项 目 数 （个）	合同外资金额 （万美元）	实际使用外资 （万美元）
2004	28	6464	1417
2005	35	7391	5101
2006	27	12642	5938
2007	23	9862	7811
2008	21	14881	8765
2009	17	10764	10072
2010	23	13831	12136
2011	17	7358	10500
2012	17	11586	11762
2013	23	16354	14042
2014	18	20089	15507
2015	16	15326	17621

外商在景直接投资情况

	项目数 (个)	合同外 资金额 (万美元)	实际使 用外资 (万美元)
总　　计	16	15326	17621
按投资方式分			
合资经营企业	1	501	2899
合作经营企业			
外资企业	15	14825	14216
外商投资股份制企业			
按投资国别(地区)分			
亚　洲			
#中国香港	14	15416	14789
中国澳门			
中国台湾			100
印度尼西亚			
日　本		114	2120
马来西亚			
菲律宾			
新加坡			
韩　国			
泰　国			
非　洲			
欧　洲			
#英　国	1	8	8
德　国			
法　国			
意大利		-146	
荷　兰			
西班牙			
拉丁美洲			
北美洲			
#加拿大		17	
美　国	1	17	
大洋洲及太平洋群岛			
#澳大利亚			
新西兰			
英属维尔京群岛		-76	
萨摩亚		-120	98
其他		96	

注:利用外资项目中,存在多个国家投资同一项目,故按投资国别、地区分的项目个数之和不等于合计数。

主要统计指标解释

社会消费品零售总额　指各种经济类型的批发零售贸易业、餐饮业和其他行业直接售给城乡居民和社会集团的消费品以及农民直接售给非农业居民的消费品总额。不包括农民之间的商品销售。至于售给国民经济各部门企业、事业单位(包括国有农场)生产经营用的各种原材料、燃料、建筑材料、设备工具以及直售给农民的农业生产资料等,不包括在社会消费品零售总额中。

城乡集市贸易成交额　指在农村集市和城镇集市上买卖双方(包括农民、非农业居民、机关、团体、工商企业、个体商贩)成交的全部商品金额。

利用外资　是指我国各级政府、部门、企业、中国银行和其他单位通过对外借款、吸收外商直接投资和其他投资方式,使用国外和港澳地区的资金、设备、技术等。不包括赠款、援款。

境外旅游人数　是指来我国参观、访问、旅行、探亲、访友、休养、考察、参加会议和从事经济、科技、文化、教育、体育、宗教等活动的外国人、华侨、港澳和台湾同胞的人数。不包括外国在我国的常驻机构,如领使馆、通讯社、企业办事处的工作人员和来我国常住的外国专家和留学生等。

旅游外汇收入　指国内部门为我国旅游的外国人、华侨、港澳和台湾同胞提供商品和劳务而得到的外汇收入。包括供应商品、饮食和提供住宅、交通、邮电、文化娱乐、导游等各项服务所得的全部外汇收入。

六、能　源

·2015 年，全部规模以上工业企业综合能源消费量为 279.79 万吨标准煤。

·2015 年末，全市 320 家规模以上工业企业中，综合能源消费量 10 万吨标准煤以上的 4 家，综合能源消费量 1 万吨标准煤以上的 18 家，综合能源消费量 5000 吨标准煤以上的 30 家。

·2015 年末，全部规模以上工业企业中，属于高耗能行业企业 162 家。

本篇章

资料审核：李　丹

资料整理：李　丹　赵　婷

万元 GDP 能耗情况

	单位 GDP 能耗（吨标煤/万元）	上升或下降（%）	单位工业增加值能耗（吨标煤/万元）	上升或下降（%）	单位 GDP 电耗（千瓦时/万元）	上升或下降（%）
2006 年	1.194	-3.53	3.130	-15.45	954.80	-11.87
2007 年	1.146	-4.00	2.670	-11.27	969.72	1.56
2008 年	1.086	-5.29	1.835	-10.10	909.00	-6.26
2009 年	1.012	-6.74	1.387	-24.94	874.78	-3.76
2010 年	0.958	-5.34	1.420	-18.84	719.79	-17.72
2011 年	0.599	-3.84	1.482	18.86	747.84	3.10
2012 年	0.572	-4.50	1.230	-9.46	711.73	-4.85
2013 年	0.549	-4.14	1.290	-2.80	676.02	-5.05
2014 年	0.529	-3.63	1.120	-13.40	631.60	-6.57
2015 年	0.519	-1.91	1.001	-3.81	617.44	-2.28

注:2010 年及以前数据按 2005 年可比价进行核算;2010 年以后数据按 2010 年可比价进行核算。

规模以上工业产值能耗情况(2－1)

	企业数(个)	2015年			比上年增长(%)		
		综合能源消费量(吨标准煤)(等价值)	工业总产值(万元)	产值能耗(吨标准煤/万元)	综合能源消费量	工业总产值	产值能耗
总计	320	2797915	10976166	0.25	5.2	1.1	4.1
一、分行业							
# 轻工业	105	162380	3077332	0.05	7.3	11.1	－3.4
重工业	215	2635535	7898835	0.33	5.1	－2.3	7.6
# 采矿业	22	15515	170199	0.09	－14.0	－15.0	1.2
煤炭开采和洗选业	10	8718	101301	0.09	－26.7	－16.6	－12.1
黑色金属矿采选业	1	13.00	1183.10	0.01	－58.4	－74.3	61.5
有色金属矿采选业	5	544	11782	0.05	－43.4	－29.6	－19.6
非金属矿采选业	6	6240	55932	0.11	21.0	－2.6	24.3
制造业	285	1691452	10273349	0.16	10.6	1.3	9.2
农副食品加工业	4	839	63064	0.01	0.3	8.4	－7.5
食品制造业	3	3242	110230	0.03	63.2	6.1	53.8
酒、饮料和精制茶制造业	10	2208	151241	0.01	－9.4	5.9	－14.5
纺织业	1	143	5526	0.03	5.8	－16.7	26.9
纺织服装、服饰业	2	431	16870	0.03	18.2	10.6	6.9
木材加工和木竹藤棕草制品业	2	1585	70795	0.02	15.6	19.8	－3.6
家具制造业	3	653	112682	0.01	15.4	20.1	－4.0
造纸和纸制品业	2	871	11325	0.08	－12.1	－17.1	6.0
印刷和记录媒介复制业	3	2377	157684	0.02	9.9	14.4	－4.0
石油加工炼焦和核燃料加工业	2	748271	1228279	0.61	16.7	－12.1	32.8
化学原料和化学制品制造业	41	396347	2633258	0.15	4.5	3.1	1.4
医药制造业	16	69390	791507	0.09	8.3	7.7	0.5
橡胶和塑料制品业	5	4252	83878	0.05	4.1	12.9	－7.8
非金属矿物制品业	110	405383	2486273	0.16	8.9	12.4	－3.2
黑色金属冶炼和压延加工业	2	841	29452	0.03	15.4	28.1	－10.0
有色金属冶炼和压延加工业	1	854	44751	0.02	8.7	27.1	－14.5
金属制品业	4	424	11112	0.04	41.0	－19.0	74.2
通用设备制造业	6	8574	640168	0.01	13.9	－6.3	21.5
专用设备制造业	5	614	45119	0.01	－2.6	0.0	－2.6
汽车制造业	25	29868	828303	0.04	－9.3	－15.3	7.2
航空航天和其他运输设备制造业	5	3686	152272	0.02	4.1	19.2	－12.7
电气机械和器材制造业	13	6477	335288	0.02	0.7	5.8	－4.8
通信和其他电子设备制造业	19	4105	260747	0.02	－24.4	－16.9	－9.0
仪器仪表制造业	1	18	3525	0.01	－22.8	－36.5	21.6

规模以上工业产值能耗情况(2－2)

	企业数(个)	2015年			比上年增长(%)		
		综合能源消费量(吨标准煤)	工业总产值(万元)	产值能耗(吨标准煤/万元)	综合能源消费量	工业总产值	产值能耗
电力热力、燃气及水生产和供应业	13	1090948	532619	2.05	－1.8	5.0	－6.5
电力、热力生产和供应业	6	1084137	335943	3.23	－1.8	－3.7	2.0
燃气生产和供应业	3	3163	176432	0.02	12.2	26.3	－11.1
水的生产和供应业	4	3648	20244	0.18	0.6	8.9	－7.6
二、分部门							
煤炭	10	8718	101301	0.09	－26.7	－16.6	－12.1
冶金	5	749125	1258915	0.60	16.7	－11.7	32.1
有色	6	1398	56534	0.02	－19.9	8.8	－26.4
建材	117	411742	2545315	0.16	9.1	11.9	－2.6
化工	39	395551	2612462	0.15	4.5	2.8	1.6
轻工	41	19190	906250	0.02	6.6	7.6	－0.9
纺织	3	574	22395	0.03	14.8	2.3	12.2
医药	16	69390	791507	0.09	8.3	7.7	0.5
机械	48	45325	1814383	0.02	－3.1	－7.4	4.6
电子	19	4105	260747	0.02	－24.4	－16.9	－9.0
电力	6	1084137	335943	3.23	－1.8	－3.7	2.0
其他	10	8659	270414	0.03	7.7	22.9	－12.4
三、特殊分组							
高耗能行业	162	2635833	6757957	0.39	5.5	2.9	2.6
四、分能源消费量							
5000吨以下	290	197224	6260561	0.03	6.3	6.4	－0.1
5000吨以上	30	2600691	4715606	0.55	5.2	－5.1	10.8
1万以上	18	2515168	3380552	0.74	4.1	－8.6	13.9
5万以上	5	2225081	1625111	1.37	3.0	－12.1	17.3
10万以上	4	2146576	1250206	1.72	3.0	－17.9	25.4
15万以上	4	2146576	1250206	1.72	3.0	－17.9	25.4
五、分登记注册类型							
国有企业	7	14710	95999	0.15	0.1	6.7	－6.1
集体企业	6	924	60467	0.02	－32.1	4.7	－35.1
股份合作企业	2	423	6520	0.06	－23.0	－6.5	－17.7
股份制企业	278	2560320	10055919	0.25	6.2	0.4	5.8
外商及港澳台商投资企业	23	220340	751589	0.29	－4.2	12.7	－15.0
其他经济类型企业	4	1198	5673	0.21	－14.9	－64.2	137.4

规模以上工业能源购进、消费与库存情况

	单位	企业数（个）	年初库存量	全年购进量		全年消费量					年末库存量
				实物量	金额（千元）	合计	工业生产消费	用于原材料	非工业生产消费	运输工具消费	
原煤	吨	29	318263	3550891	2862493	3597215	3597191	337420	24		272458
洗精煤	吨	2	190975	4438051	3476350	4463575	4463575				165451
焦炉煤气	万立方米	12		43151		61168	61168				
天然气（气态）	万立方米	40		9163	342	9163	9159	57	4		
液化天然气（液态）	吨	2		573		573	573				
汽油	吨	16	2	1143		1188	532		655	493	1
煤油	吨	1		46		46			46	46	
柴油	吨	19	289	1544		1650	992		658	374	191
燃料油	吨	1		15580		15580	15580				
液化石油气	吨	4	1	770		770	770				1
石油焦	吨	1	759	9000		8993	8993				766
热力	百万千焦	3		1434719		3670950	3670950				
电力	万千瓦时	304		240272	441	331737	326898		4839		
生物质废料用于燃料	吨	5		20950		27900	27900				
余热余压	百万千焦	1				601251	601251				
其他燃料	吨标准煤	1									1
能源合计	吨标准煤	304				7511268	7503262		8006		

规模以上工业能源加工转换情况(2-1)

单位:吨

	企业个数(个)	工业生产消费量	加工转换投入合计	火力发电	供热	原煤入洗	炼焦	能源加工转换产出
总计	8	6962237	6153088	1974326	148687	12857	4017217	4684845
一、分行业								
# 轻工业								
重工业	8	6962237	6153088	1974326	148687	12857	4017217	4684845
# 采矿业	1	12989	12857			12857		12150
煤炭开采和洗选业	1	12989	12857			12857		12150
制造业	5	5065260	4284309	160867	106224		4017217	3859325
石油加工炼焦和核燃料加工业	2	4471228	4067369	50152			4017217	3722957
化学原料和化学制品制造业	2	340485	196438	90213	106224			129907
非金属矿物制品业	1	253547	20503	20503				6461

规模以上工业能源加工转换情况(2-2)

单位:吨

	企业个数(个)	工业生产消费量	加工转换投入合计	火力发电	供热	原煤入洗	炼焦	能源加工转换产出
电力热力、燃气及水生产和供应业	2	1883988	1855921	1813459	42462			813370
电力、热力生产和供应业	2	1883988	1855921	1813459	42462			813370
二、分部门								
煤炭	1	12989	12857			12857		12150
冶金	2	4471228	4067369	50152			4017217	3722957
建材	1	253547	20503	20503				6461
化工	2	340485	196438	90213	106224			129907
电力	2	1883988	1855921	1813459	42462			813370
三、特殊分组								
高耗能行业	7	6949248	6140230	1974326	148687		4017217	4672695
四、分能源消费量(吨标准煤)								
5000 吨以下	1	12989	12857			12857		12150
5000 吨以上	7	6949248	6140230	1974326	148687		4017217	4672695
1 万以上	7	6949248	6140230	1974326	148687		4017217	4672695
5 万以上	5	6714457	5925508	1972986	110044		3842478	4533298
10 万以上	4	5111758	4311044	1939499	92862		2278683	2944680
15 万以上	4	5111758	4311044	1939499	92862		2278683	2944680
五、分登记注册类型								
国有企业								
集体企业								
股份合作企业								
股份制企业	7	6663537	5996707	1910807	55825	12857	4017217	4575817
外商及港澳台商投资企业	1	298700	156380	63518	92862			109028
其他经济类型企业								

规模以上工业主要能源分行业消费情况(4－1)

	原煤(吨)	焦炉煤气(万立方米)	天然气(万立方米)	汽油(吨)	柴油(吨)	燃料油(吨)
总计	3597215	61168	9163	1188	1650	15580
一、分行业						
# 轻工业	27983	761	2251	56	36	
重工业	3569233	60407	6912	1131	1613	15580
# 采矿业	23142	16		41	174	
煤炭开采和洗选业	18000			14	168	
石油和天然气开采业						
黑色金属矿采选业						
有色金属矿采选业						
非金属矿采选业	5142	16		27	6	
其他采矿业						
制造业	922627	61152	9163	1079	1258	15580
农副食品加工业						
食品制造业						
酒、饮料和精制茶制造业	234					
烟草制品业						
纺织业						
纺织服装、服饰业						
皮革、毛皮、羽毛和制鞋业						
木材加工和木竹藤棕草制品业						
家具制造业						
造纸和纸制品业	316				29	
印刷和记录媒介复制业						
文教体育和娱乐用品制造业						
石油加工炼焦和核燃料加工业	16227	58035	798		1	15580
化学原料和化学制品制造业	513438	44	2504			
医药制造业	12465					
化学纤维制造业						
橡胶和塑料制品业						
非金属矿物制品业	369786	3073	5391	556	977	
黑色金属冶炼和压延加工业			62		25	539
有色金属冶炼和压延加工业	567					
金属制品业						
通用设备制造业			143	60	140	
专用设备制造业						
汽车制造业	9601		327	428	107	
航空航天和其他运输设备制造业				9	4	
电气机械和器材制造业						
通信和其他电子设备制造业				25		
仪器仪表制造业						
废弃资源综合利用业						
金属制品、机械和设备修理业						

规模以上工业主要能源分行业消费情况(4－2)

	液化石油气(吨)	石油焦(吨)	热力(百万千焦)	电力(万千瓦时)	生物质废料用于燃料(吨)	余热余压(百万千焦)
总计	770	8993	3670950	331737	27900	601251
一、分行业						
# 轻工业	746		1187881	53242	429	
重工业	24	8993	2483069	278495	27471	601251
# 采矿业				9665		
煤炭开采和洗选业				7184		
石油和天然气开采业						
黑色金属矿采选业				11		
有色金属矿采选业				456		
非金属矿采选业				2015		
其他采矿业						
制造业	770	8993	3670950	280067	27900	601251
农副食品加工业				508	429	
食品制造业				2638		
酒、饮料和精制茶制造业				1639		
烟草制品业						
纺织业				116		
纺织服装、服饰业				351		
皮革、毛皮、羽毛和制鞋业						
木材加工和木竹藤棕草制品业				1290		
家具制造业				531		
造纸和纸制品业				452		
印刷和记录媒介复制业				1934		
文教体育和娱乐用品制造业						
石油加工炼焦和核燃料加工业		8993		38149	8047	
化学原料和化学制品制造业			2483069	110782	7193	
医药制造业			1187881	15739		
化学纤维制造业						
橡胶和塑料制品业				956	6155	
非金属矿物制品业	770			73492		601251
黑色金属冶炼和压延加工业				684		
有色金属冶炼和压延加工业				365		
金属制品业				348		
通用设备制造业				3073	6076	
专用设备制造业				500		
汽车制造业				14940		
航空航天和其他运输设备制造业				2983		
电气机械和器材制造业				5270		
通信和其他电子设备制造业				3311		
仪器仪表制造业				14		
废弃资源综合利用业						
金属制品、机械和设备修理业						

规模以上工业主要能源分行业消费情况(4-3)

	原煤(吨)	焦炉煤气(万立方米)	天然气(气态)(万立方米)	汽油(吨)	柴油(吨)	燃料油(吨)
电力热力、燃气及水生产和供应业	2651446			68	218	
电力、热力生产和供应业	2651446			25	211	
燃气生产和供应业						
水的生产和供应业				43	7	
二、分部门						
煤炭	18000			14	168	
石油石化						
冶金	16227	58035	798		1	15580
有色	567					
建材	374928	3088	5391	583	983	
化工	513438	44	2504			
轻工	544				29	
烟草						
纺织						
医药	12465					
机械	9601		470	97	251	
电子				25		
电力	2651446			25	211	
其他				43	7	
三、特殊分组						
高耗能行业	3551463	61152	8692	581	1189	15580
万家重点耗能企业						
四、分能源消费量(吨标准煤)						
5000 吨以下	29870	1202	2201	990	646	
5000 吨以上	3567345	59966	6962	198	1004	15580
1 万以上	3545696	58035	5899	137	736	15580
5 万以上	3220417	58035	798	24	522	15580
10 万以上	3220417	58035	798	24	522	15580
15 万以上	3220417	58035	798	24	522	15580
五、分登记注册类型						
国有企业		340		84	141	
集体企业						
股份合作企业						
股份制企业	3274476	60828	8957	1104	1350	15580
外商及港澳台商投资企业	322740		206			
其他经济类型企业					159	

规模以上工业主要能源分行业消费情况(4－4)

	液化石油气(吨)	石油焦(吨)	热力(百万千焦)	电力(万千瓦时)	生物质废料用于燃料(吨)	余热余压(百万千焦)
电力热力、燃气及水生产和供应业				42005		
电力、热力生产和供应业				36494		
燃气生产和供应业				2573		
水的生产和供应业				2938		
二、分部门						
煤炭				7184		
石油石化						
冶金		8993		38844	8047	
有色				820		
建材	770	75604	601251			
化工			2483069	110134	7193	
轻工				12523	6584	
烟草						
纺织				468		
医药			1187881	15739		
机械				23602	6076	
电子				3311		
电力				36494		
其他				7015		
三、特殊分组						
高耗能行业	770	8993	2483069	259967	15240	601251
万家重点耗能企业						
四、分能源消费量(吨标准煤)						
5000 吨以下	770			15459	13777	
5000 吨以上		8993	3670950	216279	14123	601251
1 万以上		8993	3670950	181440	8047	601251
5 万以上		8993	2236231	136569	8047	601251
10 万以上		8993	2236231	133373	8047	601251
15 万以上		8993	2236231	133373	8047	601251
五、分登记注册类型						
国有企业	492			10351		
集体企业				773		
股份合作企业				344		
股份制企业	278	8993	1187881	254089	27900	601251
外商及港澳台商投资企业			2483069	66141		
其他经济类型企业				40		

规模以上工业分行业取水量及净取水量(2－1)

	取水量 (万立方米)	净取水量 (万立方米)
总计	11862	3885
一、分行业		
# 轻工业	8425	547
重工业	3437	3338
# 采矿业	229	229
煤炭开采和洗选业	207	207
石油和天然气开采业		
黑色金属矿采选业		
有色金属矿采选业	9	9
非金属矿采选业	13	13
其他采矿业		
制造业	2361	2262
农副食品加工业	3	3
食品制造业	3	3
酒、饮料和精制茶制造业	29	29
烟草制品业		
纺织业	2	2
纺织服装、服饰业		
皮革、毛皮、羽毛和制鞋业		
木材加工和木竹藤棕草制品业	2	2
家具制造业	1	1
造纸和纸制品业	1	1
印刷和记录媒介复制业	1	1
文教体育和娱乐用品制造业		
石油加工炼焦和核燃料加工业	626	626

规模以上工业分行业取水量及净取水量(2－2)

	取水量 (万立方米)	净取水量 (万立方米)
化学原料和化学制品制造业	1088	989
医药制造业	98	98
化学纤维制造业		
橡胶和塑料制品业	3	3
非金属矿物制品业	261	261
黑色金属冶炼和压延加工业		
有色金属冶炼和压延加工业	1	1
金属制品业	1	1
通用设备制造业	63	63
专用设备制造业	7	7
汽车制造业	133	133
航空航天和其他运输设备制造业	12	12
电气机械和器材制造业	8	8
通信和其他电子设备制造业	15	15
仪器仪表制造业	1	1
废弃资源综合利用业		
金属制品、机械和设备修理业		
电力热力、燃气及水生产和供应业	9272	1393
电力、热力生产和供应业	1094	1094
燃气生产和供应业	1	1
水的生产和供应业	8177	299
二、分规模		
大型企业	1398	1299
中型企业	7770	2149
小微型企业	2694	436

全社会用电情况

单位:万千瓦时

	2014 年	2015 年	2015 年比上年增长(%)
一、全社会用电总计	437134	463873	6.1
全行业用电	365485	385337	5.4
第一产业	7964	5901	-25.9
第二产业	315731	328327	4.0
工业	310494	322643	3.9
#轻工业	65007	60013	-7.7
重工业	245488	262631	7.0
#采矿业	12862	9431	-26.7
制造业	156681	151289	-3.4
电力、燃气及水的生产和供应业	140951	161925	14.9
建筑业	5236	5682	8.5
第三产业	41789	51108	22.3
交通运输、仓储和邮政业	2055	2117	3.0
信息传输、计算机服务和软件业	3194	3703	15.9
商业、住宿和餐饮业	18006	20194	12.2
金融、房地产、商务及居民服务业	4961	5623	13.3
公共事业及管理组织	13575	19474	43.5
二、城乡居民生活用电合计	71651	78536	9.6
城镇居民	42940	45899	6.9
乡村居民	28711	32636	13.7

主要统计指标解释

购进量和购进金额(限于工业企业)。购进量是指企业在报告期内外购的、用于企业消费的各种能源。计算购进量的原则有两个:(1)计算购进量的能源必须是已经实际到达本单位的,必须经过验收、检验的,必须办理完入库手续的。(2)谁购进,谁统计。购进金额指企业在报告期内外购的、用于企业消费的各种能源的金额,要求:①按购进发票上的总金额计算(含增值税);②购进金额与购进量口径一致。

消费量 指企业(单位)在报告期内实际消费的各种能源的实际数量。计算能源消费量要遵循的主要原则:(1)谁消费,谁统计;(2)何时投入使用何时计算消费量;(3)消费量只能计算一次。

库存量 指企业(单位)在报告期期初、期末所拥有的各种能源数量。统计能源库存量应遵循的主要原则:(1)时点性原则,库存量统计的是在报告期某时间点所拥有的能源数量,必须按照制度规定的时间点盘点库存。(2)实际数量原则,按盘点的实际数量统计,不能按账面数量统计。(3)以验收合格、办理完入库手续为准。(4)使用权原则,用于消费的库存按照能源的使用权统计。

折标系数 标系数是用来将不同品种、不同计量单位的能源折合成为一种标准含量的标准煤。折标系数根据能源的热值确定,不同的能源由于热值不同,则折标系数不同。能源的热值分为当量热值和等价热值。

(1)当量热值:一个计量单位的某种能源本身所含的热量,是实际的发热值。

(2)等价热值:是获得一个计量单位的某种二次能源所消耗的以热值来表示的一次能源量,只有电力和热力有等价热值,其他能源没有。现行统计制度规定,在计算能源标准量时,全部采用当量值系数。

当量折标系数的确定:规定每千克标准煤的热值为7000千卡。

能源加工、转换 是指为了特定的用途,将一种能源(一般为一次能源),经过一定的工艺,加工或转换成另外一种能源(二次能源)。能源加工是能源物理形态的变化,如将原油炼制成汽油、煤油、柴油等石油制品,将煤炭高温干馏成焦炭,将煤炭气化成煤气等等,这些方法在加工前后能源均未发生质的变化。能源转换是能源化学形态的变化,如将煤炭、重油等转换为电力和热力,将热能转化为机械能等。

能源加工转换投入 是指为生产二次能源产品,投入到加工转换设备中的能源数量;能源加工转换产出是指能源经过加工转换产出的二次能源产品的数量。

能源消费总量 是将各种能源折成标准煤,扣除中间消费后的能源合计。即:能源消费总量=消费合计-加工转换投入量+输配损失+加工转换损失(公式中指标的计量单位均为吨标准煤)。

综合能耗 是反映能源利用效率的指标,一般以万元 GDP 能耗表示,即获得一万元的国内生产总值消耗的能源总量。

万元 GDP 能耗 指一定时期内,一个国家或地区(创造)一个计量单位(通常为万元)的 GDP 所消费的能源。降低率是和去年同期进行比较。单位 GDP 能耗即万元 GDP 能耗=能源消费总量/GDP。GDP,即国内(地区)生产总值。

能源消费总量的核算范围是全社会,即包括全部三次产业的生产、经营及其他活动用能,也包括居民生活用能。

七、财政、金融、保险

·2015年，全市财政总收入111.56亿元，比上年增长9.9%。其中，一般公共预算收入90.59亿元，比上年增长10.3%。一般公共预算支出172.96亿元，比上年增长15.7%^。

·2015年末，全市金融人民币机构存款余额810.92亿元。其中，住户存款余额510.28亿元。金融机构人民币贷款余额499.08亿元。

·2015年末，全市保险业务总收入14.76亿元，保险赔款及给付支出5.78亿元。

本篇章

资料审核：吴　巍

资料整理：李斯宇

主要年份财政、金融、保险主要指标

单位:万元

	1980年	1985年	1990年	1995年	2000年	2005年	2010年	2014年	2015年
一、财政									
财政总收入	7460	10999	21333	51900	82400	147200	531462	1015218	1115604
#一般公共预算收入				25306	43615	84378	387533	821539	905885
一般公共预算支出	4959	9246	18199	34283	70967	183155	778735	1495415	1729617
二、金融									
金融机构人民币年末存款余额	17884	41874	104530	334286	852316	1750214	4009210	7495226	8109230
#单位存款(企业存款)	7208	19812	29888	94879	232651	395953	1015162	2695973	1755586
1. 活期存款					204995	346963	914615	1506167	958717
2. 定期存款					27656	48990	100547	633156	796869
金融机构人民币年末贷款余额	30413	61399	169553	472219	847840	1221812	2269952	4237557	4990812
#短期贷款							798566	1172950	1262404
#个人贷款及透支							99614	281496	283244
单位普通贷款及透支							659946	850661	979160
三、保险									
保费收入	–	354	1319	5184	13768	31406	88228	122726	147589
#财产保险					6013	7308	23700	49931	55320
人身保险					7755	24098	64528	72795	92269
赔款及给付支出	–	131	724	2362	3481	4881	14664	27668	57826

注:2010年及以前单位存款数据为企业存款数据。

财 政 收 入

单位:万元

	2014 年	2015 年	2015 年比上年增长(%)
财政总收入	1015218	1115604	9.9
一、按收入项目分			
1、一般公共预算收入	821539	905885	10.3
#工商税收类	459161	552261	20.3
企业收入	43629	38952	-10.7
农牧业税和耕地占用税	117762	102106	-13.3
专项收入	16334	22711	39.0
罚没收入	15769	13947	-11.6
行政性收费收入	51391	45854	-10.8
国有资源(资产)有偿使用收入	116502	115377	-1.0
其他各项收入	991	14677	1381.0
2、上划中央收入	193573	199789	3.2
3、上划省级收入	106	9930	9267.9
二、按地区分			
#市本级	258787	279061	7.8
乐平市	338013	370083	9.5
浮梁县	88547	97018	9.6
珠山区	123006	139579	13.5
昌江区	94902	106812	12.5
高新区	89288	97021	8.7
陶瓷工业园区	22676	26030	14.8
三、财政总收入占 GDP 比重(%)	13.8	14.4	0.6 个百分点
四、税收占财政总收入比重(%)	80.2	80.0	-0.2 个百分点

税收收入占财政收入比重情况

单位:万元、%

	2014年			2015		
	税收收入	一般公共预算收入	占一般公共预算收入比重	税收收入	一般公共预算收入	占一般公共预算收入比重
全市	620552	821539	75.5	692904	905885	76.5
市本级	126798	213032	59.5	127348	220147	57.8
县市区小计	493754	608507	81.1	565556	685738	82.5
乐平市	205252	263861	77.8	238092	300917	79.1
浮梁县	64726	73011	88.7	70532	79802	88.4
珠山区	99444	106551	93.3	113370	123921	91.5
昌江区	63968	79445	80.5	77535	86873	89.3
高新区	46638	69388	67.2	49191	74983	65.6
陶瓷工业园区	13726	16251	84.5	16836	19242	87.5

	2014年			2015		
	税收收入	财政总收入	占财政总收入比重	税收收入	财政总收入	占财政总收入比重
全市	814231	1015218	80.2	892764	1115604	80.0
市本级	172553	258787	66.7	184034	279061	65.9
县区小计	641678	756431	84.8	708730	836543	84.7
乐平市	279404	338013	82.7	304215	370083	82.2
浮梁县	80262	88547	90.6	86834	97018	89.5
珠山区	115899	123006	94.2	127327	139579	91.2
昌江区	79425	94902	83.7	96533	106812	90.4
高新区	66538	89288	74.5	70358	97021	72.5
陶瓷工业园区	20151	22676	88.9	23463	26030	90.1

财 政 支 出

单位:万元

	2014 年	2015 年	2015 年比上年增长(%)
财政支出	1495415	1729617	15.7
#一般公共预算支出	1495415	1729617	15.7
1、一般公共服务	278753	192576	-30.9
2、国防	2162	1403	-35.1
3、公共安全	56249	65441	16.3
4、教育	175866	249324	41.8
5、科学技术	11392	26071	128.9
6、文化体育与传媒	38271	30354	-20.7
7、社会保障和就业	208762	254471	21.9
8、医疗卫生与计划生育	90045	109690	21.8
9、节能环保	18854	31728	68.3
10、城乡社区	133019	103740	-22.0
11、农林水	138515	234333	69.2
12、交通运输	17741	27995	57.8
13、资源勘探信息等	187923	213445	13.6
14、商业服务业	12078	9251	-23.4
15、金融	25	36	44.0
16、国土海洋气象等	6762	12626	86.7
17、住房保障	59598	78093	31.0
18、粮油物资储备	3728	3000	-19.5
19、债务付息	6186	0	-100.0
20、其他支出	49486	86040	73.9
#市本级	525188	614682	17.0
乐平市	451792	503462	11.4
浮梁县	186546	197844	6.1
珠山区	141338	181573	28.5
昌江区	110672	127654	15.3
高新区	62782	82546	31.5
陶瓷工业园区	17097	21856	27.8

金融机构年末人民币存贷款余额

单位:万元

	2014 年	2015 年	2015 年比 2014 年增长(%)
一、金融机构人民币存款余额合计	7495226	8109230	8.2
1、住户存款	4553645	5102789	12.1
#活期存款	1644781	1795182	9.1
定期及其他存款	2908864	3307606	13.7
2、非金融企业存款	1914816	1755586	-8.3
#活期存款	976086	958717	-1.8
定期及其他存款	938730	796869	-15.1
3、广义政府存款	942859	1220060	29.4
#财政性存款	85134	146674	72.2
机关团体存款	857725	1073386	25.1
二、金融机构人民币贷款余额合计	4237558	4990812	17.8
1、住户贷款	1381677	1558490	12.8
#短期贷款	281496	283244	0.6
消费贷款	68812	68861	0.1
经营贷款	212684	214383	0.8
#中长期贷款	1100181	1275246	15.9
消费贷款	712952	857911	20.3
经营贷款	387229	417335	7.8
2、非金融企业及机关团体贷款	2855708	3432111	20.2
#短期贷款	891455	979160	9.8
中长期贷款	1403847	1828904	30.3
票据融资	560210	624048	11.4

主要统计指标解释

财政收入　指国家财政参与社会产品分配所取得的收入，是实现国家职能的财力保证。财政收入所包括的内容几经变化，目前主要包括：

（1）各项税收：包括增值税、营业税、消费税、土地增值税、城市维护建设税、资源税、城市土地使用税、印花税、个人所得税、企业所得税、关税和耕地占用税等。

（2）专项收入：包括征收排污费收入、水资源费收入、教育费附加收入等。

（3）其他收入：包括基本建设收入、捐赠收入等。

（4）国有企业计划亏损补贴：这项为负收入，冲减财政收入。

财政支出　国家财政将筹集起来的资金进行分配使用，以满足经济建设和各项事业的需要，主要包括：

（1）一般公共服务：反映政府提供一般公共服务的支出。

（2）外交：反映政府外交事务支出。包括外交行政管理、驻外机构、对外援助、国际组织、对外合作与交流、边界勘界联检等方面的支出。人大、政协、政府及所属各部门（除国家领导人、外交部门）的出国费、招待费列相关功能科目，不在本科目反映。

（3）国防：反映政府用于国防方面的支出。

（4）公安安全：反映政府维护社会公共安全方面的支出。有关事务包括武装警察、公安、国家安全、检察、法院、司法行政、监狱、劳教、国家保密、缉私警察等。

（5）教育：反映政府教育事务支出。有关具体事务包括教育行政管理、学前教育、小学教育、初中教育、普通高中教育、普通高等教育、初等职业教育、中专教育、技校教育、职业高中教育、高等职业教育、广播电视教育、留学生教育、特殊教育、干部继续教育、教育机关服务等。

（6）科学技术：即公共财政预算支出中的科学技术支出项目。指用于科学技术方面的支出，包括科学技术管理事务、基础研究、应用研究、技术研究与开发、科技条件与服务、社会科学、科学技术普及、科技交流与合作等。

（7）文化体育与传媒：反映政府在文化、文物、体育、广播影视、新闻出版等方面的支出。

（8）社会保障和就业：反映政府在社会保障与就业方面的支出。有关事项包括社会保障和就业管理事务、民政管理事务、财政对社会保险基金的补助、补充全国社会保障基金、行政事业单位离退休、企业改革补助、就业补助、抚恤、退役安置、社会福利、残疾人事业、城市居民最低生活保障、其他城镇社会救济、农村社会救济、自然灾害生活救助、红十字事务等。

（9）医疗卫生：反映政府医疗卫生方面的支出。具体包括医疗卫生管理事务支出、医疗服务支出、医疗保障支出、疾病预防控制支出、卫生监督支出、妇幼保健支出、农村卫生支出等。

（10）环境保护：反映政府环境保护支出。具体包括：环境保护管理事务支出、环境监测与监察支出、污染治理支出、自然生态保护支出、天然林保护工程支出、退耕还林支出、风沙荒漠治理支出、退耕还草支出、已垦草原退耕还草支出等。

（11）城乡社区事务：反映政府城乡社区事务支出。具体包括：城乡社区管理事务支出、城乡社区规划与管理支出、城乡社区公共设施支出、城乡社区住宅支出、城乡社区环境卫生支出，建设市场管理与监督支出等。

（12）农林水事务：反映政府农林水事务支出。具体包括：农业支出、林业支出、水利支出、扶贫支出、农业综合开发支出等。

（13）交通运输：反映政府交通运输方面的支出。包括公路运输支出、水路运输支出、铁路运输支出、民用航空运输支出等。

（14）工业商业金融等事务：反映政府工业、商业、金融等事务支出。具体包括：采掘业支出、制造业支出、建筑业支出、电力支出、信息产业支出、旅游业支出、涉外发展支出、粮油事务支出、商业流通事务支出、物资储备支出、金融保险支出、烟草事务支出、安全生产支出、国有资产监管支出、中小企业发展支出、清洁生产支出等。

（15）其他支出：反映不能划分到上述功能科目的其他政府支出。

（16）转移性支出：反映政府的转移支付以及不同性质资金之间的调拨支出。

中央财政收入和地方财政收入　指按财政体制划分的中央本级收入和地方本级收入。1994 年分税制财政体制以后，属于中央财政的收入包括关税、海关代征消费税和增值税，消费税，中央企业所得税，地方银行和外资银行及非银行金融企业所得税，铁道、银行总行、保险总公司等集中缴纳的营业税、所得税、利润和城市维护建设税，增值税的 75% 部分，证券交易税（印花税）50% 部分和海洋石油资源税。属于地方财政的收入包括营业税，地方企业所得税，个人所得税，城镇土地使用税，固定资产投资方向调节税，城镇维护建设税，房产税，车船使用税，印花税，屠宰税，耕地占用税，契税，增值税 25% 部分，证券交易税（印花税）50% 部分和除海洋石油资源税以外的其他资源税。

存款　企业、机关、团体或居民根据可以收回的原则，把货币资金存入银行或其他信用机构保管并取得一定利息的一种信用活动形式。根据存款对象的不同可划分：企业存款、财政存款、机关团体存款、对外贸易存款、城乡居民储蓄存款、农村存款等科目。

贷款　银行或其他信用机构根据必须归还的原则，按一定利率，为企业、个人等提供资金的一种信用活动形式。我国银行贷款，分流动资金贷款、中短期设备贷款以及农户贷款等科目。

保费　被保险人按其得到保险利益的保

障程度（保险金额）的一定比率向保险人缴付的费用。

赔款 保险人对财产保险的保险事故给予的经济补偿或对人身保险的保险事故给付的保险金。

给付 包括死伤医疗给付和满期给付。死伤医疗给付是指保险人根据人寿保险及长期健康保险合同的规定，因被保险人在保险期内发生保险责任范围内的保险事故支付给被保险人（或受益人）的金额。满期给付是指被保险人生存期满，保险人按人寿保险合同规定支付给被保险人的满期保险金额。

八、价格指数

·2015 年,居民消费价格比上年上涨 1.7%。

·2015 年,消费品价格比上年上涨 2.3%。其中,食品类上涨 5.0%,烟酒类上涨 2.6%。

本篇章

资料审核:刘　瑶

资料整理:刘　瑶

历年居民消费价格指数

	居民消费价格指数	
	以上年价格为 100	以 1979 年价格为 100
1980	103.4	103.4
1981	101.3	104.7
1982	100.5	105.3
1983	101.1	106.4
1984	101.4	107.9
1985	107.0	115.5
1986	107.0	123.6
1987	108.2	133.7
1988	123.8	165.5
1989	118.0	195.3
1990	104.1	203.3
1991	105.3	214.1
1992	107.1	229.3
1993	117.2	268.7
1994	125.9	338.3
1995	117.9	398.9
1996	107.6	429.2
1997	102.4	439.5
1998	101.5	446.1
1999	99.7	444.8
2000	102.3	455.0
2001	99.4	452.3
2002	100.4	454.1
2003	101.9	462.7
2004	103.2	477.5
2005	101.2	483.2
2006	101.7	491.4
2007	103.9	510.6
2008	105.8	540.2
2009	100.0	540.2
2010	103.0	556.4
2011	105.1	584.8
2012	102.7	600.6
2013	102.5	615.6
2014	102.4	630.4
2015	101.7	641.1

分月价格指数(2－1)

(以上月为100)

	一月份	二月份	三月份	四月份	五月份	六月份	七月份	八月份	九月份	十月份	十一月份	十二月份
居民消费价格总指数	100.2	100.7	99.9	99.8	99.9	100.2	100.2	100.6	100.0	99.8	99.6	100.2
非食品价格指数	99.7	100.4	100.0	100.0	100.2	100.1	100.0	99.8	99.9	99.9	100.0	100.2
服务项目价格指数	100.0	100.1	99.9	100.0	100.0	100.0	100.0	100.0	100.0	100.0	100.0	100.0
扣除鲜菜鲜果指数	100.1	100.5	99.9	99.8	100.0	100.1	100.2	100.6	100.0	99.8	99.7	100.1
消费品价格指数	100.3	101.0	99.9	99.7	99.9	100.2	100.3	100.9	100.0	99.8	99.4	100.3
一、食品	101.1	101.3	99.8	99.5	99.5	100.2	100.8	102.0	100.3	99.8	98.8	100.2
1、粮食	100.0	100.0	100.0	100.0	100.0	100.0	100.0	100.0	100.0	100.0	100.0	100.0
2、淀粉	100.0	100.0	100.0	100.0	100.0	100.0	100.0	100.0	100.0	100.0	100.0	100.0
3、干豆类及豆制品	106.8	100.9	100.4	100.0	100.0	100.3	100.2	100.0	101.2	100.1	100.0	100.9
4、油脂	100.0	100.0	100.0	100.0	94.5	98.8	100.0	100.0	100.0	100.0	100.0	100.0
5、肉禽及其制品	100.5	101.9	99.3	99.4	100.0	100.7	103.3	106.2	100.2	98.2	97.7	99.9
(1)食用畜肉及副产品	100.6	101.7	99.4	99.3	100.0	101.1	104.2	107.7	100.1	97.5	97.3	99.8
(2)禽	100.0	104.3	98.2	99.3	100.4	99.0	100.4	101.8	101.1	100.8	98.0	100.0
(3)肉禽加工制品	100.0	100.0	100.0	00.0	100.0	100.2	100.3	100.7	100.0	100.2	100.2	100.0
6、蛋	103.7	99.9	97.4	96.5	96.8	99.9	97.9	106.1	103.2	101.9	93.4	98.3
7、水产品	99.7	102.7	98.5	97.6	100.0	99.7	98.7	103.0	99.6	100.8	98.5	100.4
(1)鱼	99.5	102.8	98.7	97.6	99.6	99.1	98.1	102.2	99.6	100.1	98.8	100.8
(2)其它水产品	100.3	102.4	97.9	97.5	101.0	101.5	100.0	105.0	99.9	102.7	97.9	99.5
8、菜	103.7	104.6	99.9	99.5	98.5	100.1	100.8	100.2	101.0	102.8	100.2	101.8
#鲜菜	104.2	105.1	100.0	99.5	98.3	100.1	100.8	100.3	100.9	103.2	100.1	101.9
9、调味品	100.2	100.1	100.1	100.1	100.1	100.1	100.0	100.3	100.2	99.9	100.1	100.2
10、糖	100.0	100.4	100.0	100.0	99.9	99.9	99.9	100.1	99.9	99.7	100.1	100.0
11、茶及饮料	100.0	99.9	100.0	100.0	101.3	100.8	100.1	100.1	99.9	100.0	100.1	100.0
(1)茶叶	100.0	100.0	100.0	100.0	101.9	100.5	100.0	100.0	100.3	100.0	100.0	100.0
(2)饮料	100.0	99.8	100.1	100.0	101.1	100.9	100.1	100.2	99.8	100.0	100.1	100.0
12、干鲜瓜果	100.7	102.7	100.8	99.1	100.0	101.2	99.9	100.3	99.7	97.2	94.4	99.8
#鲜果	100.9	103.6	101.1	98.9	100.0	101.5	99.8	100.4	99.7	96.5	92.7	99.7
13、糕点饼干	100.0	100.0	100.7	100.5	99.9	99.7	100.0	100.1	100.1	100.0	100.0	99.7
14、液体乳及乳制品	101.6	97.2	100.7	100.6	100.0	100.0	99.9	100.1	100.1	100.0	100.0	100.0
15、在外用膳食品	101.6	100.3	100.3	100.0	100.0	100.0	100.0	100.0	100.0	100.1	100.1	100.0
16、其它食品	98.6	101.7	102.5	100.4	100.6	100.3	100.2	100.4	99.6	100.0	100.1	100.8
二、烟酒及用品	100.0	100.6	100.0	100.0	101.6	101.6	100.0	100.0	100.0	100.0	100.0	100.0
1、烟草	100.0	100.7	100.0	100.0	102.6	102.5	100.0	100.0	100.0	100.0	100.0	100.0
2、酒	100.0	100.5	100.0	100.0	100.0	100.0	100.0	100.0	100.0	100.0	100.1	100.1
三、衣着	100.2	100.9	100.2	99.9	100.7	99.9	99.4	98.9	99.2	99.0	100.0	101.3
1、服装	100.3	99.9	100.3	101.4	101.0	100.9	99.4	98.5	99.9	99.4	100.0	101.7
(1)男式服装	100.1	99.9	100.8	102.8	100.8	100.7	100.0	97.3	101.3	100.3	100.0	101.8
(2)女式服装	100.6	100.0	99.8	100.3	101.4	100.0	99.5	99.5	98.7	98.9	100.0	101.9
(3)儿童服装	100.0	100.0	100.0	99.8	100.0	106.3	96.3	100.0	98.5	97.2	99.7	100.0
2、衣着材料	100.0	100.0	100.0	100.0	100.0	100.0	100.0	100.0	100.9	100.9	100.0	100.0
3、鞋帽袜	100.0	104.2	100.0	95.2	100.0	96.5	99.0	100.1	96.7	97.3	100.0	100.0
(1)鞋	100.0	104.8	100.0	94.6	100.0	96.0	98.9	100.1	96.3	96.9	100.0	100.0
(2)袜	100.0	100.0	100.0	100.0	100.0	100.0	100.0	100.0	100.0	100.0	100.0	100.0
(3)帽子	100.0	100.0	100.0	100.0	100.0	104.8	100.0	100.0	100.0	100.0	100.0	100.0
4、衣着加工服务	100.0	101.0	99.0	100.0	100.0	100.0	100.0	100.0	100.0	100.0	100.0	100.0

分月价格指数(2－2)

(以上月为100)

	一月份	二月份	三月份	四月份	五月份	六月份	七月份	八月份	九月份	十月份	十一月份	十二月份
四、家庭设备用品及维修服务	99.8	100.1	99.9	100.0	99.9	100.2	100.4	100.0	99.8	99.6	100.2	100.0
1. 耐用消费品	100.0	100.0	100.0	100.0	100.0	100.0	100.0	100.0	99.8	100.0	100.0	100.0
(1)家　　具	100.0	100.0	100.0	100.0	100.0	100.0	100.0	100.0	100.9	100.0	100.0	100.0
(2)家庭设备	100.0	100.0	100.0	100.0	100.0	100.0	100.0	100.0	99.1	100.0	100.0	100.0
2. 室内装饰品	100.0	100.0	100.0	100.0	100.0	100.5	100.0	100.0	100.0	100.0	99.5	100.0
3. 床上用品	96.7	98.9	100.0	100.0	97.2	102.9	105.8	100.0	100.0	93.2	103.2	99.2
4. 家庭日用杂品	100.0	100.0	100.0	100.0	100.1	100.0	100.1	100.0	99.9	100.0	100.0	100.0
5. 家庭服务及加工维修服务	100.0	101.6	98.4	100.0	100.0	100.0	100.0	100.0	100.0	100.0	100.0	100.0
五、医疗保健和个人用品	100.3	100.3	100.0	100.2	100.4	100.4	100.1	100.2	100.0	99.9	100.0	100.0
1. 医疗保健	100.4	100.3	100.0	100.4	100.7	100.3	100.0	100.3	100.0	100.0	100.0	100.0
(1)医疗器具及用品	102.2	100.0	100.0	102.0	101.0	100.0	100.0	100.0	100.0	100.0	100.0	100.0
(2)中药材及中成药	100.0	100.8	100.0	100.1	100.5	99.8	100.0	100.8	100.0	100.0	100.0	100.0
(3)西　　药	100.7	100.0	100.0	100.7	101.0	100.6	100.0	100.0	100.0	100.0	100.0	100.0
(4)保健器具及用品	102.2	100.0	100.0	101.7	102.8	102.4	100.0	100.0	100.0	100.0	100.0	100.0
(5)医疗保健服务	100.0	100.0	100.0	100.0	100.0	100.0	100.0	100.0	100.0	100.0	100.0	100.0
挂号诊疗费	100.0	100.0	100.0	100.0	100.0	100.0	100.0	100.0	100.0	100.0	100.0	100.0
2. 个人用品及服务	100.1	100.4	100.0	99.9	99.9	100.7	100.3	100.0	100.1	99.8	100.1	100.0
(1)化妆美容用品	100.0	100.0	100.0	98.9	98.8	100.0	100.0	100.0	100.0	100.0	100.0	100.0
(2)清洁类化妆品	100.4	101.0	100.0	100.2	100.2	101.6	100.8	100.0	100.2	100.0	100.0	100.0
(3)个人饰品	100.0	100.0	100.0	100.0	100.0	100.2	100.0	100.0	100.0	98.7	100.4	99.9
(4)个人服务	100.0	100.0	100.0	100.0	100.0	100.0	100.0	100.0	100.0	100.0	100.0	100.0
六、交通和通信	99.3	100.3	99.9	100.0	100.1	100.1	100.0	99.8	99.9	99.9	99.9	99.9
1. 交　　通	98.4	100.8	99.8	100.1	100.2	100.2	100.0	99.4	99.7	100.0	99.8	99.7
(1)交通工具	97.1	100.0	100.0	100.0	100.0	100.0	100.0	100.0	100.0	99.9	100.0	100.0
(2)车用燃料及零配件	94.0	98.5	103.9	99.4	103.8	100.1	98.5	95.9	98.0	100.5	99.0	98.1
(3)车辆使用及维修费	100.0	100.5	99.5	100.0	100.0	100.0	100.0	100.0	100.0	100.0	100.0	100.0
(4)市区公共交通费	100.0	100.0	100.0	100.0	100.0	100.0	100.0	100.0	100.0	100.0	100.0	100.0
(5)城市间交通费	99.2	104.1	97.4	100.5	98.9	101.0	100.7	99.5	99.6	100.0	99.8	99.6
2. 通　　信	99.9	100.0	100.0	100.0	100.0	100.0	100.0	100.0	100.0	99.9	100.0	100.0
(1)通信工具	99.6	99.8	100.0	100.0	100.0	100.0	100.0	100.0	100.0	99.4	100.0	100.0
(2)通信服务	100.0	100.0	100.0	100.0	100.0	100.0	100.0	100.0	100.0	100.0	100.0	100.0
七、娱乐教育文化用品及服务	100.1	100.0	100.0	100.0	100.0	100.0	100.0	100.0	100.0	100.0	100.0	100.0
1. 文娱用耐用消费品及服务	100.0	100.0	100.0	100.0	100.0	100.0	100.0	100.0	100.0	100.0	100.0	100.0
2. 教　　育	100.1	100.0	100.0	100.0	100.0	100.0	100.0	100.0	100.0	100.0	100.0	100.0
(1)教材及参考书	101.8	100.0	100.0	100.0	100.0	100.0	100.0	100.0	100.0	100.0	100.0	100.0
(2)教育服务	100.0	100.0	100.0	100.0	100.0	100.0	100.0	100.0	100.0	100.0	100.0	100.0
3. 文化娱乐类	100.2	100.0	100.0	100.0	100.4	100.0	100.0	100.0	100.0	100.0	100.0	100.3
(1)文化娱乐用品	100.0	100.0	100.0	100.0	100.0	100.1	100.0	100.0	100.0	100.0	100.0	100.7
(2)书报杂志	100.8	100.0	100.0	100.0	100.0	100.0	100.0	100.0	100.0	100.0	100.0	100.0
(3)文娱费	100.0	100.0	100.0	100.0	101.1	100.0	100.0	100.0	100.0	100.0	100.0	100.0
4. 旅　　游	100.0	100.0	100.0	100.0	100.0	100.0	100.0	100.0	100.0	100.0	100.0	100.0
八、居　　住	99.1	100.5	99.9	99.8	99.8	100.0	100.0	100.0	100.0	100.2	100.0	100.2
1. 建房及装修材料	100.0	100.0	100.3	100.3	100.0	100.0	100.2	100.0	100.0	100.0	100.0	100.0
2. 住房租金	100.0	100.0	100.0	100.0	100.0	100.0	100.0	100.0	100.0	100.0	100.0	100.0
3. 自有住房	100.0	100.0	100.0	100.0	100.0	100.0	100.0	100.0	100.0	100.0	100.0	100.0
4. 水、电、燃料	97.5	101.6	99.6	99.4	99.4	100.0	100.0	100.0	100.0	100.6	100.1	100.6

居民消费价格类指数

	累计比	定基比		累计比	定基比
居民消费价格总指数	101.7	138.1	四、家庭设备用品及维修服务	100.2	78.1
非食品价格指数	100.0	113.5	1、耐用消费品	100.1	58.1
服务项目价格指数	100.1	149.9	(1)家具	100.4	64.1
扣除鲜菜鲜果指数	101.4	134.1	(2)家庭设备	99.9	56.9
消费品价格指数	102.3	136.4	2、室内装饰品	100.5	98.3
一、食品	105.0	204.5	3、床上用品	100.4	50.0
1、粮食	102.4	209.9	4、家庭日用杂品	100.4	120.9
2、淀粉	100.0	113.1	5、家庭服务及加工维修服务	100.1	168.9
3、干豆类及豆制品	115.1	202.9	五、医疗保健和个人用品	101.4	106.5
4、油脂	85.6	155.5	1、医疗保健	101.8	97.9
5、肉禽及其制品	109.1	201.8	(1)医疗器具及用品	104.4	99.5
(1)食用畜肉及副产品	110.5	208.6	(2)中药材及中成药	101.2	115.5
(2)禽	106.7	166.8	(3)西药	102.5	72.2
(3)肉禽加工制品	102.3	177.9	(4)保健器具及用品	106.9	91.6
6、蛋	115.9	174.0	(5)医疗保健服务	100.0	140.3
7、水产品	102.0	165.7	2、个人用品及服务	100.9	120.1
(1)鱼	101.6	156.0	(1)化装美容用品	98.4	106.4
(2)其它水产品	103.1	185.1	(2)清洁化妆用品	103.1	85.5
8、菜	109.7	215.9	(3)个人饰品	99.9	118.6
#鲜菜	110.9	229.7	(4)个人服务	100.0	211.2
9、调味品	100.9	146.3	六、交通和通信	98.9	76.3
10、糖	98.0	170.3	1、交通	97.6	95.1
11、茶及饮料	101.9	128.7	(1)交通工具	96.9	53.4
(1)茶叶	103.4	179.2	(2)车用燃料及零配件	86.2	126.5
(2)饮料	101.2	110.6	(3)车辆使用及维修	100.0	114.7
12、干鲜瓜果	98.1	236.0	(4)市区公共交通	100.0	108.0
#鲜果	97.6	242.1	(5)城市间交通	100.7	127.4
13、糕点饼干	100.7	181.1	2、通信	99.7	66.8
14、液体乳及乳制品	106.0	140.8	(1)通信工具	98.6	8.2
15、在外用膳食品	107.2	256.0	(2)通信服务	100.0	99.6
16、其它食品	102.8	0.0	七、娱乐教育文化用品及服务	100.3	122.5
二、烟酒及用品	102.6	109.0	1、文娱用及耐用消费品及服务	100.0	42.0
1、烟草	103.8	103.2	2、教育	100.1	152.7
2、酒	100.5	116.4	(1)教材及参考书	101.8	93.5
三、衣着	100.7	102.1	(2)教育服务	100.0	160.2
1、服装	102.2	110.7	3、文化娱乐类	100.5	116.6
(1)男式服装	102.9	118.9	(1)文化娱乐用品	100.1	94.5
(2)女式服装	100.7	101.6	(2)书报杂志	100.8	116.6
(3)儿童服装	105.6	117.6	(3)文娱费	100.7	146.3
2、衣着材料	100.5	114.1	4、旅游	101.1	118.5
3、鞋袜帽	96.2	74.8	八、居住	98.7	159.1
(1)鞋	95.8	74.8	1、建房及装修材料	101.5	108.5
(2)袜	100.0	68.7	2、住房租金	100.0	191.7
(3)帽子	102.8	108.4	3、自有住房	100.0	180.7
4、衣着加工服务	100.1	158.9	4、水电燃料	96.1	162.5

注:定期比价格指数目前是指以2000年平均价格为对比基期的价格指数。

商品零售价格各月环比指数(2－1)

(以上月为100)

	1月	2月	3月	4月	5月	6月	7月	8月	9月	10月	11月	12月
商品零售价格总指数	99.9	100.6	100.1	99.8	100.1	100.2	100.2	100.5	100.0	99.8	99.5	100.1
一、食品	101.2	101.4	99.8	99.4	99.4	100.2	100.7	102.1	100.3	99.8	98.7	100.2
1. 粮食	100.0	100.0	100.0	100.0	100.0	100.0	100.0	100.0	100.0	100.0	100.0	100.0
2. 淀粉及制品	100.0	100.0	100.0	100.0	100.0	100.0	100.0	100.0	100.0	100.0	100.0	100.0
3. 干豆类及豆制品	106.7	101.0	100.4	100.0	100.0	100.3	100.2	100.0	101.2	100.1	100.0	100.9
4. 油脂	100.0	100.0	100.0	100.0	94.7	98.9	100.0	100.0	100.0	100.0	100.0	100.0
5. 肉禽及其制品	100.4	101.9	99.3	99.4	100.0	100.7	103.2	106.1	100.2	98.2	97.8	99.9
(1)食用畜肉及副产品	100.6	101.7	99.4	99.3	100.0	101.1	104.2	107.6	100.1	97.5	97.4	99.8
(2)禽	100.0	104.3	98.1	99.3	100.4	99.0	100.4	101.9	101.0	100.8	98.0	100.0
(3)加工肉禽	100.0	100.0	100.0	100.0	100.0	100.2	100.3	100.7	100.0	100.2	100.2	100.0
6. 蛋	103.7	99.9	97.4	96.5	96.8	99.9	97.9	106.1	103.2	101.9	93.4	98.3
7. 水产品	99.7	102.6	98.6	97.6	99.9	99.6	98.6	102.8	99.6	100.7	98.6	100.5
(1)鱼	99.5	102.8	98.7	97.5	99.6	99.1	98.1	102.2	99.5	100.1	98.8	100.9
(2)其他水产品	100.3	102.1	98.2	97.9	100.9	101.3	100.0	104.3	99.9	102.3	98.1	99.5
8. 菜	103.7	104.5	100.0	99.5	98.5	100.1	100.7	100.3	100.9	102.7	100.2	101.8
9. 调味品	100.2	100.1	100.1	100.1	100.1	100.1	100.0	100.3	100.2	99.9	100.1	100.2
10. 糖	100.0	100.4	100.0	100.0	99.9	99.9	99.9	100.3	100.1	99.9	100.3	100.3
11. 干鲜瓜果	100.7	102.9	100.9	99.1	100.0	101.2	99.9	100.4	99.7	97.1	94.1	99.8
12. 糕点饼干面包	100.0	100.0	100.7	100.5	99.9	99.7	100.0	100.1	100.1	100.0	100.0	99.7
13. 液体乳及乳制品	101.6	97.1	100.8	100.6	100.0	100.0	99.9	100.1	100.1	100.0	100.0	100.0
14. 在外用膳食品	101.6	100.3	100.3	100.0	100.0	100.0	100.0	100.0	100.0	100.1	100.1	100.0
15. 其他食品	98.6	101.7	102.5	100.4	100.6	100.3	100.2	100.4	99.6	100.0	100.1	100.8
二、饮料、烟酒	100.0	100.5	100.0	100.0	101.4	101.3	100.0	100.0	100.0	100.0	100.0	100.0
1. 茶及饮料	100.0	99.9	100.0	100.0	101.4	100.8	100.1	100.1	100.0	100.0	100.1	100.0
(1)茶叶	100.0	100.0	100.0	100.0	101.9	100.5	100.0	100.0	100.3	100.0	100.0	100.0
(2)饮料	100.0	99.8	100.1	100.0	101.1	100.9	100.1	100.2	99.8	100.0	100.1	100.0
2. 烟草	100.0	100.7	100.0	100.0	102.6	102.5	100.0	100.0	100.0	100.0	100.0	100.0
3. 酒	100.0	100.5	100.0	100.0	100.0	100.0	100.0	100.0	100.0	100.0	100.1	100.1
三、服装、鞋帽	100.3	100.9	100.2	99.9	100.7	99.9	99.4	98.9	99.2	99.0	100.0	101.4
1. 服装	100.4	99.9	100.2	101.3	101.0	100.9	99.5	98.6	99.9	99.5	100.0	101.8
(1)男式服装	100.2	99.9	100.6	102.9	100.8	100.7	100.0	97.5	101.3	100.4	100.0	102.2
(2)女式服装	100.6	100.0	99.8	100.1	101.3	100.0	99.7	99.5	98.7	99.0	100.0	101.7
(3)儿童服装	100.0	100.0	100.0	99.8	100.0	106.3	96.3	100.0	98.5	97.2	99.7	100.0
2. 鞋袜帽	100.0	104.2	100.0	95.2	100.0	96.5	99.0	100.1	96.7	97.3	100.0	100.0
(1)鞋	100.0	104.8	100.0	94.6	100.0	96.0	98.9	100.1	96.3	96.9	100.0	100.0
(2)袜子	100.0	100.0	100.0	100.0	100.0	100.0	100.0	100.0	100.0	100.0	100.0	100.0
(3)帽子	100.0	100.0	100.0	100.0	100.0	104.8	100.0	100.0	100.0	100.0	100.0	100.0
3. 其他	100.0	100.0	100.0	100.0	100.0	100.0	100.0	100.0	100.0	100.0	100.0	100.0
四、纺织品	98.2	99.4	100.0	100.0	99.0	101.0	102.1	100.0	100.5	97.7	101.7	99.6
1. 衣着材料	100.0	100.0	100.0	100.0	100.0	100.0	100.0	100.0	100.9	100.8	100.0	100.0
2. 床上用品	95.7	98.5	100.0	100.0	97.6	102.4	105.0	100.0	100.0	93.5	104.3	99.0

商品零售价格各月环比指数(2－2)

(上月价格为100)

	1月	2月	3月	4月	5月	6月	7月	8月	9月	10月	11月	12月
五、家用电器及音像器材	100.0	100.0	100.0	100.0	100.0	100.0	100.0	100.0	99.5	100.0	100.0	100.0
1. 家庭设备	100.0	100.0	100.0	100.0	100.0	100.0	100.0	100.0	99.1	100.0	100.0	100.0
2. 文娱用耐用消费品	100.0	100.0	100.0	100.0	100.0	100.0	100.0	100.0	100.0	100.0	100.0	100.0
3. 专业音像器材	100.0	100.0	100.0	100.0	100.0	100.0	100.0	100.0	100.0	100.0	100.0	100.0
六、文化办公用品	100.0	100.0	100.0	100.0	100.0	99.9	100.0	100.0	100.5	100.5	100.0	100.0
七、日用品	100.0	100.0	100.0	100.0	100.0	100.0	100.0	100.0	99.9	100.0	100.0	100.0
1. 日用百货	100.0	100.0	100.0	100.0	100.0	100.0	100.0	100.0	100.0	100.0	100.0	100.0
2. 日用杂品	100.0	100.0	100.0	100.0	100.3	100.0	100.2	100.0	99.5	100.0	100.0	100.0
3. 洗涤用品	100.0	100.0	100.0	100.0	100.0	100.0	100.0	100.0	100.0	100.0	100.0	100.0
4. 其他日用品	100.0	100.0	100.0	100.0	100.0	100.0	100.0	100.0	100.0	100.0	100.0	99.9
八、体育娱乐用品	100.0	100.0	100.0	100.0	100.2	100.0	100.0	100.0	100.0	100.0	100.0	100.2
1. 体育用品	100.0	100.0	100.0	100.0	100.0	100.3	100.0	100.0	100.0	100.0	100.0	100.3
2. 娱乐用品	100.0	100.0	100.0	100.0	100.0	100.0	100.0	100.0	100.0	100.0	100.0	100.0
九、交通、通信用品	97.9	99.9	100.0	100.0	100.0	100.0	100.0	100.0	100.0	99.6	100.0	100.0
1. 交通运输机械	95.6	100.0	100.0	100.0	100.0	100.0	100.0	100.0	100.0	99.8	100.0	100.0
2. 通信器材	99.6	99.9	100.0	100.0	100.0	100.0	100.0	100.0	100.0	99.5	100.0	100.0
十、家具	100.0	100.0	100.0	100.0	100.0	100.0	100.0	100.7	100.0	100.0	100.0	100.0
十一、化妆品	100.1	100.2	100.0	99.3	99.3	100.3	100.2	100.0	100.0	100.0	100.0	100.0
十二、金银珠宝	100.0	100.0	100.0	100.0	100.0	100.0	100.0	100.0	100.0	96.6	100.0	100.0
十三、中西药品及医疗保健用品	100.6	100.3	100.0	100.7	101.0	100.5	100.0	100.3	100.0	100.0	100.0	100.0
1. 医疗器具及用品	102.2	100.0	100.0	102.0	101.0	100.0	100.0	100.0	100.0	100.0	100.0	100.0
2. 中药材及中成药	100.0	100.8	100.0	100.2	100.5	99.8	100.0	100.8	100.0	100.0	100.0	100.0
3. 西药	100.7	100.0	100.0	100.7	101.0	100.6	100.0	100.0	100.0	100.0	100.0	100.0
4. 保健器具及用品	101.7	100.0	100.0	101.4	102.3	102.2	100.0	100.0	100.0	100.0	100.0	100.0
十四、书报杂志及电子出版物	101.0	100.0	100.0	100.0	100.0	100.0	100.0	100.0	100.0	100.0	100.0	100.0
1. 教材及参考书	101.5	100.0	100.0	100.0	100.0	100.0	100.0	100.0	100.0	100.0	100.0	100.0
2. 书报杂志	100.8	100.0	100.0	100.0	100.0	100.0	100.0	100.0	100.0	100.0	100.0	100.0
3. 电子音像制品	100.0	100.0	100.0	100.0	100.0	100.0	100.0	100.0	100.0	100.0	100.0	100.0
十五、燃料	94.1	99.9	102.5	99.2	102.3	100	98.9	97.0	98.6	100.8	99.3	99.1
1. 煤炭及制品	100.0	100.0	100.0	100.0	100.0	100.0	100.0	100.0	100.0	100.0	100.0	100.0
2. 石油及制品	93.2	99.9	102.8	99.1	102.7	100.1	98.8	96.6	98.3	100.9	99.2	99.0
十六、建筑材料及五金电料	99.9	100.0	100.3	100.2	100.0	100.0	100.0	100.0	100.0	100.0	100.0	100.0
1. 建筑装璜材料	99.9	100.0	100.3	100.3	100.0	99.9	100.0	100.0	100.0	100.0	100.0	100.0
2. 五金电料	100.0	100.0	100.0	100.0	100.2	100.2	100.0	100.0	100.0	100.0	100.0	100.0

主要统计指标解释

居民消费价格指数　是反映一定时期内城乡居民所购买的生活消费品价格和服务项目价格变动趋势和程度的相对数,是对城市居民消费价格指数和农村居民消费价格指数进行综合汇总计算的结果。该指数可以观察和分析消费品的零售价格和服务项目价格变动对城乡居民实际生活费支出的影响程度。

商品零售价格指数　是反映一定时期内城乡商品零售价格变动趋势和程度的相对数。商品零售价格的变动直接影响到城乡居民的生活支出和国家的财政收入,影响居民购买力和市场供需的平衡,影响到消费与积累的比例关系。因此,该指数可以从一个侧面对上述经济活动进行观察和分析。

定基价格指数　是指在一定时期内对比基期固定不变的价格指数。通常以某一年为基期来计算。

环比价格指数　是指在一个价格指数数列中,每个指数都以计算期的前期为基期(对比期)而计算的价格指数。

同比价格指数　是通常的年距环比指数,也就是为剔除季节性因素,本年某月(季)与上年同月(季)对比的价格指数。

累计价格指数　是指从本年1月至当月各月同比CPI的算数平均。

指数的换算方法:

环比 = 报告期(月)定期指数/上期(月)定期指数 ×100%

同比 = 报告期(月)定期指数/上年同期(月)定期指数 ×100%

年度 = 本年累计定基指数的平均数/上年累计定基指数的平均数 ×100%

九、人民生活

·2015 年,城镇居民人均可支配收入 29101 元,比上年增长 9.3%;农村居民人均可支配收入 12736 元,比上年增长 10.3%。

·2015 年,城镇居民人均消费支出 18198 元,比上年增长 8.4%;农村居民人均生活消费支出 9508 元,比上年增长 14.8%。

本篇章

资料审核:龚建华

资料整理:孙朝良

历年城乡居民人均收入

单位:元

	城镇居民人均可支配收入	农村居民人均可支配收入
1980	363	261
1981	371	274
1982	405	291
1983	440	312
1984	498	344
1985	564	362
1986	704	382
1987	779	421
1988	991	504
1989	1066	557
1990	1171	659
1991	1373	686
1992	1510	792
1993	1816	938
1994	2442	1312
1995	3160	1655
1996	3796	1990
1997	4046	2219
1998	4203	2199
1999	4537	2331
2000	5097	2379
2001	5536	2428
2002	6351	2513
2003	6993	2666
2004	7693	3227
2005	8779	3589
2006	9962	3954
2007	11640	4472
2008	13583	5253
2009	14996	5705
2010	16846	6748
2011	19179	7943
2012	21866	9175
2013	24262	10363
2014	26625	11547
2015	29101	12736

注:1980－2009 年,农村居民人均可支配收入为农民人均纯收入。

主要年份城镇住户调查基本情况

	单位	1980	1985	1990	1995	2000	2005	2010	2014	2015
一、调查户数	户	50	100	100	100	100	100	100	170	170
二、人口情况										
1、平均每户人数	人	4.9	4.06	3.56	3.28	3.12	2.9	2.77	2.75	3.02
2、户均就业人数	人	2.18	2.2	2.15	2.12	1.92	1.62	1.49	1.51	1.64
三、平均每户就业面	%	44.49	54.2	60.25	64.68	61.54	55.86	53.79	54.91	54.3
四、平均每一就业者负担人数	人	2.25	1.85	1.66	1.55	1.63	1.79	1.86	1.82	1.84
五、人均房屋使用面积	㎡	4.6	9.41	11	13.76	16.06	20.37	22.07	27.97	27.08
六、人均可支配收入	元	363	564	1171	3160	5097	8779	16657	26625	29101
七、人均消费性支出	元	327	506	936	2439	3734	7029	11475	16792	18198
八、每百户居民家庭拥有量										
彩　电	台	–	3	32	74	108	137	146	156	157
电冰箱	台	–	6	36	73	86	100	94	105	105
洗衣机	台	–	24	57	77	92	97	85	97	95
空调器	台	–	–	–	1	6	65	95	125	126
热水器	台	–	–	–	11	35	68	75	94	81
家用电脑	台	–	–	–	–	5	35	53	78	80
移动电话	部	–	–	–	–	11	131	160	200	228
汽　车	辆	–	–	–	–	1	3	10	14	19

城镇居民家庭按相对收入等距分组情况

	单位	合 计	低	中 低	中 等	中 高	高
一、调查户数	户	170	34	34	34	34	34
二、平均每户人数	人	3.02	4.2	3.4	2.95	2.83	2.75
三、平均每户就业人口	人	1.64	2.21	1.82	1.97	2.21	1.88
四、平均每一就业者负担人数	人	1.84	1.9	1.76	1.5	1.28	1.46
五、可支配收入	元	29101	16124	23313	28182	33822	51537
(一)工薪收入	元	19684	8213	16871	23312	21456	30131
(二)经营净收入	元	3717	3520	2148	20	3653	11268
(三)财产性收入	元	1597	409	804	1199	1530	2885
(四)转移性收入	元	4102	3981	3490	3651	7183	7252
六、人均总支出	元	22770	12689	19591	19516	24516	43995
(一)消费支出	元	18198	10214	17211	16216	21576	30330
(二)生产经营费用支出	元	1267	1299	639	71	1054	3654
(三)财产性支出	元	61	–	–	72	–	280
(四)转移性支出	元	390	174	181	608	200	899
(五)部分商业保险支出	元	27	17	32	20	19	55
(六)购置资产及非经常性转移支出	元	2465	955	1503	2134	1667	7168
(七)借贷性支出	元	362	30	26	396	–	1609

城镇住户人均消费支出

单位:元

	2014 年	2015 年	2015 年比 上年增长%
消费支出	16792	18198	8.4
一、食品烟酒	5763	6246	8.4
# 谷物	884	964	9.1
食用油	247	248	0.0
肉禽及其制品类	1047	1116	6.6
蛋类	110	133	21.0
水产品类	291	324	11.5
蔬菜和食用菌	792	878	10.9
二、衣着	1826	1990	9.0
# 衣类	1458	1571	7.7
三、家庭设备用品及服务	1065	1200	12.7
# 家用器具	361	388	7.3
四、医疗保健	589	634	7.6
五、交通和通讯	1862	2193	17.8
#交通	1062	1328	25.1
通信	800	865	8.1
六、教育文化娱乐	2507	2359	5.9
# 文化娱乐	938	987	5.2
教育	1569	1372	-12.6
七、居住	2836	3203	12.9
八、其它用品和服务	344	373	8.3

城镇住户消费性支出构成

单位:%

	2014 年	2015 年
消费支出	100	100
一、食品烟酒	34.32	34.32
# 谷物	5.26	5.30
食用油	1.47	1.36
肉禽及其制品类	6.24	6.13
蛋类	0.65	0.73
水产品类	1.73	1.78
蔬菜和食用菌	4.71	4.82
二、衣着	10.87	10.94
# 衣类	8.68	8.63
三、家庭设备用品及服务	6.34	6.59
# 家用器具	2.15	2.13
四、医疗保健	3.51	3.48
五、交通和通讯	11.09	12.05
# 交通	6.32	7.30
通信	4.77	4.75
六、教育文化娱乐	14.93	12.96
# 文化娱乐	5.58	5.42
教育	9.35	7.54
七、居住	16.89	17.60
八、其它商品和服务	2.05	2.06

主要年份农村住户调查基本情况

	单位	1980	1985	1990	1995	2000	2005	2010	2014	2015
一、调查户数	户	180	180	180	180	180	180	190	140	140
二、平均每户人数	人	5.56	5.84	5.17	4.67	4.42	4.15	4.13	3.8	3.43
三、平均每户劳动力	人	2.58	3.02	2.95	3.11	3.01	2.99	3.04	2.88	2.34
四、平均每一劳动力赡养	人	2.18	1.94	1.75	1.55	1.46	1.39	1.36	1.32	1.47
五、人均住房面积	㎡	12.71	15.22	20.52	23.50	27.88	37.75	49.00	67.4	64.96
六、人平总收入	元	387	455	878	2179	2942	4466	7020	–	–
# 人平纯收入	元	261	362	659	1655	2379	3589	6521	–	–
人均可支配收入	元	–	–	–	–	–		–	11547	12736
七、人平总支出	元	363	391	795	1165	2456	3781	5919	15344	14322
八、每百户居民家庭拥有量										
家用汽车	辆								11	11
助力车	辆								71	73
彩　电	台	–	–	1	10	63	109	126	132	136
电冰箱	台	–	–	–	2	16	27	64	76	81
洗衣机	台	–	–	–	2	19	18	27	49	45
空　调	台								62	58
计算机	台								45	51
移动电话	部			–	–	–	–	165	198	238

注:由于2013年起实行城乡住户一体化改革,此后人平总收入和人平纯收入均不再使用。

农村居民人均收支情况

单位:元

	全　市	昌江区	浮梁县	乐平市
全年可支配收入	12736	13183	12769	12729
(一)工资性收入	4677	11689	9410	2930
(二)家庭经营收入	4707	1062	1939	5659
# 农业收入	2363	320	495	3343
林业收入	66	-	78	71
牧业收入	78	741	94	83
渔业收入	46	-	5	101
制造业收入	567	-	251	704
建筑业收入	327	-	280	353
(三)财产性收入	315	71	474	281
(四)转移性收入	3037	361	946	3859
二、全年总支出	14322	10544	13836	15817
(一)消费支出	9508	9527.	8742	9677
(二)生产经营费用支出	2219	337	732	3238
(三)财产性支出	2	-	10	0
(四)转移性支出	320	-	1263	197
(五)商业保险支出	-	-	-	-
(六)购置资产及非经常性转移支出	2092	681	1960	2694
(七)借贷性支出	181	-	1130	11

农村居民人均生活消费支出

单位:元

	2014 年	2015 年	2015 年比上年增长(%)
生活消费支出	8282	9508	14.8
一、食品烟酒	2893	3320	14.8
#谷物	406	421	3.5
在外饮食	181	185	2.4
二、衣着	520	593	14.1
三、居住	1826	1910	4.6
四、生活用品及服务	445	482	8.3
五、交通和通讯	846	1365	61.3
六、教育文化娱乐	790	1073	35.9
# 教育	626	714	14.0
七、医疗保健	808	600	-25.8
# 医疗器具及药品	101	99	-1.6
八、其他用品及服务	155	166	7.1

农村居民人均生活消费支出构成

单位:%

	2014 年	2015 年
生活消费支出	100	100
一、食品烟酒	34.93	34.92
# 谷物	4.91	4.42
在外饮食	2.18	1.95
二、衣着	6.28	6.23
三、居住	22.04	20.09
四、生活用品及服务	5.38	5.07
五、交通和通讯	10.22	14.36
六、教育文化娱乐	9.53	11.28
# 教育	7.56	7.51
七、医疗保健	9.76	6.31
# 医疗器具及药品	1.22	1.04
八、其他用品及服务	1.86	1.74

农村居民人均年主要食品消费量

单位:千克

	2014年	2015年
粮　食	133.50	137.00
蔬菜及菜制品	107.57	121.03
植物油	8.60	15.19
动物油	1.32	0.74
猪　肉	21.10	21.90
牛羊肉	1.07	0.88
家　禽	5.58	6.03
蛋类及蛋制品	8.60	7.69
奶及奶制品	7.05	14.18
水产品	9.93	10.27
食　糖	1.01	2.53
白　酒	3.41	2.74
干鲜瓜果	14.87	19.92

主要统计指标解释

城乡居民可支配收入 指调查户在调查期内获得的,可用于最终消费支出和储蓄的总和,即调查户可以用来自由支配的收入。它是家庭总收入扣除生产投入、购置生产性固定资产、财产性支出、个人所得税、社会保障支出、外来从业人员寄给家人的支出(如保姆是调查户,其寄给家里的钱要扣除)、赡养支出、其他经常转移支出;同时加上虚拟房屋租金(目前农村居民收入里没有算入)和个人公积金。

计算公式为:城乡居民人均可支配收入=(总收入-经营费用-生产性固定资产折旧-生产税-财产性支出-个人所得税-社保支出-外来务工人员寄回家支出-赡养费-其他经常性转移支出+房屋虚拟租金+个人公积金)÷家庭人口数。

按照收入的来源,可支配收入包括四项,分别为:工资性收入、经营净收入、财产净收入和转移净收入。

工资性收入 指就业人员通过各种途径得到的全部劳动报酬和各种福利,包括受雇于单位或个人、从事各种自由职业、兼职和零星劳动得到的全部劳动报酬和福利。

经营净收入 指住户或住户成员从事生产经营活动所获得的净收入,是全部经营收入中扣除经营费用、生产性固定资产折旧和生产税之后得到的净收入。

财产净收入 指住户或住户成员将其所拥有的金融资产、住房等非金融资产和自然资源交由其他机构单位、住户或个人支配而获得的回报并扣除相关的费用之后得到的净收入。

转移净收入 指国家、单位、社会团体对住户的各种经常性转移支付和住户之间的经常性收入转移,扣除调查户对国家、单位、住户或个人的经常性或义务性转移支付。

城乡居民家庭消费支出 指调查户用于满足家庭日常生活消费需要的全部支出,包括用于消费品和服务性消费的支出。根据用途不同,消费性支出可划分为八大类,分别为:食品烟酒、衣着、居住、生活用品及服务、交通和通讯、教育文化娱乐、医疗保健、其他商品及服务,根据来源不同,消费性支出可划分为现金消费支出、实物消费支出(含自产自用、来自单位、来自政府和其他社会组织)。

十、城市建设

·2015 年,全市城市建设用地面积 76.33 平方千米。其中,居住用地 20.44 平方千米,绿地 8.70 平方千米。

·2015 年,城市道路清扫保洁面积 387 万平方米,生活垃圾清运量 14.78 万吨。

本篇章

资料审核:刘建东

资料整理:王　莹

城市基本情况

	单位	2015 年	2015 年比 上年增减
城市建设用地面积	平方千米	76.33	1.97
#居住用地	平方千米	20.44	0.77
公共管理与公共服务用地	平方千米	5.72	0.21
商业服务业设施用地	平方千米	7.09	0.22
工业用地	平方千米	20.80	0.34
物流仓储用地	平方千米	1.70	0.12
交通设施用地	平方千米	10.72	0.13
公用设施用地	平方千米	1.16	0.14
绿地	平方千米	8.70	0.04
本年征用土地面积	平方千米	1.86	1.86
#耕地	平方千米	0.29	0.29
污水排放总量	万立方米	4121	336.00
排水管道长度	千米	728.45	19.30
#1. 污水管道	千米	441.94	17.80
2. 雨水管道	千米	142.50	1.50
3. 雨污合流管道	千米	144.01	
道路清扫保洁面积	万平方米	387	57.00
#机械化	万平方米	151	75.00
生活垃圾清运量	万吨	14.78	0.05
生活垃圾转运站座数	座	24	
公共厕所数量	座	199	
市容环卫专用车辆设备数	辆	30	

城市园林绿化

	计量单位	2015 年		2015 年比 2014 年增减	
		城区	建成区	城区	建成区
绿化覆盖面积	公顷	4092.79	4092.79	29.04	29.04
绿地面积	公顷	3923.60	3923.60	29.04	29.04
#公园绿地	公顷	760.15	760.15	21.94	21.94
生产绿地	公顷	156.80	156.80		
防护绿地	公顷	1859.37	1859.37		
附属绿地	公顷	978.09	978.09	7.10	7.10
其他绿地	公顷	169.19	169.19		
#本年新建公园绿地面积	公顷	21.94	21.94		
本年新建附属绿地面积	公顷	7.10	7.10		
公园个数	个	12	12		
#门票免费公园	个	11	11		
公园面积	公顷	481.00	481.00		
#水域面积	公顷	10.00	10.00		

城市人工煤气使用情况

	计量单位	2015 年	2015 年比上年增减
一、管道			
供气管道长度	公里	363.31	9.99
按管径分			
1. Φ < DN150mm	公里	239.90	8.11
2. DN150mm≤Φ < DN300mm	公里	66.57	1.88
3. DN300mm≤Φ < DN450mm	公里	46.49	
4. Φ≥DN450mm	公里	10.35	
按建设年限分			
1. 1990 年以前	公里	2.17	
2. 1991 年至 2000 年	公里	113.05	
3. 2000 年以后	公里	2248.09	9.99
按材质分			
1. 钢管	公里	65.52	-73.87
2. 塑料管	公里	53.50	-40.95
3 灰口铸铁管	公里	153.44	62.44
4. 其他	公里	90.85	62.37
二、供应及储气			
储气能力	万立方米	20.00	
供气总量	万立方米	12861.19	-179.76
最高日供气量	万立方米	56.42	1.64
销售气量	万立方米	10842.45	-2198.50
#居民家庭	万立方米	382.45	-559.93
燃气损失量	万立方米	2018.74	2018.74
三、服务			
用气户数	户	30093	-14188
#居民家庭	户	29506	-14199
用气人口	万人	8.70	-1.31

城市天然气使用情况

	计量单位	2015 年	2015 年比上年增减
一、管道			
供气管道长度	千米	567.06	68.79
按管径分			
1. Φ < DN150mm	千米	331.67	36.14
2. DN150mm≤Φ < DN300mm	千米	152.24	32.93
3. DN300mm≤Φ < DN450mm	千米	60.08	-0.28
4. Φ≥DN450mm	千米	23.07	
按建设年限分			
1.1991 年至 2000 年	千米	48.60	-23.10
2.2000 年以后	千米	518.46	91.89
按材质分			
1. 钢管	千米	63.59	6.78
2. 塑料管	千米	312.06	77.30
3. 灰口铸铁管	千米	61.70	-21.00
4. 其他	千米	129.71	5.71
二、供应及储气			
储气能力	万立方米	60.00	27.50
供气总量	万立方米	8537.84	-4254.77
最高日供气量	万立方米	40.16	-11.09
销售气量	万立方米	7986.00	-4663.98
其中:居民家庭	万立方米	603.18	-562.21
燃气损失量	万立方米	551.84	409.21
三、服务			
用气户数	户	92892	42718
其中:居民家庭	户	92380	42598
用气人口	万人	27.00	6.90

环境保护主要情况

		计量单位	全市		昌江区		珠山区		浮梁县		乐平市	
			2014 年	2015 年	2014 年	2015 年	2014 年	2015 年	2014 年	2015 年	2014 年	2015 年
二氧化硫排放:	总量	吨	29832	29995	12470	11652	554	542	2622	2956	14186	14845
	削减率	%	-4.92	-0.54	5.73	6.56	-39.52	2.10	46.11	-12.73	-42.66	-4.64
化学需氧量排放:	总量	吨	29560	28537	6924	4939	5917	6225	3291	3973	13428	13400
	削减率	%	1.20	3.46	1.82	28.66	-3.56	-5.20	5.17	-20.72	1.86	0.21
氨氮排放:	总量	吨	3523	3617	813	595	727	724	437	548	1547	1750
	削减率	%	2.00	-2.67	4.01	26.82	-2.37	0.34	0.59	-25.59	3.27	-13.11
氮氧化物排放:	总量	吨	27016	26840	10170	10030	639	693	4025	4285	12182	11833
	削减率	%	-1.88	0.65	5.14	1.39	-130.28	-8.47	-2.00	-6.46	-5.26	2.87
主要河流断面优质水率	比率	%	90.48	97.4	88.89		_		100		83.33	
空气质量	级别		2	超 2	2		2		2		2	

注:因昌江在珠山区辖区范围内无监测断面,故珠山区主要河流断面优质水率无数据,2013 数据参照全市优质水率为 100%。

主要统计指标解释

供气管道长度 指报告期末从气源厂压缩机的出口或门站出口至各类用户引入管之间的全部已经通气投入使用的管道长度不包括煤气生产厂、输配站、液化气储存站、灌瓶站、储配站、气化站、混气站、供应站等厂(站)内的管道。

全年供气总量 指全年燃气企业(单位)向用户供应的燃气数量。包括销售率和损失量。

城市绿地面积 城市中向公众开放的以游憩为主要功能,有一定的游憩设施和服务设施,同时兼有健全生态、美化景观,防灾减灾等综合作用的绿化用地。包括综合公园,社区公园、专类公园、带状公园和街旁绿地。其中综合公园、专类公园和带状公园面积之和为公园面积。

清扫保洁面积 指报告期末对城市道理和公共场所(主要包括城市行车道、人行道、车行隧道、人行过街地下通道、道路附属绿地、地铁站、高架桥、人行过街天桥、立交桥、广场、停车场及其他设施等)进行清扫保洁的面积。一天清扫多次的,按清扫保洁面积最大的一次计算。

生活垃圾清运量 指报告期内收集和运送到垃圾处理厂(场)的生活垃圾数量。生活垃圾指城市日常生活或为城市日常生活提供服务的活动中产生的固体废物以及法律行政规定的视为城市生活垃圾的固体废物。包括:居民生活垃圾、商业垃圾、集市贸易市场垃圾、街道清扫垃圾、公共场所垃圾和机关、学校、厂矿等单位的生活垃圾。

十一、农　　业

·2015年,全市农林牧渔业总产值87.96亿元,比上年增长3.7%。

·2015年,全市粮食产量63.60万吨,比上年增长1.1%;肉类总产量5.98万吨,比上年下降2%;水产品产量3.39万吨,比上年增长3.2%。

本篇章

资料审核:黄功平

资料整理:吴卫青　徐　甜

主要年份农村经济主要指标

	单位	1980 年	1985 年	1990 年	1995 年	2000 年	2005 年	2010 年	2014 年	2015 年
一、基本情况										
乡村从业人员	万人	26.47	24.55	38.20	44.34	41.41	47.97	54.08	53.61	53.69
二、生产条件										
农村化肥施用量	吨	56101	50123	65193	86547	80811	77039	85925	92793	94638
农村用电量	万千瓦小时	1662	2869	4627	6952	13371	16234	22051	28711	31833
农业机械总动力	千瓦	105955	163694	235478	258161	377446	713649	1554480	783880	823913
三、农作物播种面积										
农作物播种面积	公顷	163088	154364	157342	174145	158676	144307	155671	161898	163365
#粮食	公顷	105838	102891	102045	100512	89043	89364	93370	94979	95373
棉花	公顷	4579	2669	1972	2430	925	476	894	1066	1647
花生	公顷	641	708	996	1872	1897	1921	2707	2684	2693
油菜籽	公顷	6655	7233	13100	24430	18101	11625	19143	19749	20018
甘蔗	公顷	466	626	517	877	1048	764	949	1020	1052
蔬菜	公顷	4008	4378	7815	20112	23728	24916	26574	29969	30631
四、主要农产品产量										
粮食	吨	368601	428435	463791	456002	436973	492087	575320	629163	636044
棉花	吨	1460	1525	1099	716	520	467	1418	1805	1647
花生	吨	405	761	1349	4495	3388	5272	9037	9394	9569
油菜籽	吨	2839	4787	10605	18171	14887	9343	17886	24410	24889
甘蔗	吨	8033	3230	21746	36429	47214	35446	47250	46737	47799
茶叶	吨	1132	1729	2734	2261	2226	2121	4061	6630	7193
水果	吨	324	971	1893	3050	3971	6506	9706	16129	20164
牛年末存栏	头	49012	51490	60171	72278	64276	63434	49316	49725	49713
猪年末存栏	头	16430	22041	371823	552208	436957	396726	379092	377921	364881
家禽年末存栏	万只	78	151	182	335	319	286	372	386	394
肉类总产量	吨	8376	14379	23850	54927	41858	45839	56830	61023	59800
# 猪 肉	吨	8376	13732	22552	50245	37834	39808	44339	47916	46725
禽蛋产量	吨	–	3378	5281	9185	8027	8098	9104	9762	10252
水产品总产量	吨	1384	3709	5091	10763	14147	17312	27910	32886	33929
五、总产值										
农业总产值	万元	46006	62506	72174	134551	153577	306416	575807	826652	879606
#多种经营	万元	25021	36611	44850	96468	110715	227774	451898	662590	694189
农 业	万元	32881	41896	46215	73798	89812	181489	326503	446154	481176
林 业	万元	6954	9121	9239	10065	12778	17577	40079	59085	63348
牧 业	万元	5591	9941	14591	45037	41365	77296	148854	219229	224709
渔 业	万元	580	1548	2129	5651	9622	19109	39909	62391	64832
农业商品产值	万元	7699	14121	28987	76321	94430	213806	424626	623378	665607
农产品商品率	%	37.64	45.69	45.13	56.72	61.49	69.78	73.74	75.41	75.67
六、人均可支配收入	元	187	362	659	1655	2379	3589	6521	11547	13268

注:2014 年以前,人均可支配收入为人均纯收入。

农村乡(镇)组织和劳动力分布

	单位	全市	昌江区	珠山区	乐平市	浮梁县
一、乡(镇)政府	个	39	4	1	16	18
# 镇政府	个	28	2	1	15	10
乡政府	个	11	2		1	8
二、村民委员会	个	473	35	14	266	158
三、村民小组	个	4016	248	86	1923	1759
四、乡村劳动力资源总数	人	592315	48441	21159	382889	139826
七、乡村从业人员合计	人	536860	40438	20219	350644	125559
# 男从业人员	人	285134	22463	10822	184385	67464
女从业人员	人	251726	17975	9397	166259	58095
# 农、林、牧、渔业	人	198596	15105	2846	123496	57149
# 外出离乡从业人员	人	340994	20761	17373	220424	82436
# 出省从业人员	人	207019	8627	301	163336	34755

乡村基础建设情况

	单位	全市	昌江区	珠山区	乐平市	浮梁县
一、自来水受益的村委会个数	个	420	35	14	218	153
占村委会总个数比重	%	88.79	100.00	100.00	81.95	96.84
二、通有线电视的村委会个数	个	455	35	14	266	140
占村委会总个数比重	%	96.19	100.00	100.00	100.00	88.61
三、通宽带的村委会个数	个	452	35	14	245	158
占村委会总个数比重	%	95.56	100.00	100.00	92.11	100.00

农林牧渔业总产值

单位:万元

	2014年	2015年	昌江区	珠山区	乐平市	浮梁县	2015年比上年增长(%)
农林牧渔业总产值	826652	879606	111959	8697	523700	235250	3.7
# 多种经营产值	662590	694189	102188	8372	402346	181283	1.7
一、农业产值	446154	481176	27039	3915	303638	146584	7.1
1、粮食作物	164062	185417	9771	325	121354	53967	11.8
谷　物	139549	160403	9008	325	107603	43467	13.3
豆　类	7537	7379	250		4848	2281	3.1
薯　类	16976	17635	513		8903	8219	3.2
2、油　料	25751	25412	1519		18231	5662	0.3
3、棉　花	3690	3391	163		2612	616	-8.8
4、麻　类	2	3				3	50.0
5、糖　类	3107	3200	693		1795	712	2.3
6、中药材	288	351			71	280	27.4
7、蔬菜园艺作物	176315	184351	12333	3583	141762	26673	2.6
8、茶、果	68664	74767	2336		15022	57409	11.3
9、其他农作物	4275	4284	224	7	2791	1262	0.2
二、林业产值	59085	63348	8170	871	29014	25293	7.0
1、林木的培育和种植	13632	12190	2379	407	2290	7114	-10.8
2、竹木采伐	33111	36028	4157		19761	12110	8.6
3、林产品	12342	15130	1634	464	6963	6069	22.3
三、牧业产值	219229	224709	59646	3173	120597	41293	-4.5
1、牲畜饲养	33558	32107	18442	325	9920	3420	-11.0
# 牛	32594	30709	18084	302	9338	2985	-12.2
2、猪饲养	147565	151102	31624	2459	86501	30518	-5.2
3、家禽饲养	30923	36142	7120	297	22290	6435	11.4
4、捕猎	749	468	195	30	134	109	-38.5
5、其他畜牧业	6434	4890	2265	62	1752	811	-26.3
四、渔业产值	62391	64832	7428	378	48956	8070	3.2
1、养殖	51024	52965	6203	258	39724	6780	3.1
2、捕捞	11367	11867	1225	120	9232	1290	3.7
五、农林牧渔服务业	39793	45541	9676	360	21495	14010	5.9

农林牧渔业商品产值

单位:万元

	2014年	2015年	昌江区	珠山区	乐平市	浮梁县	2015年比上年增长(%)
农林牧渔业商品产值	623378	665607	87444	6249	391316	180598	6.8
#多种经营产值	533956	565439	86071	6223	323234	149911	5.9
一、农业产值	310638	338731	14288	2509	208234	113700	9.0
1、粮食作物	89422	100168	1373	26	68082	30687	12.0
谷　物	71367	81826	788	26	57949	23063	14.7
豆　类	5966	5674	217		3731	1726	-4.9
薯　类	12089	12668	368		6402	5898	4.8
2、油　料	20365	21548	1250		15596	4702	5.8
3、棉　花	3248	2779	135		2132	512	-14.4
4、麻　类	2	3				3	50.0
5、糖　类	2459	2599	594		1442	563	5.7
6、中药材	288	351			71	280	21.9
7、蔬菜园艺作物	130074	139990	8813	2482	106920	21775	7.6
8、茶、果	64476	70988	2107		13791	55090	10.1
9、其他农作物	304	305	16	1	200	88	0.3
二、林业产值	29796	31946	2917	398	17838	10793	7.2
1、林木采伐	18588	19926	1770		12434	5722	7.2
2、林产品	11208	12020	1147	398	5404	5071	7.2
三、牧业产值	188146	192015	54076	2640	100457	34842	2.1
1、牲畜饲养	33558	32107	18442	325	9920	3420	-4.3
#牛	32594	30709	18084	302	9338	2985	-5.8
2、猪饲养	123406	126411	27613	1989	71364	25445	2.4
3、家禽饲养	23999	28139	5561	234	17287	5057	17.3
4、捕 猎	749	468	195	30	134	109	-37.5
5、其他畜牧业	6434	4890	2265	62	1752	811	-24.0
四、渔业产值	55005	57374	6487	342	43292	7253	4.3
1、养殖	44948	47011	5458	224	35253	6076	4.6
2、捕捞	10057	10363	1029	118	8039	1177	3.0
五、农林牧渔服务业	39793	45541	9676	360	21495	14010	14.4

农林牧渔业增加值

单位:万元

	2014 年	2015 年	农业	林业	牧业	渔业	2015 年比上年增长(%)
全　市							
一、农林牧渔业总产值	826652	879606	481176	63348	224709	64832	3.7
二、农林牧渔业中间消耗	274202	290588	122032	12200	106715	20950	3.7
1、物质消耗	215196	227839	93557	8561	87522	12335	3.6
2、对非物质部门的劳务支出	59006	62749	28475	3639	19193	8615	4.0
三、农林牧渔业增加值	552450	589018	359144	51148	117994	43882	3.7
昌江区							
一、农林牧渔业总产出	105334	111959	27039	8170	59646	7428	3.8
二、农林牧渔业中间消耗	43594	45985	7991	1739	27450	2568	3.9
1、物质消耗	36727	38694	7457	1379	22672	1524	3.8
2、对非物质部门的劳务支出	6867	7291	534	360	4778	1044	4.6
三、农林牧渔业增加值	61740	65974	19048	6431	32196	4860	3.8
珠山区							
一、农林牧渔业总产值	8960	8697	3915	871	3173	378	-5.6
二、农林牧渔业中间消耗	3472	3368	985	423	1615	163	-4.2
1、物质消耗	2467	2361	884	124	1150	77	-5.5
2、对非物质部门的劳务支出	1005	1007	101	299	465	86	-1.1
三、农林牧渔业增加值	5488	5329	2930	448	1558	215	-6.5
乐平市							
一、农林牧渔业总产值	492223	523700	303638	29014	120597	48956	3.6
二、农林牧渔业中间消耗	162462	172357	81244	5261	57263	15306	3.8
1、物质消耗	122197	129322	57491	3708	47112	9015	3.5
2、对非物质部门的劳务支出	40265	43035	23753	1553	10151	6291	4.6
三、农林牧渔业增加值	329761	351343	222394	23753	63334	33650	3.5
浮梁县							
一、农林牧渔业总产出	220135	235250	146584	25293	41293	8070	4.0
二、农林牧渔业中间消耗	64674	68878	31812	4777	20387	2913	3.6
1、物质消耗	53805	57462	27725	3350	16588	1719	3.9
2、对非物质部门的劳务支出	10869	11416	4087	1427	3799	1194	2.2
三、农林牧渔业增加值	155461	166372	114772	20516	20906	5157	4.2

主要农作物播种面积及构成

	2014 年		2015 年	
	面积(公顷)	比重(%)	面积(公顷)	比重(%)
农作物总播种面积	161898	100.00	163365	100.00
一、粮食作物	94979	58.67	95373	58.38
(一)谷　物	86007	53.12	86275	52.81
1、稻　谷	83875	51.81	84147	51.51
早　稻	30684	18.95	30934	18.94
中稻及一晚	20147	12.44	20095	12.30
二　晚	33044	20.41	33118	20.27
2、小　麦	137	0.08	113	0.07
3、玉　米	1848	1.14	1859	1.14
4、其它谷物	147	0.09	156	0.10
大(米)麦			4	…
其他杂粮	147	0.09	152	0.09
(二)豆　类	5085	3.14	5126	3.14
1、大　豆	3671	2.27	3678	2.25
2、绿　豆	268	0.17	268	0.16
3、蚕豌豆	1135	0.70	1165	0.71
4、其他杂豆	11	0.01	15	0.01
(三)薯　类	3887	2.40	3972	2.43
二、油　料	24836	15.34	25056	15.34
#花　生	2684	1.66	2693	1.65
油菜籽	19749	12.20	20018	12.25
芝　麻	2403	1.48	2345	1.44
三、棉　花	1066	0.66	1096	0.67
四、苎　类	1	…	2	…
五、甘　蔗	1020	0.63	1052	0.64
六、中药材	274	0.17	349	0.21
七、蔬　菜	29969	18.51	30631	18.75
八、瓜类(果用瓜)	2577	1.59	2680	1.64
九、其他农作物	7176	4.43	7126	4.36
青饲料	1579	0.98	1301	0.80
其　他	5597	3.46	5825	3.57

主要农作物总产量和单位面积产量

	总产量(吨)			每公顷产量(公斤)		
	2014 年	2015 年	2015 年比上年增长(%)	2014 年	2015 年	2015 年比上年增长(%)
粮食作物	629163	636044	1.1	6624	6669	0.7
(一)谷　物	593889	599647	1.0	6905	6950	0.7
1、稻　谷	584401	589807	0.9	6968	7009	0.6
早　稻	184749	185853	0.6	6021	6008	-0.2
中稻及一晚	156075	157137	0.7	7747	7820	0.9
二　晚	243577	246817	1.3	7371	7453	1.1
2、小　麦	181	175	-3.3	1321	1549	17.3
3、杂　谷	8531	8855	3.8	4616	4763	3.2
4、其它谷物	776	810	4.4	5279	5192	-1.6
大(米)麦		6	—		1500	—
其他杂粮	776	804	3.6	5279	5289	0.2
(二)豆　类	9682	9995	3.2	1904	1950	2.4
1、大　豆	7496	7739	3.2	2042	2104	3.0
2、绿　豆	492	458	-6.9	1836	1709	-6.9
3、蚕碗豆	1673	1776	6.2	1474	1524	3.4
4、其他杂豆	21	22	4.8	1909	1467	-23.2
(三)薯　类	25592	26402	3.2	6584	6647	1.0
油料作物	36986	37441	1.2	1489	1494	0.3
#花　生	9394	9569	1.9	3500	3553	1.5
油菜籽	24410	24889	2.0	1236	1243	0.6
芝　麻	3182	2983	-6.3	1324	1272	-3.9
其他农作物						
棉　花	1805	1647	-8.8	1693	1503	-11.2
甘　蔗	46737	47799	2.3	45821	45436	-0.8

分地区农作物面积和产量(2－1)

单位:公顷、吨、公斤

	全市			昌江区		
	播种面积	总产量	单　产	播种面积	总产量	单　产
农作物总播种面积	163365			8978		
一、粮食作物	95373	636044	6669	4990	34855	6985
(一)谷　物	86275	599647	6950	4764	33722	7079
1、稻　谷	84147	589807	7009	4762	33713	7080
早　稻	30934	185853	6008	1811	10830	5980
中稻及一晚	20095	157137	7820	1220	9104	7462
二　晚	33118	246817	7453	1731	13779	7960
2、小　麦	113	175	1549			
3、玉　米	1859	8855	4763	1	6	6000
4、其它谷物	156	810	5192	1	3	3000
大(米)麦	4	6	1500	1	3	3000
其他杂粮	152	804	5289			
(二)豆　类	5126	9995	1950	64	303	4734
1、大　豆	3678	7739	2104	18	202	11222
2、绿　豆	268	458	1709	35	81	2314
3、蚕豌豆	1165	1776	1524	11	20	1818
4、其他杂豆	15	22	1467			
(三)薯　类	3972	26402	6647	162	830	5123
二、油　料	25056	37441	1494	1776	2188	1232
#花　生	2693	9569	3553	155	464	2994
油菜籽	20018	24889	1243	1362	1499	1101
芝　麻	2345	2983	1272	259	225	869
三、棉　花	1096	1647	1503	43	79	1837
四、麻　类	2	3	1500			
五、甘　　蔗	1052	47799	45436	169	10355	61272
六、中　药　材	349					
七、蔬　　菜	30631	988848	32283	1692	52305	30913
八、瓜类(果用瓜)	2680	70983	26486	212	6313	29778
九、其他农作物	7126			96		
#青　饲　料	1301	32429	24926			

分地区农作物面积和产量(2－2)

单位:公顷、吨、公斤

	珠山区			乐平市			浮梁县		
	播种面积	总产量	单　产	播种面积	总产量	单　产	播种面积	总产量	单　产
农作物总播种面积	1867			105269			47251		
一、粮食作物	170	1226	7212	62234	419208	6736	27979	180755	6460
(一)谷　物	170	1226	7212	57450	399269	6950	23891	165430	6924
1、稻　谷	170	1226	7212	57313	398561	6954	21902	156307	7137
早　稻				23725	141791	5976	5398	33232	6156
中稻及一晚	170	1226	7212	7897	65596	8306	10808	81211	7514
二　晚				25691	191174	7441	5696	41864	7350
2、小　麦				55	130	2364	58	45	776
3、玉　米				5	20	4000	1853	8829	4765
4、其他谷物				77	558	7247	78	249	3192
大(米)麦							3	3	1000
其他杂粮				77	558	7247	75	246	3280
(二)豆　类				3168	6650	2099	1894	3042	1606
1、大　豆				2401	5285	2201	1259	2252	1789
2、绿　豆				134	247	1843	99	130	1313
3、蚕碗豆				625	1103	1765	529	653	1234
4、其他杂豆				8	15	1875	7	7	1000
(三)薯　类				1616	13289	8223	2194	12283	5598
二、油　料				16646	26558	1595	6634	8695	1311
#花　生				1977	7371	3728	561	1734	3091
油菜籽				13089	16961	1296	5567	6429	1155
芝　麻				1580	2226	1409	506	532	1051
三、棉　花				722	1269	1758	331	299	903
四、苎　类							2	3	1500
五、甘　　蔗				590	26803	45429	293	10641	36317
六、中　药　材				70			279		
七、蔬　　菜	1697	46237	27246	20356	780034	38320	6886	110272	16014
八、瓜类(果用瓜)				1560	40485	25952	908	24185	26635
九、其他农作物				3091			3939		
#青　饲　料				761	21109	27739	540	11320	20963

林业生产情况

	单位	2014 年	2015 年	昌江区	珠山区	乐平市	浮梁县	2015 年比上年增长（%）
当年造林面积	公顷	2735	2940	899		1167	874	7.5
#用材林	公顷	2080	2093	699		655	739	0.6
经济林	公顷	354	414			279	135	17.0
防护林	公顷	301	433	200		233		43.9
年末实有封山育林面积	公顷	4142	5267	2933		467	1867	27.2
当年四旁零星植树	百株	6792	7100	300			6800	4.5
育苗面积	公顷	313	321	22	2	120	177	2.6
成林抚育面积	公顷	4910	12652	3252		200	9200	157.7
林业用地面积	公顷	364854	364854	44929	1335	102588	216002	0.0
活立木蓄积量	万立方米	1947	1947	340	12	287	1308	0.0
毛竹蓄积量	万株	2637	2709	135	1	374	2199	2.7
森林覆盖率	%	65.73	65.73	57.82	27.74	44.50	81.40	0.0
主要林产品产量								
油茶籽	吨	5361	6128	120		2505	3503	14.3
松　脂	吨	7646	8682	1360		2003	5319	13.6
竹笋干	吨	328	338			136	202	3.1
板　栗	吨	908	1191	7		865	319	31.2
竹木采伐								
木材采伐量	立方米	100320	92572	33606		7961	51005	-7.7
竹材采伐量	万根	41	96	25		52	19	134.2

牧业生产情况

	单位	2014 年	2015 年	昌江区	珠山区	乐平市	浮梁县	2015 年比上年增长（%）
猪年末存栏	头	377921	364881	45124	1994	232548	85215	-3.5
牛年末存栏	头	49725	49713	9703	9	32206	7795	0.0
羊年末存栏	头	13295	13709	2061	120	5793	5735	3.1
兔年末存栏	只	19621	19765	5320		3725	720	0.7
家禽年末存笼	万只	386	394	98	1	205	90	2.1
年末养蜂	箱	20863	21286	1927		12619	6740	2.0
肉猪出栏头数	头	583943	567645	88648	11732	337015	130250	-2.8
肉类总产量	吨	61023	59800	12220	1030	34271	12279	-2.0
# 猪肉产量	吨	47916	46725	7392	978	28025	10330	-2.5
牛奶产量	吨	207	261	261				26.1
家禽产蛋量	吨	9762	10252	814	57	7038	2343	5.0
蜂蜜产量	吨	415	426	54		190	182	2.7

茶、桑、果生产情况

	单位	2014 年	2015 年	昌江区	珠山区	乐平市	浮梁县	2015 年比上年增长（%）
年末茶园面积	公顷	8535	10233	130		363	9740	19.9
年末桑园面积	公顷	4	4				4	0.0
年末果园面积	公顷	4839	5025	456		2744	1825	3.8
茶叶产量	吨	6630	7193	10		663	6520	8.5
蚕茧产量	吨	3	3				3	0.0
园林水果产量	吨	16129	20164	1816		11642	6706	25.0
# 柑　桔	吨	4313	4710	442		2825	1443	9.2
梨	吨	2720	2741	46		1864	831	0.8

渔业生产情况

	单位	2014 年	2015 年	昌江区	珠山区	乐平市	浮梁县	2015 年比上年增长（%）
一、基本情况								
1、渔业村	个	4	4	1		3		0.0
2、渔业村户数	户	1812	1838	181	17	1194	446	1.4
3、渔业村人口	人	5691	5771	552	51	3582	1586	1.4
4、渔业村劳动力	人	3493	3471	459	62	1988	962	-0.6
（1）专业劳动力	人	2399	2370	239	17	1707	407	-1.2
# 捕捞劳动力	人	392	387	51		32	304	-1.3
（2）兼业劳动力	人	944	935	140	22	218	555	-1.0
二、水产品总产量	吨	32886	33929	4039	171	25375	4344	3.2
1、捕捞产量	吨	3849	4003	534	26	2930	513	4.0
2、养殖产量	吨	29037	29926	3505	145	22445	3831	3.1
三、养殖面积	公顷	7011	7011	533	32	5363	1083	0.0
1、池塘	公顷	1305	1305	200	15	904	186	0.0
2、水库	公顷	5426	5426	321	17	4214	874	0.0
3、河沟	公顷	280	280	12		245	23	0.0
四、鱼种产量	吨	811	793	180		402	211	-2.2
五、鱼苗产量	万尾	117200	118700	20000		91700	7000	1.3

油脂生产情况

单位：吨

	全市	昌江区	珠山区	乐平市	浮梁县
油料合计	43829	2568		29063	12198
花　生	9569	464		7371	1734
芝　麻	2983	225		2226	532
油菜籽	24889	1499		16961	6429
油茶籽	6388	380		2505	3503
油料折油	13038	778		8818	3442
花　生（25%）	2393	116		1843	434
芝　麻（47%）	1402	106		1046	250
油菜籽（32%）	7965	480		5428	2057
油茶籽（20%）	1278	76		501	701

农业机械拥有量

	单位	2014 年	2015 年	昌江区	珠山区	乐平市	浮梁县	2015 年比上年增长（%）
农业机械总动力	千瓦	783880	823913	47674		491299	284940	5.1
一、拖拉机	混合台	13539	14628	793		8125	5710	8.0
	千瓦	159810	176653	9079		103308	64266	10.5
大中型拖拉机	混合台	598	745	54		551	140	24.6
	千瓦	23972	31161	1780		23124	6257	30.0
小型拖拉机	混合台	12941	13883	739		7574	5570	7.3
	千瓦	135838	145492	7299		80184	58009	7.1
二、运输机械								
农用运输车	辆	6775	7027	595		5432	1000	3.7
	千瓦	130454	135447	12205		107662	15580	3.8
三、耕整机及种植机械								
耕整机	台	1467	1474	66		1353	55	0.5
机引犁	台	708	625	25			600	-11.7
机引耙	台	1238	1241	417			824	0.2
旋耕机	台	11962	12521	735		8105	3681	4.7
四、排灌机具								
农用水泵	台	2308	2308	176			2132	0.0
节水灌溉机械	套	238	238	12			226	0.0
五、植保机械								
动力喷雾（粉）机	台	116	122	9		83	30	5.2
	千瓦	316	331	27		214	90	4.7
六、农副产品加工机械								
粮食加工机械	台	5081	5346	166		3580	1600	5.2
棉花加工机械	台	265	271	11		204	56	2.3
油料加工机械	台	1275	1319	75		924	320	3.5

农业"四化"情况

	单位	2014年	2015年	昌江区	珠山区	乐平市	浮梁县	2015年比上年增长（%）
一、农业机械化情况								
当年实际机耕面积	万公顷	9.25	9.68	0.54		6.10	3.04	4.7
二、农村化肥施用量合计	吨	92793	94638	7215	2776	60964	23683	2.0
氮　肥	吨	25903	26187	2013	594	13842	9738	1.1
磷　肥	吨	13275	13609	1182	560	8124	3743	2.5
钾　肥	吨	8539	9031	702	206	6538	1585	5.8
复合肥	吨	45076	45811	3318	1416	32460	8617	1.6
三、农用水利								
1、有效灌溉面积	万公顷	5.14	5.21	0.40	0.03	3.32	1.46	1.4
2、除涝面积	万公顷	0.74	0.74	0.07		0.59	0.08	0.0
3、水土流失治理面积	万公顷	9.39	9.92	0.79		4.06	5.07	5.6
4、水　库	座	468	468	48	8	250	162	0.0
#大　型	座	1	1			1		0.0
中　型	座	6	6	1		4	1	0.0
小(一)型	座	58	58	4		38	16	0.0
小(二)型	座	403	403	43	8	207	145	0.0
5、塘　坝	座	4454	4468	149	14	3123	1182	0.3
四、农村用电量	万千瓦时	28711	31833	2162	1086	19068	9517	10.9

乡镇综合实力评分情况(2－1)

	分值	排序	
		2014 年	2015 年
一类乡镇			
竟成镇	204.76	1	1
泊阳街道	199.67	2	2
浮梁镇	161.90	3	3
吕蒙乡	153.59	10	4
湘湖镇	152.96	5	5
塔山街道	150.18	4	6
洪源镇	141.98	8	7
三龙镇	136.42	9	8
鲇鱼山镇	132.89	7	9
新枫街道	124.14	10	10
涌山镇	124.14	6	10
二类乡镇			
乐港镇	121.77	11	11
寿安镇	121.16	12	12
蛟潭镇	120.08	14	13
众埠镇	119.49	13	14
农科园	118.54	15	15
洪岩镇	106.09	16	16
礼林镇	105.73	17	17
塔前镇	91.84	18	18
罗家桥乡	91.18	21	19
十里岗镇	88.84	24	20

乡镇综合实力评分情况(2-2)

	分值	排序	
		2014 年	2015 年
三类乡镇			
镇桥镇	88.09	20	21
庄湾乡	81.89	22	22
鹅湖镇	81.79	23	23
瑶里镇	81.19	26	24
后港镇	81.00	19	25
丽阳镇	79.40	30	26
经公桥镇	79.38	28	27
浯口镇	78.84	25	28
接渡镇	77.86	34	29
荷塘乡	77.06	31	30
四类乡镇			
临港镇	74.48	29	31
王港乡	74.27	27	32
峙滩镇	72.12	33	33
双田镇	71.90	35	34
高家镇	70.90	37	35
鸬鹚乡	68.70	32	36
勒功乡	62.20	38	37
西湖乡	60.58	39	38
名口镇	58.47	36	39
兴田乡	54.54	40	40
江村乡	53.08	42	41
黄潭乡	50.86	41	42

主要统计指标解释

农林牧渔业总产值　以货币表现的农林牧渔业的全部产品总量和对农林牧渔业生产活动进行的各种支持性服务活动的价值。它反映一定时期内农林牧渔业生产总规模和总成果，是观察农林牧渔业生产水平和发展速度的重要指标，同时也是计算农林牧渔业劳动生产率和农林牧渔业增加值的基础资料。

农林牧渔业总产值的计算，一般采用“产品法”，即凡有产品产量的，都按产品价格乘产量的办法求得每种产品产量的产值，然后相加求得各业的产值，最后各业相加求出农林牧渔业总产值。

农林牧渔业增加值　指农、林、牧、渔及农林牧渔服务业在一定时期内生产货物或提供服务活动而增加的价值。它反映了农业生产经营活动的最终成果和对社会的贡献。

农业增加值的计算方法有两种：(1)生产法，是从生产角度进行计算的一种方法。即用农业总产出减去农业中间消耗求得。(2)分配法，是从分配角度进行计算的一种方法。即通过农业生产单位在生产经营和劳务活动过程中形成的不含中间消耗的各种收入来计算。具体包括农业劳动者收入、福利基金、利税、固定资产折旧及大修理和其他。一般采用生产法计算。

农作物播种面积　指实际播种或移植有农作物的面积。凡是实际种植有农作物的面积，不论种植在耕地上还是种植在非耕地上，均包括在农作物播种面积中，在播种季节基本结束后，因遭灾而重新改种和补种的农作物面积，也包括在内。播种面积的大小，反映农作物的生产规模和耕地的利用程度。

粮食产量　指全社会的产量，包括国有经济经营的、集体统一经营的和农民家庭经营的粮食产量，还包括工矿企业办的农场和其他生产单位的产量。粮食除包括稻谷、小麦、玉米、高粱、谷子及其他杂粮外，还包括薯类和豆类。

有效灌溉面积　指具有一定的水源，地块比较平整，灌溉工程或设备已经配套，在一般年景下当年能够进行正常灌溉的耕地面积。

农业机械总动力　指主要用于农、林、牧、渔业的各种动力机械的动力总和，包括耕作机械、排灌机械、收获机械、农用运输机械、植物保护机械、牧业机械、林业机械、渔业机械和其他农业机械。内燃机按(引擎马力折成瓦(特)计算，电动机按功率折成瓦(特)计算)。不包括专门用于乡、镇、村、组办工业、基本建设、非农业运输、科学试验和教学等非农业生产方面用的动力机械与作业机械。

十二、工　　业

·2015 年末，全市规模以上工业企业 320 户（不含昌河飞机等 6 户军工涉密企业）。其中，国有控股 25 户，大中型 56 户。

·2015 年，全市全部工业总产值 1483.44 亿元。

·2015 年，全市规模以上工业增加值 271.02 亿元，比上年增长 9.4%。主营业务收入 1084.17 亿元，实现利税 95.25 亿元。

本篇章

资料审核：郑景勇

资料整理：董瑞莹

主要年份工业经济主要指标

	单位	1990年	1995年	2000年	2005年	2010年	2014年	2015年
一、全部工业								
工业总产值	万元	225673	871035	1240011	2232306	8194421	14544859	14834400
#规模以上工业总产值(含军工涉密企业)	万元	–	–	808100	1591811	6847221	12175259	12516706
#规模以上工业总产值(不含军工涉密企业)	万元	–	–	808100	1591811	6847221	10835305	10976166
二、全部规模以上工业								
1、工业总产值	万元	213301	537147	808100	1591811	6847221	10835305	10976166
#国有控股	万元	176631	454343	735388	1188436	2502230	3317856	2962192
集体及其他	万元	36670	82804	82712	403375	4344991	7517449	8013974
2、主营业务收入	万元	179516	474776	638985	1477859	6743683	10468026	10841674
税金及附加	万元	12404	7146	10064	19783	116719	123753	129416
利税总额	万元	16145	37130	56041	3101	558783	915211	952467
#利润总额	万元	3741	-51	11957	69443	245621	464248	485013
三、市属规模以上工业								
1、工业总产值	万元	122777	193048	233528	935969	5872789	9929404	10231209
#国有控股	万元	86108	182344	171495	540459	1532928	2422909	2231169
集体及其他	万元	36669	10704	62033	395510	4339861	7506495	8000040
2、主营业务收入	万元	105381	151649	191103	877954	5689908	9622552	10149529
税金及附加	万元	6600	1292	1842	2236	86431	107877	117681
利税总额	万元	7671	1516	11546	53703	500400	873628	922277
#利润总额	万元	1071	-7949	44	21335	249198	475275	488435
3、固定资产原价	万元	81447	206364	313566	495029	1671094	6656472	6982528
4、固定资产净值年平均余额	万元	61640	140257	215417	361333	–	–	–
5、全部流动资产年平均余额	万元	47127	156532	309895	511864	–	–	–
四、主要工业产品产量								
发电量	万千瓦时	89244	96524	152468	247180	222341	695511	635291
原煤	万吨	219	390	163	158	241	254	119.49
水泥	万吨	10	25	81	184	537	475	404.74
建筑瓷(釉面砖)	万平方米	498	405	–	–	396	4396.5	4401
日用瓷(全口径)	万件	36529	34340	45669	61000	268948	248200	245000
家用冰箱	台	120084	200000	270012	180700	361922	416700	364300
印刷机械	吨	222	478	881	993	657	926.9	611
汽车	辆	2178	25395	103233	115652	172630	144965	96758

注:2014年以前规模以上工业均含军工涉密企业数据。

历年规模以上工业企业单位数、工业增加值及增速

	单位数（个）	工业增加值（万元）	可比口径比上年增长（%）
1998	165	249436	7.4
1999	161	244755	-3.9
2000	164	247777	0.8
2001	171	286686	9.6
2002	167	327880	22.7
2003	183	328430	4.9
2004	229	383947	6.9
2005	249	490017	17.3
2006	260	653062	22.1
2007	302	868927	25.2
2008	402	1312499	22.2
2009	414	1451922	21.5
2010	413	1600227	22.5
2011	318	1818300	18.5
2012	292	2208300	14.8
2013	304	2253200	12.1
2014	305	2438800	11.3
2015	320	2710200	9.4

注：从1998年开始，国家统计局将工业企业划分为规模以上工业企业和规模以下工业企业。规模以上工业企业统计标准经历过三次变更：(1)1998年至2006年，规模以上工业是指全部国有及年主营业务收入达到500万元及以上的非国有工业法人企业；(2)2007年开始，规模以上工业的统计范围为年主营业务收入达到500万元及以上的工业法人企业，将年主营业务收入不足500万元的国有工业法人企业不再作为规模以上工业统计范围；(3)2011年1月起，纳入规模以上工业统计范围的工业企业起点标准从年主营业务收入500万元提高到2000万元。另外，从2014年开始军工涉密企业不纳入统计。

规模以上工业企业单位数

单位:个

	2014 年	2015 年		2014 年	2015 年
总计	305	320	食品制造业	3	3
(一)按隶属关系分			饮料制造业	10	10
中央企业	1	1	纺织业	1	1
省属企业	6	6	服装及其他纤维制造业	1	2
市直属企业	114	120	皮革、毛皮、羽绒及其制品业	0	0
乐平市属企业	105	112	木材加工及竹、藤、棕、草制品业	2	2
浮梁县属企业	79	81	家具制造业	3	3
(二)按经济类型分			造纸及制品业	2	2
国有企业	7	7	印刷业	3	3
集体企业	7	6	石油加工及炼焦业	2	2
股份合作企业	2	2	化学原料及化学制品制造业	41	41
股份制企业	150	162	医药制造业	17	16
私营企业	115	120	橡胶制品业	1	0
外商及港澳台商投资企业	24	23	塑料制品业	4	5
其它经济类型企业	0	0	非金属矿物制品业	99	110
(三)按轻重分			#日用陶瓷制品业	16	16
轻工业	100	105	黑色金属冶炼及压延加工业	3	2
重工业	205	215	有色金属冶炼及压延加工业	1	1
(四)按企业规模分			金属制品业	2	4
大型企业	7	8	通用设备制造业	6	6
中型企业	49	48	专用设备制造业	5	5
小型企业	249	264	交通运输设备制造业	5	30
(五)按工业行业大类分			电气机械及器材制造业	12	13
煤炭采选业	10	10	电子及通信设备制造业	17	19
黑色金属矿采选业	1	1	仪器仪表及文化、办公用机械制造业	1	1
有色金属矿采选业	6	5	电力、蒸汽、热水的生产和供应业	6	6
非金属矿采选业	6	6	燃气生产和供应业	3	3
农副食品加工业	4	4	自来水的生产和供应业	4	4

注:2014 年不含军工涉密企业。

分地区规模以上工业企业单位数(2-1)

单位:个

	全市	市区	乐平市	浮梁县
总计	320	123	115	82
(一)按隶属关系分				
部省属企业	7	3	3	1
市县属企业	313	120	112	81
(二)按经济类型分				
国有企业	7	4	2	1
集体企业	6	3	2	1
股份合作企业	2	1	0	1
股份制企业	162	82	36	44
私营企业	120	20	72	28
外商及港澳台商投资企业	23	13	3	7
其它经济类型企业	0	0	0	0
(三)按轻重分				
轻工业	105	39	31	35
重工业	215	84	84	47
(四)按企业规模分				
大型企业	8	5	3	0
中型企业	48	22	17	9
小型企业	264	96	95	73
(五)按工业行业大类分				
煤炭采选业	10	0	8	2
黑色金属矿采选业	1	0	1	0
有色金属矿采选业	5	0	2	3
非金属矿采选业	6	3	3	0
农副食品加工业	4	1	2	1

注:不含军工涉密企业。

分地区规模以上工业企业单位数(2-2)

单位:个

	全市	市区	乐平市	浮梁县
食品制造业	3	1	2	0
饮料制造业	10	1	2	7
纺织业	1	1	0	0
纺织服装、鞋、帽制造业	2	1	1	0
皮革、毛皮、羽毛(绒)及其制品业	0	0	0	0
木材加工及竹、藤、棕、草制品业	2	0	1	1
家具制造业	3	1	1	1
造纸及纸制品业	2	0	1	1
印刷业、记录媒介的复制	3	0	1	2
石油加工及炼焦业	2	2	0	0
化学原料及化学制品制造业	41	5	34	2
医药制造业	16	2	14	0
化学纤维制造业	0	0	0	0
橡胶制品业	0	0	0	0
塑料制品业	5	3	2	0
非金属矿物制品业	110	45	26	39
#陶瓷制品业	74	37	5	32
#日用陶瓷制品业	16	5	1	10
黑色金属冶炼及压延加工业	2	1	1	0
有色金属冶炼及压延加工业	1	0	1	0
金属制品业	4	1	0	3
通用设备制造业	6	3	0	3
专用设备制造业	5	2	2	1
交通运输设备制造业	30	25	2	3
电气机械及器材制造业	13	8	2	3
通信设备、计算机及其他电子设备	19	10	3	6
仪器仪表及其他制造业	1	1	0	0
电力、热水的生产和供应业	6	2	2	2
燃气生产和供应业	3	2	0	1
水的生产和供应业	4	2	1	1

全部工业企业总产值

单位:万元

	2014 年	2015 年			2015 年比上年增长(%)
		全市	国有控股企业	其他企业	
全部工业企业工业总产值	14544859	14834400	2962192	11872208	2.0
#规模以上工业总产值	10835305	10976166	2962192	8013974	1.1
在规模以上工业企业中					
部省属企业	905901	744956	731023	13933	-20.9
市县属企业	9929404	10231209	2231168	8000041	3.2
#乐平市属企业	3632723	3608875	161596	3447279	0.2
浮梁县属企业	1983120	2194128	4649	2189479	11.8
市直属企业	4313561	4428206	2064923	2363283	2.7
#省陶瓷工业公司	28392	27563		27563	-2.9
粮食局	7779	7532	7532		-3.2
建设局	5051	5692	5692		12.7
焦化工业集团	1070303	853374	853374		-20.3
昌江区	378539	381071		381071	0.7
珠山区	254782	265431		265431	4.2

规模以上工业企业总产值(2-1)

单位:万元

	全市	国有控股企业	其他企业	2015年比上年增长(%)
总计	10976166	2962192	8013974	1.1
(一)按隶属关系				
部省属企业	744956	731023	13933	-20.9
市县属企业	10231209	2231168	8000041	3.2
(二)按经济类型				
国有企业	95999	95999		6.6
集体企业	64555		64555	5.3
股份合作企业	6520		6520	-6.5
股份制企业	7426559	2866193	4560366	0.5
私营企业	2768288		2768288	0.9
外商及港澳台投资企业	614245		614245	8.9
其他经济类型				
(三)按轻重				
轻工业	3077332	146292	2931040	11.1
重工业	7898835	2815900	5082935	-2.3
(四)按企业规模				
大型企业	2273444	1926564	346880	-16.1
中型企业	3128855	991166	2137689	5.5
小型企业	5573867	44462	5529405	7.6
(五)按工业行业大类				
煤炭采选业	101301	75762	25539	-16.6
黑色金属矿采选业	1183		1183	-74.3
有色金属矿采选业	38173		38173	1.8
非金属矿采选业	28889	8159	20730	-18.2
农副食品加工业	81458	8755	72703	3.7

规模以上工业企业总产值(2-2)

单位:万元

	全市	国有控股企业	其他企业	2015年比上年增长(%)
食品制造业	119235		119235	14.8
饮料制造业	142486	29527	112959	6.1
纺织业				
纺织服装、鞋、帽制造业	27771	10902	16869	5.7
皮革、毛皮、羽毛(绒)及其制造业				
木材加工及竹、藤、棕、草制品业	70795		70795	19.8
家具制造业	94648		94648	19.0
造纸及纸制品业	115379		115379	12.2
印刷业和记录媒介的复制	57286		57286	10.8
石油加工、炼焦及核燃料加工业	987146	612241	374905	-17.5
化学原料及化学制品制造业	2860088	592701	2267387	3.0
医药制造业	781868		781868	8.2
橡胶制品业				
塑料制品业	83878	73183	10695	12.9
非金属矿物制品业	2629673	190211	2439462	12.9
#陶瓷制品业	1654009	17331	1636678	14.9
黑色金属冶炼及压延加工业	2342		2342	11.6
有色金属冶炼及压延加工业	2240		2240	-57.1
金属制品业	53672		53672	19.9
通用设备制造业	664886	644013	20873	-5.4
专用设备制造业	52324		52324	-4.6
交通运输设备制造业	1027549	383232	644317	-10.3
电气机械及器材制造业	223762		223762	4.4
通信设备、计算机及其他电子设备	149503	2427	147076	-30.3
仪器仪表及文化、办公用机械制造	4421		4421	-35.1
电力、热力的生产和供应业	342217	287849	54368	-2.0
燃气生产和供应业	211749	35317	176432	34.1
水的生产和供应业	20244	7914	12330	8.9

规模以上工业企业增加值(2-1)

单位:万元

	全市	国有控股企业	其他企业	2015年比上年增长(%)
总计	2710200	610866	2099334	9.4
(一)按隶属关系分				
部省属企业	144600	141915	2685	-1.3
市县属企业	2565600	468952	2096648	10.9
(二)按经济类型分				
国有企业	37683	37683		15.6
集体企业	16123		16123	1.8
股份合作企业	1386		1386	-9.1
股份制企业	1712432	573183	1139249	9.4
私营企业	775740		775740	5.7
外商及港澳台投资企业	166839		166839	12.8
其他经济类型				
(三)按轻重分				
轻工业	796177	44915	751262	15.2
重工业	1914026	565951	1348075	7.3
(四)按企业规模分				
大型企业	444364	366563	77801	-7.6
中型企业	783229	232476	550753	14.7
小型企业	1482610	11827	1470783	12.7
(五)按工业行业大类分				
煤炭采选业	39082	29229	9853	-10.9
黑色金属矿采选业	345		345	-70.4
有色金属矿采选业	7505		7505	15.3
非金属矿采选业	5746	1623	4123	-26.4
农副食品加工业	17048	1831	15217	4.3

规模以上工业企业增加值(2－2)

单位:万元

	全市	国有控股企业	其他企业	2015年比上年增长(%)
食品制造业	28792		28792	22.6
饮料制造业	39337	8049	31288	5.5
纺织业				
纺织服装、鞋、帽制造业	6740	2646	4094	6.2
皮革、毛皮、羽毛(绒)及其制造业				
木材加工及竹、藤、棕、草制品业	19752		19752	27.7
家具制造业	26227		26227	28.7
造纸及纸制品业	29445		29445	18.6
印刷业和记录媒介的复制	18480		18480	16.2
石油加工、炼焦及核燃料加工业	177610	115114	62496	0.4
化学原料及化学制品制造业	727569	115101	612468	11.2
医药制造业	258105		258105	11.9
橡胶制品业				
塑料制品业	21733	18962	2771	21.9
非金属矿物制品业	713202	61042	652160	17.1
#陶瓷制品业	444432	4657	439775	11.2
黑色金属冶炼及压延加工业	2815		2815	82.2
有色金属冶炼及压延加工业	419		19	－84.5
金属制品业	12377		12377	29.3
通用设备制造业	129475	124294	5181	－3.5
专用设备制造业	18225		18225	－2.9
交通运输设备制造业	165785	38247	127538	18.8
电气机械及器材制造业	53929		53929	11.4
通信设备、计算机及其他电子设备	21827	504	21323	－60.8
仪器仪表及文化、办公用机械制造	1142		1142	－53.07
电力、热力的生产和供应业	89311	77239	12072	2.3
燃气生产和供应业	67590	11273	56317	36.7
水的生产和供应业	10589	5712	4877	4.8

分地区规模以上工业企业总产值(4－1)

单位:万元

	全市	国有控股企业	市区	国有控股企业
总计	10976166	2962192	5053062	2675847
(一)按隶属关系分				
部省属企业	744956	731023	624855	610922
市县属企业	10231209	2231168	4428206	2064924
(二)按经济类型分				
国有企业	95999	95999	18015	18015
集体企业	64555		47632	
股份合作企业	6520		4280	
股份制企业	7426559	2866193	4294990	2657832
私营企业	2768288		418512	
外商及港澳台投资企业	614245		269633	
其他经济类型				
(三)按轻重分				
轻工业	3077332	146292	626620	133168
重工业	7898835	2815900	4426443	2542679
(四)按企业规模分				
大型企业	2273444	1926564	2006341	1853509
中型企业	3128855	991166	1837760	785230
小型企业	5573867	44462	1208961	37108
(五)按工业行业大类分				
煤炭开采和洗选业	101301	75762		
黑色金属矿采选业	1183			
有色金属矿采选业	38173			
非金属矿采选业	28889	8159	8159	8159
农副食品加工业	81458	8755	16288	8755

分地区规模以上工业企业总产值(4-2)

单位:万元

	乐平市	国有控股企业	浮梁县	国有控股企业
总计	3718074	270795	2205030	15550
(一)按隶属关系分				
按省属关系	109199	109199	10902	10902
市县属企业	3608875	161596	2194128	4648
(二)按经济类型分				
国有企业	75762	75762	2222	2222
集体企业	11684		5239	
股份合作企业			2240	
股份制企业	1031180	195033	2100389	13328
私营企业	2340396		9380	
外商及港澳台投资企业	259052		85560	
其他经济类型企业				
(三)按轻重分				
轻工业	1242448		1208264	13124
重工业	2475626	270795	996766	2426
(四)按企业规模分				
大型企业	267103	73055		
中型企业	1045314	195034	245781	10902
小型企业	2405657	2706	1959249	4648
(五)按工业行业大类分				
煤炭开采和洗选业	87446	75762	13855	
黑色金属矿采选业	1183			
有色金属矿采选业	38173			
非金属矿采选业	20730			
农副食品加工业	51587		13583	

分地区规模以上工业企业总产值(4－3)

单位:万元

	全市	国有控股企业	市区	国有控股企业
食品制造业	119235		3620	
饮料制造业	142486	29527	29527	29527
纺织业				
纺织服装、鞋、帽制造业	27771	0902	6910	
皮革、毛皮、羽毛(绒)及其制品业				
木材加工及木、竹、藤、棕、草制	70795			
家具制造业	94648			
造纸及纸制品业	115379			
印刷业和记录媒介的复制	57286			
石油加工、炼焦及核燃料加工业	987146	612241	987146	612241
化学原料及化学制品制造业	2860088	592701	994690	592701
医药制造业	781868		131903	
橡胶制品业				
塑料制品业	83878	73183	8532	
非金属矿物制品业	2629673	190211	591303	104503
#陶瓷制品业	1654009	17331	428455	17331
黑色金属冶炼及压延加工业	2342			
有色金属冶炼及压延加工业	2240			
金属制品业	53672		4281	
通用设备制造业	664886	644013	654718	644013
专用设备制造业	52324		8041	
交通运输设备制造业	1027549	383232	904160	383232
电气机械及器材制造业	223762		101681	
通信设备、计算机及其他电子设备	149503	2427	132230	
仪器仪表及文化、办公用机械制造	4421			
电力、热水的生产和供应业	342217	287849	251706	251706
燃气生产和供应业	211749	35317	202822	35317
水的生产和供应业	20244	7914	15347	5692

分地区规模以上工业企业总产值(4－4)

单位:万元

	乐平市	国有控股企业	浮梁县	国有控股企业
食品制造业	115615			
饮料制造业	57888		55071	
纺织业				
纺织服装、鞋、帽制造业	9959		10902	10902
皮革、毛皮、羽毛(绒)及其制品				
木材加工及木、竹、藤、棕、草制	2105		68690	
家具制造业	63952		30696	
造纸及纸制品业	6839		108540	
印刷业、记录媒介的复制	11541		45745	
石油加工、炼焦及核燃料加工业				
化学原料及化学制品制造业	1813307		52091	
医药制造业	649965			
橡胶制品业				
塑料制品业	75346	73183		
非金属矿物制品业	360742	85708	1677628	
#陶瓷制品业	53037		1172517	
黑色金属冶炼及压延加工业	2342			
有色金属冶炼及压延加工业			2240	
金属制品业	44751		46406	
通用设备制造业			10168	
专用设备制造业	29407		14876	
交通运输设备制造业	95809		27580	
电气机械及器材制造业	122081			
通信设备、计算机及其他电子设备	3770		13503	2427
仪器仪表及文化、办公用机械制造			4421	
电力、热水的生产和供应业	50859	36143	39652	
燃气生产和供应业			8927	
水的生产和供应业	2675		2222	2222

分地区规模以上工业企业增加值(4－1)

单位:万元

	全市	国有控股企业	市区	国有控股企业
总计	2710200	610866	1125600	521078
(一)按隶属关系分				
部省属企业	144600	141915	107146	104461
市县属企业	2565600	468952	1018454	416618
(二)按经济类型分				
国有企业	37683	37683	6851	6851
集体企业	16123		9594	
股份合作企业	1386		967	
股份制企业	1712432	573183	938208	514227
私营企业	775740		98484	
外商及港澳台投资企业	166839		71499	
其他经济类型				
(三)按轻重分				
轻工业	796177	44915	186690	40514
重工业	1914026	565951	938913	480564
(四)按企业规模分				
大型企业	444364	366563	355017	339141
中型企业	783229	232476	441699	172245
小型企业	1482610	11827	328887	9692
(五)按工业行业大类分				
煤炭开采和洗选业	39081	29229		
黑色金属矿采选业	345			
有色金属矿采选业	7505			
非金属矿采选业	5746	1623	1623	1623
农副食品加工业	17048	1831	3437	1831

分地区规模以上工业企业增加值(4－2)

单位:万元

	乐平市	国有控股企业	浮梁县	国有控股企业
总计	1014000	85034	570600	4754
(一)按隶属关系分				
按省属关系	34809	34809	2645	2645
市县属企业	979191	50225	567955	2109
(二)按经济类型分				
国有企业	29229	29229	1603	1603
集体企业	4508		2021	
股份合作企业			419	
股份制企业	295373	55805	478851	3151
私营企业	612991		64265	
外商及港澳台投资企业	71899		23441	
其他经济类型企业				
(三)按轻重分				
轻工业	345307		264180	4401
重工业	668693	85034	306420	353
(四)按企业规模分				
大型企业	89347	27422		
中型企业	282403	56690	59127	3541
小型企业	642250	922	511473	1213
(五)按工业行业大类分				
煤炭开采和洗选业	33736	29229	5345	0
黑色金属矿采选业	345			
有色金属矿采选业	7505			
非金属矿采选业	4123			
农副食品加工业	10904		2707	

分地区规模以上工业企业增加值(4－3)

单位:万元

	全市	国有控股企业	市区	国有控股企业
食品制造业	28792		1212	
饮料制造业	39337	8049	8048	8049
纺织业				
纺织服装、鞋、帽制造业	6740	2646	1677	
皮革、毛皮、羽毛(绒)及其制品业				
木材加工及木、竹、藤、棕、草制	19752			
家具制造业	26227			
造纸及纸制品业	29444			
印刷业和记录媒介的复制	18480			
石油加工、炼焦及核燃料加工业	177610	115114	177610	115114
化学原料及化学制品制造业	727569	115101	209347	115101
医药制造业	258105		44808	
橡胶制品业				
塑料制品业	21733	18962	2211	
非金属矿物制品业	713202	61042	220710	30823
#陶瓷制品业	444432	4657	115126	4657
黑色金属冶炼及压延加工业	2815			
有色金属冶炼及压延加工业	419			
金属制品业	12377		968	
通用设备制造业	129475	124294	126888	124294
专用设备制造业	18225		3014	
交通运输设备制造业	165785	38247	141311	38247
电气机械及器材制造业	53929		21097	
通信设备、计算机及其他电子设备	21827	504	19229	
仪器仪表及文化、办公用机械制造	1142			
电力、热水的生产和供应业	89311	77239	70615	70614
燃气生产和供应业	67590	11273	64741	11273
水的生产和供应业	10589	5712	7054	4108

分地区规模以上工业企业增加值(4－4)

单位:万元

	乐平市	国有控股企业	浮梁县	国有控股企业
食品制造业	27580			
饮料制造业	16236		15053	
纺织业				
纺织服装、鞋、帽制造业	2417		2646	2646
皮革、毛皮、羽毛(绒)及其制品				
木材加工及木、竹、藤、棕、草制	587		19165	
家具制造业	17009		9218	
造纸及纸制品业	1799		27645	
印刷业、记录媒介的复制	3723		14757	
石油加工、炼焦及核燃料加工业				
化学原料及化学制品制造业	505177		13045	
医药制造业	213297			
橡胶制品业				
塑料制品业	19522	18962		
非金属矿物制品业	61959	30219	430533	
#陶瓷制品业	14251		315055	
黑色金属冶炼及压延加工业	2815			
有色金属冶炼及压延加工业			419	
金属制品业	10109		1300	
通用设备制造业			2587	
专用设备制造业	10101		5110	
交通运输设备制造业	19008		5466	
电气机械及器材制造业	32832			
通信设备、计算机及其他电子设备	301		2297	504
仪器仪表及文化、办公用机械制造			1142	
电力、热水的生产和供应业	10984	6625	7712	
燃气生产和供应业			2849	
水的生产和供应业	1931		1604	1604

规模以上工业企业主要经济指标(4－1)

单位:万元

	企业单位（个）	亏损企业	工业总产值	工业增加值	资产总计	流动资产合计	产成品	固定资产原价	流动负债合计	长期负债合计
总　计	320	26	10976166	2710200	8569984	3219060	295072	7941400	3699900	579700
按隶属关系分										
部省属企业	7	3	744956	144600	1353343	470265	29610	958800	723200	324800
市县属企业	313	23	10231209	2565600	7216641	2748795	265462	6982600	2976700	254900
按经济类型分										
国有企业	7	2	95999	37683	331291	78895	6493	109900	142900	81000
集体企业	6	0	64555	16123	15160	2901	460	17900	5100	
股份合作企业	2	0	6520	1386	3306	1463	225	500	2300	
股份制企业	162	17	7426559	1712432	6691183	2704470	242384	4809900	3266500	480000
私营企业	120	7	2768288	775740	1157225	274587	31696	2565400	205000	15300
外商及港澳台企业	23	0	614245	166839	371819	156744	13813	436700	78100	3500
其它经济类型企业	0	0								
按轻重工业分										
轻工业	105	8	3077332	796177	1737690	478552	27586	1246500	270600	127100
重工业	215	18	7898835	1914026	6832294	2740508	267486	6694900	3429300	452600
按企业规模分										
大型企业	8	3	2273444	444364	3721068	2007874	195191	1833200	2426400	178000
中型企业	48	5	3128855	783229	386633	743014	40618	3007900	852100	268700
小型企业	264	18	5573867	1482610	2552281	468173	59264	3100200	421400	133000
按地区分										
昌江区	84	8	4282898	917600	4223820	2069361	209908	2297900	2509400	231800
珠山区	39	4	770164	208000	813105	457246	32001	442400	483900	143800
浮梁县	82	4	2205030	570600	1670554	261797	23259	1260800	202100	68000
乐平市	115	10	3718074	1014000	1862505	430656	29904	3940300	504500	136100

注:不含军工涉密企业数据。

规模以上工业企业主要经济指标(4-2)

单位:万元

	所有者权益	主营业务收入	主营业务成本	主营业务税金及附加	销售费用	管理费用	利息支出	利润总额	利税总额	本年应交增值税	全部从业人员年平均人数(人)
总　计	3936700	10841674	9642864	129416	246730	330365	83479	485013	952467	338039	85288
按隶属关系分											
部省属企业	288900	692145	653510	11795	36262	47355	15716	-3423	30190	21818	12230
市县属企业	3647800	10149529	8989354	117621	210468	283010	67763	488435	922277	316221	73058
按经济类型分											
国有企业	120000	94074	103195	801	1831	8478	341	-9000	-6129	2071	5322
集体企业	8700	54981	50267	1689	226	275	14	2244	5265	1332	593
股份合作企业	900	6222	5555	67	151	169	43	72	156	17	179
股份制企业	2752100	7227856	6412677	80731	195112	247086	78319	283736	598666	234199	52526
私营企业	780400	2717144	2423008	35015	31381	51644	2235	165671	271821	71135	19847
外商及港澳台商投资企业	274600	741396	648163	11114	18029	22714	2528	42291	82689	29284	6821
其它经济类型企业											
按轻重工业分											
轻工业	559500	3009693	2630525	35148	61427	84465	14152	182252	307812	90412	23215
重工业	3377200	7831980	7012339	94268	185303	245900	69328	302761	644655	247627	62073
按企业规模分											
大型企业	983500	2693038	2375407	25534	121679	171291	36977	45644	144707	73529	30888
中型企业	1310700	2971737	2608273	36155	43589	67382	28191	197632	344255	110469	22522
小型企业	1642500	5176898	4659184	67727	81463	91692	18311	241738	463505	154041	31878
按地区分											
昌江区	1296600	4295547	3756194	50516	110103	155412	59105	188251	388274	149507	31702
珠山区	166200	702656	681466	18026	41095	47040	3936	-30716	778	13468	10860
浮梁县	1344900	2147347	1890840	19688	49163	51911	15219	115051	220530	85791	13982
乐平市	1129000	3696123	3314365	41186	46370	76003	5220	212427	342885	89272	28744

规模以上工业企业主要经济指标(4－3)

单位:万元

	企业单位数(个)	亏损企业	工业总产值	工业增加值	资产总计	流动资产合计	产成品	固定资产原价	流动负债合计	长期负债合计
总计	320	26	10976166	2710200	8569984	3219060	295072	7941400	3699900	579700
煤炭开采和洗选业	10	1	101301	39082	233212	39397	6046	96700	159200	36900
黑色金属矿采选业	1	0	1183	345	2072	145	49			
有色金属矿采选业	5	0	38173	7505	5971	2230	299	1500	2300	
非金属矿采选业	6	1	28889	5746	106397	8928	699	41900	8900	600
农副食品加工业	4	0	81458	17048	20699	7153	172	6300	5200	800
食品制造业	3	0	119235	28792	18610	3815	302	120400	1500	
饮料制造业	10	0	142486	39337	80861	26568	1569	126200	24400	7100
纺织业	1	1			6130	5000		2700	5900	
纺织服装、鞋、帽制造业	2	0	27771	6740	11384	1064	144	11800	2300	100
皮革、毛皮、羽毛(绒)及其制品业	0	0								
木材加工及木、竹、藤、棕、草制品业	2	0	70795	19752	92996	2263	203	67800	800	1000
家具制造业	3	0	94648	26227	42358	4472	1376	117200	4300	200
造纸及纸制品业	2	1	115379	29445	15952	3113	136	800	3400	
印刷业和记录媒介的复制	3	0	57286	18480	116257	2716	84	93200	3000	1100
石油加工、炼焦及核燃料加工业	2	1	987146	177610	1894200	914142	80026	1021500	1364800	
化学原料及化学制品制造业	41	1	2860088	727569	1193685	370153	44383	2241500	396100	6900
医药制造业	16	1	781868	258105	461116	202912	8948	744500	166200	31000
橡胶制品业	0	0								
塑料制品业	5	1	83878	21733	27759	6646	1177	94400	5000	300
非金属矿物制品业	110	8	2629673	713202	1580805	384101	45441	1358700	352900	76600
#陶瓷制品业	74	2	1654009	444432	1256100	234053	34594	815200	203400	35506
黑色金属冶炼及压延加工业	2	0	2342	2815	9361	1829	424	900	1900	
有色金属冶炼及压延加工业	1	0	2240	419	18343	823				
金属制品业	4	0	53672	12377	11639	9122	213	4400	4200	
通用设备制造业	6	0	664886	129475	743072	550672	59250	233700	411800	14400
专用设备制造业	5	1	52324	18225	45748	20149	832	44100	8800	1800
交通运输设备制造业	30	1	1027549	165785	785954	424060	36443	548200	436700	156300
电气机械及器材制造业	13	2	223762	53929	201343	30546	2640	266000	28700	5200
通信设备、计算机及电子设备制造业	19	4	149503	21827	68498	27530	3889	16900	21200	4800
仪器仪表及文化、办公用机械制造业	1	0	4421	1142	1912	1150				
电力、热水的生产和供应业	6	1	342217	89311	550971	98055		562100	228400	158300
燃气生产和供应业	3	0	211749	67590	82084	28381	236	56300	5800	
水的生产和供应业	4	1	20244	10589	140595	41927	93	61900	46100	76400

注:不含军工涉密企业数据。

规模以上工业企业主要经济指标(4－4)

单位:万元

	所有者权益合计	主营业务收入	主营业务成本	主营业务税金及附加	销售费用	管理费用	利息支出	利润总额	利税总额	本年应交增值税	全部从业人员年平均人数(人)
总　　计	3936700	10841674	9642864	129416	246730	330365	83479	485013	952467	338039	85288
煤炭开采和洗选业	26600	92177	101996	648	884	5528	90	－8545	－5959	1938	4877
黑色金属矿采选业		1183	947	36	24	47		129	168	3	116
有色金属矿采选业	3100	9943	8250	380	363	464	103	245	731	107	278
非金属矿采选业	91500	55534	49855	666	1303	1324	29	2137	4139	1336	865
农副食品加工业	15200	62022	56030	957	969	991	304	2519	4962	1485	396
食品制造业	16300	107864	101589	1877	859	834		2178	4923	869	854
饮料制造业	43400	141203	125443	1054	3465	3971	703	5584	10817	4179	1600
纺　织　业	200	5552	5010	21	198	391		－204	－184		206
纺织服装、鞋、帽制造业	13100	13972	12644	50	271	270	52	661	1012	301	275
皮革、毛皮、羽毛(绒)及其制品业											
木材加工及木、竹、藤、棕、草制品业	90600	70691	62242	694	1361	1430	223	4699	8404	3012	159
家具制造业	42100	112259	102697	1316	1743	2170	92	3839	7422	2267	682
造纸及纸制品业	12200	9956	8171	180	139	348	110	884	1386	322	272
印刷业和记录媒介的复制	111400	157490	142236	1196	2754	3196	925	6885	13841	5761	431
石油加工、炼焦及核燃料加工业	408900	1281895	1119413	12787	50070	46686	31483	7738	78880	58355	11297
化学原料及化学制品制造业	704400	2617296	2360568	29546	38226	43842	9632	129564	233948	74839	12238
医药制造业	255600	769608	633830	7978	11138	31393	1744	84902	109613	16733	5290
橡胶制品业											
塑料制品业	22100	83502	76534	2192	812	684	177	2546	5899	1162	811
非金属矿物制品业	1083000	2433425	2133431	30535	59738	61395	15522	128306	250952	92112	20459
#陶瓷制品制造	758100	2011202	1780395	26315	46237	46511	11254	97570	188214	78179	1533
黑色金属冶炼及压延加工业	6900	28877	25713	1274	241	280		1352	3826	1200	452
有色金属冶炼及压延加工业	16000	44551	40621	787	512	677		1588	4032	1658	194
金属制品业	6700	11513	9873	38	173	362	186	809	882	35	236
通用设备制造业	325000	666899	573026	2832	17031	57553	1728	41329	49881	5721	5901
专用设备制造业	32700	45736	41284	438	1298	2646	53	2442	4068	1188	659
交通运输设备制造业	216200	905162	877427	18025	41741	46452	5898	－29269	7101	18345	8745
电气机械及器材制造业	154300	328553	306849	3330	2423	4641	717	10501	24009	10178	2754
通信设备、计算机及电子设备制造业	23600	253912	234305	3586	2876	4248	321	8335	20784	8863	1909
仪器仪表及文化、办公用机械制造业		3525	2856	4	272	292		101	160	55	110
电力、热力的生产和供应业	156000	335513	271157	2215	54	810	12271	56513	73295	14566	1861
燃气生产和供应业	41600	172718	141225	4013	4601	4376	639	18419	33387	10955	673
水的生产和供应业	18100	19142	17644	768	1193	3067	478	－1172	89	493	688

规模以上国有控股工业企业主要经济指标(2－1)

单位:万元

	企业单位数(个)	亏损企业	工业总产值	工业增加值	资产总计	流动资产合计	产成品	固定资产原价	流动负债合计	长期负债合计
总　　计	25	6	2962192	610866	4351284	2069778	187133	2488400	2659100	398900
按隶属关系分										
部省属企业	6	3	731023	141915	1351705	469927	29513	957900	723100	324800
市县属企业	19	3	2231168	468952	2999579	1599851	157620	1530500	1936000	74100
按轻重工业分										
轻工业	5	0	146292	44915	170374	108291	176	19500	16800	36200
重工业	20	6	2815900	565951	4180911	1961487	185957	2468900	2642300	362700
按企业规模分										
大型企业	5	3	1926564	366563	3317032	1764911	172663	1679100	2197400	175900
中型企业	12	1	991166	232476	863166	291160	13249	766000	386100	209500
小型企业	8	2	44462	11827	171086	13706	1221	43300	75600	13500
按地区分										
昌江区	11	2	2263395	475544	3240199	1560796	152362	1355600	1942000	195500
珠山区	5	1	412451	45533	695202	388362	23718	395900	456900	142900
浮梁县	3	1	15551	4754	28758	22293	997	7500	7400	6800
乐平市	6	2	270795	85035	387126	98327	10056	729400	252800	53700
按工业行业分										
煤炭开采和洗选业	3	1	75762	29229	221043	37651	5971	80900	154500	36900
非金属矿采选业	2	1	8159	1623	87425	2257	425	4400	6900	300
食品制造业	0	0								
饮料制造业	1	0	29527	8049	26848	12068	1079	42600	12100	7100
石油加工、炼焦及核燃料加工业	1	1	612241	115114	1674624	762549	76884	911100	1189200	
化学原料及化学制品制造业	1	0	592701	115101	153407	110741	12912	95400	128500	200
医药制造业	0	0								
非金属矿物制品业	7	0	190211	61042	258954	154897	11627	137600	176400	24300
#陶瓷制品业	3	0	17331	4657	76006	59948	377	12100	85700	13700
通用设备制造业	1	0	644013	124294	708904	529268	53559	214200	399200	10300
交通运输设备制造业	1	1	383232	38247	614897	325793	23341	381800	369000	128600
通信设备、计算机及电子设备制造业	1	1	2427	504	2435	2244	792	800	1400	
电力、热水的生产和供应业	3	1	287849	77239	512158	92037		508800	204600	154900
水的生产和供应业	2	0	7914	5712	69899	37995		18700	15400	36200

规模以上国有控股工业企业主要经济指标(2-2)

单位:万元

	所有者权益合计	主营业务收入	主营业务成本	主营业务税金及附加	销售费用	管理费用	利息支出	利润总额	利税总额	本年应交增值税	全部从业人员年平均人数(人)
总　计	1159300	2978790	2635198	30882	121340	165370	50073	62177	188171	95112	34747
按隶属关系分											
部省属企业	287500	678480	640737	11368	36248	47333	15715	-3848	29045	21524	12189
市县属企业	871800	2300310	1994462	19514	85092	118037	34358	66024	159126	73588	22558
按轻重工业分											
轻工业	19300	60525	49922	714	3943	6721	861	1287	4023	2023	2102
重工业	1140000	2918265	2585276	30169	117397	158649	49212	60890	184147	93089	32645
按企业规模分											
大型企业	819800	2348644	2124766	23902	108739	146822	33858	-12955	77468	66522	27106
中型企业	226400	586506	471296	6894	12267	17429	16067	72289	107009	27826	6874
小型企业	113200	43640	39137	86	334	1119	148	2843	3694	765	767
按地区分											
昌江区	945900	2337335	2007636	19293	78274	110745	43605	100289	198994	79412	20018
珠山区	95500	360126	368472	8978	36835	40865	3566	-43279	-27647	6654	7385
浮梁县	14500	13512	7188	94	131	3819	22	91	1878	1692	1043
乐平市	103400	267817	251903	2517	6101	9942	2879	5075	14946	7353	6301
按工业行业分											
煤炭开采和洗选业	21500	74991	86866	402	686	5287	64	-9605	-7739	1464	4437
非金属矿采选业	80500	7859	7441	50	82	269		-12	452	414	180
食品制造业											
饮料制造业	7700	37650	31538	294	2181	2470	584	545	1352	513	398
石油加工、炼焦及核燃料加工业	372500	906990	786158	5542	46824	41767	26059	-13080	32175	39713	10635
化学原料及化学制品制造业	24700	395568	356046	6502	9049	5373	3014	15583	37635	15549	1130
医药制造业											
非金属矿物制品业	56300	185485	141564	1285	8677	11992	3124	18795	31975	11895	3987
#陶瓷制品业	-23400	22216	18754	1730	1150	1787		337	2000	1451	1576
通用设备制造业	296300	640468	551843	2673	16617	55675	1281	38544	46006	4789	5388
交通运输设备制造业	117300	332978	346119	8787	35613	38733	3441	-44387	-30545	5055	5753
通信设备、计算机及电子设备制造业	1000	2263	1857	5	91	433	20	-99	25	119	135
电力、热水的生产和供应业	144500	287850	228662	2103			12210	52137	67756	13516	1352
水的生产和供应业	18300	7478	6077	264	698	2641	277	496	953	193	526

规模以上集体工业企业主要经济指标(2－1)

单位:万元

	企业单位数(个)	亏损企业	工业总产值	工业增加值	资产总计	流动资产合计	产成品	固定资产原价	流动负债合计	长期负债合计
总　　计	15	1	213121	46800	71700	25500	3100	79600	32700	3400
按轻重工业分										
轻工业	10	1	25751	5655	31500	18200	2800	23200	5600	
重工业	5	0	187370	41145	40200	7300	300	56400	27100	3400
按经济类型分										
中型企业	1	0	37570	7302	26700	4800		39100	20100	3400
小型企业	14	1	175551	39468	45000	20700	3100	40600	12600	
按地区分										
昌江区	4	1	80777	15800	23000	15300	2000	18800	4800	
珠山区	6	0	77662	17500	8500	2900	800	4500	800	
浮梁县	3	0	42999	9000	31100	6900	200	40600	22400	3400
乐平市	2	0	11684	4500	9100	400	100	15700	4700	
按工业行业分										
煤炭开采和洗选业	3	0	16924	6529	10600	1300	100	15800	4700	
塑料制品业	1	0	4088	1059	1800	600	200	1400	0	
非金属矿物制品业	1	0	25751	6919	1700	400	200	1000	400	
#陶瓷制品制造业	1	0	25751	6919	1700	400	200	1000	400	
交通运输设备制造业	6	0	124320	24367	17500	10900	1600	12000	4400	

规模以上集体工业企业主要经济指标(2－2)

单位:万元

	所有者权益合计	主营业务收入	主营业务成本	主营业务税金及附加	销售费用	管理费用	利息支出	利润总额	利税总额	本年应交增值税	全部从业人员年平均人数(人)
总　　计	30100	206200	191300	4600	1400	1900	300	6400	14300	3200	1600
按轻重工业分											
轻工业	21700	156200	145000	4300	1100	1600	200	4100	11000	2600	800
重工业	8400	50000	46300	300	300	300	100	2300	3300	600	800
按经济类型分											
中型企业	3100	35500	34000					1500	1800	200	300
小型企业	26900	170700	157300	4600	1400	1900	300	4900	12500	3000	1300
按地区分											
昌江区	14400	80300	75300	1500	700	1200	200	1400	3600	700	500
珠山区	7300	76000	69700	2800	400	400	0	2700	7400	1900	300
浮梁县	4100	40900	38900	100	100	100	100	1600	2100	400	300
乐平市	4300	9000	7400	200	200	200		700	1200	200	200
按工业行业分											
煤炭开采和洗选业	4600	12300	10600	200	200	1900		800	1400	3200	300
塑料制品业	1600	4000	3200	400				400	1100	100	22
非金属矿采选业	1400	25200	23000	900	300	300		800	2400	400	125
#陶瓷制品制造业	1400	25200	23000	900	300	300		800	2400	400	125
交通运输设备制造业	9200	120200	112400	2900	800	800	200	3000	7700	1500	500

市直属主管部门规模以上工业企业主要经济指标(2－1)

单位:万元

	珠山区属	昌江区属	陶瓷工业公司
企业单位数(个)	29	19	7
#亏损企业(个)	1	2	3
工业总产值(当年价)	265431	381071	27563
工业增加值(生产法、当年价)	58926	87647	6794
流动资产合计	51032	53429	7689
#产成品	6113	9764	1932
固定资产原价合计	97605	47893	12114
流动负债合计	39110	38532	1415
长期负债合计	99632	55113	8335
所有者权益合计	35411	45003	2117
主营业务收入	253219	371190	27543
主营业务成本	231147	356411	24321
主营业务税金及附加	8813	1235	291
销售费用	3541	1778	710
管理费用	4708	6134	1222
财务费用	611	913	103
#利息支出	371	751	15
利润总额	11742	8106	311
利税总额	26987	10113	993
全部从业人员年平均人数(人)	2701	1901	1556

市直属主管部门规模以上工业企业主要经济指标(2－2)

单位:万元

	陶瓷股份公司	建设局	粮食局
企业单位数(个)	1	1	1
#亏损企业(个)			
工业总产值(当年价)	13167	5692	7532
工业增加值(生产法、当年价)	2961	2606	1915
流动资产合计	56255	36326	2257
#产成品			96
固定资产原价合计	5827	13682	1330
流动负债合计	78983	12247	1976
长期负债合计	66490	63953	3864
所有者权益合计	－25241	15517	1716
主营业务收入	11650	5256	7547
主营业务成本	9496	4033	7106
主营业务税金及附加	71	256	
销售费用	699	658	85
管理费用	1329	2581	106
财务费用	10	264	155
#利息支出	2	－11	22
利润总额	125	429	95
利税总额	1441	844	95
全部从业人员年平均人数(人)	864	411	45

工业园区主要经济指标(4－1)

单位:万元

	单位数(个)	亏损单位数	工业总产值	工业企业用电量(万千瓦时)	工业销售产值	出口交货值	主营业务收入	资产总计
总　　计	231	7	9946197	249887	8191129	468054	9913840	4639783
按工业园区分组								
景德镇高新技术产业园区	101	3	4911156	71689	3231654	267386	4868507	1991735
景德镇陶瓷工业园区	59	2	1934983	25113	1900681	66158	1953669	1474388
乐平工业园区	71	2	3100058	153085	3058794	134510	3091664	1173660
按注册类型分组								
国有	4	0	2222147	74133	907958	215511	2243470	1124356
集体	2	0	33211	178	32145		38121	291
股份合作	0	0						
联营企业	1	0	35681	234	35412		34986	4101
有限责任公司	91	3	3965432	113456	3878864	3113	3996578	2251132
股份有限公司	7	3	90172	1432	8601		86453	6798
私营企业	99	1	2984711	7684	2964441	205640	2857765	1243378
其他内资	0	0						
港澳台投资企业	12	0	331698	4538	335487	27925	360789	8113
外商投资企业	15	0	283145	48232	28221	15865	295678	1614
按轻重工业分组								
轻工业	101	3	4109318	85667	3191132	288617	3641556	1897795
重工业	130	4	5836879	164220	4999997	179437	6272284	2741988
按行业分组								
农副食品加工业	4	0	94293	1231	92310		92310	3010
食品制造业	4	0	120936	3445	105678		104465	8514

工业园区主要经济指标(4-2)

单位:万元

	单位数(个)	亏损单位数	工业总产值	工业企业用电量(万千瓦时)	工业销售产值	出口交货值	主营业务收入	资产总计
饮料制造业	4	0	99223	1511	91278		98761	7811
木材加工及木、竹、藤、棕、草制品业	1	0	30288	775	25551		26457	12556
家具制造业	4	0	168344	1489	138381		138875	18965
造纸及纸制品业	9	0	136786	4432	128987		129005	74001
印刷业和记录媒介的复制	3	0	34998	710	29387		29288	1451
文教体育用品制造业	0	0						
化学原料及化学制品制造业	56	2	3493489	142229	2812943	33006	3380221	1267097
医药制造业	6	0	635274	12014	528317	107368	615702	213332
化学纤维制造业	2	0	47632	299	41332		43332	75328
橡胶制品业	1	0	22232	198	22321		22321	1310
塑料制品业	4	0	63451	1032	51999		3231	487
非金属矿物制品业	74	0	1952865	49865	1699432	123985	1967852	143897
黑色金属冶炼及压延加工业	3	0	142561	2312	128565		128565	124511
金属制品业	6	0	79634	855	68322		73211	789
通用设备制造业	2	0	9145	201	8907		9023	1105
交通运输设备制造业	20	1	1801660	6646	1322067		1976535	2230016
电气机械设备制造业	12	0	495354	7910	432258	203660	489555	12354
通信设备、计算机及其他电子设备	10	2	251362	5411	228745	35	286854	305854
仪器仪表及文化、办公用机械制造	1	0	20089	121	20055		20013	1610
工艺品及其他制造业	1	0	5111	81	4322		4511	3300
电力、热力的生产和供应业	2	0	90014	3210	75687		89543	123385
燃气生产和供应业	2	0	151456	3910	134285		134210	9100

工业园区主要经济指标(4－3)

单位:万元

	利润总额	亏损企业亏损额	税金总额	应交增值税	利税总额	从业人员(人)	工业增加值
总　　计	522311	8978	364325	272843	886636	51941	2472458
按工业园区分组							
景德镇高新技术产业园区	219163	8522	150863	113281	370026	23373	1069758
景德镇陶瓷工业园区	106110	131	99236	74318	205346	11125	511541
乐平工业园区	197038	325	114226	85244	311264	17443	891159
按注册类型分组							
国有	46631		16111	8929	54497	5730	298742
集体	13936		2256	850	13728	199	9227
股份合作							
联营企业	655		130	89	669	120	11386
有限责任公司	261167	8200	181801	157452	489158	16775	1233264
股份有限公司	5785	778	5143	3254	9905	490	24007
私营企业	162996		123124	85063	257284	22262	731551
其他内资							
港澳台投资企业	20661		20566	8327	37574	2921	90257
外商投资企业	10480		15194	8879	23821	3444	74024
按轻重工业分组							
轻工业	226621	856	167424	127136	372852	27814	900128
重工业	295690	8122	196901	145707	513784	24127	1572330
按行业分组							
农副食品加工业	3781		27010	2221	30791	731	16381
食品制造业	1550		991	581	2541	1129	16413

工业园区主要经济指标(4－4)

单位:万元

	利润总额	亏损企业亏损额	税金总额	应交增值税	利税总额	从业人员(人)	工业增加值
饮料制造业	3577		1358	967	4935	578	24236
木材加工及木、竹、藤、棕、草制品业	1822	－	1711	1219	3533	199	8974
家具制造业	7591		4558	3247	12149	785	51271
造纸及纸制品业	9158		6918	4928	16076	1235	45991
印刷业和记录媒介的复制	1960	－	1684	1200	3644	365	9981
文教体育用品制造业							
化学原料及化学制品制造业	205477	5511	129142	121442	334619	11095	970785
医药制造业	44028		26189	19658	70217	3183	167980
化学纤维制造业	680		164	117	844	181	14103
橡胶制品业	478		181	129	659	60	5558
塑料制品业	1736		3354	2389	5090	258	17614
非金属矿物制品业	107201		99654	70994	206855	16903	563906
黑色金属冶炼及压延加工业	6181		4514	3216	10695	451	39438
金属制品业	4012		4187	2983	8199	385	22289
通用设备制造业	608		524	373	1132	154	2616
交通运输设备制造业	22745	2187	22001	15674	44746	2511	215448
电气机械设备制造业	64004		4915	3501	68919	8122	143653
通信设备、计算机及其他电子设备	14731	1280	8889	6333	23620	2085	57813
仪器仪表及文化、办公用机械制造	95		150	107	245	67	5696
工艺品及其他制造业	121		119	85	240	75	1470
电力、热力的生产和供应业	9561		6545	4663	16106	655	25815
燃气生产和供应业	11214		9567	6816	20781	734	45027

规模以上工业企业经济效益综合指数

单位:%

	工业经济效益综合指数	考核指标						
		总资产贡献率	资本保值增值率	资产负债率	流动资产周转率(次/年)	成本费用利润率	全员劳动生产率(元/人年)	产品销售率
总计	314.60	13.13	141.38	53.54	3.49	4.71	319808	99.00
一、按隶属关系分								
中央省属企业	159.29	5.13	105.65	71.64	0.69	1.90	359964	98.76
市县属企业	351.91	21.74	157.21	50.38	5.63	5.43	332261	99.33
二、按经济类型分								
国有及控股企业	301.84	3.22	121.23	79.63	0.93	2.89	365472	99.71
集体企业	319.78	46.78	143.78	44.79	3.97	17.65	316527	98.99
其他企业	334.63	9.16	150.55	53.68	6.51	7.81	168791	99.54
三、按轻重工业分								
轻工业	358.67	33.65	148.69	42.76	5.76	6.93	289443	98.76
重工业	285.69	7.66	136.53	68.97	1.83	4.45	322916	99.63
四、按企业规模分								
大型	216.93	6.98	116.73	80.01	2.32	0.69	315677	99.31
中型	301.78	21.79	141.93	62.15	3.24	8.77	319035	98.78
小型	369.87	48.86	142.39	40.38	5.06	5.74	376444	99.56

工业主要产品产量(3－1)

	单位	全市	市　区	乐平市	浮梁县	2015年比上年增长(%)
一、电力工业产品						
发电量总计	万千瓦小时	635291	626681	2710	5900	－8.7
#水　电	万千瓦小时	5900			5900	－0.2
火　电	万千瓦小时	629391	626681	2710	－	－8.7
二、煤炭工业产品						
原煤总计	万吨	119.49		119.49		－28.5
1、省属企业	万吨	119.49		119.49		－28.5
2、市县属企业	万吨	－				－
焦　炭	万吨	330.68	330.68			3.1
煤　气	万立方米	7800	7800			－50.3
炭　黑	万吨	98.8	98.8			－4.3
三、化学医药、塑料工业产品						
磺胺药(省属)	吨	13		13		13.3
抗菌药(省属)	吨	55		55		－8.3
烧碱(折100%)(省属)	吨	180841		180841		－13.4
电石(标产)(省属)	吨	9600		9600		－3.8
中成药(省属)	吨	15		15		－6.3
涂　　料	吨	1600	900	420	280	1.3
轻质碳酸钙	吨	2800	2060	380	360	1.8
花　　纸	万张	1980	1680		300	－3.9
黄金水	万瓶	2	2			－4.8
白金水	万瓶	0.55	0.55			－8.3
电光水	万瓶	8.5	8.5			－5.6
瓷用颜料	吨	175	175			－2.8
塑料制品	吨	520	520			－1.9
四、机械、电气、电子工业产品						
交流电动机	万千瓦	1.9	1.9			－9.5
印刷机械	色组	130	130			－34.3
	吨	611	611			－34.1
高压隔离开关	组	950	950			－1.1
高压熔断器	只	1780	1780			－4.3

工业主要产品产量(3－2)

	单位	全市	市　区	乐平市	浮梁县	2015年比上年增长(%)
电子束管	只	1700			1700	－2.9
电真空管	只	24400			24400	6.1
家用电冰箱	万台	36.43	36.43			－12.6
无氟压缩机	万台	3864.05	3864.05			3.5
气　门	万件	2		2		－4.8
配线分线设备	万回线	410	410			－4.7
电　扇	台	8900	8900			－6.3
汽　车	辆	96758	96758			－33.3
陶瓷设备	台	45	45			－10
	吨	960	960			－3.8
灯　泡	万只	76		76		8.6
灯　头	万只	75		75		4.2
五、建筑材料及制品工业产品						
普通水泥	万吨	404.74		404.74		－14.7
1、省属企业	万吨					
2、市县属企业	万吨	404.74		404.74		－14.7
石棉瓦	万张	20	10	6	4	－13
煤渣瓦	万片	8	8			－11.1
耐火砖	吨	5400	5400			－1.8
匣　钵	吨	9650	9650			－3.3
瓷　土	万吨	5.1	5.1			－1.9
矿　石	吨	8500	8500			－4.5
石膏粉	吨	6000	6000			－1.6
工业瓷	吨	4400	2400		2000	－2.2
电　瓷	吨	3500	3500			－1.4
#高压	吨	2980	2980			－0.7
低压	吨	520	520			－5.5

工业主要产品产量(3－3)

	单位	全市	市　区	乐平市	浮梁县	2015年比上年增长(%)
墙地砖	万平方米	708.49			708.49	－79.1
卫生瓷	万件	2.3	2.3			－8.0
砖	万块	41000	600	18400	22000	－2.4
瓦	万片	9600		3500	6100	－8.6
六、食品工业产品						
大　米	万吨	42	8	22	12	5.0
面　条	吨	460	170	210	80	－8.0
食用油	吨	745	160	440	145	－0.7
板　鸡	万件	18	18			10.0
猪　肉	吨	1950	950	650	350	2.6
糕　点	吨	180	20	150	10	－2.7
饮料酒	千升	65600		64000	1600	－1.6
#啤　酒	千升	720			720	－4.0
酱　油	吨	180	85	65	30	－10.0
酱　菜	吨	10	3	6	1	－16.7
茶　叶	吨	2500	180		2320	4.2
七、纺织缝纫及皮革工业产品						
棉　纱	吨	910		910		－4.2
棉　布	万米					
服　装	万件	1.3	1.3			－13.3
#出口服装	万件	0.8	0.8			－11.1
八、其他工业产品						
日用陶瓷	万件	180000	140000		40000	－2.7
#出口瓷	万件	29000	23000		6000	－17.1
自来水	万立方米	6724	4589	1483	652	17.7
纸　盒	万平方米	200	160	－	40	－9.1
纸　箱	万平方米	500	270	100	130	－16.7
毛　笔	万支	14	14		－	－6.7
人造板	立方米	23380		1200	22180	－4.0
#纤维板	立方米	5300		1200	4100	－4.5
刨花板	立方米	13980			13980	－2.9
胶合板	立方米	4100			4100	－6.8
民用家具	万件	16	3	4	9	－15.7

主要统计指标解释

工业 指从事自然资源的开采，对采掘品和农产品进行加工和再加工的物质生产部门，具体包括：(1)对自然资源的开采，如采矿、晒盐、森林采伐等(但不包括禽兽捕猎和水产捕捞)；(2)对农副产品的加工、再加工、如碾米、磨粉、酿酒、榨油、轧花、缫丝、屠宰、药材加工等；(3)对工业品的加工、再加工，如炼铁、炼钢、轧钢、炼焦、化工生产机器制造、木材加工、印染、服装加工、造纸、自来水、煤气的生产和电力的生产和供应；(4)对工业品的修理、翻新，如修理机械设备、交通运输工具等。

国有经济工业 生产资料和产品或收入归国家所有的工业企业。包括中央和地方各级国家机关、部队、科研机构、学校、人民团体的国营企事业单位等举办的全民所有制工业。1957年以前的公私合营和私营工业，后均改造为国营工业。这部分资料不单独分列时，均包括在全民所有制工业内。

集体经济工业 是指生产资料和产品或收入归公民集体所有的工业企业。包括各级集体工业、城市、县、镇以及街道集体工业，农村乡办集体工业等到。

城镇个体工业 指个人参加生产劳动，生产资料和产品或收入归个人所有的一种经济形式。包括城镇闲散劳动力、待业青年等自筹资金举办，经工商行政管理部门批准并领取《营业执照》的个体工业的手工业。多人合股经营仍领取个体营业执照的也包括在本项内。

工业总产值 是以货币表现的工业企业生产的产品总量。反映一定时期工业生产的总成果和总规模。工业总产值目前采用“工厂法”计算，包括各工业企业生产的符合产品质量标准的入库成品价格(无论自备原料的产成品或来料加工的产成品按全价计算)和对外承做的工业性作业价值。一年企业内部自产自用的产品、半成品不允许重复计算产值，但各企业之间存在着重复计算。

1958年及以后工业总产值中，将农村乡办工业的轧花、碾米、磨粉、屠宰、缝纫等作业，由按产品全价计算，改为按加工费计算。将将机械化捕鱼和村办工业的产值划归农业总产值。1990年国家统计局对农村五种加工业的总产值计算方法进行了修改，规定农村工业原则上同城市工业一样，按全价计算工业总产值。

工业增加值 是指工业行业在报告期内以货币表现的工业生产经营活动的社会最终成果。

工业增加值的计算方法有两种：一种是生产法，即以工业总产出中扣除所消耗的外购产品和劳务的价值量(中间消耗)以后的余额，反映工业增加值的形成。另一种是分配法，是从新增加价值的分配角度出发计算工业增加值，也就是职工工资、职工福利基金、应得的产品销售利润、税金、固定资产折旧及大修理基金等其他增加值之和,反映工业企业内部增加值的初次分配。

独立核算工业企业　工业企业按其行政和财务核算是否独立,分为独立核算企业和非独立核算工业企业。

独立核算工业企业,应同时具备下列三个条件:(1)行政上有独立的组织形式;(2)经济上独立核算,自负盈亏,编制独立的资金平衡表或资金负债表;(3)有权与其他单位签订合同,并在银行设有独立户头。独立核算工业企业不论是单一性生产或联合性生产的企业,均以整个企业作为一个基层单位进行统计。

利润总额　是指盈利企业的利润额减亏损企业的亏损额,再加上新开征的原在利润总额中的教育费附加和资源税。

利税总额　是指利润总额与产品销售税金之和。

固定资产原值　是指工业企业购买和建设各种固定资产时所实际支付的金融,以及以后改建或扩建所追回投资金额的合计。固定资产的来源包括解放后接收的原有固定资产,通过基本建设完成交付使用的固定资产,通过更新改造措施而增加的固定资产等等。

固定资产净值　是指国家资产原值扣除历年提取折旧后的价值。

总资产贡献率　是指反映企业全部资产的获利能力,是企业经营业绩和管理水平的集中表现,是评价和考核企业盈利能力的核心指标。计算公式为:

总资产贡献率 =(利润总额 + 税金总额 + 利息支出)/平均资产总额 ×(12/累计月数)

其中:税金总额为产品销售税金及附加与应交增值税之和;平均资产总额为期初期末资产总计的算术平均值。

资本保值增值率　是指反映企业净资产的变动状况,是企业发展能力的集中体现。计算公式为:

资本保值增值率 = 报告期期末所有者权益/上年同期期末

所有者权益 = 资产总计 - 负债总计。

资产负债率　是指既反映企业经营风险的大小,也反映企业利用债权人提供的资金从事经营活动的能力。计算公式为:

资产负债率 = 负债总额/资产总额

资产及负债均为报告期期数。

流动资产周转率　是指一定时期内流动资产完成的周转次数,反映投入工业企业流动资金的周转速度。计算公式为:流动资产周转率 = 销售收入/流动资产平均余额 ×(12/累计月数)

成本费用利润率　是指反映工业投入的生产成本及费用的经济效益,同时也反映企业降低成本所取得的经济效益。计算公式为:成本费用利润率 = 利润总额/成本费用总额

其中:成本费用总额为产品销售成本、销售费用、管理费用、财务费用之和。

全员劳动生产率　是指反映企业的生产效率和劳动投入的经济效益。计算公式为:

全员劳动生产率 = 工业增加值/全部职工平均人数×(12/累计月数)

由于工业增加值是按现行价格计算的,而职工人数不含价格因素,因此应将增加值价格因素予以消除。具体方法可采用总产值价格变动系数消除价格影响。

产品销售率 是指反映工业产品已实现销售的程度,是分析工业产销衔接情况、研究工业产品满足社会需求的指标。计算公式为:

产品销售率 = 工业销售产值/工业总产值(现价)

十三、建筑业

·2015 年,全市资质以内建筑企业总产值 19.53 亿元。其中,建筑工程产值 16.31 亿元,安装工程产值 2.96 亿元,其他产值 0.26 亿元。

·2015 年,全市房屋建筑施工面积 161.00 万平方米。其中,本年新开工面积 98.91 万平方米,房屋建筑竣工面积 101.75 万平方米,竣工房屋价值 10.49 亿元。

本篇章
资料审核:凌　华
资料整理:陈莹莹　倪　艳

建筑业主要经济指标(3－1)

	2014 年	2015 年	2015 年比上年增长(%)
企业个数(个)	37	35	-5.4
建筑业合同情况(万元)			
签订的合同额	593290	294096	-50.4
上年结转合同额	85478	88867	4.0
本年新签合同额	507812	205229	-59.6
承包工程完成情况(万元)			
直接从建设单位承揽工程完成的产值	507917	197049	-61.2
自行完成施工产值	507117	195049	-61.5
分包出去工程的产值	800	2000	150.0
从建设单位以外承揽工程完成的产值	7846	264.5	-96.6
建筑业总产值(万元)	514963	195314	-62.1
#装饰装修产值	3006	7151	137.9
在外省完成的产值	299864	35059	-88.3
建筑工程产值	466564	163071	-65.0
安装工程产值	36466	29627	-18.8
其他产值	11933	2616	-78.1
竣工产值(万元)	438177	142100	-67.6
房屋建筑施工及竣工面积(万平方米)			
房屋建筑施工面积	455.66	161.00	-64.7
#本年新开工面积	351.33	98.91	-71.8
实行投标承包面积	110.97	95.37	-14.1
#本年新开工	73.66		-100.0
房屋建筑竣工面积	421.07	101.75	-75.8
#住宅房屋	397.97	91.98	-76.9

注:建筑业统计范围为具有建筑业资质等级的独立核算建筑业企业。

建筑业主要经济指标(3－2)

	2014 年	2015 年	2015 年比上年增长(%)
竣工房屋价值(万元)	402996	104883	-74.0
#住宅房屋	380397	92108	-75.8
年末自有机械设备			
净　值(万元)	17587	10590	-39.8
总台数(台)	2402	1487	-38.1
总功率(万千瓦)	6.15	4.19	-31.8
劳动人员情况(人)			
计算劳动生产率的平均人数	21436	12362	-42.3
期末从业人数	20770	12886	-38.0
年末资产负债(万元)			
流动资产合计	210525	97419	-53.7
#存 货	57740	18101	-68.7
固定资产合计	58167	36791	-36.8
固定资产原值	62908	52282	-16.9
累计折旧	20425	18978	-7.1
#本年折旧	2315	2459	6.2
在建工程	1523	0.1	-100.0
资产合计	307869	155109	-49.6
流动负债合计	131306	53005	-59.6
负债合计	154947	68490	-55.8
所有者权益合计(万元)	152922	86619	-43.4
#实收资本	90409	63752	-29.5
国家资本	33557	25901	-22.8
集体资本	15919	16283	2.3
法人资本	28912	15738	-45.6
个人资本	12021	5830	-51.5
损益及分配(万元)			
工程结算收入	270815	177514	-34.5

建筑业主要经济指标(3－3)

	2014 年	2015 年	2015 年比上年增长(%)
工程结算成本	221910	153127	－31.0
工程结算税金及附加	13068	7580	－42.0
其他业务利润	883	438	－50.4
销售费用	53080	610	－98.9
管理费用	17806	7996	－55.1
#税金	1013	470	－53.6
差旅费			
工会经费			
财务费用	647	211	－67.4
#利息支出	583	180	－69.1
营业利润	18413	450	－48.7
营业外收入	152	199	30.6
营业外支出	500	514	2.8
利润总额	18073	9135	－49.5
#应交所得税	4661	2429	－47.9
工资、福利费			
应付职工薪酬	64320	35781	－44.4
其他			
劳动生产率(按总产值计算)(元/人)	247936	151571	－38.9
利税总额(万元)	32154	17185	－46.6
产值利润率(%)	3.5	4.7	34.3
产值利税率(%)	6.2	8.8	41.9
资产负债率(%)	50.3	44.2	－12.1
技术装备率(元/人)	8468	8218	－3.0
动力装备率(千瓦/人)	3.0	3.3	10.0
房屋建筑面积竣工率(%)	92.4	63.2	－31.6

按登记注册类型分建筑业企业主要经济指标（3－1）

	合　计	内资企业	国有企业	集体企业	有限责任公司	股份有限公司	私营企业
企业个数(个)	35	35	5	7	12	4	7
建筑业合同情况(万元)							
签订的合同额	294096	294096	25528	97187	113098	38293	19989
上年结转合同额	88867	88867	1500	23546	32999	14257	16564
本年新签合同额	205229	205229	24028	73641	80099	24036	3425
承包工程完成情况(万元)							
直接从建设单位承揽工程完成的产值	197049	197049	16357	74016	77729	18699	10249
自行完成施工产值	195049	195049	14357	74016	77729	18699	10249
分包出去工程的产值	2000	2000	2000				
从建设单位以外承揽工程完成的产值	265	265	265				
建筑业总产值(万元)	195314	195314	14621	4016	77729	18699	10249
#装饰装修产值	7151	7151	300		6837		14
#在外省完成的产值	35059	5059	596		34463		
#建筑工程产值	163071	163071	12317	58493	67739	16079	844
安装工程产值	29627	29627	2154	15523	9990	220	1740
其他产值	2616	2616	150				
竣工产值(万元)	142100	142100	14418	71469	34199	14436	7578
房屋建筑施工及竣工面积(万平方米)							
房屋建筑施工面积	161.00	161.00	4.10	62.95	56.12	15.94	21.90
#本年新开工面积	98.91	86.84	2.50	39.05	29.86	14.09	1.34
实行投标承包面积	95.37	95.37		40.32	29.22	5.09	20.74
#本年新开工							
房屋建筑竣工面积	101.75	101.75	0.60	53.39	28.96	13.60	5.21
住宅房屋	91.98	91.98		50.12	27.09	12.39	2.38
商业及服务用房屋	5.52	5.52		2.07	1.36	0.06	2.04
商厦房屋(批发和零售用房)	3.69	3.69		2.07			1.62
宾馆用房屋(住宿用房)							
餐饮用房屋(餐饮用房)							
商务会展用房屋							
其他商业及服务用房屋(居民服务业用房)	1.83	1.83			1.36	0.06	0.41
办公用房屋	0.08	0.08				0.08	
科研、教育、医疗用房屋	0.13	0.13					0.13
科学研究用房屋							
教育用房屋	0.13	0.13					0.13
医疗用房屋(卫生医疗用房)							
文化、体育、娱乐用房屋	0.08	0.08				0.08	
厂房及建筑物	2.22	2.22		1.20	0.21	0.75	0.06
厂房	0.85	0.85			0.10	0.75	
仓库	0.15	0.15				0.15	
其他未列明的房屋建筑物	1.61	1.61	0.60		0.31	0.10	0.60

按登记注册类型分建筑业企业主要经济指标（3－2）

	合　计	内资企业	国有企业	集体企业	有限责任公司	股份有限公司	私营企业
竣工房屋价值(万元)	104883	104883	596	50912	32835	13841	6699
住宅房屋	92108	92108		46967	29351	12893	2897
商业及服务用房屋	8261	8261		2146	3028	46	3042
商厦房屋(批发和零售用房)	4838	4838		2146			2693
宾馆用房屋(住宿用房)							
餐饮用房屋(餐饮用房)							
商务会展用房屋							
其他商业及服务用房屋(居民服务业用房)	3423	3423			3028	46	49
办公用房屋	63	63				63	
科研、教育、医疗用房屋	100	100					100
科学研究用房屋							
教育用房屋	100	100					100
医疗用房屋(卫生医疗用房)							
文化、体育、娱乐用房屋	60	60				60	
厂房及建筑物	2721	2721		1800	271	600	50
厂房	750	750			150	600	
仓库	120	120				120	
其他未列明的房屋建筑物	1451	1451	596		185	60	610
年末自有机械设备							
净　值(万元)	10590	10590	6052	2779	1573	109	78
总台数(台)	1487	1487	272	601	262	45	307
总功率(万千瓦)	4.19	4.19	2.35	0.63	0.80	0.15	0.27
劳动人员情况(人)							
计算劳动生产率的平均人数	12362	12362	1000	3522	4749	1953	1138
期末从业人数	12886	12886	991	3349	5665	1956	925
#工程技术人员	2352	2352	346	603	646	535	222
年末资产负债(万元)							
流动资产合计	97419	97419	23651	33187	11710	21749	7122
#存　货	18101	18101	3279	3174	4376	5080	2192
固定资产合计	36791	36791	17522	6830	6760	4225	1454
固定资产原值	52282	52282	27524	10380	7975	4374	2030
累计折旧	18978	18978	11022	5226	1472	568	690
#本年折旧	2459	2459	1238	983	151	6	81
在建工程	0.1	0.1			0.1		
资产合计	155109	155109	41528	51119	24833	26380	11248
流动负债合计	53005	53005	9244	24961	3212	11348	4239
#应付账款	17667	17667	978	6721	254	8127	587
非流动负债合计	1500	1500		1452	3	45	
负债合计	68490	68490	9244	36229	6542	11393	5082

按登记注册类型分建筑业企业主要经济指标（3－3）

	合 计	内资企业	国有企业	集体企业	有限责任公司	股份有限公司	私营企业
所有者权益合计(万元)	86619	86619	32285	14890	18291	14987	6166
#实收资本	63752	63752	20127	12360	16597	9178	5489
国家资本	25901	25901	17901		8000		
集体资本	16283	16283	2200	10297	3787		
法人资本	15738	15738	26	2064	4310	7178	2160
个人资本	5830	5830			500	2000	3329
港澳台资本							
外商资本							
损益及分配(万元)							
营业收入	178814	178814	36937	74719	30275	26754	10130
工程结算收入	177514	177514	36937	73929	30273	26754	9622
营业成本	153509	153509	32265	63982	25609	22625	9027
工程结算成本	153127	153127	32265	63858	25582	22625	8798
营业税金及附加	7717	7717	1191	3297	1416	1420	394
工程结算税金及附加	7580	7580	1191	3171	1404	1420	394
其他业务利润	438	438		166			272
销售费用	610	610	467	91	34	3	17
管理费用	7996	7996	1253	3586	1481	1135	540
#税金	470	470	15	387	50	10	8
差旅费							
工会经费							
财务费用	211	211	47	－30	10	103	81
#利息收入	62	62	4	54	3	0.3	0.4
#利息支出	180	180		4	6	102	69
营业利润	9450	9450	1849	4335	1725	1469	71
补贴收入	28	28		28			
营业外收入	199	199	14	32	154		
营业外支出	514	514	291	222	1		
利润总额	9135	9135	1571	4146	1878	1469	71
#应交所得税	2429	2429	232	1356	231	572	37
工资、福利费							
应付职工薪酬	35781	35781	6702	13778	9274	2951	3076
其他							
劳动生产率(按总产值计算)(元/人)	151571	151571	147538	221010	137209	95597	110796
利税总额(万元)	17185	17185	2778	7704	3332	2899	473
产值利润率(%)	4.7	4.7	10.7	5.6	2.4	7.9	0.7
产值利税率(%)	8.8	8.8	19.0	10.4	4.3	15.5	4.6
资产负债率(%)	44.2	44.2	22.3	70.9	26.3	43.2	45.2
技术装备率(元/人)	8218	8218	61070	297	2776	555	848
动力装备率(千瓦/人)	3.3	3.3	23.7	1.9	1.4	0.7	2.9
房屋建筑面积竣工率(%)	63.2	63.2	14.6	84.8	51.6	85.3	23.8

分地区建筑业企业主要经济指标（3－1）

指　标	全市	乐平市	浮梁县	珠山区	昌江区
企业个数(个)	35	8	5	16	6
建筑业合同情况(万元)					
签订的合同额	294096	93997	108367	61608	30125
上年结转合同额	88867	29350	24105	28502	6910
本年新签合同额	205229	64647	84262	33106	23215
承包工程完成情况(万元)					
直接从建设单位承揽工程完成的产值	197049	68687	78320	31983	18059
自行完成施工产值	195049	68687	78320	29983	18059
分包出去工程的产值	2000			2000	
从建设单位以外承揽工程完成的产值	265				265
建筑业总产值(万元)	195314	68687	78320	29983	18324
#装饰装修产值	7151		6583.7	568	
在外省完成的产值	35059		33563	596	900
建筑工程产值	163071	53164	68110	24444	17353
安装工程产值	29627	15523	10210	2989	905
其他产值	2616			2550	66
竣工产值(万元)	142100	62655	42103	23882	13461
房屋建筑施工及竣工面积(万平方米)					
房屋建筑施工面积	161.00	62.11	56.01	33.14	9.73
#本年新开工面积	98.91	42.65	36.85	16.62	2.79
实行投标承包面积	95.37	57.83	20.07	8.89	8.58
#本年新开工					
房屋建筑竣工面积	101.75	33.65	37.38	29.85	0.87
住宅房屋	91.98	29.74	36.13	25.78	0.33
商业及服务用房屋	5.52	2.19	1.26	2.07	
商厦房屋(批发和零售用房)	3.69	1.62		2.07	
宾馆用房屋(住宿用房)					
餐饮用房屋(餐饮用房)					
商务会展用房屋					
其他商业及服务用房屋(居民服务业用房)	1.83	0.57	1.26		
办公用房屋	0.08	0.08			
科研、教育、医疗用房屋	0.13				0.13
科学研究用房屋					
教育用房屋	0.13				0.13
医疗用房屋(卫生医疗用房)					
文化、体育、娱乐用房屋	0.08	0.08			
厂房及建筑物	2.22	0.96		1.20	0.06
厂房	0.85	0.85			
仓库	0.15	0.15			
其他未列明的房屋建筑物	1.61	0.45		0.81	0.35

分地区建筑业企业主要经济指标（3－2）

	全市	乐平市	浮梁县	珠山区	昌江区
竣工房屋价值（万元）	104883	41377	41799	20779	929
住宅房屋	92108	36462	38987	16157	502
商业及服务用房屋	8261	3304	2812	2146	
商厦房屋（批发和零售用房）	4838	2693		2146	
宾馆用房屋（住宿用房）					
餐饮用房屋（餐饮用房）					
商务会展用房屋					
其他商业及服务用房屋（居民服务业用房）	3423	611	2812		
办公用房屋	63	63			
科研、教育、医疗用房屋	100				100
科研用房屋					
教育用房屋	100				100
医疗用房屋（卫生医疗用房）					
文化、体育、娱乐用房屋	60	60			
厂房及建筑物	2721	871		1800	50
厂房	750	750			
仓库	120	120			
其他未列明的房屋建筑物	1451	497		676	278
年末自有机械设备					
净　值（万元）	10590	251	424	3271	6644
总台数（台）	1487	658	98	319	412
总功率（万千瓦）	4.19	0.47	0.33	0.41	2.98
劳动人员情况（人）					
计算劳动生产率的平均人数	12362	4138	4534	2584	1106
期末从业人数	12886	3897	5434	2428	1127
#工程技术人员	2352	1012	616	339	385
年末资产负债（万元）					
流动资产合计	97419	41372	6774	26773	22501
#存　货	18101	6537	3249	4741	3574
固定资产合计	36791	7101	6163	7191	16335
固定资产原值	52282	9484	6622	10548	25628
累计折旧	18978	4322	814	3415	10427
#本年折旧	2459	984	48	280	1147
在建工程	0.1			0.1	
资产合计	155109	51466	13343	51165	39136
流动负债合计	53005	30015	409	13419	9163
#应付账款	17667	14544	6	1098	2020
非流动负债合计	1500	1452	45	3	
负债合计	68490	32432	3528	23366	9163

分地区建筑业企业主要经济指标（3－3）

	全市	乐平市	浮梁县	珠山区	昌江区
所有者权益合计（万元）	866189	19033	9815	27798	29973
#实收资本	637519	16585	8248	20128	18791
国家资本	259010		1000	9000	15901
集体资本	162834	5238	3050	7995	
法人资本	157378	9324	4198	26	2190
个人资本	58297	2023		3106	700
港澳台资本	0.2			0.2	
外商资本					
损益及分配（万元）					
营业收入	178814	70536	31370	51061	25848
工程结算收入	177514	69746	31370	51060	25339
营业成本	153509	62106	26475	42621	22307
工程结算成本	153127	61981	26475	42621	22050
营业税金及附加	7717	2737	1551	2377	1051
工程结算税金及附加	7580	2612	1551	2377	1040
其他业务利润	438	166			272
销售费用	610	82	19	483	27
管理费用	7996	3579	1146	2208	1063
#税金	470	379	29	34	29
差旅费					
工会经费					
财务费用	211	－28	11	175	54
#利息收入	62	54	0.4	2	5
#利息支出	180	5	4	167	5
营业利润	9450	2601	2168	3198	1482
补贴收入	28	28			
营业外收入	199	32		154	14
营业外支出	514	222		2	290
利润总额	9135	2412	2168	3350	1206
#应交所得税	2429	857	294	1137	141
工资、福利费					
应付职工薪酬	35781	10532	9675	11184	4391
其他					
劳动生产率（按总产值计算）（元/人）	151571	151570	176256	144130	123487
利税总额（万元）	17185	5403	3747	5761	2274
产值利润率（%）	4.7	3.5	2.8	11.2	6.6
产值利税率（%）	8.8	7.9	4.8	19.2	12.4
资产负债率（%）	44.2	63.0	26.4	45.7	23.4
技术装备率（元/人）	8218	643	781	13471	58955
动力装备率（千瓦/人）	3.3	1.2	0.6	1.7	26.5
房屋建筑面积竣工率（%）	63.2	54.2	66.7	90.1	8.9

主要统计指标解释

建筑业统计单位 指从事房屋、构筑物建造和设备安装活动的法人企业。建筑业法人企业应同时具备的条件是:①依法成立,有自己的名称、组织机构和场所,能够承担民事责任;②独立拥有和使用资产,承担负债,有权与其他单位签订合同;③独立核算盈亏,能够编制资产负债表。

建筑业总产值 是以货币形式表现的建筑业企业在一定时期内生产的建筑业产品和提供的服务的总和。建筑业总产值包括:

(1)建筑工程产值:指列入建筑工程预算内的各种工程价值。

(2)安装工程产值:指设备安装工程价值,不包括被安装设备本身的价值。

(3)其他产值:建筑业总产值中除建筑工程、安装工程以外的产值。包括房屋构筑物修理产值、非标准设备制造产值、总包企业向分包企业收取的管理费以及不能明确划分的施工活动所完成的产值。

a. 房屋构筑物修理产值:指房屋和构筑物修理所完成的产值,但不包括被修理房屋、构筑物本身价值和生产设备的修理产值。

b. 非标准设备制造产值:指加工制造没有定型的非标准生产设备的加工费和原材料价值(如化工厂、炼油厂用的各种罐、槽、矿井生产统一使用的各种漏斗、三角槽、阀门等)以及附属加工厂为本企业承建工程制作的非标准设备的价值。

建筑业增加值 指建筑业企业在报告期内以货币形式表现的建筑业生产经营活动的最终成果。

从2004年第一次全国经济普查开始,建筑业现价增加值按生产法和分配法(收入法)两种方法计算,以收入法的计算结果为准,即从收入的角度出发,根据生产要素在生产过程中应得的收入份额计算。具体计算方法:经济普查年度建筑业增加值按照《经济普查年度GDP核算方案》计算。

房屋建筑施工面积 指在报告期内施工的全部房屋建筑面积,包括本期新开工的房屋面积,上期施工跨入本期继续施工的房屋面积,上期停缓建在本期恢复施工的房屋面积,本期竣工的房屋面积及本期施工后又停缓建的房屋面积。

房屋建筑竣工面积 指在报告期内房屋建筑按照设计要求全部完工,达到了住人和使用条件,经验收鉴定合格,正式移交使用单位的房屋建筑面积。

自有机械设备年末总台数 指归本企业所有,属于本企业固定资产的生产性机械设备年末总台数。包括施工机械、生产设备、运输设备以及其他设备。

自有机械设备年末总功率 指本企业自有施工机械、生产设备、运输设备以及其他设备等列为在册固定资产的生产性机械设备年末总功率,按设定能力或查定能力计算。包括机械本身的动力和为该机械服务的单独动力设备，如电动机等。计算单位用千瓦，动力换算可按 1 马力 = 0.735 千瓦折合成千瓦数。电焊机、变压器、锅炉不计算动力。

工程结算收入　指企业承包工程实现的工程价款结算收入，以及向发包单位收取的除工程价款以外的按规定列作营业收入的各种款项，如临时设施费、劳动保险费、施工机械调迁费等以及向发包单位收取的各种索赔款。

工程结算利润　指已结算工程实现的利润，如亏损以“ - ”号表示。计算公式为：

工程结算利润 = 工程结算收入 - 工程结算成本 - 工程结算税金及附加。

十四、规上服务业

·2015 年末，全市规模以上服务业企业 141 家，比上年末增加 4 家。

·2015 年，全市规模以上服务业营业收入 118.98 亿元，比上年增长 15.2%。

本篇章
资料审核：周丽珺
资料整理：杨　毅

规模以上服务业企业分行业主要指标(11－1)

单位:万元

	企业单位(个)	年初存货			流动资产合计			应收账款		
		2015年	2014年	2015年比上年增长(%)	2015年	2014年	2015年比上年增长(%)	2015年	2014年	2015年比上年增长(%)
总　计	141	409681	92901	341.0	811085	653093	24.2	69654	62087	12.2
道路运输业	60	2832	2850	－0.7	71168	70341	1.2	42684	37156	14.9
水上运输业	3	2			2195	2424	－9.5	2183	2424	－10.0
装卸搬运和运输代理业	1									
仓储业	2	85380	85015	0.4	4517	3992	13.2	168	168	0.0
邮政业	3	548	659	－16.8	5373	4376	22.8	855	847	0.9
电信广播电视和卫星传输服务	4	1220	2233	－45.4	－20954	18378	－214	3458	3114	11.1
软件和信息技术服务业	1				53	55	－4.2	53	55	－4.2
物业管理	1				69	1078	－93.6			
租赁业	71	2				17573	17579	－0.0	9621	9668
商务服务业	22	317229	58	550645	697218	505478	37.9	3242	2849	13.8
专业技术服务业	8	8	8	0.0	3829	2821	35.7	256	263	－2.9
生态保护和环境治理业	1									
公共设施管理业	6	784	803	－2.3	15372	16428	－6.4	1223	1669	－26.7
居民服务业	2	383	383	0.0	1669	1619	3.1	723	768	－5.9
机动车、电子产品和日用产品修理业	1	4	5	－16.3	34	32	4.7	34	32	4.7
教育	9	266	264	0.4	298	296	0.5	46	48	－4.2
卫生	8	711	519	36.9	8390	6102	37.5	4332	2470	75.4
广播、电视、电影和影视录音制作业	1	14	13	1.5	1725	1732	－0.4	255	305	－16.2
文化艺术业	4	303	90	236.1	2434	236	930.1	401	128	214.4
娱乐业	2	1	1	0.0	122	126	－2.6	122	126	－2.6

规模以上服务业企业分行业主要指标(11－2)

单位:万元

	存货			固定资产原价			本年折旧		
	2015年	2014年	2015年比上年增长(%)	2015年	2014年	2015年比上年增长(%)	2015年	2014年	2015年比上年增长(%)
总　计	394647	330785	19.3	911730	931817	－2.2	67980	9669	－24.2
道路运输业	309	1049	－70.5	210605	222104	－5.2	17251	34349	－49.8
水上运输业	1			14626	14907	－1.9	854	2931	－70.9
装卸搬运和运输代理业				294	284	3.7	45	44	2.1
仓储业	3452	2474	39.5	6682	6633	0.7	223	222	0.6
邮政业	611	548	11.5	10165	10231	－0.6	254	457	－44.4
电信广播电视和卫星传输服务	958	1220	－21.5	239053	251211	－4.8	39108	38945	0.4
软件和信息技术服务业					323	321	0.3	33	64.0
物业管理					14	7	94.3	3	0.0
租赁业	4455	4455	0.0	12614	12604	0.1	1226	1300	－5.7
商务服务业	382478	319193	19.8	335770	334831	0.3	2239	3988	－43.8
专业技术服务业	171	165	3.2	4364	4345	0.4	478	539	－11.4
生态保护和环境治理业				3426	3344	2.5	402	398	1.1
公共设施管理业	676	726	－6.9	41223	40297	2.3	3567	3134	13.8
居民服务业	390	376	3.8	1285	1277	0.6	130	128	1.4
机动车、电子产品和日用产品修理业				1203	1219	－1.3	25	244	－89.7
教育	239	238	0.5	7742	8313	－6.9	753	819	－8.1
卫生	700	272	157.7	12848	13764	－6.8	853	956	－10.8
广播、电视、电影和影视录音制作业		0	－100.0	500	473	5.6	15	18	－16.5
文化艺术业	208	70	197.1	6209	2810	120.9	436	565	－22.8
娱乐业				2786	2844	－2.1	85	569	－85.0

规模以上服务业企业分行业主要指标(11－3)

单位:万元

	资产总计			负债合计			所有者权益合计		
	2015年	2014年	2015年比上年增长(%)	2015年	2014年	2015年比上年增长(%)	2015年	2014年	2015年比上年增长(%)
总　计	2216225	1934902	14.5	1165628	957902	21.7	1050597	977000	7.5
道路运输业	245927	248234	－0.9	198890	203483	－2.3	47037	44751	5.1
水上运输业	17367	17727	－2.0	15418	16779	－8.1	1949	948	105.6
装卸搬运和运输代理业	1648	1628	1.2	914	904	1.1	734	724	1.4
仓储业	96722	95434	1.4	93806	92814	1.0	2917	2619	11.4
邮政业	10999	10181	8.0	5208	4430	17.6	5791	5751	0.7
电信广播电视和卫星传输服务	109244	131838	－17.1	57488	59063	－2.7	51756	72775	28.9
软件和信息技术服务业	655	712	－7.9	342	341	0.1	314	370	－15.3
物业管理	381	1086	－65.0	704	560	25.7	－324	525	－161.6
租赁业	12525	12508	0.1	3879	3862	0.4	8646	8646	0.0
商务服务业	1571997	1271648	23.6	720460	514659	40.0	851537	756989	12.5
专业技术服务业	13541	12608	7.4	6334	5582	13.5	7208	7026	2.6
生态保护和环境治理业	1345	1343	0.2	956	955	0.1	388	387	0.3
公共设施管理业	81491	81837	－0.4	39994	35076	14.0	41496	46761	－11.3
居民服务业	2641	2586	2.1	1203	1223	－1.6	1438	1363	5.5
机动车、电子产品和日用产品修理业	1301	1321	－1.5	602	651	－7.7	700	670	4.4
教育	12135	11508	5.5	3225	2916	10.6	8910	8592	3.7
卫生	26127	24850	5.1	11643	10197	14.2	14484	14653	－1.2
广播、电视、电影和影视录音制作业	1866	1867	－0.1	1663	1761	－5.5	203	107	90.4
文化艺术业	5475	3094	77.0	1687	1391	21.3	3788	1703	122.4
娱乐业	2839	2895	－1.9	1213	1257	－3.5	1627	1638	－0.76

规模以上服务业企业分行业主要指标(11－4)

单位:万元

	营业收入			主营业务收入			营业成本		
	2015年	2014年	2015年比上年增长(%)	2015年	2014年	2015年比上年增长(%)	2015年	2014年	2015年比上年增长(%)
总　计	1189843	1033260	15.2	1168657	1025836	13.9	857350	770198	11.3
道路运输业	520003	460599	12.9	518716	458394	13.2	416843	406158	2.6
水上运输业	58961	48257	22.2	58961	48257	22.2	44940	38385	17.1
装卸搬运和运输代理业	14406	4000	10.2	4406	4000	10.2	3727	3165	17.8
仓储业	50303	28671	75.5	50303	28530	76.3	48665	26267	85.3
邮政业	12871	10908	18.0	12871	10387	23.9	12669	8864	42.9
电信广播电视和卫星传输服务	107375	100161	7.2	103387	101894	1.5	62543	52273	19.7
软件和信息技术服务业	3968	3358	18.2	3968	3358	18.2	2929	2359	24.2
物业管理	220	1280	－82.8	220	1280	－82.8	74	451	－83.6
租赁业	28957	23992	20.7	28957	23992	20.7	23139	19996	15.7
商务服务业	83764	79895	4.8	73487	79298	-7.3	51260	54477	－5.9
专业技术服务业	14484	13773	5.2	14484	13773	5.2	10122	9843	2.8
生态保护和环境治理业	41676	29784	39.9	41676	29784	39.9	34743	22486	54.5
公共设施管理业	192491	169937	13.3	189319	166985	13.4	90840	80829	12.4
居民服务业	8040	6374	26.1	5578	44245	26.1	6886	5381	30.0
机动车、电子产品和日用产品修理业	5591	4926	13.5	5591	4926	13.5	4157	3428	21.3
教育	13787	13458	2.4	13787	13258	4.0	9505	9663	－1.6
卫生	22141	16201	36.7	22141	16088	37.6	19262	13235	45.5
广播、电视、电影和影视录音制作业	2560	1982	29.1	2560	1505	70.1	1421	794	79.0
文化艺术业	11377	10098	12.7	11377	10098	12.7	8634	8053	7.2
娱乐业	6868	5606	22.5	6868	5606	22.5	4992	4090	22.1

规模以上服务业企业分行业主要指标(11－5)

单位:万元

	主营业务成本			营业税金及附加			主营业务税金及附加		
	2015年	2014年	2015年比上年增长(%)	2015年	2014年	2015年比上年增长(%)	2015年	2014年	2015年比上年增长(%)
总　计	838348	758256	10.6	27755	27923	-0.6	27376	27718	-1.2
道路运输业	415776	405402	2.6	7491	6827	9.7	7455	6691	11.4
水上运输业	44940	38385	17.1	1106	1214	-8.9	1106	1214	-8.9
装卸搬运和运输代理业	3727	3165	17.8	55	182	-70.1	55	182	-70.1
仓储业	48665	26267	85.3						
邮政业	11033	8792	25.5	144	144	0.1	144	144	0.1
电信广播电视和卫星传输服务	58024	49357	17.6	455	1759	-74.1	152	1759	-91.4
软件和信息技术服务业	2929	2359	24.2						
物业管理	74	451	-83.6	12	237	-95.0	12	237	-95.0
租赁业	23139	19996	15.7	1175	1183	-0.7	1175	1183	-0.7
商务服务业	43544	51345	-15.2	3553	4185	-15.1	3553	4185	-15.1
专业技术服务业	10122	9843	2.8	521	462	12.8	521	462	12.8
生态保护和环境治理业	34743	22486	54.5	1096	1086	0.9	1096	1059	3.5
公共设施管理业	89524	79617	12.4	11446	10155	12.7	11438	10148	12.7
居民服务业	4625	3598	28.6	265	217	22.4	234	189	24.2
机动车、电子产品和日用产品修理业	4157	3428	21.3	8			8		
教育	9464	9618	-1.6	66	76	-13.0	66	76	-13.0
卫生	18817	11385	65.3						
广播、电视、电影和影视录音制作业	1421	621	128.9	59	12	375.6	59	5	1118.8
文化艺术业	8634	8053	7.2	305	185	64.9	305	185	64.9
娱乐业	4992	4090	22.1						

规模以上服务业企业分行业主要指标(11－6)

单位:万元

	销售费用			管理费用			税金		
	2015年	2014年	2015年比上年增长(%)	2015年	2014年	2015年比上年增长(%)	2015年	2014年	2015年比上年增长(%)
总　计	36018	41028	－12.2	95197	83685	13.8	8786	5031	74.6
道路运输业	1566	1547	1.3	29719	25719	15.6	3598	281	1180.5
水上运输业				1783	2902	－38.6			
装卸搬运和运输代理业				81	102	－20.2			
仓储业	588	716	－18.0	531	624	－14.9			
邮政业	19	19	0.0	1660	1526	8.8	51	－3	－1588.2
电信广播电视和卫星传输服务	24360	30207	－19.4	5603	6390	－12.3	246	257	－4.3
软件和信息技术服务业				225	223	1.2	2		
物业管理				387	159	144.2			
租赁业	297	287	3.4	2758	682	304.4	30	22	34.8
商务服务业	76	88	－13.3	8242	8033	2.6	3502	3248	7.8
专业技术服务业				1283	1418	－9.5	9	6	49.2
生态保护和环境治理业				463	1033	－55.2			
公共设施管理业	8206	6246	31.4	38318	31082	23.3	1110	1019	8.9
居民服务业	79	466	410.2	13.5	266	235	13.4	217	188
机动车电子产品和日用产品修理业		9	－100.0	281	279	0.8			
教育	16	15	9.6	1044	1060	－1.5	16	12	31.7
卫生	254	255	－0.1	1640	1437	14.2	1	1	－14.3
广播、电视、电影和影视录音制作业	72	1221	－94.1	65	49	33.3		…	－100.0
文化艺术业	98	8	1121.3	542	391	38.8	5		
娱乐业				304	344	－11.4			

规模以上服务业企业分行业主要指标(11－7)

单位:万元

	财务费用			利息收入			利息支出		
	2015年	2014年	2015年比上年增长(%)	2015年	2014年	2015年比上年增长(%)	2015年	2014年	2015年比上年增长(%)
总　计	9727	6601	47.4	596	430	38.7	7016	5282	32.8
道路运输业	1193	1336	－10.7	136	259	－47.3	762	756	0.8
水上运输业									
装卸搬运和运输代理业	5	7	－25.0						
仓储业	402	949	－57.7	…	7	－96.0	52	896	－94.2
邮政业	26	26	1.2	1	…	300.0			
电信广播电视和卫星传输服务	1052	958	9.9	105	96	9.4	1146	1021	12.3
软件和信息技术服务业									
物业管理	1	10	－90.5	…	…	－66.7			
租赁业	2	2	26.3				2		
商务服务业	4520	505	795.7	320	4	7900.0	2790	367	660.9
专业技术服务业	1	4	－80.0	8	4	100.0	…		
生态保护和环境治理业	59								
公共设施管理业	2278	2221	2.6	19	19	2.7	2262	2202	2.7
居民服务业	7	6	17.5	6	6	1.8			
机动车、电子产品和日用产品修理业									
教育	22	81	－73.6						
卫生	118	528	－77.7	…	2	－93.3		37	－100.0
广播、电视、电影和影视录音制作业		－33	－100.0		33	－100.0			
文化艺术业	40	2	1647.8						
娱乐业									

规模以上服务业企业分行业主要指标(11－8)

单位:万元

	投资收益			营业利润			营业外收入		
	2015年	2014年	2015年比上年增长(%)	2015年	2014年	2015年比上年增长(%)	2015年	2014年	2015年比上年增长(%)
总　计	62	1982	－96.9	113595.8	106713.9	6.5	10881	28759	－62.2
道路运输业		－38			21776.5	18544.9	17.4	2861	3058
水上运输业				5872.9	6048.0	－2.9			
装卸搬运和运输代理业				538.0	492.3	9.3			
仓储业		20	－100.0	－227.1	115.4	－296.8	270		
邮政业				1.5	324.3	－99.5	65	6	1083.6
电信广播电视和卫星传输服务	…	…	0.0	11643.1	11525.7	1.0	2882	246	1070.8
软件和信息技术服务业				566.3	705.4	－19.7			
物业管理	702	1				－253.90	424.00	－159.88	
租赁业				1373.7	1834.4	－25.1			
商务服务业	16	1782	－99.1	14708.4	13156.6	11.8	4449	25190	－82.3
专业技术服务业				1562.2	1981.8	－21.2	175	33	424.9
生态保护和环境治理业				5315.2	5206.3	2.1			
公共设施管理业	－20			41344.7	39390.1	5.0	166	27	512.6
居民服务业	5			128.7	120.4	6.9		4	－100.0
机动车、电子产品和日用产品修理业				1111.5	1077.5	3.2			
教育	99			3143.9	2566.2	22.5			
卫生		180	－100.0	2033.3	946.7	114.8		45	－100.0
广播、电视、电影和影视录音制作业				405.5	－60.90	765.9		150	－100.0
文化艺术业				1508.1	1277.2	18.1	13.7		
娱乐业				1043.3	1037.6	0.6			

规模以上服务业企业分行业主要指标(11－9)

单位:万元

	补贴收入			营业外支出			利润总额		
	2015年	2014年	2015年比上年增长(%)	2015年	2014年	2015年比上年增长(%)	2015年	2014年	2015年比上年增长(%)
总　计	8847	26593	-66.7	1013	586	72.8	118812	122856	-3.3
道路运输业	1832	1413	29.6	323	128	151.8	23370	20901	11.8
水上运输业							5873	6048	-2.9
装卸搬运和运输代理业							538	492	9.3
仓储业	270						43	115	-63.0
邮政业				13			54	330	-83.6
电信广播电视和卫星传输服务				640	349	83.5	13886	11443	21.4
软件和信息技术服务业							566	705	-19.7
物业管理					1	-100.0	-254	424	-160.0
租赁业							1374	1234	11.3
商务服务业	6580	25179	-73.9	7	21	-66.0	25719	34807	-26.1
专业技术服务业	…	…	0.0	10	11	-9.3	1710	2068	-17.4
生态保护和环境治理业							5315	5206	2.1
公共设施管理业	165			21	36	-43.5	32560	31850	2.2
居民服务业							131	120	8.6
机动车、电子产品和日用产品修理业							1112	1078	3.2
教育							2567	2380	7.9
卫生					16	-100.0	1630	1553	4.9
广播、电视、电影和影视录音制作业					25	-100.0	406	64	531.6
文化艺术业							1171.8	999.0	17.3
娱乐业							1043	1038	0.6

规模以上服务业企业分行业主要指标(11－10)

	应交所得税			应付职工薪酬		
	2015 年	2014 年	2015 年比上年增长(%)	2015 年	2014 年	2015 年比上年增长(%)
总　计	25511	25399	0.4	123372	114398	7.8
道路运输业	4601	5107	-9.9	63890	61807	3.4
水上运输业	1138	1134	0.4	8017	6917	15.9
装卸搬运和运输代理业	134	130	3.6	239	402	-40.6
仓储业	4	87	-96.0	431	560	-23.0
邮政业	20	70	-72.1	4656	4654	0.0
电信广播电视和卫星传输服务	4200	3821	9.9	7466	7553	-1.2
软件和信息技术服务业	72	71	2.6	336	200	68.2
物业管理	12	106	-88.8	264	86	207.7
租赁业	54	45	20.8	1481	1486	-0.4
商务服务业	1647	1431	15.1	8001	7184	11.4
专业技术服务业	382	336	13.6	1694	1521	11.3
生态保护和环境治理业	1162	1142	1.8	1843	1836	0.4
公共设施管理业	11014	10917	0.9	10557	9843	7.3
居民服务业	25	25	-1.6	1884	1687	11.6
机动车电子产品和日用产品修理业	135	133	1.7	537	513	4.6
教育	468	446	4.9	2806	2964	-5.3
卫生	31	69	-55.0	6477	3325	94.80
广播电视电影和影视录音制作业	2	2	20.0	322	168	92.4
文化艺术业	269	195	38.2	1728	1108	56.0
娱乐业	142	135	5.4	746	585	27.6

规模以上服务业企业分行业主要指标(11－11)

单位:万元

	应交增值税			从事服务业活动的从业人员平均人数(人)		
	2015 年	2014 年	2015 年比上年增长(%)	2015 年	2014 年	2015 年比上年增长(%)
总　计	58392	51022	14.5	17883	17366	3.0
道路运输业	40894	42676	－4.2	8354	7990	4.6
水上运输业	4518	2525	78.9	861	839	2.6
装卸搬运和运输代理业	224	442	－49.4	53	53	
仓储业				104	109	－4.6
邮政业	276	175	57.7	517	625	－17.3
电信广播电视和卫星传输服务	6244	3229	93.4	942	921	2.3
软件和信息技术服务业	288	61	370.9	43	35	22.9
物业管理				88	30	193.3
租赁业	229	37	515.9	197	194	1.6
商务服务业	3377	1039	225.0	1144	1107	3.3
专业技术服务业	426	128	232.0	311	314	－1.0
生态保护和环境治理业	198			258	258	
公共设施管理业	65	48	34.4	2124	2137	－0.6
居民服务业	257	245	4.9	504	517	－2.5
机动车、电子产品和日用产品修理业	486	135	260.4	73	71	2.8
教育	20			714	720	－0.8
卫生				1067	1007	6.0
广播、电视、电影和影视录音制作业	159	92	73.3	43	40	7.5
文化艺术业	547	63	762.6	359	283	26.9
娱乐业	187	126	48.1	127	116	9.5

规模以上服务业企业分类别主要指标(16－1)

单位:万元

	企业单位(个)	年初存货			流动资产合计		
		2015年	2014年	2015年比上年增长(%)	2015年	2014年	2015年比上年增长(%)
总　计	141	409681	92901	341	811085	653093	24..2
内资企业	138	408543	90935	349.3	835605	639340	30.7
国有企业	12	86193	86000	0.2	26067	17651	47.7
集体企业	4	397	396	0.3	187	170	10.0
股份合作企业	1	292	92	216.7	1758	1418	24.0
联营企业	1				355	335	6.2
集体联营企业	1				355	335	6.2
有限责任公司	56	320626	3268	9710.2	772420	583052	32.5
国有独资公司	6	317531	352	90030.0	707147	514360	37.5
其他有限责任公司	50	3094	2916	6.1	65274	68693	-5
股份有限公司	3	64	250	-74.3	4388	5771	-24
私营企业	53	727	686	5.9	30244	30761	-1.7
私营独资企业	6	390	373	4.8	928	281	230.0
私营合伙企业	2	158	141	12.2	201	183	9.9
私营有限责任公司	40	134	128	4.5	27259	28419	-4.1
私营股份有限公司	5	45	45	0.0	1856	1878	-1.2
其他企业	8	244	243	0.5	185	182	2.0
港、澳、台商投资企业	2	225	222	1.2	996	1261	-21
港、澳、台商投资股份有限公司	1	225	222	1.2	497	762	-34.8
外商投资企业	1	914	1744	-47.6	-25516	12492	-304.3
国有控股	26	403913	86749	365.6	749970	553599	35.5
集体控股	6	689	488	41.2	2301	1923	19.6
私人控股	94	1316	1044	26.1	72005.	69867	3.1
港澳台商控股	1	225	222	1.2	497	762	-34.8
外商控股	1	914	1744	-47.6	-25516	12492	-304.3
其　他	13	2625	2655	-1.2	11828	14450	-18.2
中　央	4	618	794	-22.2	14558	14750	-1.3
省(自治区、直辖市)	2	548	659	-16.8	6928	5313	30.4
地(区、市、州、盟)	12	580	674	-14.0	28716	30797	-6.8
县(区、市、旗)	47	403035	85267	372.7	739898	543895	36.0
街　道	2	384	384	0.0	12	10	20.0
其　他	74	4517	5123	-11.8	20973	58328	-64.0
营　业	139	409341	92528	342.4	804607	651096	23.6
其　他	2	341	373	-8.6	6478	1997	224.4
企业会计制度	141	409681	92901	341.0	811085	653093	24.2
执行2006年《企业会计准则》	135	409552	92767	341.5	805513	647504	24.4
执行2011年《小企业会计准则》	5	129	134	-3.4	3620	3656	-1.0
执行其他企业会计制度	1				1952	1933	1.0
企　业	137	409391	92618	342.0	810310	652921	24.1
民办非企业单位	3	290	283	2.8	775	172	351.7
其他组织机构	1						
集团母公司	7	1152	2023	-43.1	-20019	20188	-199.2
成员企业	7	318408	1540	20574.5	718228	529686	35.6
亏损企业	20	3850	3829	0.6	38948	32147	21.2
不亏损企业	121	405831	89072	355.6	772137	620946	24.4
公有制企业	32	404603	87237	363.8	752271	555522	35.4
非公有制企业	109	5079	5664	-10.3	58814	97571	-39.7
大型企业	4	381	376	1.4	11665	10483	11.3
中型企业	14	2763	3962	-30.3	27186	67419	-59.7
小型企业	101	405557	87776	362.0	763161	567401	34.5
微型企业	5	4	4	-2.7	386	1392	-72.3

规模以上服务业企业分类别主要指标(16－2)

单位:万元

	企业单位(个)	应收账款			存货		
		2015年	2014年	2015年比上年增长(%)	2015年	2014年	2015年比上年增长(%)
总　计	141	69654	62087	12.2	394647	330785	19.3
内资企业	138	68575	61234	12.0	393760	329647	19.5
国有企业	12	6993	2684	160.6	4194	3327	26.1
集体企业	4	181	165	9.4	6	5	10.0
股份合作企业	1	1289	880	46.6	252	143	76.1
联营企业	1	355	335	6.2			
集体联营企业	1	355	335	6.2			
有限责任公司	56	33275	30874	7.8	388396	325030	19.5
国有独资公司	6	4724	4863	-2.9	383227	319909	19.8
其他有限责任公司	50	28551	26011	9.8	5168	5121	0.9
股份有限公司	3	2642	2467	7.1	165	635	-74.0
私营企业	53	23819	23804	0.1	608	366	66.0
私营独资企业	6	135	111	21.4	427	134	218.8
私营合伙企业	2	48	43	12.2	153	141	9.2
私营有限责任公司	40	21780	21772	0.0	28	92	-69.4
私营股份有限公司	5	1856	1878	-1.2			
其他企业	8	22	27	-18.8	140	140	-0.3
港、澳、台商投资企业	2	282	303	-6.8	117	225	-47.9
港、澳、台商投资股份有限公司	1	181	202	-10.2	117	225	-47.9
外商投资企业	1	796	551	44.7	770	914	-15.7
国有控股	26	15684	11591	35.3	387527	323371	19.8
集体控股	6	1825	1379	32.3	257	148	73.9
私人控股	94	47874	44702	7.1	5723	5795	-1.2
港澳台商控股	1	181	202	-10.2	117	225	-47.9
外商控股	1	796	551	44.7	770	914	-15.7
其　他	13	3294	3663	-10.1	252	333	-24.2
中　央	4	3798	4133	-8.1	516	618	-16.6
省(自治区、直辖市)	2	2356	1470	60.3	631	587	7.5
地(区、市、州、盟)	12	8136	3570	127.9	272	569	-52.2
县(区、市、旗)	47	22189	21074	5.3	390903	326952	19.6
街　道	2	2	5	-60.8		2	-100.0
其　他	74	33174	31835	4.2	2326	2058	13.0
营　业	139	66765	62063	7.6	394507	330446	19.4
其　他	2	2889	25	11643.5	140	339	-58.8
企业会计制度	141	69654	62087	12.2	394647	330785	19.3
执行2006年《企业会计准则》	135	67635	60151	12.4	394588	330726	19.3
执行2011年《小企业会计准则》	5	2019	1937	4.3	59	59	-0.7
执行其他企业会计制度	1						
企　业	137	69634	62065	12.2	394226	330646	19.2
民办非企业单位	3	20	22	-9.1	421	139	203.7
其他组织机构	1						
集团母公司	7	861	608	41.4	965	1191	-19.0
成员企业	7	5344	5455	-2.0	381648	318415	19.9
亏损企业	20	14517	9826	47.7	4774	4017	18.8
不亏损企业	121	55137	52261	5.5	389873	326768	19.3
公有制企业	32	17509	12970	35.0	387784	323519	19.9
非公有制企业	109	52145	49117	6.2	6862	7266	-5.6
大型企业	4	1860	2338	-20.5	718	688	4.4
中型企业	14	19187	15778	21.6	6392	6874	-7.0
小型企业	101	44167	41387	6.7	386598	322713	19.8
微型企业	5	63	67	-6.0		2	-100.0

规模以上服务业企业分类别主要指标(16－3)

单位:万元

	企业单位(个)	固定资产原价			本年折旧		
		2015年	2014年	2015年比上年增长(%)	2015年	2014年	2015年比上年增长(%)
总　计	141	911730	931817	－2.2	67980	89669	－24.2
内资企业	138	786539	794797	－1.0	30179	51862	－41.8
国有企业	12	23315	36598	－36.3	1012	2107	－52.0
集体企业	4	3658	3563	2.7	509	468	8.6
股份合作企业	1	7192	7192	0.0	576	485	18.8
联营企业	1	679	689	－1.5	39	137	－71.4
集体联营企业	1	679	689	－1.5	39	137	－71.4
有限责任公司	56	472416	464506	1.7	14614	18065	－19.1
国有独资公司	6	346166	345063	0.3	2355	2292	2.8
其他有限责任公司	50	126250	119444	5.7	12258	15773	－22.3
股份有限公司	3	114787	115115	－0.3	1882	1705	10.4
私营企业	53	160164	161938	－1.1	11098	28379	－60.9
私营独资企业	6	5777	6700	－13.8	376	788	－52.2
私营合伙企业	2	1501	1501	0.0	120	120	0.0
私营有限责任公司	40	138020	138771	－0.5	9878	24492	－59.7
私营股份有限公司	5	14866	14966	－0.7	724	2979	－75.7
其他企业	8	4328	5196	－16.7	449	516	－12.9
港、澳、台商投资企业	2	44806	52055	－13.9	2547	4278	－40.5
港、澳、台商投资股份有限公司	1	43156	50405	－14.4	2315	4046	－42.8
外商投资企业	1	80384	84965	－5.4	35254	33529	5.2
国有控股	26	518691	529456	－2.0	8340	9596	－13.1
集体控股	6	11529	11444	0.7	1124	1090	3.1
私人控股	94	237805	236488	0.6	19321	38214	－49.4
港澳台商控股	1	43156	50405	－14.4	2315	4046	－42.8
外商控股	1	80384	84965	－5.4	35254	33529	5.2
其　他	13	20165	19059	5.8	1627	3194	－49.1
中　央	4	177198	184566	－4.0	4202	5725	－26.6
省(自治区、直辖市)	2	10145	10211	－0.6	179	382	－53.2
地(区、市、州、盟)	12	39172	50354	－22.2	2205	5675	－61.2
县(区、市、旗)	47	409937	405278	1.2	11777	11124	5.9
街　道	2	1075	1075	0.0	104	104	0.0
其　他	74	274203	280333	－2.2	49513	66659	－25.7
营　业	139	909694	916506	－0.7	67840	88706	－23.5
其　他	2	2035	15311	－86.7	140	963	－85.5
企业会计制度	141	911730	931817	－2.2	67980	89669	－24.2
执行2006年《企业会计准则》	135	905129	926468	－2.3	67235	88829	－24.3
执行2011年《小企业会计准则》	5	5079	3859	31.6	657	578	13.7
执行其他企业会计制度	1	1522	1491	2.1	89	263	－66.3
企　业	137	906994	925271	－2.0	67678	89112	－24.1
民办非企业单位	3	3676	4606	－20.2	215	400	－46.4
其他组织机构	1	1060	1941	－45.4	87	157	－44.6
集团母公司	7	87121	90432	－3.7	35632	33915	5.1
成员企业	7	517718	522747	－1.0	6515	8654	－24.7
亏损企业	20	96397	116330	－17.1	5093	8414	－39.5
不亏损企业	121	815333	815487	0.0	62887	81255	－22.6
公有制企业	32	530220	540901	－2.0	9463	10686	－11.4
非公有制企业	109	381510	390917	－2.4	58516	78983	－25.9
大型企业	4	35623	36079	－1.3	3421	2980	14.8
中型企业	14	290773	313304	－7.2	43027	44302	－2.9
小型企业	101	564585	560205	0.8	19901	40589	－51.0
微型企业	5	160	153	4.3	26	23	10.3

规模以上服务业企业分类别主要指标(16－4)

单位:万元

	企业单位(个)	资产总计			负债合计		
		2015年	2014年	2015年比上年增长(%)	2015年	2014年	2015年比上年增长(%)
总　计	141	2216225	1934902	14.5	1165628	957902	21.7
内资企业	138	2161358	1859836	16.2	1115519	912736	22.2
国有企业	12	129824	127287	2.0	112419	110189	2.0
集体企业	4	7528	7357	2.3	4463	4383	1.8
股份合作企业	1	12823	12549	2.2	7816	7649	2.2
联营企业	1	785	804	-2.4	785	804	-2.4
集体联营企业	1						
有限责任公司	56	1769349	1466211	20.7	840072	632736	32.8
国有独资公司	6	1583060	1281517	23.5	722454	515741	40.1
其他有限责任公司	50	186289	184694	0.9	117618	116995	0.5
股份有限公司	3	57575	59664	-3.5	11260	17033	-33.9
私营企业	53	175337	178212	-1.6	136766	138105	-1.0
私营独资企业	6	7114	7770	-8.4	2431	2395	1.5
私营合伙企业	2	2336	2314	1.0	483	468	3.3
私营有限责任公司	40	150573	152297	-1.1	121055	122063	-0.8
私营股份有限公司	5	15313	15831	-3.3	12797	13179	-2.9
其他企业	8	8138	7753	5.0	1939	1837	5.5
港、澳、台商投资企业	2	24673	28294	-12.8	17594	22116	-20.5
港、澳、台商投资股份有限公司	1	23772	27396	-13.2	17126	21651	-20.9
外商投资企业	1	30194	46772	-35.4	32515	23051	41.1
国有控股	26	1819488	1521130	19.6	878439	680044	29.2
集体控股	6	21135	20710	2.1	13064	12836	1.8
私人控股	94	287380	283651	1.3	199127	192637	3.4
港澳台商控股	1	23772	27396	-13.2	17126	21651	-20.9
外商控股	1	30194	46772	-35.4	32515	23051	41.1
其　他	13	34256	35243	-2.8	25357	27684	-8.4
中　央	4	103061	108119	-4.7	34139	44110	-22.6
省(自治区、直辖市)	2	12509	11073	13.0	6377	4815	32.4
地(区、市、州、盟)	12	57548	64487	-10.8	44693	53794	-16.9
县(区、市、旗)	47	1783476	1473556	21.0	878024	661112	32.8
街　道	2	928	899	3.2	55	54	2.1
其　他	74	258704	276768	-6.5	202340	194017	4.3
营　业	139	2208876	1925432	14.7	1159857	950722	22.0
其　他	2	7349	9470	-22.4	5771	7180	-19.6
企业会计制度	141	2216225	1934902	14.5	1165628	957902	21.7
执行2006年《企业会计准则》	135	2202042	1922160	14.6	1158909	951741	21.8
执行2011年《小企业会计准则》	5	11231	9817	14.4	4383	3823	14.7
执行其他企业会计制度	1	2952	2924	1.0	2336	2339	-0.1
企　业	137	2211814	1929716	14.6	1164649	957070	21.7
民办非企业单位	3	3438	4126	-16.7	979	833	17.6
其他组织机构	1	973	1060	-8.2			
集团母公司	7	44503	60931	-27.0	42758	33813	26.5
成员企业	7	1653081	1360379	21.5	749712	557297	34.5
亏损企业	20	97827	99603	-1.8	64763	65494	-1.1
不亏损企业	121	2118398	1835298	15.4	1100865	892409	23.4
公有制企业	32	1840623	1541840	19.4	891503	692880	28.7
非公有制企业	109	375602	393061	-4.4	274125	265022	3.4
大型企业	4	69787	69751	0.1	31040	25382	22.3
中型企业	14	182920	210522	-13.1	102988	109640	-6.1
小型企业	101	1924441	1616754	19.0	1015803	808979	25.6
微型企业	5	815	1517	-46.2	929	788	17.8

规模以上服务业企业分类别主要指标(16－5)

单位:万元

	企业单位(个)	所有者权益合计			营业收入		
		2015年	2014年	2015年比上年增长(%)	2015年	2014年	2015年比上年增长(%)
总　计	141	1050597	977000	7.5	1189843	1033260	15.2
内资企业	138	1045838	947101	10.4	1112505	960350	15.8
国有企业	12	17405	17098	1.8	90461	66069	36.9
集体企业	4	3065	2975	3.0	40547	29304	38.4
股份合作企业	1	5007	4900	2.2	12045	6036	99.6
联营企业	1				1328	1289	3.0
集体联营企业	1				1328	1289	3.0
有限责任公司	56	929277	833476	11.5	488159	428987	13.8
国有独资公司	6	860606	765776	12.4	41879	40559	3.3
其他有限责任公司	50	68671	67700	1.4	446281	388428	14.9
股份有限公司	3	46315	4263	8.6	37789	35202	7.4
私营企业	53	38571	40106	-3.8	428916	380422	12.8
私营独资企业	6	4684	5375	-12.9	10746	9061	18.6
私营合伙企业	2	1853	1846	0.4	2410	2363	2.0
私营有限责任公司	40	29518	30233	-2.4	378014	332340	13.7
私营股份有限公司	5	2516	2653	-5.2	37746	36657	3.0
其他企业	8	6200	5916	4.8	13261	13040	1.7
港、澳、台商投资企业	2	7080	6178	14.6	13649	14469	-5.7
港、澳、台商投资股份有限公司	1	6647	5746	15.7	10224	11110	-8.0
外商投资企业	1	-2321	23721	-109.8	63689	58441	9.0
国有控股	26	941049	841086	11.9	263132	222154	18.5
集体控股	6	8071	7874	2.5	53919	36629	47.2
私人控股	94	88253	91014	-3.0	728458	635773	14.6
港澳台商控股	1	6647	5746	15.7	10224	11110	-8.0
外商控股	1	-2321	23721	-109.8	63689	58441	9.0
其　他	13	8899	7559	17.7	70421	69152	1.8
中　央	4	68922	64009	7.7	55083	50750	8.5
省(自治区、直辖市)	2	6133	6258	-2.0	12833	11608	10.6
地(区、市、州、盟)	12	12855	10693	20.2	103885	97085	7.0
县(区、市、旗)	47	905452	812443	11.5	417392	342107	22.0
街　道	2	873	846	3.2	6620	5767	14.8
其　他	74	56364	82751	-31.9	594029	525944	13.0
营　业	139	1049020	974710	7.6	1180439	1024154	15.3
其　他	2	1578	2290	-31.1	9403	9106	3.3
企业会计制度	141	1050597	977000	7.5	1189843	1033260	15.2
执行2006年《企业会计准则》	135	1043133	970420	7.5	1162169	1008409	15.3
执行2011年《小企业会计准则》	5	6848	5994	14.2	18181	17042	6.7
执行其他企业会计制度	1	617	586	5.3	9493	7808	21.6
企　业	137	1047166	972646	7.7	1184796	1028786	15.2
民办非企业单位	3	2459	3293	-25.3	3637	3035	19.9
其他组织机构	1	973	1060	-8.2	1409	1439	-2.1
集团母公司	7	1745	27118	-93.6	73404	68261	7.5
成员企业	7	903369	803083	12.5	94444	91838	2.8
亏损企业	20	33064	34110	-3.1	138576	196839	-29.6
不亏损企业	121	1017534	942890	7.9	1051266	836421	25.7
公有制企业	32	949120	848960	11.8	317051	258783	22.5
非公有制企业	109	101478	128039	-20.7	872791	774476	12.7
大型企业	4	38748	44369	-12.7	186762	163455	14.3
中型企业	14	79932	100881	-20.8	269043	234242	14.9
小型企业	101	908638	807775	12.5	692022	598972	15.5
微型企业	5	-113	728	-115.5	6087	6932	-12.2

规模以上服务业企业分类别主要指标(16－6)

单位:万元

	企业单位(个)	主营业务收入			营业成本		
		2015年	2014年	2015年比上年增长(%)	2015年	2014年	2015年比上年增长(%)
总　计	141	1168657	1025836	13.9	857350	770198	11.3
内资企业	138	1095266	952266	15.0	811689	732164	10.9
国有企业	12	90461	65407	38.3	81151	57019	42.3
集体企业	4	38084	27354	39.2	33212	21774	52.5
股份合作企业	1	12045	5924	103.3	10755	4823	123.0
联营企业	1	1328	1289	3.0	866	1001	－13.4
集体联营企业	1	1328	1289	3.0	866	1001	－13.4
有限责任公司	56	473945	423933	11.8	319393	299396	6.7
国有独资公司	6	29357	38023	－22.8	18138	25351	－28.5
其他有限责任公司	50	444588	385911	15.2	301255	274045	9.9
股份有限公司	3	37782	36319	4.0	23439	20827	12.5
私营企业	53	428361	379000	13.0	332038	316734	4.8
私营独资企业	6	10746	9061	18.6	8004	6213	28.8
私营合伙企业	2	1855	1825	1.6	1729	1694	2.1
私营有限责任公司	40	378014	331456	14.1	291738	277286	5.2
私营股份有限公司	5	37746	36657	3.0	30568	31541	－3.1
其他企业	8	13261	13040	1.7	10834	10591	2.3
港、澳、台商投资企业	2	12760	13943	－8.5	13158	12753	3.2
港、澳、台商投资股份有限公司	1	9400	10585	－11.2	10196	9899	3.0
外商投资企业	1	60631	59627	1.7	32503	25280	28.6
国有控股	26	249979	219488	13.9	171494	145457	17.9
集体控股	6	51457	34567	48.9	44833	27597	62.5
私人控股	94	727831	634141	14.8	538498	502979	7.1
港澳台商控股	1	9400	10585	－11.2	10196	9899	3.0
外商控股	1	60631	59627	1.7	32503	25280	28.6
其　他	13	69359	67429	2.9	59826	58985	1.4
中　央	4	52015	49413	5.3	35444	31442	12.7
省(自治区、直辖市)	2	12833	11086	15.8	12932	9742	32.8
地(区、市、州、盟)	12	102776	95960	7.1	79879	78269	2.1
县(区、市、旗)	47	407108	341157	19.3	273701	228696	19.7
街　道	2	4157	3817	8.9	5584	4791	16.6
其　他	74	589767	524402	12.5	449811	417258	7.8
营　业	139	1159253	1016730	14.0	849795	760845	11.7
其　他	2	9403	9106	3.3	7554	9353	－19.2
企业会计制度	141	1168657	1025836	13.9	857350	770198	11.3
执行2006年《企业会计准则》	135	1141567	1001701	14.0	832755	746080	11.6
执行2011年《小企业会计准则》	5	17597	16327	7.8	16999	16537	2.8
执行其他企业会计制度	1	9493	7808	21.6	7597	7581	0.2
企　业	137	1163610	1021363	13.9	853112	766638	11.3
民办非企业单位	3	3637	3035	19.9	3043	2321	31.1
其他组织机构	1	1409	1439	－2.1	1194	1239	－3.6
集团母公司	7	69868	68716	1.7	36548	29590	23.5
成员企业	7	87437	88788	－1.5	61609	63374	－2.8
亏损企业	20	134923	131340	2.7	128051	129743	－1.3
不亏损企业	121	1033733	894496	15.6	729299	640455	13.9
公有制企业	32	301436	254055	18.7	216327	173054	25.0
非公有制企业	109	867221	771782	12.4	641022	597143	7.4
大型企业	4	184622	161572	14.3	90078	79211	13.7
中型企业	14	261035	231896	12.6	192962	158822	21.5
小型企业	101	680984	596091	14.2	540586	504168	7.2
微型企业	5	6087	6932	－12.2	4957	5099	－2.8

规模以上服务业企业分类别主要指标(16－7)

单位:万元

	企业单位(个)	主营业务成本			营业税金及附加		
		2015年	2014年	2015年比上年增长(%)	2015年	2014年	2015年比上年增长(%)
总　计	141	838348	758256	10.6	27755	27923	－0.6
内资企业	138	797089	723011	10.3	27424	26680	2.8
国有企业	12	79515	55187	44.1	978	859	13.9
集体企业	4	30841	19891	55.1	861	976	－11.9
股份合作企业	1	10755	4823	123.0			
联营企业	1	866	1001	－13.4			
集体联营企业	1	866	1001	－13.4			
有限责任公司	56	309410	297240	4.1	20177	19019	6.1
国有独资公司	6	9252	24170	－61.7	3889	4353	－10.7
其他有限责任公司	50	300159	273070	9.9	16288	14666	11.1
股份有限公司	3	23439	20827	12.5	343	764	－55.1
私营企业	53	331832	313517	5.8	4835	4836	0.0
私营独资企业	6	8004	6213	28.8	12	6	110.2
私营合伙企业	2	1564	1535	1.9	74	72	1.9
私营有限责任公司	40	291697	274228	6.4	4531	4579	－1.1
私营股份有限公司	5	30568	31541	－3.1	218	179	21.8
其他企业	8	10430	10525	－0.9	231	226	2.5
港、澳、台商投资企业	2	11943	11489	4.0	27	205	－86.8
港、澳、台商投资股份有限公司	1	8993	8635	4.2	26	193	－86.4
外商投资企业	1	29316	23756	23.4	304	1038	－70.7
国有控股	26	160617	142213	12.9	9339	9575	－2.5
集体控股	6	42462	25715	65.1	861	976	－11.9
私人控股	94	538238	499716	7.7	15584	14471	7.7
港澳台商控股	1	8993	8635	4.2	26	193	－86.4
外商控股	1	29316	23756	23.4	304	1038	－70.7
其　他	13	58722	58221	0.9	1642	1671	－1.7
中　央	4	32960	28997	13.7	591	1021	－42.1
省(自治区、直辖市)	2	11296	9669	16.8	40	40	0.3
地(区、市、州、盟)	12	79524	78039	1.9	1803	2130	－15.3
县(区、市、旗)	47	265943	228551	16.4	18518	17513	5.7
街　道	2	3323	3007	10.5	147	145	1.5
其　他	74	445302	409993	8.6	6656	7075	－5.9
营　业	139	830794	748903	10.9	27755	27804	－0.2
其　他	2	7554	9353	－19.2		119	－100.0
企业会计制度	141	838348	758256	10.6	27755	27923	－0.6
执行2006年《企业会计准则》	135	814453	734663	10.9	27428	27635	－0.8
执行2011年《小企业会计准则》	5	16299	16012	1.8	234	221	5.9
执行其他企业会计制度	1	7597	7581	0.2	93	67	38.8
企　业	13834110	754695	10.5	27710	27875	－0.6	
民办非企业单位	3	3043	2321	31.1			
其他组织机构	1	1194	1239	－3.6	45	48	－5.8
集团母公司	7	33320	28020	18.9	585	1302	－55.0
成员企业	7	54282	60625	－10.5	1011	2477	－59.2
亏损企业	20	123232	126700	－2.7	1558	1861	－16.3
不亏损企业	121	715117	631556	13.2	26197	26062	0.5
公有制企业	32	203079	167928	20.9	10200	10551	－3.3
非公有制企业	109	635270	590328	7.6	17555	17372	1.1
大型企业	4	88926	78158	13.8	11332	10014	13.2
中型企业	14	184155	153787	19.8	4214	5483	－23.2
小型企业	101	532029	500209	6.4	12077	12058	0.2
微型企业	5	4957	5099	－2.8	67	291	－77.2

规模以上服务业企业分类别主要指标(16－8)

单位:万元

	企业单位(个)	主营业务税金及附加			销售费用		
		2015年	2014年	2015年比上年增长(%)	2015年	2014年	2015年比上年增长(%)
总　计	141	27376	27718	－1.2	36018	41028	－12.2
内资企业	138	27349	26478	3.3	18061	18176	－0.6
国有企业	12	978	859	13.9	923	897	2.9
集体企业	4	830	948	－12.5	421	410	2.7
股份合作企业	1			186	135	38.4	
联营企业	1						
集体联营企业	1						
有限责任公司	56	20161	18880	6.8	9456	8131	16.3
国有独资公司	6	3889	4353	－10.7	348	301	15.7
其他有限责任公司	50	16273	14527	12.0	9108	7831	16.3
股份有限公司	3	343	764	－55.1	6267	7185	－12.8
私营企业	53	4806	4802	0.1	774	1387	－44.2
私营独资企业	6	12	6	110.2	49	－100.0	
私营合伙企业	2	65	65	0.5	132	129	2.8
私营有限责任公司	40	4511	4552	－0.9	639	1198	－46.6
私营股份有限公司	5	218	179	21.8	2	12	－81.2
其他企业	8	231	226	2.5	34	31	9.1
港、澳、台商投资企业	2	27	202	－86.7	1847	2840	－35.0
港、澳、台商投资股份有限公司	1	26	193	－86.4	1775	2770	－35.9
外商投资企业	1		1038	－100.0	16110	20012	－19.5
国有控股	26	9324	9443	－1.3	13313	12220	9.0
集体控股	6	830	948	－12.5	607	545	11.5
私人控股	94	15555	14434	7.8	1943	2045	－5.0
港澳台商控股	1	26	193	－86.4	1775	2770	－35.9
外商控股	1		1038	－100.0	16110	20012	－19.5
其　他	13	1642	1663	－1.3	2269	3437	－34.0
中　央	4	591	1021	－42.1	8250	10196	－19.1
省(自治区、直辖市)	2	40	40	0.3			
地(区、市、州、盟)	12	1788	1997	－10.5	2102	2108	－0.3
县(区、市、旗)	47	18518	17513	5.7	7872	5365	46.7
街　道	2	116	116	－0.5	421	410	2.7
其　他	74	6324	7030	－10.1	17372	22950	－24.3
营　业	139	27376	27599	－0.8	36003	41016	－12.2
其　他	2		119	－100.0	15	12	23.0
企业会计制度	141	27376	27718	－1.2	36018	41028	－12.2
执行2006年《企业会计准则》	135	27049	27538	－1.8	35810	40816	－12.3
执行2011年《小企业会计准则》	5	234	112	108.1	47	18	158.3
执行其他企业会计制度	1	93	67	38.8	161	195	－17.2
企　业	137	27331	27670	－1.2	36003	40976	－12.1
民办非企业单位	3				15	52	－71.4
其他组织机构	1	45	48	－5.8			
集团母公司	7	281	1302	－78.4	18241	22162	－17.7
成员企业	7	995	2453	－59.4	8250	10196	－19.1
亏损企业	20	1558	1861	－16.3	2706	3255	－16.9
不亏损企业	121	25818	25857	－0.2	33311	37773	－11.8
公有制企业	32	10154	10391	－2.3	13921	12765	9.1
非公有制企业	109	17223	17327	－0.6	22097	28263	－21.8
大型企业	4	11332	10014	13.2	5860	3867	51.5
中型企业	14	3856	5397	－28.6	27019	32847	－17.7
小型企业	101	12057	11940	1.0	2869	4045	－29.1
微型企业	5	67	291	－77.2			

规模以上服务业企业分类别主要指标(16－9)

单位:万元

	企业单位(个)	管理费用			税金		
		2015年	2014年	2015年比上年增长(%)	2015年	2014年	2015年比上年增长(%)
总　计	141	95197	83685	13.8	8786	5031	74.6
内资企业	138	91671	79469	15.4	8666	4919	76.2
国有企业	12	6379	5256	21.4	117	40	191.0
集体企业	4	831	1451	－42.7	209	194	7.6
股份合作企业	1	447	499	－10.3			
联营企业	1	75	70	6.8		1	－100.0
集体联营企业	1	75	70	6.8		1	－100.0
有限责任公司	56	60024	47403	26.6	5002	4412	13.4
国有独资公司	6	10819	9283	16.6	4473	4016	11.4
其他有限责任公司	50	49205	38120	29.1	529	396	33.5
股份有限公司	3	2209	2290	－3.6	126	145	－12.8
私营企业	53	20755	21756	－4.6	3197	116	2656.1
私营独资企业	6	832	908	－8.3	2	2	11.1
私营合伙企业	2	107	107	0.4	8	7	5.6
私营有限责任公司	40	17886	18580	－3.7	3173	104	2942.4
私营股份有限公司	5	1930	2162	－10.8	14	3	429.6
其他企业	8	952	744	28.0	15	11	32.1
港、澳、台商投资企业	2	679	745	－8.9	48	45	5.8
港、澳、台商投资股份有限公司	1	638	705	－9.6	48	45	6.0
外商投资企业	1	2847	3470	－18.0	72	67	7.2
国有控股	26	35437	31339	13.1	4924	4317	14.1
集体控股	6	1353	2020	－33.0	209	195	7.2
私人控股	94	51886	43594	19.0	3411	179	1808.6
港澳台商控股	1	638	705	－9.6	48	45	6.0
外商控股	1		2847	3470	－18.0	72	67
其　他	13	3037	2557	18.8	122	228	－46.5
中　央	4	8457	509	12.6	1145	973	17.6
省(自治区、直辖市)	2	1632	1505	8.4	51	－3	－1588.2
地(区、市、州、盟)	12	10509	8288	26.8	182.	181	0.5
县(区、市、旗)	47	46743	37208	25.6	3771	3393	11.1
街　道	2	256	252	1.6	202	188	7.3
其　他	74	27600	28922	－4.6	3436	299	1048.7
营　业	139	92669	82068	12.9	8786	5031	74.6
其　他	2	2528	1616	56.4			
企业会计制度	141	95197	83685	13.8	8786	5031	74.6
执行2006年《企业会计准则》	135	93346	82651	12.9	8588	4957	73.3
执行2011年《小企业会计准则》	5	940	871	7.9	139	75	85.9
执行其他企业会计制度	1	911	163	458.9	59		
企　业	137	95004	83413	13.9	8771	5020	74.7
民办非企业单位	3	123	200	－38.5			
其他组织机构	1	70	71	－1.1	15	11	32.1
集团母公司	7	4177	4727	－11.6	88	207	－57.5
成员企业	7	17129	15060	13.7	4697	4191	12.1
亏损企业	20	13609	9737	39.8	1204	938	28.4
不亏损企业	121	81588	73947	10.3	7582	4094	85.2
公有制企业	32	36790	33359	10.3	5133.	4512	13.8
非公有制企业	109	58407	50325	16.1	3652	519	603.6
大型企业	4	37397	30281	23.5	1106	877	26.1
中型企业	14	18522	15837	17.0	577	640	－9.9
小型企业	101	35941	34644	3.7	7082	3498	102.5
微型企业	5	653	426	53.3	4	3	16.7

规模以上服务业企业分类别主要指标(16－10)

单位:万元

	企业单位(个)	财务费用			利息收入		
		2015年	2014年	2015年比上年增长(%)	2015年	2014年	2015年比上年增长(%)
总　计	141	9727	6601	47.4	596	430	38.7
内资企业	138	8710	5677	53.4	492	335	47.1
国有企业	12	399	960	-58.5	15	12	25.2
集体企业	4	17	16	1.2	9	8	7.4
股份合作企业	1	108	483	-77.7			
联营企业	1						
集体联营企业	1						
有限责任公司	56	7700	3726	106.6	424	275	54.1
国有独资公司	6	4499	488	821.9	317	2	19731.3
其他有限责任公司	50	3202	3238	-1.1	106	273	-61.1
股份有限公司	3	59	61	-2.2	2	2	-17.4
私营企业	53	382	388	-1.3	42	37	14.6
私营独资企业	6	15	50	-70.7		2	-100.0
私营合伙企业	2	3	3	6.9	3	3	8.0
私营有限责任公司	40	282	253	11.2	40	33	20.3
私营股份有限公司	5	83	82	1.7			
其他企业	8	45	43	5.6			
港、澳、台商投资企业	2	1112	1012	9.9	1	2	-35.3
港、澳、台商投资股份有限公司	1	1102	1000	10.3	…	…	0.0
外商投资企业	1	-96	-88	9.1	103	94	10.0
国有控股	26	6583	3107	111.9	412	51	703.9
集体控股	6	124	500	-75.2	9	8	7.4
私人控股	94	1625	1666	-2.5	68	240	-71.7
港澳台商控股	1	1102	1000	10.3	…	…	0.0
外商控股	1	-96	-88	9.1	103	94	10.0
其　他	13	388	417	-6.9	4	37	-89.5
中　央	4	1147	1050	9.3	4	4	5.0
省(自治区、直辖市)	2	1	4	-71.4	1	…	350.0
地(区、市、州、盟)	12	938	976	-3.9	67	25	170.3
县(区、市、旗)	47	7087	3664	93.4	366	225	62.6
街　道	2	12	13	-4.0	6	6	1.8
其　他	74	541	895	-39.5	152	170	-10.7
营　业	139	9727	6601	47.4	596	430	38.7
其　他	2		…	-100.0			
企业会计制度	141	9727	6601	47.4	596	430	38.7
执行2006年《企业会计准则》	135	9612	6337	51.7	595	249	139.3
执行2011年《小企业会计准则》	5	38	83	-54.6	…	…	0.0
执行其他企业会计制度	1	77	181	-57.7	1	181	-99.6
企　业	137	9727	6601	47.4	596	430	38.7
民办非企业单位	3		…	-100.0			
其他组织机构	1						
集团母公司	7	273	405	-32.6	103	95	9.2
成员企业	7	6155	1959	214.2	387	28	1271.3
亏损企业	20	1202	1145	5.0	8	6	33.3
不亏损企业	121	8525	5457	56.2	588	424	38.7
公有制企业	32	6708	3607	86.0	421	59	608.9
非公有制企业	109	3019	2994	0.8	175	371	-52.8
大型企业	4	1933	1810	6.8	15	15	6.2
中型企业	14	2192	2108	4.0	182	130	40.1
小型企业	101	5455	2058	165.1	398	284	40.5
微型企业	5	8	16	-53.4	…	…	-66.7

规模以上服务业企业分类别主要指标(16－11)

单位:万元

	企业单位(个)	利息支出			投资收益		
		2015年	2014年	2015年比上年增长(%)	2015年	2014年	2015年比上年增长(%)
总　计	141	7016	5282	32.8	62	1982	－96.9
内资企业	138	5912	4276	38.3	62	1982	－96.9
国有企业	12	52	903	－94.2		200	－100.0
集体企业	4	8	6	37.9			
股份合作企业	1						
联营企业	1						
集体联营企业	1						
有限责任公司	56	5765	3240	77.9	－37	1782	－102.1
国有独资公司	6	2782	360	672.4	1	1782	－99.9
其他有限责任公司	50	2983	2880	3.6	－38		
股份有限公司	3	44	28	57.4			
私营企业	53	44	99	－56.1			
私营独资企业	6		37	－100.00			
私营合伙企业	2						
私营有限责任公司	40	44	59	－25.9			
私营股份有限公司	5		4	－100.0			
其他企业	8				99		
港、澳、台商投资企业	2	1103	1006	9.6			
港、澳、台商投资股份有限公司	1	1102	992	11.1			
外商投资企业	1						
国有控股	26	4453	2766	61.0	1	1982	－99.9
集体控股	6	8	6	37.9			
私人控股	94	1111	1101	0.9	99		
港澳台商控股	1	1102	992	11.1			
外商控股	1						
其　他	13	342	418	－18.1	－38		
中　央	4	1146	1021	12.3	－20	…	20000.0
省(自治区、直辖市)	2						
地(区、市、州、盟)	12	1002	987	1.6			
县(区、市、旗)	47	4823	3162	52.5	116	1803	－93.6
街　道	2						
其　他	74	44	113	－60.8	－33	180	－118.3
营　业	139	7016	5282	32.8	62	1982	－96.9
其　他	2						
企业会计制度	141	7016	5282	32.8	62	1982	－96.9
执行2006年《企业会计准则》	135	6978	5220	33.7	101	1982	－94.9
执行2011年《小企业会计准则》	5	37	62	－40.0	－38		
执行其他企业会计制度	1						
企　业	137	7016	5282	32.8	－37	1982	－101.9
民办非企业单位	3						
其他组织机构	1				99		
集团母公司	7	343	422	－18.9			
成员企业	7	4501	1949	130.9	－4	1762	－100.2
亏损企业	20	1202	1123	7.0	－58	…	58200.0
不亏损企业	121	5813	4159	39.8	121	1983	－93.9
公有制企业	32	4461	2772	61.0	1	1982	－99.9
非公有制企业	109	2555	2510	1.8	61		
大型企业	4	1919	1784	7.6	－15		
中型企业	14	2185	2066	5.8			
小型企业	101	2911	1391	109.2	－22	1802	－101.2
微型企业	5						

规模以上服务业企业分类别主要指标(16-12)

单位:万元

	企业单位(个)	营业利润			营业外收入		
		2015年	2014年	2015年比上年增长(%)	2015年	2014年	2015年比上年增长(%)
总　计	141	113596	106714	6.5	10881	28759	-62.2
内资企业	138	105826	98507	7.4	9131	28544	-68.0
国有企业	12	1865	807	131.2	446	112	298.8
集体企业	4	5119	5007	2.2			
股份合作企业	1	550	231	137.6		45	-100.0
联营企业	1	401	215	86.3			
集体联营企业	1	401	215	86.3			
有限责任公司	56	54861	52110	5.3	7434	28335	-73.8
国有独资公司	6	5006	2579	94.1	4620	25223	-81.7
其他有限责任公司	50	49855	49531	0.7	2815	3113	-9.6
股份有限公司	3	4830	4411	9.5	1236	40	3021.7
私营企业	53	36235	34237	5.8	15	12	30.5
私营独资企业	6	1849	1704	8.5			
私营合伙企业	2	365	357	2.4			
私营有限责任公司	40	30581	29844	2.5	15	12	30.5
私营股份有限公司	5	3440	2332	47.5			
其他企业	8	1965	1489	32.0			
港、澳、台商投资企业	2	-3413	-2839	20.2	1572	…	524000.0
港、澳、台商投资股份有限公司	1	-3752	-3207	17.0	1477		
外商投资企业	1	11183	11046	1.2	177	215	-17.5
国有控股	26	28354	22208	27.7	765926851	-71.5	
集体控股	6	6069	5453	11.3		45	-100.0
私人控股	94	69703	69276	0.6	1568	1491	5.1
港澳台商控股	1	-3752	-3207	17.0	1477		
外商控股	1	11183	11046	1.2	177	215	-17.5
其　他	13	2038	1938	5.2		157	-100.0
中　央	4	253	155	63.6	2871	55	5110.7
省(自治区、直辖市)	2	-125	311	-140.1	65	6	1083.6
地(区、市、州、盟)	12	5675	5110	11.1	1963	1620	21.2
县(区、市、旗)	47	55456	51062	8.6	5590	26639	-79.0
街　道	2	179	157	14.6			
其　他	74	52157	49921	4.5	393	440	-10.8
营　业	139	113802	108709	4.7	10851	28686	-62.2
其　他	2	-206	-1995	-89.7	30	73	-59.5
企业会计制度	141	113596	106714	6.5	10881	28759	-62.2
执行2006年《企业会计准则》	135	113355	107503	5.4	10622	27093	-60.8
执行2011年《小企业会计准则》	5	-256	-895	-71.4	260	1155	-77.5
执行其他企业会计制度	1	497	105	371.9		511	-100.0
企　业	137	113041	106173	6.5	10881	28759	-62.2
民办非企业单位	3	455	460	-1.1			
其他组织机构	1	99	81	22.5			
集团母公司	7	12339	12078	2.2	177	218	-18.7
成员企业	7	1939	1120	73.1	8673	25735	-66.3
亏损企业	20	-9829	-14558	-32.5	3350	786	326.1
不亏损企业	121	123425	121272	1.8	7531	27973	-73.1
公有制企业	32	34424	27661	24.5	7659	26896	-71.5
非公有制企业	109	79172	79053	0.2	3222	1863	73.0
大型企业	4	40100	38256	4.8	166	28	499.3
中型企业	14	23563	22712	3.8	4274	808	429.1
小型企业	101	44611	41411	7.7	6267	27704	-77.4
微型企业	5	145	822	-82.4	174	174	0.0

规模以上服务业企业分类别主要指标(16－13)

单位:万元

	企业单位(个)	补贴收入			营业外支出		
		2015年	2014年	2015年比上年增长(%)	2015年	2014年	2015年比上年增长(%)
总　计	141	8847	26593	－66.7	1013	586	72.8
内资企业	138	8752	26593	－67.1	813	552	47.3
国有企业	12	270			42	18	130.8
集体企业	4						
股份合作企业	1					16	－100.0
联营企业	1						
集体联营企业	1						
有限责任公司	56	8466	26577	－68.1	281	193	45.3
国有独资公司	6	6745	25179	－73.2	27	59	－53.2
其他有限责任公司	50	1722	1398	23.2	253	135	88.1
股份有限公司	3	14	14	0.0	441	318	38.7
私营企业	53	2	2	0.0	49	7	643.9
私营独资企业	6						
私营合伙企业	2						
私营有限责任公司	40	2	2	0.0	49	7	643.9
私营股份有限公司	5						
其他企业	8						
港、澳、台商投资企业	2	95			11		
港、澳、台商投资股份有限公司	1				11		
外商投资企业	1				189	35	447.8
国有控股	26	8231	26282	－68.7	732	460	59.2
集体控股	6					16	－100.0
私人控股	94	616	310	98.6	77	17	342.0
港澳台商控股	1				11		
外商控股	1				189	35	447.8
其　他	13				4	59	－93.2
中　央	4	165			470	351	34.1
省(自治区、直辖市)	2				13		
地(区、市、州、盟)	12	1359	1176	15.6	218	48	352.1
县(区、市、旗)	47	7223	25412	－71.6	72	72	0.0
街　道	2						
其　他	74	100	5	1938.8	241	116	107.9
营　业	139	8847	26593	－66.7	993	579	71.6
其　他	2				20	8	161.8
企业会计制度	141	8847	26593	－66.7	1013	586	72.8
执行2006年《企业会计准则》	135	8673	25534	－66.0	1000	546	83.0
执行2011年《小企业会计准则》	5	174	1058	－83.6	13	40	－67.1
执行其他企业会计制度	1						
企　业	137	8847	8847	26593	－66.7	1013	586
民办非企业单位	3						
其他组织机构	1						
集团母公司	7				190	35	451.9
成员企业	7	7930	25297	－68.7	686	407	68.7
亏损企业	20	884	393	125.1	120	112	6.9
不亏损企业	121	7962	26200	－69.6	893	474	88.3
公有制企业	32	8231	26282	－68.7	732	476	53.9
非公有制企业	109	616	310	98.6	281	111	153.5
大型企业	4	165			19	36	－47.4
中型企业	14	1185	118	906.7	915	390	134.5
小型企业	101	7323	26301	－72.2	79	143	－45.0
微型企业	5	174	174	0.0	1	1	－41.7

规模以上服务业企业分类别主要指标(16－14)

单位:万元

	企业单位(个)	利润总额			应交所得税		
		2015年	2014年	2015年比上年增长(%)	2015年	2014年	2015年比上年增长(%)
总　计	141	118812	122856	-3.3	25511	25399	0.4
内资企业	138	109493	114449	-4.3	22570	22452	0.5
国有企业	12	1686	1411	19.5	398	560	-29.0
集体企业	4	5119	5007	2.2	1163	1144	1.7
股份合作企业	1	550	231	137.6	15	13	9.9
联营企业	1	401	215	86.3	3	3	0.0
集体联营企业	1	401	215	86.3	3	3	0.0
有限责任公司	56	58963	67898	-13.2	13051	12970	0.6
国有独资公司	6	16180	24232	-33.2	421	170	147.5
其他有限责任公司	50	42783	43666	-2.0	12630	12800	-1.3
股份有限公司	3	5617	4125	36.2	1405	1026	36.9
私营企业	53	35614	34023	4.7	6271	6456	-2.9
私营独资企业	6	1849	1704	8.5	248	252	-1.4
私营合伙企业	2	365	357	2.4	37	37	1.6
私营有限责任公司	40	29960	29630	1.1	5526	5702	-3.1
私营股份有限公司	5	3440	2332	47.5	460	465	-1.1
其他企业	8	1544	1539	0.3	265	281	-5.8
港、澳、台商投资企业	2	-1852	-2819	-34.3	85	74	15.7
港、澳、台商投资股份有限公司	1	-2286	-3187	-28.3			
外商投资企业	1	11171	11227	-0.5	2856	2873	-0.6
国有控股	26	38095	44100	-13.6	7475	7122	5.0
集体控股	6	6069	5453	11.3	1180	1160	1.8
私人控股	94	64132	63160	1.5	13612	13855	-1.8
港澳台商控股	1	-2286	-3187	-28.3			
外商控股	1	11171	11227	-0.5	2856	2873	-0.6
其　他	13	1631	2103	-22.5	388	390	-0.4
中　央	4	2654	-121	-2291.5	1393	960	45.1
省(自治区、直辖市)	2	-72	316	-122.8	…	50	-99.4
地(区、市、州、盟)	12	6887	6682	3.1	982	1184	-17.1
县(区、市、旗)	47	58074	65260	-11.0	13197	13061	1.0
街　道	2	179	157	14.6	28	30	-8.6
其　他	74	51090	50562	1.0	9911	10113	-2.0
营　业	139	119440	124785	-4.3	25471	25362	0.4
其　他	2	-628	-1929	-67.4	40	37	9.6
企业会计制度	141	118812	122856	-3.3	25511	25399	0.4
执行2006年《企业会计准则》	135	118344	122562	-3.4	25486	25360	0.5
执行2011年《小企业会计准则》	5	-29	189	-115.2	13	11	16.8
执行其他企业会计制度	1	497	105	371.9	12	27	-55.5
企　业	137	118257	122314	-3.3	25442	25336	0.4
民办非企业单位	3	456	461	-1.1	50	47	7.5
其他组织机构	1	99	81	22.5	20	16	22.2
集团母公司	7	12326	12263	0.5	3089	3070	0.6
成员企业	7	16494	26469	-37.7	1934	1688	14.6
亏损企业	20	-7119	-9700	-26.6	312	495	-36.9
不亏损企业	121	125931	132556	5.0	25199	24904	1.2
公有制企业	32	44164	49553	-10.9	8655	828	4.5
非公有制企业	109	74648	73302	1.8	16857	17118	-1.5
大型企业	4	31328	3071	2.0	10743	10695	0.5
中型企业	14	26479	22550	17.4	7008	6744	3.9
小型企业	101	56491	64666	-12.6	7133	7219	-1.2
微型企业	5	318	995	-68.1	129	228	-43.3

规模以上服务业企业分类别主要指标(16－15)

单位:万元

	企业单位(个)	应付职工薪酬			应交增值税		
		2015年	2014年	2015年比上年增长(%)	2015年	2014年	2015年比上年增长(%)
总　计	141	123372	114398	7.8	58392	51022	14.5
内资企业	138	119427	109836	8.7	53767	48920	9.9
国有企业	12	10790	11891	-9.3	546	253	116.2
集体企业	4	3483	3588	-2.9	1941	687	182.4
股份合作企业	1	3664	842	335.2			
联营企业	1	856	1000	-14.4	113	22	413.7
集体联营企业	1	856	1000	-14.4	113	22	413.7
有限责任公司	56	46261	41002	12.8	17979	17672	1.7
国有独资公司	6	7519	6814	10.4	128	105	22.6
其他有限责任公司	50	38741	34188	13.3	17851	17567	1.6
股份有限公司	3	5319	4780	11.3	1820	1364	33.4
私营企业	53	46175	44375	4.1	31334	28908	8.4
私营独资企业	6	1761	1828	-3.7	486	135	260.4
私营合伙企业	2	631	617	2.4			
私营有限责任公司	40	39850	38068	4.7	28000	27010	3.7
私营股份有限公司	5	3933	3863	1.8	2849	1764	61.5
其他企业	8	2880	2359	22.1	34	15	128.7
港、澳、台商投资企业	2	1845	1746	5.6	125	98	27.8
港、澳、台商投资股份有限公司	1	1200	1113	7.8	42		
外商投资企业	1	2100	2816	-25.4	4500	2004	124.6
国有控股	26	31081	28866	7.7	4510	3731	20.9
集体控股	6	8003	5429	47.4	2054	709	189.5
私人控股	94	71713	68374	4.9	42357	40042	5.8
港澳台商控股	1	1200	1113	7.8	42		
外商控股	1	2100	2816	-25.4	4500	2004	124.6
其　他	13	9275	7801	18.9	4929	4536	8.7
中　央	4	10143	9013	12.5	1809	1274	42.0
省(自治区、直辖市)	2	4603	4711	-2.3	276	175	57.7
地(区、市、州、盟)	12	19065	16992	12.2	8347	7426	12.4
县(区、市、旗)	47	23472	22873	2.6	6333	5898	7.4
街　道	2	503	525	-4.2	266	260	2.4
其　他	74	65585	60283	8.8	41362	35989	14.9
营　业	139	119193	109564	8.8	58392	51022	14.5
其　他	2	4179	4834	-13.6			
企业会计制度	141	123372	114398	7.8	58392	51022	14.5
执行2006年《企业会计准则》	135	121663	113048	7.6	56573	48889	15.7
执行2011年《小企业会计准则》	5	1386	1007	37.6	1186	1275	-6.9
执行其他企业会计制度	1	322	343	-5.9	633	859	-26.3
企　业	137	122002	113000	8.0	58373	51022	14.4
民办非企业单位	3	1195	1157	3.3			
其他组织机构	1	175	241	-27.5	20		
集团母公司	7	3640	4439	-18.0	4539	2004	126.5
成员企业	7	19699	17283	14.0	2586	1943	33.1
亏损企业	20	21903	20788	5.4	7688	14204	-45.9
不亏损企业	121	101468	93610	8.4	50705	36819	37.7
公有制企业	32	39084	34295	14.0	6564	4441	47.8
非公有制企业	109	84288	80103	5.2	51828	46581	11.3
大型企业	4	10832	9925	9.1	70	48	45.9
中型企业	14	28454	28498	-0.2	9211	6919	33.1
小型企业	101	74012	69047	7.2	48892	43854	11.5
微型企业	5	790	639	23.7	199	202	-1.2

规模以上服务业企业分类别主要指标(16－16)

单位:万元

	个业单位(个)	从事服务业活动的从业人员平均人数(人)		
		2015年	2014年	2015年比上年增长(%)
总　计	141	17883	17366	3.0
内资企业	138	17145	16647	3.0
国有企业	12	2259	2384	-5.2
集体企业	4	697	694	0.4
股份合作企业	1	352	302	16.6
联营企业	1	160	160	
集体联营企业	1	160	160	
有限责任公司	56	7045	6527	7.9
国有独资公司	6	1254	1277	-1.8
其他有限责任公司	50	5791	5250	10.3
股份有限公司	3	545	520	4.8
私营企业	53	5497	5471	0.5
私营独资企业	6	424	413	2.7
私营合伙企业	2	235	235	
私营有限责任公司	40	4384	4271	2.7
私营股份有限公司	5	454	552	-17.8
其他企业	8	590	589	0.2
港、澳、台商投资企业	2	378	379	-0.3
港、澳、台商投资股份有限公司	1	268	267	0.4
外商投资企业	1	360	340	5.9
国有控股	26	5443	5274	3.2
集体控股	6	1209	1156	4.6
私人控股	94	9415	9151	2.9
港澳台商控股	1	268	267	0.4
外商控股	1	360	340	5.9
其　他	13	1188	1178	0.9
中　央	4	1349	1363	-1.0
省(自治区、直辖市)	2	558	679	-17.8
地(区、市、州、盟)	12	3197	2859	11.8
县(区、市、旗)	47	4397	4173	5.4
街　道	2	205	207	-1.0
其　他	74	8177	8085	1.1
营　业	139	16612	16098	3.2
其　他	2	1271	1268	0.2
企业会计制度	141	17883	17366	3.0
执行2006年《企业会计准则》	135	17413	16891	3.1
执行2011年《小企业会计准则》	5	408	395	3.3
执行其他企业会计制度	1	62	80	-22.5
企　业	137	17559	17034	3.1
民办非企业单位	247	257	-3.9	
其他组织机构	1	77	75	2.7
集团母公司	7	804	811	-0.9
成员企业	7	2629	2448	7.4
亏损企业	20	4037	4056	-0.5
不亏损企业	121	13846	13310	4.0
公有制企业	32	6652	6430	3.5
非公有制企业	109	11231	10936	2.7
大型企业	4	1992	2020	-1.4
中型企业	14	5220	4977	4.9
小型企业	101	8676	8482	2.3
微型企业	5	214	160	33.8

主要统计指标解释

资产总计　指企业过去的交易或者事项形成的、由企业拥有或者控制的、预期会给企业带来经济利益的资源。资产一般按流动性(资产的变现或耗用时间长短)分为流动资产和非流动资产。其中流动资产可分为货币资金、交易性金融资产、应收票据、应收账款、预付款项、其他应收款、存货等;非流动资产可分为长期股权 投资、固定资产、无形资产及其他非流动资产等。根据会计“资产负债表”中“资产总计”项目的期末余额数填报。

执行2006年《企业会计准则》或2011年《小企业会计准则》的企业:资产总计 = 流动资产合计 + 非流动资产合计;执行其他企业会计制度的企业资产包括流动资产、长期投资、固定资产、无形资产和其他资产等。。

负债合计　指企业过去的交易或者事项形成的,预期会导致经济利益流出企业的现时义务。负债一般按偿还期长短分为流动负债和非流动负债。根据会计“资产负债表”中“负债合计”项目的期末余额数填报。

执行2006年《企业会计准则》或2011年《小企业会计准则》的企业:负债合计 = 流动负债合计 + 非流动负债合计;执行其他企业会计制度的企业负债包括流动负债和长期负债。

所有者权益合计　指企业资产扣除负债后由所有者享有的剩余权益。公司的所有者权益又称股东权益。包括实收资本、资本公积、盈余公积、未分配利润等。根据会计“资产负债表”中“所有者权益合计”项目的期末余额数填报。

营业收入　指企业经营主要业务和其他业务所确认的收入总额。营业收入合计包括“主营业务收入”和“其他业务收入”。根据会计“利润表”中“营业收入”项目的本期金额数填报。

主营业务收入　指企业确认的销售商品、提供劳务等主营业务的收入。根据会计“主营业务收入”科目的期末贷方余额(结转前)填报。执行2006年《企业会计准则》或2011年《小企业会计准则》的企业,如未设置该科目,以“营业收入”代替填报。

营业成本　指企业经营主要业务和其他业务所发生的成本总额。包括企业(单位)在报告期内从事销售商品、提供劳务等日常活动发生的各种耗费。包括“主营业务成本”和“其他业务成本”。根据会计“利润表”中“营业成本”项目的本期金额数填报。

主营业务成本　指企业经营主要业务所发生的成本总额。根据会计“主营业务成本”科目的期末借方余额(结转前)填报。执行2006年《企业会计准则》或2011年《小企业会计准则》的企业,如未设置该科目,以“营业成本”代替填报。

营业税金及附加　指企业因从事生产经营活动按税法规定缴纳的应从经营收入中抵

扣的税金和附加,包括营业税、消费税、城市维护建设税、教育费附加等。根据会计“利润表”中“营业税金及附加”项目的本期金额数填报。

主营业务税金及附加 指企业经营主要业务应负担的营业税、消费税、城市维护建设税、教育费附加等。根据会计“主营业务税金及附加”科目的期末借方余额(结转前)填报。执行2006年《企业会计准则》或2011年《小企业会计准则》的企业,如未设置该科目,以“营业税金及附加”代替填报。

销售费用 指企业在销售商品和材料、提供劳务的过程中发生的各种费用,包括保险费、包装费、展览费和广告费、商品维修费、预计产品质量保证损失、运输费、装卸费等以及为销售本企业商品而专设的销售机构(含销售网点、售后服务网点等)的职工薪酬、业务费、折旧费等经营费用。建筑业企业销售费用指企业从事施工生产活动过程中发生的各项费用,包括应由企业负担的运输费、装卸费、包装费、保险费、维修费、展览费、差旅费、广告费和其他经费。房地产企业销售费用指企业在从事主要经营业务过程中所发生的各项销售费用,包括转让、销售、结算和出租开发产品等。执行2006年《企业会计准则》或2011年《小企业会计准则》的企业,根据会计“利润表”中“销售费用”项目的本期金额数填报。执行其他企业会计制度的企业,根据会计“利润表”中“营业费用(或经营费用)”项目的本期金额数填报。

管理费用 指企业为组织和管理企业生产经营所发生的费用,包括企业在筹建期间内发生的开办费、董事会和行政管理部门在企业经营管理中发生的,或者应当由企业统一负担的公司经费等。根据会计“利润表”中“管理费用”项目的本期金额数填报。

税金 指企业按照规定从管理费用中支付的房产税、印花税、车船使用税和土地使用税。根据“管理费用明细账”中“管理费用——税金”的期末借方余额(结转前)分析填报。

财务费用 指企业为筹集生产经营所需资金等而发生的筹资费用,包括企业生产经营期间发生的利息支出(减利息收入)、汇兑损失(减汇兑收益)以及相关的手续费等。根据会计“利润表”中“财务费用”项目的本期金额数填报。

利息收入 指非金融企业存款业务所确认的利息金额。根据企业“财务费用明细帐”中“财务费用——利息收入”科目的本期发生额填报。如果企业没有设置该科目,此处可填“0”。

利息支出 指企业短期借款利息、长期借款利息、应付票据利息、票据贴现利息、应付债券利息、长期应付引进国外设备款利息等利息支出。根据企业“财务费用明细帐”中“财务费用——利息支出”科目的本期发生额填报。如果企业没有单独设立“利息收入”科目,应填报利息支出减去银行存款等的利息收入后的净额。

投资收益 指企业确认的投资收益或投资损失,反映企业以各种方式对外投资所取得的收益。根据会计“利润表”中“投资收益”项目的本期金额数填报。如为投资损失以“-”号记。

营业利润 指企业从事生产经营活动所取得的利润。执行2006年《企业会计准则》的企业,营业利润为营业收入减去营业成本、营业税金及附加、销售费用、管理费用、财务费用、资产减值损失,再加上公允价值变动收益和投资收益。执行2011年《小企业会计准则》的企业,营业利润为营业收入减去营业成本、营业税金及附加、销售费用、管理费用、财务费用,再加上投资收益后的金额;执行其他企业会计制度的企业,营业利润为主营业务收入减去主营业务成本、主营业务税金及附加,加上其他业务利润后,再减去销售费用、管理费用、财务费用后的金额。根据会计“利润表”中“营业利润”项目的本期金额数填报。

营业外收入 指企业发生的与经营业务无直接关系的各项收入,包括非流动资产处置利得、非货币性资产交换利得、债务重组利得、政府补助、盘盈利得、捐赠利得等。执行2006年《企业会计准则》或2011年《小企业会计准则》的企业,根据会计“利润表”中“营业外收入”项目的本期金额数填报;执行其他企业会计制度的企业,“营业外收入”中不含“政府补助”。

利润总额 指企业从政府无偿取得货币性资产或非货币性资产,但不包括政府作为企业所有者投入的资本。

(1)执行2006年《企业会计准则》或2011年《小企业会计准则》的企业,如果会计“损益表”(利润表)列示“营业外收入——政府补助”项目,则填报该项目本年累计数;或者,可根据会计“营业外收入——政府补助”科目填报,一般为年初至期末贷方累计发生额,反映企业自年初到本期末收到的政府补助合计数;(2)执行其他企业会计制度的企业,填报会计“损益表”(利润表)“补贴收入”项目本年累计数;或者,可根据会计“补贴收入”科目填报,一般为年初至期末贷方累计发生额,反映企业自年初到本期末收到的补贴收入合计数。

政府补助 指企业在一定会计期间的经营成果,是生产经营过程中各种收入扣除各种耗费后的盈余,反映企业在报告期内实现的盈亏总额。根据会计“利润表”中“利润总额”项目的本期金额数填报。执行2006年《企业会计准则》或2011年《小企业会计准则》的企业,利润总额为营业利润加上营业外收入,减去营业外支出后的金额;执行其他企业会计制度的企业,利润总额为营业利润加上投资收益、政府补助、营业外收入,再减去营业外支出后的金额。

应交所得税 指企业按税法规定,应从生产经营等活动的所得中缴纳的税金。执行2006年《企业会计准则》或2011年《小企业会计准则》的企业,根据会计“利润表”中“所得税费用”项目的本期金额数填报;执行其他企业会计制度的企业,根据会计“利润表”中“所得税”项目的本期金额数填报。

应付职工薪酬 指企业为获得职工提供的服务而给予各种形式的报酬以及其他相关

支出。包括职工工资、奖金、津贴和补贴，职工福利费，医疗保险费、养老保险费、失业保险费、工伤保险费和生育保险费等社会保险费，住房公积金，工会经费和职工教育经费，非货币性福利，因解除与职工的劳动关系给予的补偿，其他与获得职工提供的服务相关的支出。执行2006年《企业会计准则》或2011年《小企业会计准则》的企业，根据会计科目“应付职工薪酬”的本年贷方累计发生额填报；执行其他企业会计制度的企业，应将本年上述职工薪酬包含的科目归并填报。

应交增值税　指按照税法规定，针对销售货物或提供加工、修理修配劳务以及进口货物实现的增值额，企业在报告期内应交纳的税金。填报本指标时，应按权责发生制核算企业本期应负担的增值税，有两种计算方法，可选其一，一旦确定，原则上不得更改。

计算方法一：

根据本期会计科目(1)“销项税额”、“进项税额转出”、“出口退税”年初至期末贷方累计发生额(一般与期末贷方余额相等，因为年初贷方余额为零)，(2)“进项税额”年初至期末借方累计发生额，即期末借方余额－年初借方余额，(3)“出口抵减内销产品应纳税额”、“减免税款”年初至期末借方累计发生额(一般与期末借方余额相等，因为年初借方余额为零)，取值后按照下述公式计算填报：

应交增值税＝销项税额－(进项税额－进项税额转出)－出口抵减内销产品应纳税额－减免税款＋出口退税

计算方法二：

根据本期《增值税纳税申报表(一般纳税人适用)》(以“国家税务总局公告2013年32号”版式为例)“销项税额”(第11栏)、“进项税额”(第12栏)、“进项税额转出”(第14栏)、“免、抵、退应退税额”(第15栏)、“简易计税办法计算的应纳税额”(第21栏)、“按简易计税办法计算的纳税检查应补缴税额”(第22栏)、“应纳税额减征额”(第23栏)栏目“一般货物、劳务和应税服务”列中“本年累计”列，按照下述公式计算填报：

应交增值税＝销项税额－(进项税额－进项税额转出－免、抵、退应退税额)＋简易计税办法计算的应纳税额＋按简易计税办法计算的纳税检查应补缴税额－应纳税额减征额

计算方法说明及填报要求：

(1)计算公式均体现权责发生制，本期发生的进项税额全部参与计算，相当于不设置留抵，同时也不抵扣会计账簿或增值税纳税申报表中上年年末留抵的进项税额，公式计算结果可以为负数。

(2)按照公式计算本指标后，不应再加增值税减免税额，因为这部分价值不再形成企业缴纳义务。

从事服务业活动的从业人员平均人数　指报告期内(年度、月度)平均拥有的从业人员数。按“谁用工，谁统计”的原则实施统计，包括企业正式员工，劳务派遣人员和临时聘用人员。不包括在本企业领取工资、股息、红利未参加企业生产经营活动的人员。

十五、交通运输、邮电通讯业

·2015 年末，全市县乡村公路总里程 3862 公里，国省道管养里程 391 公里，内河通航里程 562 公里。

·2015 年末，全市固定电话用户 20.87 万户，宽带用户 32.28 万户，移动电话用户 121.99 万户。

本篇章

资料审核：周丽珺

资料整理：王少波

主要年份交通运输主要指标

	单位	1985 年	1990 年	1995 年	2000 年	2005 年	2010 年	2014 年	2015 年
一、主要运输线路									
1、县乡村公路总里程	公里							3759	3862
2、国省道管养里程	公里							391	391
3、内河航运通航里程	公里	557	562	562	562	562	562	562	562
4、公路桥梁	米	8083	8694	8694	9225.98	10753	12398	18757	49661
	座	298	290	290	309	322	358	445	808
二、主要运输工具									
1、民用汽车	辆	3454	6465	10143	18164	30330	70350	1362366	155422
#客车	辆	902	2022	4038	5249	15422	52102	117507	136641
货车	辆	2269	4019	5546	9249	7435	14705	16890	17062
特种汽车	辆	283	239	559	144	219	241	253	721
2、摩托车	辆	309	2565	8962	30114	38320	51544	30657	21444
3、其它机动车	辆	202	587	1362	236	1498	843	1839	1719
三、客货运输量									
1、货运量	万吨	274	371	595	655	707	1783	2156	3136
民航	万吨	…	…	…	…	…	…	…	0.2
公路	万吨	67	120	266	340	436	1495	1872	2956
水运	万吨	15	49	52	39	22	19	23	180
2、客运量	万人	789	859	911	1750	965	1865	2082	1863
民航	万人	…	…	…	3	7	31	46	49
公路	万人	662	774	786	789	845	1702	1897	1814
水运	万人	8	–	–	–	–	–	–	–
3、货运周转量	万吨公里	11160	51215	59714	79260	93986	196553	415733	1163031
民航	万吨公里	…	–	–	…	…	…	…	–
公路	万吨公里	5888	10187	48278	69654	87500	191299	412469	1131150
水运	万吨公里	2566	8989	9002	6805	4300	3698	31000	31881
4、客运周转量	万人公里	24386	36560	43262	68970	79000	80792	110291	101442
民航	万人公里	10	–	–	–	–	–	–	–
公路	万人公里	24376	36560	43262	68970	79000	80792	110291	101442
水运	万人公里	–	–	–	–	–	–	–	–

全社会分地区交通运输主要指标

	单位	全市	按地区分			按运输部门分	
			市区	乐平市	浮梁县	运输部门	非运输部门
一、主要运输工具							
1、民用汽车	辆	155422	93532	37567	24323	48181	107241
(1)载客汽车	辆	136641	85032	31058	20560	12827	123814
(2)普通载货汽车	辆	17062	8054	5560	3448	13535	3527
2、摩托车	辆	21444	3768	16925	751	473	20971
3、其它机动车	辆	1719	455	949	315		1719
4、载货挂车	辆	2458	1950	243	265	2445	13
二、客货运输量							
1、货运量	万吨	3136	1405	1012	719	2929	207
民　航	万吨	0.2					
公　路	万吨	2956	1405	832	719	2929	27
水　运	万吨	180		180			180
2、客运量	万人	1863	1224	542	97	1863	
民　航	万人	49	49			49	
公　路	万人	1814	1175	542	97	1814	
水　运	万人	-					
3、货运周转量	万吨公里	1163031	537550	350181	275300	1121475	41556
民　航	万吨公里	-					
公　路	万吨公里	1131150	537550	318300	275300	1121475	9675
水　运	万吨公里	31881		31881			31881
4、客运周转量	万人公里	101442	65700	30300	5442	101442	
民　航	万人公里	-					
公　路	万人公里	101442	65700	30300	5442	101442	
水　运	万人公里	-					
附:年末机动车驾驶员	人	411650	250669	118197	42784		

独立核算公路运输单位生产情况

	单位	合 计	货 车	客 车
企业单位数	个	7752	7742	10
营运汽车辆数	辆	13833	13280	553
汽车吨位(客运)	吨位(客位)	59934	58911	1023
载货挂车	辆	2458	2458	
运输量	万吨(万人)	4770	2956	1814
运输周转量	万吨(万人)公里	1232592	1131150	101442

公路、水上运输分组资料

	单位	合 计	独立核算运输企业	交通系统	个体及联户
公路					
1、客运量	万人	1814	1814		
2、客运周转量	万人公里	101442	101442		
3、货运量	万吨	2956	1301		1655
4、货物周转量	万吨公里	1131150	576887		554263
水上运输					
1、客运量	万人	–			
2、客运周转量	万人公里	–			
3、货运量	万吨	180			
4、货物周转量	万吨公里	31881			

主要年份邮电事业发展情况

	单位	2014 年	2015 年
一、邮政局、所总计	处	95	
1、自办局、所合计	处	80	56
邮政局	处	6	3
邮政支局	处	49	21
邮政所	处	25	8
#农　村	处	29	16
2、邮政代办所合计	处	19	27
邮政代办所	处	19	27
#农　村	处	18	22
二、其它邮政业务点			
报刊门市部零售点	处	43	41
邮票代售处	处	-	-
#农村	处	-	-
信箱、信筒	个	87	69
三、邮政投递路线			
邮政单程长度	公里	4522	3384
农村投递路线单和长度	公里	3077	2414
四、邮政业业务收入	万元	11600	11492
五、电信业营业收入	万元	102535	105816
六、电信营业点	处	-	773
七、分类业务量			
函　件	万件	164	161
包　件	万件	3.7	50
汇　票	万张	3.3	3.4
邮政储蓄收款余额	万元	305293	319083
宽带用户	万户	27.48	32.28
固定电话用户	万户	22.1	20.87
移动电话用户	万户	115.07	121.99

注:邮政数据不含邮储银行、邮政速递物流公司的数据。

主要统计指标解释

公路里程　也称“公路通车里程”，是指实际达到交通部制定的公路工程技术标准规定的等级的公路长度。它包括大中城市的郊区公路以及通过小城镇街道的公路里程，也包括桥梁、渡口的长度，但不包括城市里的街道以及厂矿、林区和农业生产用道的里程。两条或多条公路共同经由同一路段，只计算一次，不重复计算里程长度。公路里程是反映公路建设发展规模的重要指标，也是计算运输网密度等指标的基础资料。

内河航道里程　也称“内河通航里程”，是指在枯水季节水深要0.3米及以上，能通航运输船舶及排筏的天然河流、湖泊水库、运河及通航渠道的长度。包括全年季节性通航累计三个月以上的航道，但不包括仅供零散流入竹木排的河道。内河航道里程是反映内河水运网规模、水平和发展情况的主要指标。

货(客)运量　指运输业实际运送的货物(旅客)数量。货运按吨计算，客运按人计算。货物不论运输距离长短，货物类别，均按实际重量统计；旅客不论行程远近或票价多少，均按一人一次作为客运量统计。半票价、小孩票，也按一人统计。货(客)运量是反映运输业为国民经济和人民生活服务的数量指标，也是制定和检查运输生产计划、研究运输发展规模和速度的重要指标。

货物(旅客)周转量　指运输业运送的货物(旅客)数量与其相应运输距离的乘积之总和，通常以吨公里和人公里为计算单位。计算货物周转量通常按发出站与到达站之间的最短距离，也就是计费距离计算。它是反映运输业生产总成果的重要指标，也是编制和检查运输生产计划、计算运输效率、劳动生产率以及核算运输单位成本的主要基础资料。

邮政业业务收入　指邮政企业为用户提供通信服务，按规定的资费标准向用户收取的资费，包括主营业务收入和其他业务收入。

电信业营业收入　指报告期内电信业主要业务和其他业务所取得的收入总额。

十六、房地产开发

·2015 年,全市房地产开发投资 27.44 亿元,比上年下降 25.8%。本年新增固定资产 17.74 亿元,比上年下降 13.0%。

·2015 年,全市房屋施工面积 402.84 万平方米,比上年下降 0.1%。其中,新开工面积 63.2 万平方米,房屋竣工面积 55.02 万平方米。

·2015 年,全市商品房销售面积 67.66 万平方米,商品房销售额 28.29 亿元。

本篇章

资料审核:凌　华

资料整理:倪　艳

房地产开发与经营主要指标(2－1)

	2014年	2015年	2015年比上年增长(%)
一、企业个数(个)	86	76	－11.6
二、投资额和新增固定资产(万元)			
1、投资额	369684	274370	－25.8
按隶属关系分			
省	380		－100.0
市、县	120896	71893	－40.5
其　他	248408	202477	－18.5
按登记注册类型分			
内　资	358780	274298	－23.5
#国　有	100		－100.0
集　体			
股份合作			
联　营			
有限责任公司	243148	158114	－35.0
股份有限公司	21363	43700	104.6
私　营	94169	72484	－23.0
其　他			
港澳台商投资	4880		－100.0
外商投资	6024	72	－98.8
按构成分			
建筑工程	312579	220527	－29.4
安装工程	41118	37369	－9.1
设备工器具购置	3744	3605	－3.7
其他费用	12243	12869	5.1
#土地购置费	5940	7387	24.4
按工程用途分			
住　宅	305188	238247	－21.9

房地产开发与经营主要指标(2－2)

	2014 年	2015 年	2015 年比 上年增长(%)
#别墅、高档公寓	4309	1000	－76.8
办公楼	8721	2850	－67.3
商业营业用房	44922	23847	－46.9
其　他	10853	9426	－13.1
2、本年新增固定资产	203976	177446	－13.0
三、土地开发(万平方米)			
本年购置土地面积	8.97	5.07	－43.5
四、资金来源(万元)			
本年资金来源小计	552300	495383	－10.3
国内贷款	59740	57300	－4.1
#银行贷款	54740	57200	4.5
利用外资			
#外商直接投资			
自筹资金	196607	193461	－1.6
#企事业单位自有资金	63004	25972	－58.8
其他资金来源	295953	244622	－17.3
#定金及预付款	215955	65641	－69.6
个人按揭贷款	64222	107108	66.8
五、房屋施工、竣工和销售情况(平方米)			
1、房屋施工面积	4031659	4028400	－0.1
#新开工面积	630687	632041	0.2
2、房屋竣工面积	895476	550158	－38.6
3、商品房销售面积	983024	676565	－31.2
商品房销售额(万元)	418257	282914	－32.4
商品房待售面积	364165	788191	116.4

房屋施工、竣工、销售与出租情况

	合计	住宅	90平方米及以下住房	别墅、高档公寓	办公楼	商业营业用房	其他
房屋施工面积(平方米)	4028400	3084845	846470	5509	18637	632723	292195
#新开工面积	632041	554704	141328	1009		41234	36103
房屋竣工面积(平方米)	550158	367751	149158	4500		147888	34519
房屋竣工价值(万元)	165461	102172	45088	1500		50117	13172
商品房销售面积(平方米)	676565	655997	118849			19400	1168
#现房销售面积	96866	90462	24322			6404	
期房销售面积	579699	565535	94527			12996	1168
不可销售面积(平方米)	50421	213				32007	18201
待售面积(平方米)	788191	586204	120351		1025	123108	77854
商品房销售额(万元)	282914	264000	49562			18311	603
#现房销售额	34237	29863	9745			4374	
期房销售额	248677	234137	39817			13937	603

按登记注册类型分房地产开发投资

单位:万元

	合　计	内　资	国　有	私营及个体投资	股份有限公司	其他内资	港澳台商投资	外商投资
投资总额	274370	274298		72484	43700	158114		72
按构成分								
建筑工程	220527	220455		58746	30780	130929		72
安装工程	37369	37369		7755	11858	17756		
设备工器具购置	3605				1062	2 543		
其他费用	12869			5983		6886		
按工程用途分								
住　宅	238247	238195		58258	42570	137367		52
#90 平方米及以下住房	91176			14124	25382	51624		46
别墅、高档公寓	1000	1000		1000				
办公楼	2850	2850				2850		
商业营业用房	23847	23832		9816	1130	12886		15
其　他	9426	9421		4410		5011		5
本年资金来源合计	607596	606648		191242	35830	379576		948
上年末结余资金	112213	111767		31260	1348	79159		446
本年资金来源小计	495383	494881		159982	34482	300417		502
国内贷款	57300	57300			5600	51700		
#银行贷款	57200	57200			5600	51600		
自筹资金	193461	193461		35015	380	158066		
#企事业单位自有资金	25972	25972		8863		17109		
其他资金来源	244622	244120		119367	34102	90651		502
#定金及预付款	65641	65139		37090	848	27201		502
个人按揭贷款	107108	107108		77996	967	28145		

分地区房地产开发和经营指标（2－1）

	全市	乐平市	浮梁县	珠山区	昌江区
一、企业个数(个)	76	25	8	30	13
二、投资额和新增固定资产(万元)					
1、投资额	274370	79075	11912	70886	112497
按登记注册类型分					
内　资	274298	79075	11912	70814	112497
#国　有					
私营及个体	72484	28690	1922	37372	4500
股份有限公司	43700	3814			39886
其他内资	158114	46571	9990	33442	68111
港澳台商投资					
外商投资	72			72	
按构成分					
建筑工程	220527	63852	7492	57072	92111
安装工程	37369	7407	4070	10806	15086
设备工器具购置	3605	1063		2142	400
其他费用	12869	6753	350	866	4900
#土地购置费	7387	2487			4900
按工程用途分					
住　宅	238247	56417	8684	65131	108015
#90 平方米及以下住房	91176	15084	6491	22367	47234
别墅、高档公寓	1000	1000			
办公楼	2850	2600		50	200
商业营业用房	23847	12794	2661	5012	3380
其　他	9426	7264	567	693	902
2、本年新增固定资产	177446	55112	16488	52672	53174
三、土地开发情况(平方米)					
本年购置土地面积	50692	50692			
四、资金来源(万元)					
本年资金来源小计	495383	119802	18121	240544	116916
国内贷款	57300	7500	6300	25500	18000
#银行贷款	57300	7500	6300	25500	18000
自筹资金	193461	48412		106034	37415
#企事业单位自有资金	25972	16572		4900	4500
其他资金来源	244622	63890	10221	109010	61501
#定金及预付款	65641	36400	4168	15523	9550
个人按揭贷款	107108	25079	5249	64097	12683
五、房屋施工、竣工和销售情况					
1、房屋施工面积(平方米)	4028400	1353474	393895	1449603	831428
住　宅	3084845	818894	321962	1201224	742765
#90 平方米及以下住房	846470	216182	92966	341997	195325
别墅、高档公寓	5509	5509			
办公楼	18637	17330		1307	
商业营业用房	632723	441208	34415	116830	40270
其　他	292195	76042	37518	130242	48393

分地区房地产开发和经营指标（2－2）

	全市	乐平市	浮梁县	珠山区	昌江区
房屋新开工面积(平方米)	632041	251680	51829	173824	154708
住　宅	554704	204200	46929	160667	142908
#90 平方米及以下住房	141328	50744	1700	45556	43328
别墅、高档公寓	1009	1009			
办公楼					
商业营业用房	41234	21487	4900	11347	3500
其　他	36103	25993		1810	8300
2、房屋竣工面积(平方米)	550158	204248	84770	132777	128363
住　宅	367751	82804	70174	114743	100030
#90 平方米及以下住房	149158	4713	23242	61410	59793
别墅、高档公寓	4500	4500			
办公楼					
商业营业用房	147888	121266	8974	14009	3639
其　他	34519	178	5622	4025	24694
竣工房屋价值(万元)	165461	54721	16488	51961	42291
住　宅	102172	21136	13683	36735	30618
#90 平方米及以下住房	45088	1413	4298	20038	19339
别墅、高档公寓	1500	1500			
办公楼					
商业营业用房	50117	33532	1794	13736	1055
其　他	13172	53	1011	1490	10618
3、商品房销售面积(平方米)	676565	202812	56467	289457	127829
住　宅	655997	196676	51978	282612	124731
#90 平方米及以下住房	118849	41559	11533	58817	6940
别墅、高档公寓					
办公楼					
商业营业用房	19400	6136	4489	5677	3098
其　他	1168			168	
商品房待售面积(平方米)	788191	157786	68544	329009	232852
住　宅	586204	77438	47844	238224	222698
#90 平方米及以下住房	120351	12547	11846	73694	22264
别墅、高档公寓					
办公楼	1025			1025	
商业营业用房	123108	79348	16250	17356	10154
其　他	77854	1000	4450	70404	
商品房销售额(万元)	282914	74283	20017	131762	56852
住　宅	264000	69666	17449	123164	53721
#90 平方米及以下住房	49562	13787	3899	29113	2763
别墅、高档公寓					
办公楼					
商业营业用房	18311	4617	2568	7995	3131
其　他	603			603	

主要统计指标解释

房地产业 是指从事房地产开发、建设、经营、租赁及维修等活动的经济部门。按照国民经济行业的规定，房地产业包括房地产开发与经营、房地产管理和房地产经纪与代理业三部分内容。

房地产开发业 是房地产业的一个重要组成部分，是指进行商品房屋建设和土地开发及经营活动的企业和单位。

房地产开发投资额 是以货币形式表现的房地产开发企业（单位）在一定时期内进行房屋建设及土地开发所完成的工作量及有关费用的总称。

商品房建设投资额 指房地产开发企业（单位）开发建设的供出售、出租用的商品住宅、厂房、仓库、饭店、度假村、写字楼、办公楼等房屋工程及其配套的服务设施所完成的投资额（含拆迁、回迁还建用房）。

建筑工程 指各种房屋、建筑物的建造工程，又称建筑工作量。这部分投资额必须兴工动料，通过施工活动才能实现。

安装工程 指各种设备、装置的安装工程，又称安装工作量。

设备、工器具购置 指工业企业生产的产品转化为固定资产的购置活动，包括建设单位或企、事业单位购置或自制的，达到固定资产标准的设备、工具、器具的价值。

商品住宅 指房地产开发企业（单位）建设并出售、出租给使用者，仅供居住用的房屋。

别墅、高档公寓 指建筑造价和销售价格明显高于一般商品住宅的商品住宅。别墅一般指地处郊区，独立成栋的商品住宅；高档公寓一般指地处市内高尚社区，高层或多层的商品住宅。别墅、高档公寓的确定标准：一是经有房地产投资计划审批权的主管部门审批建设的别墅、高档公寓开发项目；二是销售价格高于当地同等地段商品住宅平均销售价格一倍以上的别墅、公寓开发项目。该指标可以分析房地产投资结构，反映高收入家庭商品住宅的供求平衡情况。

办公楼 指企业、事业、机关、团体、学校、医院等单位使用的各类办公用房（又称写字楼）。

本年新增固定资产 指在报告期已经完成建造和开发过程并交付使用的房屋和土地开发面积的价值。指房地产开发公司进行开发经营活动最终成果，即为社会提供的固定资产，而且是在报告期内新增加的。不是反映房地产开发企业本身固定资产的增加。

本年资金来源合计 指房地产开发企业（单位）在本年内收到的可用于房地产开发和经营的各种资金来源数之和，包括上年末结余资金，本年度内拨入、借入或以各种方式筹集的资金。

上年末结余资金 指上年资金来源中没有形成投资额而结余的资金。包括尚未用到工程上去的材料价值、未开始安装的需要安装设备价值及结存的现金和银行存款等。可根据有关财务数字填报。上年末结余资金不能出现负数,即不能把上年应付工程、材料款作为上年末结余资金的负数来处理。

本年资金来源小计 指房地产开发企业(单位)实际拨入的,用于房地产开发的各种货币资金。包括国内贷款、利用外资、自筹资金和其他资金。

国内贷款 指报告期房地产开发企业(单位)向银行及非银行金融机构借入的用于房地产开发与经营的各种国内借款,包括银行利用自有资金及吸收的存款发放的贷款、上级主管部门拨入的国内贷款、国家专项贷款(包括煤代油贷款、劳改煤矿专项贷款等),地方财政专项资金安排的贷款、国内储备贷款、周转贷款等。

银行贷款 指向各商业银行、政策性银行借入的用于房地产开发与经营的各项贷款。

利用外资 指报告期收到的用于房地产开发与经营的境外资金(包括外国及港澳台地区),包括外商直接投资、对外借款(外国政府贷款、国际金融组织贷款、出口信贷、外国银行商业贷款、对外发行债券和股票)及外商其他投资(包括补偿贸易和加工装配由外商提供的设备价款、国际租赁)。不包括我国自有外汇资金(包括国家外汇、地方外汇、留成外汇、调剂外汇和中国银行自有资金发行的外汇贷款等)。各类外资按报告期的外汇牌价(中间价)折成人民币“万元”计算。

自筹资金 指各地区、各部门及企事业单位筹集用于房地产开发与经营的预算外资金。

其他资金来源 指在报告期收到的除以上各种资金之外其他用于房地产开发与经营的资金。包括国家预算内资金、债券、社会集资、个人资金、无偿捐赠的资金及用征地迁移补偿费、移民费等进行房地产开发的资金。

房屋施工面积 指报告期内施工的全部房屋建筑面积。包括本期新开工的面积和上年开工跨入本期继续施工的房屋面积,以及上期已停建在本期恢复施工的房屋面积。本期竣工和本期施工后又停建缓建的房屋面积仍包括在施工面积中,多层建筑应填各层建筑面积之和。

房屋竣工面积 指报告期内房屋建筑按照设计要求已全部完工,达到住人和使用条件,经验收鉴定合格或达到竣工验收标准,可正式移交使用的各栋房屋建筑面积的总和。

竣工房屋价值 指在报告期内竣工房屋本身的建造价值。竣工房屋的价值一般按房屋设计和预算规定的内容计算。包括竣工房屋本身的基础、结构、房面、装修以及水、电、卫等附属工程的建筑价值,也包括作为房屋建筑组成部分而列入房屋建筑工程预算内的设备(如电梯、通风设备等)的购置和安装费用;不包括厂房内的工艺设备、工艺管线的购置和安装,工艺设备基础的建造;办公和生活用家具的购置等费用;购置土地的费用;迁移补偿费和场地平整的费用及城市建设配套投资。竣工房屋价值一般按结算价格计算。

出租房屋面积 指在报告期期末房屋开发单位出租的商品房屋的全部面积。

商品房销售面积 指报告期内出售商品房屋的合同总面积(即双方签署的正式买卖合同中所确定的建筑面积)。由现房销售建筑面积和期房销售建筑面积两部分组成。

商品房销售额 指报告期内出售商品房屋的合同总价款(即双方签署的正式买卖合同中所确定的合同总价)。该指标与商品房销售面积同口径,由现房销售额和期房销售额两部分组成。

待售面积 指报告期末已竣工的可供销售或出租的商品房屋建筑面积中,尚未销售或出租的商品房屋建筑面积,包括以前前度竣工和本期竣工的房屋面积,但不包括报告期已竣工的拆迁还建、统建代建、公共配套建筑、房地产公司自用及周转房等不可销售或出租的房屋面积。按照商品房待售时间的长短可以划分为待售一年以下,待售一到三年(含一年)和待售三年以上(含三年)。

本年完成开发土地面积 指报告期内对土地进行开发并已完成七通一平等前期开发工程,具备进行房屋建筑物施工或出让条件的土地面积。

本年购置土地面积 指在本年内通过各种方式获得土地使用权的土地面积。

十七、科技、教育、文化

·2015 年,高新技术产业主营业务收入 263.29 亿元,利润总额 17.32 亿元。

·2015 年,规模以上工业企业 R&D 经费支出 12.36 亿元,规模以上工业企业全部 R&D 项目数 266 个。

·2015 年末,全市有各类学校数 554 所;其中,普通高等学校 4 所。在校学生 28.00 万人;其中,普通高等学校在校学生 2.93 万人。

·2015 年末,全市图书馆有总藏书量 102.05 万册,阅览室座席数 1403 个。

本篇章

资料审核:刘建东

资料整理:王　莹

高新技术产业分行业生产经营情况

单位：万元

	企业单位个数(个)	总产值	主营业务收入	利润总额	出口交货值
总计	81	2650741	2632894	173161	343531
一、按行业分组					
电子信息	19	260747	253912	8335	1838
计算机、通讯和其他电子设备制造业	17	206348	200601	7364	1838
航空航天	2	54399	53311	971	
航空、航天器及设备制造业	2	54399	53311	971	
光机电一体化	21	1201549	1214761	59598	233434
船用配套设备制造	1	6997	6807	574	
气体压缩机械制造	1	616902	640468	38544	232714
电气机械和器材制造	15	340700	334606	10783	720
光学仪器制造	1	3525	3525	101	
信息化学品制造	3	233423	229355	9596	
生物、医药和医疗器械	16	791507	769608	84902	91044
医药制造业	16	791507	769608	84902	91044
新材料	21	240308	236846	11721	85
其他玻璃制造	2	68632	67301	3502	
光学玻璃制造	1				
特种陶瓷制品制造	18	171676	169545	8220	85
其他	2	102232	104456	7635	17131
化学试剂和助剂制造	2	102232	104456	7635	17131
二、按企业规模分组					
大型企业	3	810950	840088	94702	314880
中型企业	13	664499	633244	27471	26729
小型企业	65	1175293	1159562	50988	1922

规模以上工业企业 R&D 人员情况

	R&D人员合计(人)	一		二	三	四		R&D人员折合全时当量合计(人年)			
		参加项目人员	管理和服务人员	女性	研究人员	全时人员	非全时人员		研究人员	应用研究人员	试验发展人员
总计	4118	3766	352	829	1428	2625	1493	2521	887	216	2305
一、按企业规模分组											
大型	1743	1652	91	320	353	737	1006	1053	217		1053
中型	655	545	110	129	246	399	256	403	159		403
小型	741	688	53	144	345	611	130	505	236		505
微型	979	881	98	236	484	878	101	560	275	216	345
二、按隶属关系分组											
中央	944	860	84	223	472	850	94	535	267	216	319
省(自治区、直辖市)	180	180		14	23	162	18	103	13		103
地(区、市、州、盟)	1598	1446	152	317	392	628	970	987	250		987
县(区、市、旗)	460	446	14	114	189	385	75	300	125		300
其他	936	834	102	161	352	600	336	596	231		596
三、按登记注册类型分组											
内资企业	3818	3507	311	780	1317	2507	1311	2368	833	216	2152
国有企业	192	192		17	27	169	23	115	17		115
有限责任公司	2137	1885	252	434	916	1683	454	1345	564	216	1129
股份有限公司	1138	1115	23	277	223	372	766	642	134	642	
私营企业	351	315	36	52	151	283	68	266	118		266
港、澳、台商投资企业	122	81	41	19	54	38	84	44	21		44
外商投资企业	178	178		30	57	80	98	110	32		110
四、按国民经济行业分组											
采矿业	192	180		17	27	169	23	115	17		115
制造业	3926	3574	352	812	1401	2456	1470	2406	870	216	2191
五、按企业控股情况分组											
国有控股	2609	2378	231	538	841	1555	1054	1568	508	216	1352
私人控股	1197	1117	80	240	476	947	250	791	325		791
港澳台商控股	122	81	41	19	54	38	84	44	21		44
外商控股	178	178		30	57	80	98	110	32		110
其他	12	12		2		5	7	9			9
六、按地区分组											
昌江区	1893	1776	117	388	464	845	1048	1123	278		1123
珠山区	1063	928	135	248	532	950	113	618	309	216	402
浮梁县	354	319	35	85	178	296	58	242	119		242
乐平市	808	743	65	108	254	534	274	539	181		539

规模以上工业企业 R&D 经费情况

单位:万元

	R&D 经费内部支出合计	按活动类型分组			按支出用途分组		按资金来源分组				R&D 经费外部支出
		基础研究支出	应用研究支出	试验发展支出	经常费支出	资产性支出	政府资金	企业资金	境外资金	其他资金	
总计	121290		9175	112115	98766	22524	5608	115339	261	83	2358
一、按企业规模分组											
大型	46495		9175	46495	33544	12951	849	45422	225		632
中型	22136			22136	19978	2158	50	22050	36		373
小型	31404			31404	29486	1918	359	30963		83	19
微型	21255			12080	15758	5497	4350	16905			1335
二、按隶属关系分组											
中央	20927		9175	11752	15443	5484	4332	16595			1335
省(自治区、直辖市)	76			76	64	12		76			
地(区、市、州、盟)	45083			45083	32168	12914	943	43915	225		872
县(区、市、旗)	23098			23098	20049	3049		23098			10
其他	32108			32108	31043	1065	333	31655	36	83	142
三、按登记注册类型分组											
内资企业	115369		9175	106194	93120	22249	5608	109417	261		2273
国有企业	120			120	94	26	44	76			19
股份合作企业											
有限责任公司	75517		9175	66342	60525	14992	4382	71099	36		1744
股份有限公司	26732			26732	19761	6970	849	25658	225		511
私营企业	13000			13000	12740	260	333	12584		83	
港、澳、台商投资企业	2831			2831	2823	8		2831			
外商投资企业	3090			3090	2823	267		3090			86
四、按国民经济行业大类分组											
采矿业	120			120	94	26		76			19
制造业	121170		9175	111996	98672	22498		115263	261	83	2340
五、按企业控股情况分组											
国有控股	64571		9175	55396	46284	18287	5274	59072	225		2196
集体控股											
私人控股	50407			50407	46450	3957	333	49955	36	83	73
港澳台商控股	2831			2831	2823	8		2831			
外商控股	3090			3090	823	267		3090			86
其他	391			391	386	5		391			5
六、按地区分组											
昌江区	61404			61404	45056	16347	943	60200	261		931
珠山区	22895		9175	13721	17393	5502	4342	18554			1342
浮梁县	14990			14990	14848	142	323	14584		83	
乐平市	22002			22002	21469	533		22002			86

规模以上工业企业全部 R&D 项目情况

	项目数（项）	参加项目人员（人）	项目人员折合全时当量（人年）	全部项目经费内部支出（万元）
总计	266	3766	2562	103125
一、按企业规模分组				
大型	108	1652	1064	43550
中型	50	545	415	18133
小型	62	688	514	27071
微型	46	881	569	14372
二、按隶属关系分组				
中央	43	860	542	14243
省(自治区、直辖市)	3	180	103	76
地(区、市、州、盟)	106	1446	1007	41389
县(区、市、旗)	33	446	301	20009
其他	81	834	609	27408
三、按登记注册类型分组				
内资企业	252	3507	2407	97734
国有企业	4	192	115	117
股份合作企业				
有限责任公司	130	1885	1373	59731
股份有限公司	87	1115	646	26010
私营企业	31	315	273	11877
港、澳、台商投资企业	5	81	45	2483
外商投资企业	9	178	110	2907
四、按国民经济行业大类分组				
采矿业	4	192	115	117
制造业	262	3991	2447	103008
五、按企业控股情况分组				
国有控股	143	2378	1594	54638
集体控股				
私人控股	108	1117	805	42712
港澳台商控股	5	81	45	2483
外商控股	8	178	110	2907
其他	1	12	9	385
六、按地区分组				
昌江区	144	1776	1137	56173
珠山区	52	928	631	15855
浮梁县	26	319	248	10837
乐平市	44	743	546	20260

规模以上工业企业办科技机构情况

	机构数（个）	机构人员合计（人）	博士毕业	硕士毕业	本科毕业	机构经费支出（万元）	仪器和设备原价（万元）	进口
总计	45	3581	33	223	2778	54820	230599	668
一、按企业规模分组								
大型	14	1211	20	100	941	19967	12650	
中型	13	494	6	47	231	5064	6615	668
小型	17	296	6	17	186	5891	1488	
微型	1	1580	1	59	1520	23899	209846	
二、按隶属关系分组								
中央	1	1580	1	59	1520	23899	209846	
省（自治区、直辖市）	7	517	1	28	486	186	128	
地（区、市、州、盟）	10	570	21	76	400	16692	13812	13
县（区、市、旗）	8	195	4	18	138	1931	1070	
镇	1	14		2	6	5.2	43	
其他	17	685	4	35	320	11876	5381	655
三、按登记注册类型分组								
内资企业	43	3456	32	214	2815	53594	229615	668
国有企业	6	152		8	144	176	28	
有限责任公司	28	2541	21	141	2208	32200	216702	13
股份有限公司	3	564	11	58	334	16166	11584	655
私营企业	6	199		7	119	5353	1501	
外商投资企业	2	125	1	9	63	926	785	
四、按国民经济行业大类分组								
采矿业	6	152		8	144	176	28	
制造业	39	3429	33	215	2734	54644	230571	668
五、按企业控股情况分组								
国有控股	17	2601	23	155	2360	39544	223313	
私人控股	26	855	9	59	455	14351	6502	668
外商控股	2	125	1	9	63	926	785	
其他								
六、按地区分组								
昌江区	15	815	25	97	500	18376	16122	655
珠山区	5	2053	4	92	1922	25394	210690	13
浮梁县	15	236	3	12	149	5434	753	
乐平市	10	477	1	22	307	5616	3034	

规模以上工业企业科技活动人员及 R&D 经费内部支出情况

单位:万元

	科技活动人员(人)	大学本科及以上学历	R&D经费内部支出合计	一			二			
				基础研究支出	应用研究支出	试验发展支出	日常性支出	人员劳务费	资产性支出	仪器和设备
总计	7343	4688	121290		9175	112115	98766	23444	22524	21775
一、按执行部门分组										
工业企业	7343	4688	121290		9175	112115	98766	23444	22524	21775
非工业企业										
二、按登记注册类型分组										
内资企业	6924	4462	115369		9175	106194	93120	22574	22249	21512
国有企业	604	160	120			120	94	83	26	26
股份合作企业	5	3								
有限责任公司	4210	3238	75517		9175	66342	60525	13684	14992	14442
股份有限公司	1505	594	26732			26732	19761	5409	6970	6916
私营企业	600	467	13000			13000	12740	3398	260	129
港、澳、台商投资企业	175	81	2831			2831	2823	342	8	
外商投资企业	244	145	3090			3090	2823	529	267	263
三、按隶属关系分组										
中央	1664	1586	20927		9175	11752	15443	7475	5484	5430
省(自治区、直辖市)	1229	732	76			76	64	61	12	12
地(区、市、州、盟)	2331	933	45083			45083	32168	6061	12914	12438
县(区、市、旗)	581	465	23098			23098	20049	3786	3049	2992
其他	1494	949	32108			32108	31043	6062	1065	904
四、按国民经济行业大类分组										
采矿业	609	163	120			120	94	83	26	26
制造业	6728	4519	121170		9175	111996	98672	23361	22498	21750
五、按地区分组										
昌江区	2692	1092	61404			61404	45056	9220	16347	15834
珠山区	2533	2347	22895		9175	13721	17393	7723	5502	5447
浮梁县	568	480	14990			14990	14848	1885	142	127
乐平市	1550	769	22002			22002	21469	4616	533	367

规模以上工业企业新产品开发、生产及销售情况

	新产品开发项目数（项）	新产品开发经费支出（万元）	新产品产值（万元）	新产品销售收入（万元）	出口
总计	247	114603	1474793	1413475	290557
一、按企业规模分组					
大型	114	61564	877820	872779	246886
中型	39	21252	202045	149916	43670
小型	72	29636	40564	40522	
微型	22	2152	354364	350259	
二、按隶属关系分组					
中央	21	2025	349966	346501	
省（自治区、直辖市）	3	6405	131633	121004	
地（区、市、州、盟）	122	57519	592334	597172	165846
县（区、市、旗）	43	26082	61732	24111	
其他	58	22572	339128	324688	124710
三、按登记注册类型分组					
内资企业	236	110334	1363037	1300838	240833
国有企业	1	44	87	68	
有限责任公司	126	74323	799995	756281	12888
股份有限公司	90	26211	447610	430342	162910
私营企业	19	9756	115345	114146	65035
港、澳、台商投资企业	4	2103	45539	45526	33599
外商投资企业	7	2166	66217	67111	16125
四、按国民经济行业大类分组					
采矿业	1	44	87	68	
制造业	246	114560	1474707	1413407	290557
五、按企业控股情况分组					
国有控股	132	59551	1059942	1050796	165726
私人控股	99	47736	303095	250042	75107
港澳台商控股	4	2103	45539	45526	33599
外商控股	7	2166	66217	67111	16125
其他	5	3047			
六、按地区分组					
昌江区	150	73418	665414	618039	170923
珠山区	42	11554	511826	496829	120
浮梁县	31	16914	18925	18055	
乐平市	24	12717	278628	280552	119513

分地区各类全日制学校基本情况

	单位	全市	市直	珠山区	昌江区	乐平市	浮梁县	陶瓷工业园
一、学校数	所	554	38	26	43	318	120	5
普通高等学校	所	4						
普通中学	所	101	21	2	8	42	27	1
职业中学	16	12		1	2	1		
小学	所	433	5	24	34	274	92	4
二、在校学生数	人	279950	43243	25181	8620	130198	30019	852
普通高等学校	人	29320						
成人高等学校	人	2517						
普通中学	人	88512	28169	800	5510	42062	11696	275
职业中学	人	8009	4635	1693	491	923	267	
小学	人	151592	10439	22688	12619	87213	18056	577
三、招生数	人	72010	12700	4547	4008	32998	7274	148
普通高等学校	人	9787						
成人高等学校	人	548						
普通中学	人	31258	9448	277	1936	15623	3906	68
职业中学	人	2601	1452	617	51	316	165	
小学	人	27816	1800	3653	2021	17059	3203	80
四、毕业生数	人	56049	12805	3809	3685	22302	6486	282
普通高等学校	人	6075						
成人高等学校	人	605						
普通中学	人	28187	9769	266	1793	12118	4097	144
职业中学	人	2026	1639	73	151	93	70	
小学	人	19156	1397	3470	1741	10091	2319	138
五、专任教师	人	15903	2982	1089	985	6702	2481	72
普通高等学校	人	1592						
普通中学	人	7388	2436	82	421	3070	1346	33
职业中学	人	483	382		22	34	45	
小学	人	6440	164	1007	542	3598	1090	39

分城乡普通中学、小学基本情况

单位:人

	学校数(所)	在校学生数	招生数	毕业生数	教职员工数	专任教师
总计	534	240104	59074	47343	14404	13828
#女生		104633	25849	20698	6681	6518
城区	113	126980	31806	29042	6863	6500
镇区	122	58439	14582	13315	4045	3908
乡村	299	54685	12686	4986	3496	3420
一、普通中学	101	88512	31258	28187	7835	7388
#女生		38917	13543	12538	3078	2965
城区	36	55665	19948	17527	4392	4083
镇区	40	25708	8690	8587	2548	2470
乡村	25	7139	2620	2073	895	835
二、小学	433	151592	27816	19156	6569	6440
#女生		65716	12306	8160	3603	3553
城区	77	71315	11858	11515	2471	2417
镇区	82	32731	5892	4728	1497	1438
乡村	274	47546	10066	2913	2601	2585

幼儿园基本情况

	园数(所)	班数(个)	在园幼儿数(人)	教职工数(人)	园长	教师	保健员	其他
总　计	539	2032	56679	5137	612	3107	128	1290
一、按部门分								
1、教育部门和集体办	144	371	9744	799	123	533	8	135
2、社会力量办	391	1607	1520	4108	478	2455	114	1061
3、其他部门办	4	54	45415	230	11	119	6	94
二、按城乡分								
1、城区	197	1008	27980	3131	290	1792	114	935
2、镇区	142	461	12411	1083	142	712	9	220
3、乡村	200	563	16288	923	180	603	5	135

主要年份教育事业主要分析指标

	单位	1980 年	1985 年	1990 年	1995 年	2000 年	2005 年	2010 年	2014 年	2015 年
一、每千人口拥有在校学生数										
普通高等学校	人	0.75	1.09	1.69	2.66	3.79	12.65	16.84	26.16	29.32
普通中学	人	54.54	45.97	47.95	50.81	63.24	71.04	56.79	87.27	88.51
职业中学	人		2.32	2.85	2.03	2.48	4.32	6.20	7.83	8.00
小学	人	157.77	148.75	123.12	109.40	100.61	79.93	87.46	147.64	151.59
二、各类学校学生占总数比重										
普通高等学校	%	0.3	0.5	0.9	1.4	1.9	6.8	9.9	9.8	10.57
普通中学	%	25.4	22.9	26.1	27.4	32.2	38.1	33.6	32.9	31.62
职业中学	%		1.2	1.6	1.2	1.3	2.3	3.6	2.9	2.86
小学	%	73.7	74.3	69.8	59.1	51.2	42.9	51.7	54.2	54.15
三、平均每个教师负担学生数										
普通高等学校	人	2.84	2.06	3.51	9.29	13.67	12.88	17.86	16.56	19.99
普通中学	人	15.91	13.72	11.63	14.45	16.46	16.68	14.09	11.69	11.98
小学	人	21.6	24.27	19.86	21.60	18.41	16.56	20.10	22.27	23.54
四、小学学龄儿童数及入学率										
学龄儿童(7－11 岁)	万人	5.39	14.11	12.23	13.26	12.98	11.21	11.03	11.48	12.03
已入学学龄儿童数	万人	5.19	13.76	12.07	13.23	12.98	11.11	11.02	11.48	12.03
学龄儿童入学率	%	96.3	97.5	98.7	99.7	100.0	100.0	100.0	100.0	100.0
五、教育成效										
九年义务教育巩固率	%			95.5	97.8	98.5	98.8		81.9	83.0
高中阶段毛入学率	%						60.4		86.1	87.1

电影、广播、电视事业

	单　位	2014 年	2015 年
一、电影事业			
(一)放映单位数	个	6	8
#电影院			8
影剧院	个	6	8
按机型分			
35mm	个	31	
16mm	个	14	
(二)放映场数	场	7812	6002
(三)放映收入	万元	2835	4424
二、广播、电视事业			
(一)广播事业			
广播中波电台数	个	2	2
广播发射功力	架/千瓦	2/8.5kw	2/8.5kw
广播覆盖人口	万人	161	162
(二)电视			
电视台数	座	5	5
电视发射功力	部/千瓦	16/14.15	4/14.15
1 千瓦以上发射台	座	2	2
电视覆盖人口	万人	161	162
(三)干扰机发射功力	架/千瓦	4/4	4/4

群众艺术馆情况

	单位	全市	市本级	昌江区	珠山区	浮梁县	乐平市
机构数	个	6	2	1	1	1	1
从业人员	人	138	82	15	10	9	22
组织文艺活动参加人次	人次	251300	85000	39000	28980	48600	49720
举办培训班培训人次	人次	11544	8400	400	390	892	1462
举办展览参观人次	人次	19380	4200	3700	2680	4600	4200
举办理论研讨和讲座参加人次	人次	950		240	210	260	240
藏书数	册	5000		2000		3000	
演出场次	次	244	84	42	30	43	45
观众人次	万人次	26.11	10.20	3.90	2.86	4.20	4.95
资产总计	万元	668	235	50	90	167.4	126
收入合计	万元	1382.7	1032	20	20	72.7	238
支出合计	万元	1437.6	1089	20	20	70.6	238

图书馆情况

	单位	全市	市本级	昌江区	珠山区	浮梁县	乐平市
从业人员	人	83	53	4	4	5	17
总藏量	册	1020488	643788	41000	54000	141700	140000
#图书	册	783650	542650	40700	48900	35400	116000
古籍	册	45350	30910				14440
电子图书	个	191528	70228	300	1000	100000	20000
总流通人次	人次	533652	263212	11230	58000	21210	180000
#书刊文献外借人次	人次	382273	181963	10360	41000	18950	130000
资产总计	万元	1612.5	1222	95	90	54	152
实际拥有公用房面积	平方米	17120	8000	1500	1500	1120	5000
#书库面积积	平方米	5260	3500	500	200	60	1000
阅览室面积	平方米	5800	2000	500	800	500	2000
阅览室座席数	个	1403	510	70	240	183	400
少儿阅览室座席数	个	342	128	36	48	30	100
盲人阅览室座席数	个	48	20	16			12
本年收入合计	万元	845.6	589	16	25	24	192
本年支出合计	万元	792	535	16	25	24	192

主要统计指标解释

高新技术产业 通常是指那些以高新技术为基础，从事一种或多种高新技术及其产品的研究、开发、生产和技术服务的企业集合，这种产业所拥有的关键技术往往开发难度很大，但一旦开发成功，却具有高于一般的经济效益和社会效益。

研究与试验发展简称研发 指在科学技术领域，为增加知识总量、以及运用这些知识去创造新的应用进行的系统的创造性的活动，包括基础研究、应用研究、试验发展三类活动。

基础研究 指为了获得关于现象和可观察事实的基本原理的新知识（揭示客观事物的本质、运动规律，获得新发现、新学说）而进行的实验性或理论性研究，它不以任何专门或特定的应用或使用为目的。其成果以科学论文和科学著作为主要形式。

应用研究 指为获得新知识而进行的创造性研究，主要针对某一特定的目的或目标。应用研究是为了确定基础研究成果可能的用途，或是为达到预定的目标探索应采取的新方法（原理性）或新途径。其成果形式以科学论文、专著、原理性模型或发明专利为主。

试验发展 指利用从基础研究、应用研究和实际经验所获得的现有知识，为产生新的产品、材料和装置，建立新的工艺、系统和服务，以及对已产生和建立的上述各项作实质性的改进而进行的系统性工作。其成果形式主要是专利、专有技术、具有新产品基本特征的产品原型或具有新装置基本特征的原始样机等。在社会科学领域，试验发展是指把通过基础研究、应用研究获得的知识转变成可以实施的计划（包括为进行检验和评估实施示范项目）的过程。人文科学领域没有对应的试验发展活动。

普通高等学校 指按照国有规定的审批程序批准举办，通过全国统一招生考试，招收高级中等学校毕业生和具有同等学历者，实施高等教育，培育高等专门人才的学校，包括：大学、专门学院、专科学校和短期职业大学。

成人高等学校 指按国家规定的审批程序批准举办，招收在职高中毕业或同等学历者，利用多种形式对成人实施高等教育，培养相当普通高等学校专科或本科毕业水平的专门人才的学校。包括广播电视大学、职工高等学校、农民高等学校、干部管理学院、教育学院、独立函授学院以及普通高等学校举办的函授、夜大等。

小学学龄儿童入学率 指调查范围内已入学学习的学龄儿童总数（包括弱智儿童在内，但不包括聋哑儿童）的比重，计算公式是：

小学学龄儿童入学率 = 已入学的小学学龄儿童数/校内外小学学龄儿童总数 × 100%

十八、卫生、体育和其他

·2015年末,全市各类卫生机构1074个,卫生技术人员8683人。

·2015年,全市举办各级运动会2次,参赛运动员1570人次,等级裁判员发展人数150人。

本篇章

资料审核:刘建东

资料整理:王　莹

医疗卫生机构、床位、人员情况

	机构个数（个）	实有床位数（张）	卫生技术人员（人）							管理人员（人）
			小计	执业（助理）医师	执业医师	注册护士	药师（士）	技师（士）	其他	
总　计	1074	7608	8683	2984	2499	3879	527	634	659	512
一、医院	30	6302	5730	1757	1560	2877	382	357	357	349
综合医院	21	4799	4736	1418	1252	2456	290	273	299	249
中医医院	3	680	520	211	201	186	51	42	30	31
专科医院	6	823	474	128	107	235	41	42	28	69
精神病医院	2	360	112	28	23	60	5	10	9	43
皮肤病医院	1	105	148	44	40	63	21	12	8	8
结核病医院	1	208	134	25	23	71	12	17	9	16
骨科医院	1	90	60	23	15	31	2	3	1	1
其他专科医院	1	60	20	8	6	10	1		1	1
二. 基层医疗卫生机构	1020	783	1818	899	634	522	101	135	161	67
社区卫生服务中心（站）	36	85	457	198	175	170	29	48	12	41
卫生院	43	698	909	302	195	316	68	84	139	26
村卫生室	733		192	178	50	14				
门诊部	1		7	5	5	1	1			
诊所. 卫生所. 医务室	207		253	216	209	21	3	3	10	
三. 专业公共卫生机构	24	523	1135	328	305	480	44	142	141	96
疾病预防控制中心	5		192	69	64	41	6	54	22	28
专科疾病防治院	1		26	22	19	3			1	6
健康教育所（站、中心）	1		4			2		2		1
妇幼保健院（所、站）	5	523	771	227	212	401	36	71	36	27
急救中心（站）	1		14	3	3	9	2			6
采供血机构	1		30			19		10	1	3
卫生监督所（中心）	5		81						81	10
计划生育技术服务机构	5		17	7	7	5		5		15

分地区医疗卫生机构情况

单位:个

	全市	昌江区	珠山区	浮梁县	乐平市
各类卫生机构总数	1074	109	181	358	426
一、医院	30	6	9	6	9
综合医院	21	6	5	3	7
中医医院	3		1	1	1
专科医院	6		3	2	1
二、基础医疗卫生机构	1020	99	159	348	414
社区卫生服务中心	12	2	8		2
社区卫生服务站	24	8	14		2
乡镇卫生院	43	5	1	18	19
村卫生室	733	55	33	300	345
门诊部	1				1
诊所、卫生所、医务室、护理站	207	29	103	30	45
三、专业公共卫生机构	24	4	13	4	3
疾病预防控制中心(防疫站)	5	1	2	1	1
专科疾病防治院(所.站)	1		1		
健康教育所.站	1		1		
妇幼保健院(所.站)	5	1	2	1	1
急救中心(站)	1		1		
采供血机构	1		1		
卫生监督所	5	1	2	1	1
计划生育技术服务机构	5	1	3	1	

分地区医院病床使用情况

	单位	全市	昌江区	珠山区	浮梁县	乐平市
实有床位	张	6302	981	3037	404	1880
#特需服务床位	张	26	7	13	6	
负压病房床位	张	17	8	6	3	
实际开放总床位	床日	2188414	305393	1096541	140050	646430
实际占用总床日数	床日	1913148	255492	977960	61149	618547
观察床数	张	370	18	268	36	48
全年开设家庭病床总数	张	19	15			4
病床周转次数	次	36.9	40.5	37.9	19.0	37.4
病床工作日	日	319.1	305.4	325.5	159.4	349.3
病床使用率	%	87.42	83.66	89.19	43.66	95.69
出院者平均住院日	日	8.4	7.0	8.6	8.4	8.9

体育事业基本情况

	单位	1985年	1990年	1995年	2000年	2005年	2010年	2014年	2015年
1、体育系统职工人数	人	112	155	135	226	228	204	186	220
行政管理干部	人	55	75	65	93	111	127	86	76
专职教练员	人	28	34	37	37	25	32	34	31
专职文化教师	人	3	2	3	66	69	23	48	56
工人	人	26	44	30	30	23	22	18	57
2、体育馆	人	1	1	1	1	1	1	27	27
3、少年儿童业余体校数	所	4	15	12	7	4	4	7	3
在校学生数	人	260	730	688	439	230	168	238	453
专职教练员	人	28	27	34	18	12	10	11	25
4、举办各级运动会	次	69	168	191	98	4	20	27	2
参加运动会的运动员人数	人次	23033	43715	3856	18815	290	8200	7900	1570
#县(市、区)级以上运动会	次	61	93	62	42	16	4	4	2
5、等级裁判员发展人数	人	151	144	40	87	80	85	46	150

分地区节育措施实施情况

单位:人

	全市	昌江区	珠山区	浮梁县	乐平市	陶瓷工业园
采取节育措施人数合计	306340	27697	65724	43613	167454	1852
一、采取绝育措施人数	136432	8200	7251	21278	98900	803
#生育纯女人数	7583	786	745	2662	3324	66
#生育一孩人数	1084	138	173	251	508	14
生育二孩人数	116508	7369	6286	18861	83285	707
二、上环人数	117869	14350	37500	17111	48064	844
#生育纯女人数	27934	4785	13732	2763	6451	203
#生育一孩人数	86750	11120	30471	11120	33508	531
生育二孩人数	26916	2964	6518	5429	11715	290
三、皮下埋殖人数	605	1	3			601
四、口服药及注射人数	2674	277	446	79	1851	21
五、使用避孕套人数	46192	4712	20209	5039	16048	184
六、使用外用药人数	911	140	293	40	438	
七、其他	1657	17	22	66	1552	

说明:2014 年我市区划调整之后,高新区没有计生管理职能。全省计生全员系统中取消了“高新区”区划代码,吕蒙乡数据纳入“昌江区”统计。数据来源 2015 年报。

妇女儿童发展状况(5－1)

	单位	2012年	2013年	2014年	2015年
一、经济与人口					
人均地区生产总值	元	39151	42340	45438	47216
城镇居民人均可支配收入	元	21621	23991	26625	29101
农村居民人可均支配收入	元	8865	10013	11547	12736
国家财政性教育经费	万元	188215	221734	227415	253925
医疗卫生经费	万元	194586	203113	241788	272027
妇幼保健经费	万元	9878	10927	14888	16840
疾病预防控制经费	万元	13814	14469	15163	14728
人口与计划生育事务	万元	9216	9281	9522	6065
人口总数	万人	161.00	161.95	162.98	164.05
#女性	万人	77.39	77.91	78.90	79.54
0－4岁人口	万人	11.4	11.5	11.6	11.7
#女性	万人	5.1	5.1	5.2	5.2
0－17岁人口	万人	48.7	49	49.3	49.6
#女性	万人	22.6	22.7	22.8	22.9
育龄妇女人口(15－49岁)	万人	50.9	51.2	51.5	51.8
人口自然增长率	‰	7.18	6.80	6.85	6.83
出生人口性别比(以女孩为100)	－	116.39	115.75	115.23	114.67
二、卫生保健					
婴儿死亡率	‰	3.35	2.19	1.99	1.28
#城市	‰	1.62	1.47	1.81	1.04
农村	‰	4.01	2.49	3.04	1.39
5岁以下儿童死亡率	‰	5.31	3.7	4.37	2.88
#城市	‰	1.94	2.21	4.19	1.63
农村	‰	6.60	4.35	5.47	3.44
孕产妇死亡率	1/10万	4.46	4.46	8.84	4.58
#城市	1/10万			10.34	
农村	1/10万	6.16	6.40		6.62

妇女儿童发展状况(5－2)

	单位	2012年	2013年	2014年	2015年
国家扩大免疫规划的疫苗接种率	%	99.75	99.7	99.69	99.58
卡介苗接种率	%	99.87	99.86	99.83	99.95
脊髓灰质炎疫苗接种率	%	99.76	99.71	99.81	99.76
百白破疫苗接种率	%	99.77	99.71	99.81	99.78
麻疹疫苗接种率	%	99.74	99.66	99.86	97.20
乙肝疫苗接种率	%	99.83	99.83	99.81	99.80
流脑疫苗	%	99.66	99.67	99.90	99.74
乙脑疫苗	%	99.71	99.61	99.79	99.77
甲肝疫苗	%	99.69	99.50	99.77	99.79
5岁以下儿童中、重度营养不良患病率	%	0.97	0.97	3.34	3.19
7岁以下儿童保健管理率	%	84.62	87.05	87.52	87.79
住院分娩率	%	99.7	99.88	99.97	99.99
农村孕产妇住院分娩率	%	99.61	99.87	99.97	99.99
农村高危孕产妇住院分娩率	%	100	99.88	99.94	100
非住院分娩中新法接生率	%	100	100	100	100
产前检查率	%	96.59	96.81	97.16	97.30
孕产妇系统管理率	%	85.19	87.65	84.21	85.06
#城市	%	96.96	96.17	83.34	92.47
农村	%	81.16	83.95	89.30	81.76
婚前医学检查率	%	21.87	17.08	16.46	18.35
#城市	%	73.71	60.12	63.64	70.21
农村	%	1.01	0.97	0.54	0.60
当年报告艾滋病病毒感染例数	例	34	81	124	171
#女性	例	8	8	19	25
已婚育龄妇女综合避孕率	%	94.42	94.20	94.50	84.53
三、教育					
在园幼儿数	千人	52.05	57.69	53.25	56.70
#女童	千人	24.69	27.16	21.82	24.90
学前教育毛入园率	%	90.5	93.3	94.2	94.5
小学学龄儿童净入学率	%	100.00	100.00	100.00	100.00
#男生	%	100.00	100.00	100.00	100.00
女生	%	100.00	100.00	100.00	100.00

妇女儿童发展状况(5-3)

	单位	20112 年	2013 年	2014 年	2015 年
小学五年巩固率	%	99.3	99.8	99.9	99.9
#男生	%	99.3	99.8	99.9	99.9
女生	%	99.3	99.8	99.9	99.9
初中阶段毛入学率	%	99.8	99.8	99.6	99.8
#男生	%	99.9	99.9	99.9	99.9
女生	%	99.7	99.5	99.3	99.5
初中三年巩固率	%	99.9	99.6	99.4	99.5
#男生	%	99.9	99.6	99.5	99.5
女生	%	99.9	99.4	99.3	99.5
九年义务教育巩固率	%	99.9	99.6	99.8	99.5
#男生	%	99.9	99.7	99.8	99.5
女生	%	99.9	99.6	99.8	99.5
特殊教育在校学生数	人	1090	925	863	826
# 女生	人	641	356	303	219
高中阶段毛入学率	%	93.6	94.9	95.1	95.6
#男生	%	94.3	95.0	95.9	96.3
女生	%	92.8	93.9	93.7	92.6
平均受教育年限	年	9.3	9.4	9.5	9.5
#男性	年	9.8	9.8	9.9	9.9
女性	年	8.6	8.67	8.8	8.9
成人识字率	%	99.9	99.9	99.9	99.9
#男性	%	99.9	99.9	99.9	99.9
女性	%	99.9	99.9	99.9	99.9
青壮年识字率(15-50 岁)	%	99.8	99.8	99.8	99.8
#男性	%	99.80	99.8	99.8	99.8
女性	%	99.8	99.8	99.8	99.8
四、就业与社会保障					
就业人员	千人	1007.8	1016.8	1026	1034.5
#女性	千人	446.5	450.5	454.6	458.4
城镇单位就业人员	千人	192.6	201.8	201.4	195.1
#女性	千人	78.7	82.4	82.2	79.6

妇女儿童发展状况(5－4)

	单位	2012年	2013年	2014年	2015年
城镇登记失业人员	千人	17.1	17.9	15.9	15.9
#女性	千人	8.1	11.7	10.5	9.5
高级专业技术人员	人	2592	3024	3255	3775
#女性	人	707	906	1026	1075
城镇职工基本养老保险参保人数	千人	279.0	282.0	291.8	295.5
#女性	千人	142.0	143.0	143.5	127.9
城乡居民社会养老保险参保人数	千人	28.5	530.5	538.3	544.0
#女性	千人	14.5	270.5	274.5	277.5
城镇职工基本医疗保险参保人数	千人	292.0	335.0	319.3	323.8
#女性	千人	110.0	118.0	115.0	89.9
城镇居民基本医疗保险参保人数	千人	399.0	400.0	399.0	400.7
#女性	千人	107.0	121.0	119.0	107.0
参加失业保险人数	千人	133.0	136.0	136.0	136.0
#女性	千人	59.8	61.2	60.2	60.7
参加工伤保险人数	千人	241.0	245.0	250.1	273.3
#女性	千人	92.0	92.0	92.8	102.7
生育保险人数	千人	63.0	80.0	81.2	97.2
#女性	千人	43.0	46.0	47.1	56.7
生育保险覆盖率	%	21	57	58	60
五、社会服务					
城镇居民最低生活保障人数	千人	59.0	55.5	52.9	51.3
农村居民最低生活保障人数	千人	40.5	39.7	39.7	39.9
村民委员会成员中女性比重	%	35.6	26.4	25.9	25.9
#村委会主任中女性比重	%	3.0	3.0	3.0	3.0
居民委员会成员中女性比重	%	64.7	64.7	72.4	72.4
城镇社区服务设施数	个	117	117	128	128
城镇便民、利民服务网点数	个	1256	1300	1380	1380
六、妇女参政议政					
市人大代表数	人	298	298	297	294
#女性	人	47	49	49	46
市政协委员数	人	417	419	419	419
#女性	人	107	108	108	110

妇女儿童发展状况(5－5)

	单位	2012年	2013年	2014年	2015年
地级党委领导班子中女干部配备率	%	100	100	100	100
地级政府领导班子中女干部配备率	%	100	100	100	100
市级政府工作部门领导班子女干部配备率	%	55.10	60.61	57.78	53.49
县级党委领导班子中女干部配备率	%	100	100	100	100
县级政府领导班子中女干部配备率	%	100	100	100	100
县级政府工作部门领导班子女干部配备率	%	50.86	65.91	60.00	58.59
县级政府领导班子中担任正职的女干部占同级正职干部的比例	%	25	50	50	50
市级政府工作部门领导班子中担任正职的女干部占同级正职干部的比例	%	8.16	6.06	11.11	9.3
公务员中女性比重	%	21.32	22.27	24.41	22.56
七、法律保护					
破获强奸案件数	起	22	23	13	15
破获拐卖妇女案件数	起		21	3	
破获拐卖儿童案件数	起				
破获组织、强迫、引诱、容留、介绍妇女卖淫案件数	起		5	4	5
家暴妇女儿童救助(庇护)机构数	个	1	1	1	1
受救助(庇护)的妇女儿童人次数	人次	3	2	2	2
刑事犯罪被害人中女性比重	%	32.50	33.73	38	32.19
未成年人作案成员占全部作案人员的比重	%	9.28	6.10	4.54	4.07
得到法律援助机构援助的总人数	人	1083	1116	1575	1236
#妇女儿童	人	476	546	545	590
八、社会、生活环境					
农村改水受益率	%	99.21	99.21	99.37	99.38
农村自来水普及率	%	36.99	54.71	67.03	68.92
农村卫生厕所普及率	%	90.25	93.81	97.15	97.50
城市建成区绿化覆盖率	%	53.70	51.54	51.54	52.02
城市污水处理率	%	69.56	71.34	72.07	72.54
城市生活垃圾无害化处理率	%	100	100	100	100

主要统计指标解释

医疗卫生机构 指依法定程序设立的从事疾病诊断、治疗活动的卫生机构的总称。医院、卫生院是我国医疗机构的主要形式,此外,还有疗养院、门诊部、诊所、卫生所(室)以及急救站等,共同构成了我国的医疗机构。

医院 指名称为医院,设有固定床位能收容病人住院并能为病人提供医疗、护理服务的医疗机构。包括市级医院、县级医院,按所属性质分为政府所有、企业所有医院。按业务性质分为综合医院和专科医院。

卫生技术人员 指卫生事业机构支付工资的全部固定职工和合同制职工中现任职务为卫生技术工作人员。包括执业医师、执业助理医师、注册护士、药剂人员、检验人员、其他卫生技术人员。

医师 指经卫生部门审查合格,从事医疗工作的专业人员。分为中医医生和西医医生,包括卫生技术人员中执业医师、执业助理医师。

等级裁判员人数 指经考核正式批准授予等级裁判员称号的人数。裁判员等级分为国际裁判、国家级裁判、一级裁判、二级裁判、三级裁判。

十九、“十二五”时期经济发展成就

·“十二五”期末的2015年,全市地区生产总值772.06亿元,比“十一五”期末的2010年增长62.9%。人均地区生产总值7581美元,增长59.5%;“十二五”末,三次产业比例由“十一五”末的8.3:60.8:31.0调整到7.4:56.7:35.9。

本篇章
资料审核:吴 巍
资料整理:李斯宇

全国、全省、全市三次产业结构

单位:亿元、%

		2006 年	2010 年	2011 年	2012 年	2013 年	2014 年	2015 年
地区生产总值（GDP）	全国	219438	413030	489301	540367	595244	643974	685506
	全省	4619	9435	11584	12948	14410	15709	16724
	全市	224.78	461.5	564.71	628.25	683.69	738.21	772.06
第一产业	增加值							
	全国	24700	40497	47712	52374	55322	58332	60863
	全省	786.3	1205.9	1391	1520.23	1588.51	1683.73	1772.98
	全市	20.84	38.09	44.73	48.97	52.29	55.25	57.22
	占地区生产总值比重							
	全国	11.8	10.2	10.1	10.1	9.4	9.2	9.0
	全省	17.0	12.8	12.0	11.7	11.1	10.7	10.6
	全市	9.3	8.3	7.9	7.8	7.6	7.5	7.4
第二产业	增加值							
	全国	102004	186481	220592	235162	256810	271392	274278
	全省	2319.00	5194.70	6592.00	6967.49	7713.02	8388.26	8487.30
	全市	121.58	280.51	355.74	373.78	397.18	428.91	437.58
	占地区生产总值比重							
	全国	48.7	46.9	46.8	45.3	43.7	42.6	40.5
	全省	50.2	55.1	56.9	53.8	53.5	53.4	50.8
	全市	54.1	60.8	63.0	59.5	58.1	58.1	56.7
第三产业	增加值							
	全国	82703	171005	203260	231406	275887	306739	341567
	全省	1513.50	3034.40	3600.00	4460.76	5108.66	5636.61	6463.50
	全市	82.36	142.91	164.24	205.5	234.22	254.06	277.25
	占地区生产总值比重							
	全国	39.5	43.0	43.1	44.6	46.9	48.2	50.5
	全省	32.8	32.2	31.1	34.5	35.5	35.9	38.6
	全市	36.6	31.0	29.1	32.7	34.3	34.4	35.9

注:全国的地区生产总值来源于 2016 年 7 月 5 日《国家统计局关于改革研发支出核算方法修订国内生产总值核算数据的公告》,其他数据均来自国家统计年鉴。

全市"十二五"时期主要指标(2－1)

		2011 年	2012 年	2013 年	2014 年	2015 年	2011－2015 年均增速
地区生产总值	总量(亿元)	564.71	628.25	683.69	738.21	772.06	
	增速(%)	12.1	11.6	10.2	8.8	8.6	10.3
第一产业	总量(亿元)	44.73	48.00	52.29	55.25	57.22	
	增速(%)	4.0	4.1	4.0	4.5	3.6	4.0
第二产业	总量(亿元)	355.74	373.78	397.18	428.91	437.58	
	增速(%)	14.0	12.4	11.5	10.1	8.9	11.4
#工业	总量(亿元)	315.25	329.50	348.18	376.27	383.59	
	增速(%)	16.3	13.0	11.8	10.5	9.1	12.1
#规上	总量(亿元)	181.83	220.83	225.32	273.90	271.02	
	增速(%)	18.5	14.8	12.1	11.3	9.4	13.2
第三产业	总量(亿元)	164.24	205.50	234.22	254.06	277.25	
	增速(%)	10.6	11.7	9.1	7.0	8.8	9.4
人均 GDP	总量(亿元)	35421	39151	42334	45437	47216	
	增速(%)	11.3	10.9	9.5	8.2	7.9	9.5
单位 GDP 能耗	总量(吨标准煤)	0.599	0.572	0.549	0.529	0.580	
	增速(%)	－3.84	－4.50	－4.14	－3.63	－1.80	－3.6
财政总收入	总量(亿元)	68.90	84.04	92.62	101.52	111.56	
	增速(%)	29.6	22.0	10.2	9.6	9.9	16.0
固定资产投资	总量(亿元)	366.40	456.69	538.72	622.54	690.88	
	增速(%)	6.8	24.6	18.0	15.6	11.0	15.0
社会消费品零售总额	总量(亿元)	166.65	188.81	214.44	239.88	268.26	
	增速(%)	17.4	13.8	13.6	12.5	10.2	13.5

全市“十二五”时期主要指标(2-2)

		2011 年	2012 年	2013 年	2014 年	2015 年	2011-2015 年均增速
出口总额	总量(亿美元)	12.39	12.13	10.96	7.58	7.75	
	增速(%)	59.7	-2.1	-9.6	-30.8	2.2	0.0
实际利用外资	总量(亿美元)	1.05	1.18	1.40	1.55	1.76	
	增速(%)	-13.2	12.4	18.6	10.5	13.6	7.7
三产比例	%	7.9:63.0:29.1	7.8:59.5:32.7	7.6:58.1:34.3	7.5:58.1:34.4	7.4:56.7:35.9	
居民消费率	%	38.1	37.4	38.8	40.9	38.5	0.3 个百分点
城镇化率	%	57.96	59.85	61.05	62.28	63.53	1.44 个百分点
城镇居民人均可支配收入	总量(元)	18964	21621	23991	26625	29101	
	增速(%)	13.9	14.0	11.0	9.7	9.3	11.5
农村居民人均可支配收入	总量(元)	7676	8865	10013	11547	12736	
	增速(%)	17.7	15.5	12.9	11.4	10.3	13.5
人均固定资产投资	元	22982	28460	33362	38318	42252	14.3
人均社会消费品零售额	元	10453	11766	13280	14765	16406	13.1
人均财政总收入	元	4322	5237	5736	6249	6823	15.2
固定资产投资占 GDP 比重	%	64.9	72.7	78.8	84.3	89.5	3.8 个百分点
财政收入占 GDP 比重	%	12.2	13.4	13.5	13.8	14.4	0.7 个百分点

全省“十二五”时期主要指标(2－1)

		2011 年	2012 年	2013 年	2014 年	2015 年	2011－2015 年均增速
地区生产总值	总量(亿元)	11703	12949	14410	15709	16724	
	增速(%)	12.5	11.0	10.1	9.7	9.1	10.5
第一产业	总量(亿元)	1391	1520	1589	1684	1773	
	增速(%)	4.2	4.6	4.5	4.7	3.9	4.4
第二产业	总量(亿元)	6391	6943	7713	8388	8487	
	增速(%)	15.2	13.1	12.0	11.1	9.4	12.1
#工业	总量(亿元)	5412	5828	6452	6995	6987	
	增速(%)	17.3	13.4	12.3	11.2	9.0	12.6
#规上	总量(亿元)	3911	4885	5756	6834	7269	
	增速(%)	19.1	14.7	12.4	11.8	9.2	13.4
第三产业	总量(亿元)	3921	4486	5109	5637	6464	
	增速(%)	11.1	9.5	8.4	8.8	10.0	9.6
人均 GDP	总量(亿元)	26150	28800	31771	34661	36725	
	增速(%)	11.8	10.4	9.6	9.2	6	9.4
财政总收入	总量(亿元)	1645	2046	2358	2680	3022	
	增速(%)	34.2	24.4	15.3	13.7	12.7	19.8
固定资产投资	总量(亿元)	8404	10378	12435	14677	16994	
	增速(%)	22.5	23.5	19.8	18.0	16.0	19.9
社会消费品零售总额	总量(亿元)	3458	4027	4576	5129	5896	
	增速(%)	17.9	15.9	13.6	12.7	11.4	14.3

全省“十二五”时期主要指标(2－2)

		2011 年	2012 年	2013 年	2014 年	2015 年	2011－2015 年均增速
出口总额	总量(亿美元)	218.8	251.1	281.7	320.4	330.9	
	增速(%)	63.1	14.8	12.2	13.7	4.8	20.1
实际利用外资	总量(亿美元)	60.6	68.2	75.5	84.5	94.7	
	增速(%)	18.8	12.6	10.7	11.9	12.1	13.2
三产比例	%	11.9:54.6:33.5	11.7:53.6:34.7	11.0:53.5:35.5	10.7:53.4:35.9	10.6:50.8:38.6	
城镇化率	%	45.70	47.51	48.87	50.22	51.62	1.51 个百分点
城镇居民人均可支配收入	总量(元)	17495	19860	22120	24309	26500	
	增速(%)	13.0	13.5	11.4	9.9	9.0	11.3
农村居民人均可支配收入	总量(元)	6892	7828	9089	10117	11139	
	增速(%)	19.1	13.6	16.1	11.3	10.1	14.0
人均固定资产投资	元	18778	23082	27416	32384	37317	19.3
人均社会消费品零售额	元	7727	8956	10089	11317	12947	14.3
人均财政总收入	元	3676	4551	5199	5913	6636	19.2
固定资产投资占 GDP 比重	%	71.8	80.1	86.3	93.4	101.6	5.8 个百分点
财政收入占 GDP 比重	%	14.1	15.8	16.4	17.1	18.1	1.0 个百分点

全国“十二五”时期主要指标(2－1)

		2011 年	2012 年	2013 年	2014 年	2015 年	2011－2015 年均增速
地区生产总值	总量(亿元)	489301	540367	595244	643974	685506	
	增速(%)	9.5	7.7	7.7	7.4	6.9	7.8
第一产业	总量(亿元)	46153	50893	55322	58332	60863	
	增速(%)	4.2	4.5	3.8	4.1	3.9	4.1
第二产业	总量(亿元)	223390	240200	256810	271392	274278	
	增速(%)	10.6	8.2	7.9	7.3	6.0	8.0
#工业	总量(亿元)	191571	204540	217264	227991	228974	
	增速(%)	10.8	7.9	7.6	7.0	5.9	7.8
#规上	增速(%)	13.9	10.0	9.7	8.3	6.1	9.6
第三产业	总量(亿元)	214580	243030	275887	306739	341567	
	增速(%)	9.5	8.0	8.3	8.1	8.3	8.4
人均 GDP	总量(亿元)	36018	39544	43320	46652	49351	
	增速(%)	9.0	7.2	7.2	6.9	5.8	7.2
财政总收入	总量(亿元)	103874	117254	129210	140350	152217	
	增速(%)	25.0	12.9	10.2	8.6	8.5	12.9
固定资产投资	总量(亿元)	301933	364835	436528	502005	551590	
	增速(%)	23.8	20.6	19.6	15.7	10.0	17.8
社会消费品零售总额	总量(亿元)	183919	210307	237810	262394	300931	
	增速(%)	17.1	14.3	13.1	12.0	10.7	13.4

注:全国的地区生产总值来源于 2016 年 7 月 5 日《国家统计局关于改革研发支出核算方法修订国内生产总值核算数据的公告》,其他数据均来自国家统计年鉴。

全国“十二五”时期主要指标(2－2)

		2011年	2012年	2013年	2014年	2015年	2011－2015年均增速
出口总额	总量(亿美元)	18984	20487	22090	23427	22696	
	增速(%)	20.3	7.9	7.8	6.1	－1.8	7.8
实际利用外资	总量(亿美元)	1177	1133	1187	1196	7814	
	增速(%)	8.2	－3.7	4.8	1.7	6.4	3.4
三产比例	%	9.5:46.1:44.3	9.5:45.0:45.5	9.4:43.7:46.9	9.2:42.6:48.2	9.0:40.5:50.5	
城镇化率	%	51.27	52.57	53.73	54.77	56.10	1.23个百分点
城镇居民人均可支配收入	总量(元)	21810	24565	26955	28844	31195	
	增速(%)	14.1	12.6	9.7	9.0	8.2	10.7
农村居民人均可支配收入	总量(元)	6977	7917	8896	10489	11422	
	增速(%)	17.9	13.5	12.0	11.2	8.9	12.7
人均固定资产投资	元	22463	27011	32160	36796	40226	14.8
人均社会消费品零售额	元	13683	15570	17520	19233	21946	13.3
人均财政总收入	元	7728	8681	9519	10287	11101	12.3
固定资产投资占GDP比重	%	62.4	68.3	74.2	78.9	81.5	3.1个百分点
财政收入占GDP比重	%	21.5	22.0	22.0	22.1	22.5	0.4个百分点

全市“十二五”时期主要指标·综合

		2010年	2011年	2012年	2013年	2014年	2015年	2015年比2010年增加量	2011—2015年年均增长(%)
一、经济发展									
地区生产总值	总量(亿元)	461.50	564.71	628.25	683.69	738.21	772.06	310.56	
	增速(%)	15.1	12.1	11.6	10.2	8.8	8.6		10.3
人均生产总值(人民币)	总量(元)	29155	35421	39151	42340	45438	47216	18061	
	增速(%)	14.2	11.3	10.9	9.6	8.2	7.9		9.6
人均生产总值(美元)	总量(美元)	4307	5484	6202	6836	7397	7581	3274	
	增速(%)	14.3	11.8	11.2	9.8	8.3	6.6		9.5
财政总收入	总量(亿元)	53.15	68.90	84.04	92.62	101.52	111.56	58.41	
	增速(%)	49.5	29.6	22.0	10.2	9.6	9.9		16.0
固定资产投资	总量(亿元)	343.00	366.40	456.69	538.72	622.54	690.88	347.88	
	增速(%)	34.5	6.8	24.6	18.0	15.6	11.0		15.0
社会消费品零售总额	总量(亿元)	140.37	166.65	188.81	213.27	239.88	268.26	127.89	
	增速(%)	19.7	17.4	13.8	13.6	12.5	10.2		13.5
出口总额	总量(亿美元)	7.76	12.39	12.13	10.96	7.58	7.75	-0.01	
	增速(%)	61.2	59.6	-2.1	-9.6	-30.8	2.2		0.0
实际利用外　资	总量(亿美元)	1.21	1.05	1.18	1.40	1.55	1.76	0.55	
	增速(%)	24.8	25.7	49.5	21.6	31.9	30.1		31.4
旅游总收入	总量(亿元)	66.63	83.76	125.22	152.29	200.87	261.32	194.69	
	增速(%)	24.8	25.7	49.5	21.6	31.9	30.1		31.4
占GDP比重	%	14.4	14.8	19.9	22.3	27.2	33.8	19.4	3.9
接待国内外游客	万人次	1324.59	1604.59	2001.28	2242.45	2585.08	3112.59	1788.00	18.6
二、经济结构									
三产比例		100.10	100.00	100.00	100.00	100.00	100.00		
一产	%	8.3	7.9	7.8	7.6	7.5	7.4	-0.9	-0.2个百分点
二产	%	60.8	63.0	59.5	58.1	58.1	56.7	-4.1	-0.8个百分点
三产	%	31.0	29.1	32.7	34.3	34.4	35.9	4.9	1.0个百分点
居民消费率	%	37.1	38.1	37.4	38.8	40.9	38.5	1.4	0.3个百分点
城镇化率	%	56.31	57.96	59.85	61.05	62.28	63.53	7.22	1.4个百分点
工业化率	%	52.8	55.8	52.4	51.2	51.0	49.7	-3.1	-0.4个百分点

注:人均生产总值(美元)各自按当年汇率计算。

全市“十二五”时期主要指标 · 地区生产总值(2－1)

单位:万元

	2010 年	2011 年	2012 年	2013 年	2014 年	2015 年
地区生产总值	4615001	5647106	6282524	6836900	7382137	7720557
第一产业	379146	447297	489716	522933	552450	572169
第二产业	2805060	3557411	3737794	3971768	4289070	4375840
工业	2437660	3152518	3295040	3481759	3762702	3835909
建筑业	367400	404893	442754	490009	526368	539931
第三产业	1430795	1642398	2055014	2342199	2540617	2772548
交通运输、仓储和邮政业	260026	290457	337845	379477	397376	412558
批发和零售	403813	456122	519995	573597	617868	661297
住宿和餐饮业	89714	99515	135674	149405	166627	184304
金融业	41490	45556	92649	132515	154489	180594
房地产业	77434	85730	108136	120735	118555	113195
营利性服务业	164628	227806	309638	362111	396830	456300
非营利性服务业	393690	437212	551077	624359	688872	747450

全市“十二五”时期主要指标 · 地区生产总值(2－2)

(以地区生产总值为100)

单位:%

	2010年	2011年	2012年	2013年	2014年	2015年
地区生产总值	100.0	100.0	100.0	100.0	100.0	100.0
第一产业	8.2	7.9	7.8	7.6	7.5	7.4
第二产业	60.8	63.0	59.5	58.1	58.1	56.7
工业	52.8	55.8	52.4	50.9	51.0	49.7
建筑业	8.0	7.2	7.0	7.2	7.1	7.0
第三产业	31.0	29.1	32.7	34.3	34.4	35.9
交通运输、仓储和邮政业	5.6	5.1	5.4	5.6	5.4	5.3
批发和零售	8.8	8.1	8.3	8.4	8.4	8.6
住宿和餐饮业	1.9	1.8	2.2	2.2	2.3	2.4
金融业	0.9	0.8	1.5	1.9	2.1	2.3
房地产业	1.7	1.5	1.7	1.8	1.6	1.5
营利性服务业	3.6	4.0	4.9	5.3	5.4	5.9
非营利性服务业	8.5	7.7	8.8	9.1	9.3	9.7

全市“十二五”时期主要指标·非公经济增加值

		2010 年	2011 年	2012 年	2013 年	2014 年	2015 年
非公增加值	总量(万元)	2618614	2987718	3422948	3808153	4146069	4338953
	增速(%)	16.2	13.3	13.5	8.5	9.2	8.9
	占GDP比重(%)	56.7	52.9	54.5	55.7	56.2	56.2
第一产业	总量(万元)	114837	135961	156118	161559	181811	173041
	增速(%)	5.0	4.5	4.6	4.2	4.7	0.2
第二产业	总量(万元)	1828020	207163	2234187	2503538	2716763	2866108
	增速(%)	17.2	14.3	14.5	9.4	9.5	9.2
工业	总量(万元)	1504333	1750196	1882321	2083242	2260144	2361297
	增速(%)	17.4	16.4	15.3	9.7	9.6	10.0
第三产业	总量(万元)	675757	780084	1032643	1143056	1247495	1299804
	增速(%)	15.6	15.6	12.3	6.3	8.8	9.2
非公就业人数(万人)		59.67	61.79	63.92	64.68	65.38	66.21
占全社会就业人数比重(%)		61.5	62.5	63.4	63.6	63.7	64.0

全市“十二五”时期主要指标·农业(3-1)

		2010年	2011年	2012年	2013年	2014年	2015年	2015年比2010年增加量	2011—2015年年均增长(%)
粮食播种面积	总量(万公顷)	9.34	9.36	9.39	9.44	9.50	9.54	0.20	
	增速(%)	0.9	0.2	0.4	0.5	0.6	0.4		0.4
粮食产量	总量(万吨)	57.53	58.62	60.55	62.06	62.92	63.60	6.07	
	增速(%)	1.3	1.9	3.3	2.5	1.4	1.1		2.0
蔬菜产量	总量(万吨)	82.18	83.91	85.72	91.26	96.66	98.88	16.71	
	增速(%)	5.3	2.1	2.2	6.5	5.9	2.3		3.8
茶叶产量	总量(万吨)	0.41	0.48	0.57	0.63	0.66	0.72	0.31	
	增速(%)	19.2	17.0	20.4	9.7	5.7	8.5		12.1
乡村从业人员	总量(万人)	54.08	55.58	5.80	53.77	53.61	53.69	-0.39	
	增速(%)	0.9	2.8	0.4	-3.6	-0.3	0.1		-0.1
#农林牧渔业	总量(万人)	20.58	18.42	18.39	18.20	19.88	19.86	-0.72	
	增速(%)	-1.5	-10.5	-0.1	-1.1	9.2	-0.1		-0.7
#外出离乡的从业人员	总量(万人)	20.58	18.42	18.39	18.20	19.88	9.86	-0.72	
	增速(%)	-1.5	-10.5	-0.1	-1.1	9.2	-0.1		-0.7
农业机械总动力	总量(万千瓦)	155.45	171.11	188.39	72.31	78.39	82.39	-73.06	
	增速(%)	14.1	10.1	10.1	-61.6	8.4	5.1		-11.9
粮食加工机械	总量(万台)	1.16	0.58	1.42	0.48	0.51	0.53	-0.62	
	增速(%)	8.2	-50.1	147.2	-66.0	5.0	5.2		-14.3
棉花加工机械	总量(万台)	0.11	0.03	0.09	0.03	0.03	0.03	-0.08	
	增速(%)	4.0	-73.8	206.4	-66.3	-8.3	2.3		-24.0
油料加工机械	总量(万台)	0.12	0.20	0.21	0.12	0.13	0.13	0.01	
	增速(%)	9.4	62.9	4.6	-41.1	3.4	3.5		1.4

全市“十二五”时期主要指标·农业(3－2)

		2010年	2011年	2012年	2013年	2014年	2015年	2015年比2010年增加量	2011—2015年年均增长(%)
农村化肥施用量合计	总量(万吨)	8.59	8.72	9.00	9.02	9.28	9.46	0.87	
	增速(%)	6.4	1.4	3.2	0.2	2.9	2.0		2.0
农村用电量	总量(亿千瓦小时)	2.21	2.45	2.66	2.66	2.87	3.18	0.98	
	增速(%)	8.5	11.0	8.9	-0.2	8.0	10.9		7.6
农业总产值	总量(亿元)	57.58	67.16	72.94	78.24	82.67	87.96	30.38	
	增速(%)	5.1	4.0	4.1	4.1	4.5	3.7		4.1
#农业	总量(亿元)	32.65	35.91	39.47	41.68	44.62	48.12	15.47	
	增速(%)	4.8	3.8	3.3	4.5	4.3	7.1		4.6
占农业总产值比重	%	56.70	53.47	54.12	53.28	53.97	54.70	-2.00	-0.04个百分点
#林业	总量(亿元)	4.01	4.48	5.05	5.42	5.91	6.33	2.33	
	增速(%)	6.5	9.6	7.1	4.9	7.0	7.0		7.1
占农业总产值比重	%	6.96	6.68	6.92	6.93	7.15	7.20	0.24	0.05个百分点
#牧业	总量(亿元)	14.89	19.93	20.15	21.72	21.92	22.47	7.59	
	增速(%)	5.1	3.0	3.5	3.3	4.2	-4.5		1.8
占农业总产值比重	%	25.85	29.68	27.62	27.76	26.52	25.55	-0.30	-0.06个百分点
#渔业	总量(亿元)	3.99	4.29	5.30	5.76	6.24	6.48	2.49	
	增速(%)	5.2	2.5	8.0	2.3	4.6	3.2		4.1
占农业总产值比重	%	6.93	6.39	7.27	7.37	7.55	7.37	0.44	0.09个百分点
#农林牧渔服务业	总量(亿元)	2.05	2.54	2.97	3.65	3.98	4.55	2.51	
	增速(%)	6.7	7.7	7.4	5.9	5.9	5.9		6.6
占农业总产值比重	%	3.55	3.78	4.07	4.67	4.81	5.18	1.62	0.32个百分点
自来水受益村委会个数	个	289	317	394	397	418	420	131	
占村委会总个数比重	%	57.11	62.77	78.02	84.11	88.37	88.79	31.68	

全市“十二五”时期主要指标·农业(3－3)

		2010 年	2011 年	2012 年	2013 年	2014 年	2015 年	2015 年比 2010 年增加量	2011—2015 年年均增长(%)
农村居民人均可支配收入	总量(元)	6748	7943	9175	10363	11547	12736	6215	
	增速(%)	14.3	17.7	15.5	13.0	11.	10.3		13.5
工资性收入	总量(元)	3095.62	3856.43	4465.22	5206.00	4232.70	4677.13	1581.51	
	增速(%)	15.2	24.6	15.8	16.6	8.9	10.5		8.6
家庭经营收入	总量(元)	3942.14	3121.95	3492.94	5493.00	4240.53	4707.00	764.86	
	增速(%)	1.3	－20.8	11.9	57.3	11.7	11.0		3.6
财产性收入	总量(元)	292.50	304.34	471.82	581.00	292.89	315.15	22.65	
	增速(%)	28.9	4.0	55.0	23.1	－0.4	7.6		1.5
转移性收入	总量(元)	489.86	629.10	720.33	903.00	2781.37	3037.06	2547.20	
	增速(%)	29.5	28.4	14.5	25.4	16.7	9.2		44.0
家庭经营费用支出	总量(元)	1069.52	1057.47	1088.33	1518.00	2207.70	2219.33	1149.81	
	增速(%)	－17.0	－1.1	2.9	39.5	13.0	0.5		15.7
生活消费支出	总量(元)	4200.39	4087.79	5338.27	5924.00	8281.78	9508.45	5308.06	
	增速(%)	6.9	－2.7	30.6	11.0	11.1	14.8		17.8
#食品	总量(元)	1947.90	2458.84	2455.96	2587.80	2892.57	3320.09	1372.19	
	增速(%)	4.1	26.2	－0.1	5.4	12.8	14.8		11.3
#文化教育娱乐用品及服务	总量(元)	336.29	235.52	258.75	287.20	789.61	1072.82	736.53	
	增速(%)	2.3	－30.0	9.9	11.0	4.3	35.9		26.1

注:2014 年,收入和支出指标数据为城乡住户一体化新口径数据。

全市“十二五”时期主要指标·工业

		2010 年	2011 年	2012 年	2013 年	2014 年	2015 年	2015 年比 2010 年增加量	2011—2015 年年均增长(%)
一、工业增加值									
工业增加值	总量(亿元)	243.76	315.25	329.50	348.18	376.27	383.59	139.83	
	增速(%)	15.6	16.3	13.0	11.8	10.5	9.1		12.1
占 GDP 比重	%	52.8	55.8	52.4	50.9	51.0	49.7	-3.12	-0.6
#规上工业增加值	总量(亿元)	160.03	181.83	220.83	225.32	243.88	271.02	110.99	
	增速(%)	22.5	18.5	14.8	12.1	11.3	9.4		13.2
#六大优势产业	亿元	–	–	–	157.92	179.24	199.49		
#装备制造业	亿元	38.36	56.24	64.99	67.44	74.75	40.28	1.92	
二、规上工业经济效益									
企业数	家	413	318	292	304	310	320	-93	-5.0
主营业务收入	总量(亿元)	674.37	844.4	946.23	1052.72	1181.61	1084.2	410	
	增速(%)	42.7	25.2	12.1	11.3	12.2	4.0		12.8
利税总额	总量(亿元)	55.88	52.64	65.47	86.33	96.15	95.2	39	
	增速(%)	47.1	-5.8	24.4	31.9	11.4	3.7		12.3
利润总额	总量(亿元)	24.56	26.53	36.42	48.04	48.82	48.5	24	
	增速(%)	87.0	8.0	37.3	31.9	1.6	4.3		15.7
百元主营业务收入实现利润	总量(元)	3.6	3.1	3.8	4.6	4.1	4.5	1	
	增速(%)	31.1	-13.7	22.5	18.6	-9.5	1.1		2.8
三、陶瓷产业									
规上工业企业数	家	112	75	62	67	77	80	-32	-6.5
总产值	总量(亿元)	160.2	192.6	215.0	249.3	291.6	336.5	176.3	
	增速(%)	59.7	20.2	11.6	16.0	17.0	15.4		16.0
#规上工业	总量(亿元)	86.89	103.83	123.36	143.30	186.23	218.79	131.90	
	增速(%)	63.5	53.2	18.8	16.2	30.0	15.4		25.9
增加值	总量(亿元)	46.50	58.73	66.59	67.31	68.23	80.40	33.90	
	增速(%)	35.8	20.2	11.6	16.0	16.6	14.6		15.8
从业人员	万人	10.54	10.65	10.80	11.00	11.31	11.63	1.09	
#规上工业	万人	2.34	1.32	1.33	1.34	1.38	1.52	-0.82	

全市“十二五”时期主要指标·投资

		2010年	2011年	2012年	2013年	2014年	2015年	2015年比2010年增加量	2011—2015年年均增长(%)
项目数	个	775	543	690	829	781	1128		7.8
固定资产投资额	总量(亿元)	343.00	366.40	456.69	538.72	622.54	690.88	347.88	
	增速(%)	23.7	6.8	24.6	18.0	15.6	11.0		15.0
#城市基础设施投资额	总量(亿元)	78.50	33.57	24.19	38.29	70.49	135.28	56.78	
	增速(%)	38.7	-57.2	-27.9	58.3	84.1	91.9		11.5
#电力、热力、燃气及水生产和供应业	总量(亿元)	52.94	21.77	4.16	12.47	11.96	10.91	-42.03	
	增速(%)	50.8	-58.9	-80.9	199.8	-4.1	-8.8		-27.1
#电力、热力的生产和供应业	总量(亿元)	38.73	13.43	0.38	2.28	8.64	6.69	-32.04	
	增速(%)	56.2	-65.3	-97.2	500.0	278.9	-22.6		-29.6
水的生产和供应业	总量(亿元)	5.06	1.45	2.84	0.87	0.61	1.34	-3.72	
	增速(%)	32.3	-71.3	95.9	-69.4	-29.9	120.6		-23.3
交通运输、仓储和邮政业	总量(亿元)	12.29	10.34	5.90	3.94	12.74	19.15	6.86	
	增速(%)	35.6	-15.9	-42.9	-33.2	223.4	50.4		9.3
#道路运输业	总量(亿元)	8.64	9.14	5.48	-	6.85	17.92	9.28	
	增速(%)	18.4	5.8	-40.0	-	-	161.8		15.7
水利、环境和公共设施管理业	总量(亿元)	10.20	16.86	14.12	20.23	42.56	104.97	94.77	
	增速(%)	27.2	65.3	-16.3	43.3	110.4	146.6		59.4
#水利管理业	总量(亿元)	1.54	1.04	4.23	3.20	5.43	3.61	2.07	
	增速(%)	25.5	-32.5	306.7	-24.3	69.7	-33.4		18.6
环境管理业	总量(亿元)	1.50	0.42	-	0.23	0.64	0.48	-1.02	
	增速(%)	23.1	-72.0	-	-	178.3	-25.5		-20.4
公共设施管理业	总量(亿元)	7.16	15.40	9.89	16.80	36.49	100.88	93.72	
	增速(%)	28.9	115.1	-35.8	69.9	117.2	176.4		69.7

全市“十二五”时期主要指标·民生

		2010 年	2011 年	2012 年	2013 年	2014 年	2015 年	2015 年比2010 年增加量	2011—2015 年年均增长(%)
全市总人口	万人	158.92	159.94	161.00	161.95	162.98	164.05	5.13	0.6
#中心城区	万人	47.36	47.63	48.23	48.64	48.95	49.28	1.92	0.8
人口自然增长率	‰	7.82	7.38	7.18	6.80	6.85	6.83	-1.0	
城镇居民人均可支配收入	总量(元)	16846	19179	21866	24262	26625	29101	12255	
	增速(%)	11.1	13.4	14.0	11.0	9.7	9.3		11.5
农村居民人均可支配收入	总量(元)	6748	7943	9175	10363	11547	12736	5988	
	增速(%)	14.3	17.7	15.5	13.0	11.4	10.3		13.5
廉租补贴	户		9000	8861	10960	10050	8545		
城市棚户区改造	户		3729	2020	2436	1176	2076		
城镇登记失业率	%	3.8	3.7	3.9	3.5	3.5	3.2	-0.6	
城镇新增就业人数	万人	2.70	3.58	3.04	3.91	3.98	2.96	累计新增17.47 万	
居民预期寿命	年	73.43	73.73	74.03	74.33	74.63	74.93	1.5	

全市“十二五”时期主要指标·教育、文化、体育

		2010年	2011年	2012年	2013年	2014年	2015年	2015年比2010年增加量
一、教育								
主要劳动年龄人口平均受教育年限	年	9.13	9.22	9.31	9.38	9.47	9.53	0.4
高中入学率	%	81.74	83.06	93.33	74.60	81.93	87.12	5.4
在校学生数	万人	31.63	32.49	29.25	28.31	31.84	33.70	2.1
#中等职业教育	万人	1.00	0.79	1.38	0.79	0.78	0.89	-0.1
高等教育	万人	2.64	2.51	2.38	2.31	2.50	3.20	0.6
二、文化								
公共文化事业								
电影放映单位数	个	2	4	4	4	6	8	6
电影放映场数	场					7812	7812	-
广播覆盖人口	万人	155.14	155.14	158.34	159.55	161.70	161.70	7
群众艺术馆								
机构数	个	1	1	6	6	6	6	5
演出场次	场	92	97	97	90	129	113	21
观众人数	万人					334.00	6.58	-
图书馆								
个数	个	5	5	5	5	5	5	-
总藏量	千册	630	565	703	948	934	1020	390
实际拥有公用房面积	平方米	8680	12520	17200	19120	19120	13910	5230
三、体育								
体育馆个数	个	1	1	1	13	13	1	
举办各级运动会	次	20	21	33	34	3	2	
奖牌数	枚	221	151		179	450	250	29

注：体育相关指标变化较大为统计口径变更所致。

全市“十二五”时期主要指标·资源环境

		2010 年	2011 年	2012 年	2013 年	2014 年	2015 年	2015 年比 2010 年增加量	2011—2015 年年均增长（%）
耕地保有量	万亩	126.44	126.44	126.44	126.44	126.44	126.44		
森林覆盖率	%	65.07	65.07	65.07	65.07	65.07	65.73	0.66	0.13 个百分点
高耗能企业能耗占能耗总量比重	%	93.67	95.44	94.33	93.39	94.06	94.38	0.7	
单位生产总值能耗累计下降	%		84	8.16	11.89	15.17	16.79		
单位规上工业增加值能耗累计下降	%		-18.86	-7.62	-4.6	9.41	12.87		
氮氧化物累计下降	%		0.17	23.82	7.45		-6.7		
化学需氧量排放累计下降	%		0.96	21.6	1.55		3.15		
氨氮排放累计下降	%		7.13	1	2.25		-2.82		
城镇生活污水集中处理率	%	75	75	75	75	72	80.6	5.6	

全市“十二五”时期主要指标·工业园区(2-1)

		2010年	2011年	2012年	2013年	2014年	2015年	2015年比2010年增加量	2011—2015年年均增长(%)
一、工业园区合计									
开工企业	个	251	235	229	219	229	231	-20	-1.6
工业增加值	总量(亿元)	97.21	116.64	145.42	142.07	204.56	247.24	150.03	
	增速(%)	25.4	18.3	20.9	15.8	10.5	8.9		14.8
主营业务收入	总量(亿元)	379.70	492.87	628.10	709.20	903.99	991.38	611.68	
	增速(%)	43.2	37.8	20.1	15.0	12.5	5.7		17.7
利润总额	总量(亿元)	18.64	22.69	31.39	39.63	42.99	52.23	33.59	
	增速(%)	34.0	26.0	38.9	29.1	11.9	21.3		25.1
税金总额	总量(亿元)	15.24	17.68	20.81	25.24	33.69	36.43	21.19	
	增速(%)	49.3	35.6	26.5	22.9	-14.1	7.2		14.2
百元主营业务收入实现利润	元	4.91	4.60	4.99	5.59	4.76	5.27	0.36	1.4
从业人员	万人	4.96	4.90	5.26	5.32	5.24	5.19	0.23	0.9
二、高新技术产业开发区									
开工企业	个	110	103	103	101	100	101	-9	-1.7
工业增加值	总量(亿元)	40.48	47.87	60.31	59.43	6.05	106.97	66.49	
	增速(%)	14.3	8.8	22.5	15.0	9.5	14.0		13.8
主营业务收入	总量(亿元)	167.23	200.41	277.92	321.13	434.80	486.85	319.62	
	增速(%)	31.0	20.7	14.8	15.8	12.3	6.5		13.9
利润总额	总量(亿元)	7.11	6.84	10.44	13.31	13.53	21.92	14.81	
	增速(%)	18.0	-0.9	41.4	27.7	14.3	59.6		26.7
税金总额	总量(亿元)	6.99	6.71	7.44	10.14	12.94	15.09	8.10	
	增速(%)	57.5	2.9	9.6	37.0	-35.0	14.3		2.8
百元主营业务收入实现利润	元	4.25	3.41	3.75	4.14	3.11	4.50	0.25	1.1
从业人员	万人	2.22	2.17	2.60	2.85	2.38	2.34	0.12	1.1

全市“十二五”时期主要指标·工业园区(2－2)

		2010 年	2011 年	2012 年	2013 年	2014 年	2015 年	2015 年比 2010 年增加量	2011—2015 年年均增长(%)
三、陶瓷工业园区									
开工企业	个	59	59	58	56	62	59	0	0.0
工业增加值	总量(亿元)	18.64	24.45	29.23	30.37	43.29	51.15	32.51	
	增速(%)	55.1	43.4	19.0	16.3	12.2	7.5		19.1
主营业务收入	总量(亿元)	68.49	102.04	122.75	144.69	185.73	195.37	126.88	
	增速(%)	88.2	70.0	22.5	18.4	15.6	10.8		25.9
利润总额	总量(亿元)	3.72	4.24	5.37	7.14	9.45	10.61	6.89	
	增速(%)	112.0	19.1	28.6	31.7	30.9	14.4		24.7
税金总额	总量(亿元)	3.51	4.29	5.31	6.57	9.05	9.92	6.41	
	增速(%)	90.4	46.8	25.5	24.7	－10.3	9.7		17.7
百元主营业务收入实现利润	元	5.43	4.15	4.37	4.93	5.08	5.43	0.00	0.0
从业人员	万人	1.03	1.03	1.08	1.03	1.15	1.11	0.08	1.5
四、乐平工业园区									
开工企业	个	82	73	68	62	67	71	－11	－2.8
工业增加值	总量(亿元)	38.10	44.31	55.86	52.26	75.22	89.11	51.01	
	增速(%)	27.2	19.3	20.2	16.5	10.4	4.0		13.9
主营业务收入	总量(亿元)	143.99	190.42	227.43	243.38	283.46	309.17	165.18	
	增速(%)	42.5	44.7	25.8	12.0	10.8	4.5		18.8
利润总额	总量(亿元)	7.81	11.62	15.58	19.18	20.01	19.70	11.89	
	增速(%)	27.5	53.8	41.2	29.0	3.4	－1.7		23.3
税金总额	总量(亿元)	3.74	6.69	8.05	8.53	11.70	11.42	7.68	
	增速(%)	15.3	85.8	48.3	8.4	27.0	－2.6		29.9
百元主营业务收入实现利润	元	5.42	6.10	6.85	7.88	7.05	6.37	0.95	3.3
从业人员	万人	1.71	1.71	1.58	1.44	1.71	1.74	0.03	0.3

全市“十二五”时期主要指标·县(市、区)(2-1)

		2010年	2011年	2012年	2013年	2014年	2015年	2015年比2010年增加量	2011—2015年年均增长(%)
一、年末常住人口	万人	158.92	159.94	161.00	161.95	162.98	164.05	5.13	0.6
#乐平	万人	81.04	81.73	82.04	82.53	83.05	83.60	2.56	0.6
浮梁	万人	30.36	30.59	30.59	30.78	30.97	31.17	0.81	0.5
珠山	万人	28.14	28.30	32.52	32.71	32.92	33.14	5.00	3.3
昌江	万人	19.22	19.33	15.84	15.93	16.04	16.14	-3.08	-3.4
二、人口自然增长率	‰	7.82	7.38	7.18	6.80	6.85	6.83	-0.99	-0.20个百分点
#乐平	‰		8.23	8.50	8.07	8.18	8.11		
浮梁	‰		8.57	7.51	6.98	7.08	7.00		
珠山	‰		5.37	4.74	4.74	4.77	4.75		
昌江	‰		5.06	4.67	4.14	4.17	4.16		
三、城镇化率	%	56.31	57.96	59.85	61.05	62.28	63.53	7.22	1.44个百分点
#乐平	%	47.44	46.58	49.12	50.71	52.26	53.48	6.04	1.2
浮梁	%	35.04	34.24	37.07	39.07	41.41	43.39	8.35	1.7
珠山	%	100.00	100.00	100.00	99.60	99.60	100.00	0.00	0.0
昌江	%	80.70	82.06	77.82	77.91	77.92	79.61	-1.09	-0.2
四、地区生产总值	亿元	461.50	564.71	628.25	683.69	738.21	772.06	310.56	10.3
#乐平	亿元	143.40	176.31	207.54	239.63	257.19	265.08	121.68	11.7
浮梁	亿元	54.30	64.63	74.04	90.27	97.22	100.10	45.80	10.2
珠山	亿元	132.48	157.89	173.52	170.06	185.37	200.00	67.52	9.7
昌江	亿元	131.32	165.88	173.15	183.73	198.44	206.87	75.55	10.4
五、农业总产值	亿元	57.58	67.16	72.94	78.24	82.67	87.96	30.38	4.1
#乐平	亿元	35.05	40.51	43.62	46.70	49.22	52.37	17.32	3.9
浮梁	亿元	15.27	17.77	19.55	20.71	22.01	23.53	8.26	4.6
珠山	亿元	-	-	-	-	0.90	0.87		-0.8
昌江	亿元	7.27	8.88	9.77	9.98	10.53	11.20	3.93	4.0

注:因区划调整,2014年,原属昌江区的竟成镇纳入到珠山区统计,原属高新区的吕蒙乡纳入昌江区统计。财政总收入中,昌江区不包含高新区;2014年,浮梁县不含陶瓷工业园区;

全市“十二五”时期主要指标·县(市、区)(2-2)

		2010 年	2011 年	2012 年	2013 年	2014 年	2015 年	2015 年比2010 年增加量	2011—2015 年年均增长(%)
六、规模以上工业增加值	亿元	160.03	181.03	220.83	225.32	243.88	271.02	110.99	13.2
#乐平	亿元	50.08	60.01	78.47	80.37	94.75	101.40	51.32	
浮梁	亿元	23.57	29.22	37.58	37.68	48.71	57.06	33.49	
珠山	亿元	27.29	32.04	22.38	21.99	29.03	20.80	-6.49	
昌江	亿元	59.09	60.56	82.40	85.28	100.57	91.76	32.67	
七、固定资产投资	亿元	343.00	366.40	456.69	538.72	622.54	690.88	347.88	15.0
#乐平	亿元	180.62	184.13	229.85	261.97	301.23	328.52	147.90	12.7
浮梁	亿元	24.22	35.03	38.85	48.48	57.04	65.72	41.50	22.1
珠山	亿元	26.12	29.65	70.07	77.07	89.15	98.44	72.32	30.4
昌江	亿元	112.04	133.11	117.92	151.20	175.12	198.20	86.16	12.1
八、社会消费品零售总额	亿元	140.37	166.65	188.81	213.27	239.88	68.26	127.89	13.5
#乐平	亿元	39.36	44.42	49.37	58.17	67.00	73.78	34.42	13.4
浮梁	亿元	10.10	11.81	13.46	15.10	17.06	19.15	9.05	13.7
珠山	亿元	61.67	73.79	85.20	95.62	107.00	115.56	53.89	13.4
昌江	亿元	29.25	34.53	39.80	44.38	48.83	59.78	30.53	15.4
九、财政总收入	亿元	53.15	68.90	84.04	92.62	101.52	111.56	58.41	16.0
#乐平	亿元	14.71	20.39	26.36	30.39	33.80	37.01	22.30	20.3
浮梁	亿元	5.39	7.36	9.01	10.10	8.85	9.70	4.31	12.5
珠山	亿元	3.71	5.01	6.01	7.06	12.30	13.96	10.25	30.3
昌江	亿元	5.02	7.02	8.67	10.04	9.49	10.68	5.66	16.3

注:因区划调整,2014 年,原属昌江区的竟成镇纳入到珠山区统计,原属高新区的吕蒙乡纳入昌江区统计。财政总收入中,昌江区不包含高新区;2014 年,浮梁县不含陶瓷工业园区。

二十、全省各设区市及“四省九市”

主 要 指 标

本篇章

资料审核:吴　巍

资料整理:李斯宇

全省各设区市主要指标(15－1)

	土地面积		总人口		地区生产总值			第一产业增加值		
	绝对数（平方公里）	排位	绝对数（万人）	排位	绝对数（亿元）	比上年增长(%)	增速排位	绝对数（亿元）	比上年增长(%)	增速排位
全　省	166933		4565.63		16723.78	9.1		1772.98	3.9	
南昌市	7194	7	530.29	4	4000.01	9.6	2	171.26	3.9	8
景德镇市	5261	8	164.05	9	772.06	8.6	10	57.22	3.6	10
萍乡市	3830	9	190.11	8	912.39	8.9	9	62.83	4.0	4
九江市	19078	4	482.58	6	1902.68	9.7	1	140.75	4.0	4
新余市	3161	11	116.67	10	946.80	8.5	11	55.95	3.6	10
鹰潭市	3560	10	115.33	11	639.26	9.0	8	49.40	4.0	4
赣州市	39363	1	854.71	1	1973.87	9.6	2	295.56	4.1	2
吉安市	25283	2	489.90	5	1328.52	9.6	2	217.40	4.2	1
宜春市	18668	6	551.20	3	1621.02	9.5	5	236.04	4.0	4
抚州市	18799	5	399.28	7	1105.14	9.2	7	181.81	4.1	2
上饶市	22736	3	671.51	2	1650.81	9.5	5	222.80	3.7	9

全省各设区市主要指标(15－2)

	第二产业增加值			工业增加值			第三产业增加值		
	绝对数（亿元）	比上年增长(%)	增速排位	绝对数（亿元）	比上年增长(%)	增速排位	绝对数（亿元）	比上年增长(%)	增速排位
全　　省	8487.30	9.4		6987.03	9.0		6463.50	10.0	
南 昌 市	2179.96	9.8	3	1619.50	9.0	6	1648.79	9.8	8
景德镇市	437.58	8.9	9	383.59	9.1	4	277.25	8.8	11
萍 乡 市	517.29	8.4	10	464.21	8.3	9	332.27	11.0	7
九 江 市	1014.59	9.3	6	854.28	9.3	2	747.34	11.5	2
新 余 市	527.93	8.3	11	460.13	8.2	11	362.92	9.6	10
鹰 潭 市	382.57	9.2	7	350.49	8.6	8	207.29	9.8	8
赣 州 市	870.46	9.8	3	735.99	9.0	6	807.85	11.4	4
吉 安 市	657.38	10.0	1	555.67	9.2	3	453.74	11.5	2
宜 春 市	848.60	10.0	1	753.62	9.6	1	536.38	11.6	1
抚 州 市	549.30	9.2	7	449.90	8.3	9	374.02	11.4	4
上 饶 市	803.38	9.7	5	661.10	9.1	4	624.62	11.3	6

全省各设区市主要指标(15－3)

	三次产业构成						人均地区生产总值	
	第一产业	构成排位	第二产业	构成排位	第三产业	构成排位	绝对数（元）	排位
全　　省	10.6		50.8		38.6		36724	
南昌市	4.3	11	54.5	5	41.2	1	75879	2
景德镇市	7.4	7	56.7	2	35.9	7	47216	5
萍乡市	6.9	9	56.7	2	36.4	6	48133	4
九江市	7.4	7	53.3	6	39.3	3	39505	6
新余市	5.9	10	55.8	4	38.3	4	81358	1
鹰潭市	7.7	6	59.8	1	32.4	11	55566	3
赣州市	15.0	3	44.1	11	40.9	2	23148	11
吉安市	16.4	2	49.5	9	34.2	8	27168	9
宜春市	14.6	4	52.3	7	33.1	10	29459	7
抚州市	16.5	1	49.7	8	33.8	9	27735	8
上饶市	13.5	5	48.7	10	37.8	5	24633	10

全省各设区市主要指标(15－4)

	财政总收入			一般公共预算收入			一般公共预算支出	
	绝对数（亿元）	比上年增长（%）	增速排位	绝对数（亿元）	比上年增长（%）	增速排位	绝对数（亿元）	排位
全　　省	3021.54	12.7		2165.52	15.1		4419.80	
南 昌 市	628.79	14.1	2	389.22	13.7	3	547.50	2
景德镇市	111.56	9.9	9	90.59	10.3	8	172.96	9
萍 乡 市	130.48	11.5	5	106.07	12.6	7	184.93	8
九 江 市	385.61	17.4	1	247.20	15.7	1	445.89	4
新 余 市	132.86	5.1	11	98.80	9.9	9	152.15	10
鹰 潭 市	112.43	10.6	6	83.01	13.1	5	127.66	11
赣 州 市	353.32	7.5	10	245.51	9.0	10	614.97	1
吉 安 市	219.99	12.7	4	161.72	13.4	4	359.41	6
宜 春 市	308.77	13.5	3	215.04	13.0	6	404.39	5
抚 州 市	165.18	10.1	8	126.82	9.0	10	294.30	7
上 饶 市	290.16	10.5	7	222.37	14.5	2	456.94	3

全省各设区市主要指标(15－5)

	规模以上工业增加值			规上工业主营业务收入			规上工业利润总额		
	绝对数(亿元)	比上年增长(%)	增速排位	绝对数(亿元)	比上年增长(%)	增速排位	绝对数(亿元)	比上年增长(%)	增速排位
全　　省	7268.90	9.2		32459.4	4.3		2128.0	2.4	
南 昌 市	1451.80	9.4	4	5472.4	7.1	5	308.9	-0.4	8
景德镇市	271.02	9.4	4	1084.2	4.0	6	48.5	4.3	5
萍 乡 市	429.20	8.0	10	1682.1	3.0	9	200.0	-0.7	9
九 江 市	1035.60	9.9	1	5109.2	7.5	2	348.8	8.9	1
新 余 市	320.00	8.0	10	1545.1	-4.9	11	53.0	-19.7	11
鹰 潭 市	358.60	9.0	8	3435.7	0.5	10	86.3	-15.1	10
赣 州 市	753.30	9.2	7	3124.0	3.8	7	196.5	2.1	7
吉 安 市	730.20	9.8	2	2998.5	7.2	4	242.8	6.4	2
宜 春 市	870.50	9.4	4	3571.4	7.6	1	303.8	6.0	3
抚 州 市	364.20	8.6	9	1540.0	3.7	8	94.8	5.4	4
上 饶 市	690.50	9.6	3	2897.0	7.4	3	244.6	4.3	5

全省各设区市主要指标(15－6)

	规上工业利税总额			规上工业产品销售率		工业增值税		
	绝对数（亿元）	比上年增长（%）	增速排位	实际数（%）	排位	绝对数（亿元）	比上年增长（%）	增速排位
全　　省	3543.8	3.8		99.00		362.64	－0.9	
南 昌 市	585.3	2.9	7	98.75	9	3.16	8.4	2
景德镇市	95.2	3.7	5	98.98	7	11.26	3.3	5
萍 乡 市	277.9	0.4	9	99.46	3	13.79	－7.1	8
九 江 市	570.1	13.2	1	99.08	6	43.24	14.0	1
新 余 市	92.1	－15.3	11	99.19	4	17.01	－15.7	10
鹰 潭 市	160.5	－8.7	10	99.66	2	21.53	－4.3	6
赣 州 市	336.0	1.5	8	98.53	10	43.78	－10.1	9
吉 安 市	394.2	6.0	3	98.95	8	31.67	4.6	4
宜 春 市	464.0	6.2	2	97.99	11	48.09	6.4	3
抚 州 市	170.9	5.7	4	99.16	5	22.53	－4.7	7
上 饶 市	397.6	3.1	6	100.11	1	36.60	－17.5	11

全省各设区市主要指标(15－7)

	全社会用电量			工业用电量			规模以上工业综合能源消费量		
	绝对数（亿千瓦时）	比上年增长（%）	增速排位	绝对数（亿千瓦时）	比上年增长（%）	增速排位	绝对数（万吨标准煤）	比上年增长（%）	增速排位
全　　省	1087.3	6.8		729.93	4.77		5104.33	1.88	
南 昌 市	164.3	7.1	5	85.21	4.77	4	528.53	0.75	7
景德镇市	46.4	6.1	7	32.26	3.91	7	279.79	5.23	2
萍 乡 市	59.1	2.7	11	43.87	0.09	10	604.68	2.24	4
九 江 市	148.1	10.6	1	108.46	8.99	1	860.01	5.52	1
新 余 市	85.1	4.8	8	74.58	4.26	6	701.05	-1.53	9
鹰 潭 市	39.6	3.2	10	29.27	0.04	11	251.56	-1.56	10
赣 州 市	144.9	4.2	9	86.79	2.11	8	306.04	4.41	3
吉 安 市	79.6	8.7	2	51.86	7.32	2	294.72	-0.40	8
宜 春 市	148.7	6.8	6	110.48	4.46	5	807.79	2.22	5
抚 州 市	52.4	7.2	4	28.41	1.13	9	99.71	-2.06	11
上 饶 市	119.2	8.3	3	77.49	6.21	3	370.44	1.57	6

全省各设区市主要指标(15－8)

	规模以上工业增加值能耗			规模以上工业电力消费量			规模以上工业增加值电耗		
	绝对数(吨标准煤/万元)	比上年增长(%)	增速排位	绝对数(亿千瓦时)	比上年增长(%)	增速排位	绝对数(亿千瓦时)	比上年增长(%)	增速排位
全　省	0.68	-6.70		789.88	4.19		1086.66	-4.59	
南昌市	0.35	-7.91	7	128.75	5.65	3	886.83	-3.43	3
景德镇市	1.00	-3.81	1	33.17	2.84	8	1223.99	-6.00	9
萍乡市	1.37	-5.33	4	48.47	1.78	9	1129.31	-5.76	8
九江市	0.81	-3.99	2	110.55	4.21	5	1067.50	-5.18	6
新余市	2.12	-8.82	8	78.78	-0.59	11	2461.88	-7.95	11
鹰潭市	0.68	-9.69	10	54.63	3.14	7	1523.37	-5.38	7
赣州市	0.39	-4.39	3	80.84	8.47	1	1073.20	-0.67	1
吉安市	0.39	-9.29	9	62.63	1.59	10	857.71	-7.48	10
宜春市	0.90	-6.56	5	98.92	6.67	2	1136.36	-2.50	2
抚州市	0.27	-9.82	11	32.81	4.17	6	900.81	-4.08	4
上饶市	0.52	-7.33	6	60.34	4.57	4	873.86	-4.59	5

全省各设区市主要指标(15－9)

	固定资产投资额			房地产开发投资			农林牧渔业总产值		
	绝对数（亿元）	比上年增长（%）	增速排位	绝对数（亿元）	比上年增长（%）	增速排位	绝对数（亿元）	比上年增长（%）	增速排位
全　省	16993.90	16.0		1520.10	14.9		2859.1	4.9	
南昌市	4000.07	17.0	6	485.37	17.2	6	296.9	4.7	8
景德镇市	690.88	11.0	8	27.44	－25.8	11	88.0	6.4	2
萍乡市	1026.74	13.3	10	45.46	22.3	4	98.0	7.7	1
九江市	2119.92	17.0	4	132.91	2.9	9	246.8	5.6	4
新余市	822.60	10.0	11	26.33	－8.0	10	94.1	5.1	5
鹰潭市	531.56	14.5	7	57.76	28.5	2	79.6	5.7	3
赣州市	1892.21	17.6	1	274.35	19.1	5	480.6	4.3	10
吉安市	1486.95	17.1	5	82.00	24.1	3	364.7	4.1	11
宜春市	1588.14	17.2	2	149.08	34.6	1	418.6	5.1	5
抚州市	1099.67	17.1	3	110.00	11.2	7	328.3	4.9	7
上饶市	1560.23	16.1	9	129.39	3.1	8	363.5	4.5	9

全省各设区市主要指标(15－10)

	规模以上服务业营业收入				规模以上服务业其他营利性企业营业收入			
	绝对数（亿元）	排位	比上年增长（%）	排位	绝对数（亿元）	排位	比上年增长（%）	排位
全　　省	1623.3		13.7		299.7		19.6	
南 昌 市	474.8	1	9.5	8	154.4	1	12.1	11
景德镇市	117.1	7	14.9	5	14.4	5	19.5	10
萍 乡 市	48.8	10	8.7	9	1.6	11	28.0	6
九 江 市	166.8	3	21.8	1	36.4	2	29.2	5
新 余 市	23.6	11	2.7	11	2.1	10	29.4	4
鹰 潭 市	92.3	9	21.8	1	14.0	6	24.3	9
赣 州 市	125.4	6	5.4	10	9.8	8	26.5	7
吉 安 市	180.0	2	17.1	3	24.9	3	26.5	7
宜 春 市	145.2	4	12.0	7	10.8	7	31.1	3
抚 州 市	114.3	8	12.2	6	8.1	9	32.0	2
上 饶 市	134.4	5	15.1	4	23.4	4	34.4	1

全省各设区市主要指标(15－11)

	金融机构人民币存款余额				住户存款		金融机构人民币贷款余额			
	绝对数（亿元）	排位	比上年增长(%)	增速排位	绝对数（亿元）	排位	绝对数（亿元）	排位	比上年增长(%)	增速排位
全　　省	24785.15		13.8		12389.73		18348.00		18.6	
南 昌 市	8342.63	1	11.6	9	2491.39	1	7376.05	1	16.5	10
景德镇市	810.92	9	8.2	10	510.28	8	499.08	10	17.8	9
萍 乡 市	790.34	10	16.3	4	458.56	9	539.29	9	19.4	6
九 江 市	2173.34	4	16.6	3	1193.18	6	1451.90	4	19.1	8
新 余 市	902.71	8	21.8	1	410.23	10	664.59	8	11.0	11
鹰 潭 市	589.35	11	7.1	11	327.10	11	451.71	1	19.6	4
赣 州 市	3355.91	2	16.1	5	2014.14	2	2297.55	2	19.4	6
吉 安 市	1938.64	6	14.3	6	1276.05	5	1055.36	6	20.4	2
宜 春 市	2140.59	5	11.7	8	1324.42	4	1318.60	5	20.0	3
抚 州 市	1432.01	7	13.3	7	942.63	7	939.58	7	24.3	1
上 饶 市	2258.41	3	18.5	2	1438.57	3	1474.29	3	19.5	5

全省各设区市主要指标(15－12)

	社会消费品零售总额			限额以上消费品零售额			进出口总值		
	绝对数（亿元）	比上年增长（%）	增速排位	绝对数（亿元）	比上年增长（%）	增速排位	绝对数（亿元）	比上年增长（%）	增速排位
全　　省	5895.99	11.4		2272.10	12.4		2641.5	0.7	
南 昌 市	1662.87	12.5	4	970.12	12.5	5	711.5	－5.2	8
景德镇市	268.26	10.2	7	67.54	9.4	7	50.1	4.1	7
萍 乡 市	303.06	10.2	7	68.87	8.1	8	78.5	－13.9	11
九 江 市	578.56	13.0	1	241.19	23.0	1	370.4	4.7	6
新 余 市	213.75	8.4	11	73.29	－1.9	11	112.9	－10.1	9
鹰 潭 市	171.71	10.5	6	43.95	12.4	6	224.9	－11.2	10
赣 州 市	705.21	8.6	10	235.48	2.8	10	258.3	7.8	5
吉 安 市	396.48	12.8	2	109.57	18.3	2	302.8	11.4	1
宜 春 市	530.66	12.5	4	177.59	17.3	3	160.2	9.5	2
抚 州 市	428.20	9.4	9	92.02	8.0	9	103.6	8.5	3
上 饶 市	637.23	12.7	3	192.48	16.0	4	268.1	8.0	4

全省各设区市主要指标(15－13)

	出口总值			实际利用外资			在岗职工年平均工资	
	绝对数（亿元）	比上年增长（%）	增速排位	绝对数（万美元）	比上年增长（%）	增速排位	绝对数（元）	排位
全　　省	2060.86	4.8		947321	12.1		52137	
南 昌 市	532.67	3.1	9	262656	12.7	2	59509	1
景德镇市	48.43	4.0	8	17115	10.4	9	45372	10
萍 乡 市	77.76	－13.4	11	30758	9.8	10	48100	9
九 江 市	304.67	7.0	5	163019	12.4	3	51065	4
新 余 市	78.65	1.3	10	56562	5.8	11	51639	3
鹰 潭 市	59.09	8.4	1	24011	11.3	8	57623	2
赣 州 市	210.86	7.2	4	137013	12.1	6	50313	6
吉 安 市	261.98	6.1	7	88323	12.4	3	48201	8
宜 春 市	148.08	8.3	2	65440	11.9	7	45330	11
抚 州 市	102.28	8.1	3	29313	16.8	1	49522	7
上 饶 市	236.38	6.6	6	94111	12.2	5	50414	5

注:本表在岗职工年平均工资统计口径含劳务派遣人员。

全省各设区市主要指标(15－14)

	城镇居民人均可支配收入			农村居民人均可支配收入			城镇住户人均消费支出	
	绝对数(元)	比上年增长(%)	增速排位	绝对数(元)	比上年增长(%)	增速排位	绝对数(元)	排位
全　　省	26500	9.0		11139	10.1		16732	
南 昌 市	31942	9.8	2	13693	10.3	5	21396	1
景德镇市	29101	9.3	4	12736	10.3	5	18198	4
萍 乡 市	28335	8.9	9	14046	10.0	7	18928	3
九 江 市	27635	10.2	1	11143	9.9	8	17483	5
新 余 市	29836	8.0	11	13986	9.0	11	19002	2
鹰 潭 市	26952	9.6	3	12383	9.1	10	17080	6
赣 州 市	25001	9.0	8	7786	12.1	1	16080	8
吉 安 市	27078	9.2	6	10355	11.8	2	16628	7
宜 春 市	25381	9.3	4	11621	10.4	4	15888	9
抚 州 市	25065	8.5	10	11441	9.9	8	15032	11
上 饶 市	26924	9.2	6	10112	11.1	3	15113	10

全省各设区市主要指标(15－15)

	农村居民人均消费支出		居民消费价格总指数		城镇就业人数	
	绝对数（元）	排位	实际数（%）	排位	绝对数（万人）	排位
全　　省	8486		101.5		1030.62	
南 昌 市	8788	6	101.6	4	200.14	1
景德镇市	9508	4	101.7	3	49.13	9
萍 乡 市	10006	2	101.2	7	51.20	8
九 江 市	8688	7	101.9	2	122.40	3
新 余 市	10190	1	100.9	9	38.74	10
鹰 潭 市	9631	3	101.5	5	34.40	11
赣 州 市	6725	11	102.1	1	134.11	2
吉 安 市	7947	8	101.5	5	97.91	6
宜 春 市	9041	5	100.9	9	108.84	5
抚 州 市	7488	9	100.9	9	84.30	7
上 饶 市	7198	10	101.2	7	109.45	4

四省九市主要指标(12－1)

	地区生产总值				第一产业增加值			
	绝对数(亿元)	排位	比上年增长(%)	排位	绝对数(亿元)	排位	比上年增长(%)	排位
金华市	3406.48	1	7.8	6	141.21	4	1.5	8
衢州市	1146.16	4	6.6	7	84.42	6	1.4	9
丽水市	1102.34	6	6.4	8	91.42	5	2.4	7
南平市	1339.51	3	9.1	3	289.23	1	4.5	1
景德镇市	772.06	7	8.6	5	57.22	7	3.6	6
鹰潭市	639.26	8	9.0	4	49.40	9	4.0	3
上饶市	1650.81	2	9.5	1	222.80	2	3.7	5
抚州市	1105.14	5	9.2	2	181.81	3	4.1	2
黄山市	530.90	9	6.1	9	55.10	8	3.9	4

四省九市主要指标(12－2)

	第二产业增加值				第三产业增加值			
	绝对数（亿元）	排位	比上年增长(%)	排位	绝对数（亿元）	排位	比上年增长(%)	排位
金华市	1538.94	1	5.8	6	1726.33	1	10.5	6
衢州市	537.34	5	4.2	8	524.40	3	10.6	5
丽水市	502.99	6	3.3	9	507.93	4	10.7	4
南平市	578.16	3	8.6	5	472.12	5	12.3	1
景德镇市	437.58	7	8.9	4	277.25	7	8.8	8
鹰潭市	382.57	8	9.2	2	207.29	9	9.8	7
上饶市	803.38	2	9.7	1	624.62	2	11.3	3
抚州市	549.30	4	9.2	2	374.02	6	11.4	2
黄山市	219.70	9	5.1	7	256.10	8	7.7	9

四省九市主要指标(12－3)

	全部工业增加值				规模以上工业总产值			
	绝对数(亿元)	排位	比上年增长(%)	排位	绝对数(亿元)	排位	比上年增长(%)	排位
金华市	1323.54	1	5.1	6	4927.50	1	2.1	3
衢州市	457.76	3	3.7	8	1561.53	5	－1.7	7
丽水市	425.20	6	1.8	9	1697.53	4	－6.8	8
南平市	428.05	5	8.2	5	1699.34	3	8.0	2
景德镇市	383.59	7	9.1	1	1097.62	6	1.1	4
鹰潭市	350.49	8	8.6	3	2082.89	2	0.2	5
上饶市	661.10	2	9.1	1	－	－	－	－
抚州市	449.90	4	8.3	4	364.23	8	8.6	1
黄山市	172.80	9	4.8	7	561.88	7	－0.2	6

四省九市主要指标(12－4)

	规模以上工业利税总额				规模以上工业利润总额			
	绝对数（亿元）	排位	比上年增长(%)	排位	绝对数（亿元）	排位	比上年增长(%)	排位
金华市	352.48	2	1.8	5	210.86	2	1.5	5
衢州市	94.02	8	－15.1	9	54.34	7	－23.3	9
丽水市	174.79	3	－3.6	6	125.80	3	－4.4	6
南平市	118.79	6	4.3	2	65.98	6	1.5	4
景德镇市	95.20	7	3.7	3	48.50	8	4.3	2
鹰潭市	160.52	5	－8.7	7	86.27	5	－15.1	8
上饶市	397.58	1	3.1	4	244.60	1	4.3	2
抚州市	170.91	4	5.7	1	94.82	4	5.4	1
黄山市	32.55	9	－12.0	8	21.26	9	－13.4	7

四省九市主要指标(12－5)

	工业用电量				工业生产者出厂价格总指数(PPI)	
	绝对数（亿千瓦时）	排位	比上年增长(%)	排位	实际数(%)	排位
金华市	195.08	1	-3.4	8	96.68	3
衢州市	105.83	2	2.4	4	95.05	5
丽水市	51.25	5	-3.1	7	-	-
南平市	65.13	4	-9.9	9	98.00	1
景德镇市	32.26	6	3.9	3	95.80	4
鹰潭市	29.27	7	0.0	6	93.75	6
上饶市	77.49	3	6.2	1	93.75	6
抚州市	28.41	8	1.1	5	-	-
黄山市	12.36	9	4.6	2	96.80	2

四省九市主要指标(12－6)

	固定资产投资				工业投资			
	绝对数(亿元)	排位	比上年增长(%)	排位	绝对数(亿元)	排位	比上年增长(%)	排位
金华市	1836.16	1	15.1	4	740.43	2	2.8	8
衢州市	882.04	5	12.8	7	369.13	6	3.3	7
丽水市	751.52	6	13.0	6	199.31	8	7.9	5
南平市	1774.95	2	22.3	1	713.16	3	30.4	1
景德镇市	690.88	7	11.0	8	485.49	5	7.5	6
鹰潭市	531.56	9	14.5	5	281.59	7	14.3	3
上饶市	1560.23	3	16.1	3	889.42	1	20.5	2
抚州市	1099.67	4	17.1	2	618.63	4	14.2	4
黄山市	552.48	8	1.0	9	84.50	9	－14.0	9

四省九市主要指标(12－7)

	房地产投资				服务业投资			
	绝对数(亿元)	排位	比上年增长(%)	排位	绝对数(亿元)	排位	比上年增长(%)	排位
金华市	350.22	1	－4.7	7	1065.04	1	24.8	1
衢州市	99.51	7	4.6	3	470.66	4	16.8	3
丽水市	158.27	2	0.4	6	526.35	3	14.8	4
南平市	152.82	3	1.9	5	–	–	–	–
景德镇市	27.44	9	－25.8	8	198.25	7	24.7	2
鹰潭市	59.06	8	19.5	1	222.06	6	11.3	5
上饶市	129.39	4	3.1	4	590.57	2	9.9	6
抚州市	110.00	5	11.2	2	–	–	–	–
黄山市	101.23	6	－26.0	9	443.35	5	2.4	7

四省九市主要指标(12－8)

	外贸进出口总额				出口总额			
	绝对数（亿美元）	排位	比上年增长(%)	排位	绝对数（亿美元）	排位	比上年增长(%)	排位
金华市	490.58	1	18.3	1	476.73	1	20.2	1
衢州市	44.13	2	-0.8	6	32.92	3	14.1	3
丽水市	33.64	5	15.7	2	31.44	4	19.2	2
南平市	12.38	7	-22.4	8	11.25	6	-23.2	8
景德镇市	8.02	8	2.3	5	7.75	8	2.2	7
鹰潭市	36.23	4	-12.9	7	9.52	7	7.3	4
上饶市	43.24	3	7.1	4	38.15	2	5.8	6
抚州市	16.72	6	7.6	3	16.51	5	7.2	5
黄山市	6.35	9	-30.7	9	5.29	9	-35.4	9

四省九市主要指标(12 -9)

	实际利用外资				社会消费品零售总额			
	绝对数（亿美元）	排位	比上年增长(%)	排位	绝对数（亿元）	排位	比上年增长(%)	排位
金华市	2.74	3	-1.5	7	1783.00	1	12.0	2
衢州市	0.60	9	-14.3	8	550.98	3	9.4	7
丽水市	2.16	5	21.3	1	519.28	4	9.0	9
南平市	1.45	8	21.1	2	503.85	5	11.5	3
景德镇市	1.71	6	10.4	6	268.26	8	10.2	6
鹰潭市	2.40	5	11.3	5	171.71	9	10.5	5
上饶市	9.41	4	12.2	4	637.23	2	12.7	1
抚州市	2.93	2	16.8	3	428.20	6	9.4	7
黄山市	1.60	7	-42.5	9	281.14	7	11.0	4

四省九市主要指标(12－10)

	财政总收入				一般公共预算收入			
	绝对数（亿元）	排位	比上年增长(%)	排位	绝对数（亿元）	排位	比上年增长(%)	排位
金华市	516.96	1	8.3	6	309.69	1	8.8	7
衢州市	143.99	5	8.3	5	94.02	5	8.8	6
丽水市	151.66	4	7.7	7	94.57	4	9.0	5
南平市	124.28	6	5.1	8	86.43	7	6.7	8
景德镇市	111.56	8	9.9	4	90.59	6	10.3	3
鹰潭市	112.43	9	10.6	3	90.59	6	10.3	3
上饶市	290.16	2	10.5	1	222.37	2	14.5	1
抚州市	165.20	3	10.1	2	126.82	3	9.0	4
黄山市	92.50	9	2.5	9	71.60	9	5.3	9

四省九市主要指标(12－11)

	金融机构本外币存款余额				金融机构本外币贷款余额			
	绝对数（亿元）	排位	比上年增长(%)	排位	绝对数（亿元）	排位	比上年增长(%)	排位
金 华 市	6890.80	1	3.4	8	6127.17	1	6.9	8
衢 州 市	1738.09	4	6.3	6	1594.40	2	8.5	5
丽 水 市	1963.46	3	5.7	7	1503.75	3	5.9	9
南 平 市	1417.06	6	12.7	3	1095.03	5	8.2	6
景德镇市	815.10	8	8.3	5	499.78	8	17.5	3
鹰 潭 市	597.72	9	3.4	9	451.88	9	13.1	4
上 饶 市	2266.43	2	18.5	1	477.64	4	19.6	2
抚 州 市	1432.01	5	13.3	2	939.58	6	24.3	1
黄 山 市	918.85	7	11.9	4	566.71	7	7.7	7

四省九市主要指标(12－12)

	城镇居民人均可支配收入				农村居民人均可支配收入			
	绝对数（元）	排位	比上年增长(%)	排位	绝对数（元）	排位	比上年增长(%)	排位
金华市	43193	1	8.5	5	20297	1	9.5	6
衢州市	33212	2	8.6	4	16884	2	10.0	3
丽水市	32875	3	8.1	9	15000	3	10.0	3
南平市	26120	8	8.5	5	12265	6	9.0	8
景德镇市	29101	4	9.3	2	12736	4	10.3	2
鹰潭市	26952	5	9.6	1	12383	5	9.1	7
上饶市	26924	6	9.2	3	10112	9	11.1	1
抚州市	25065	9	8.5	5	11441	8	9.9	5
黄山市	26226	7	8.4	8	11872	7	8.5	9

二十一、附　　录

本篇章

资料审核:吴　巍

资料整理:李斯宇

中华人民共和国统计法

（1983年12月8日第六届全国人民代表大会常务委员会第三次会议通过 根据1996年5月15日第八届全国人民代表大会常务委员会第十九次会议《关于修改〈中华人民共和国统计法〉的决定》修正 2009年6月27日第十一届全国人民代表大会常务委员会第九次会议修订）

第一章 总则

第一条 为了科学、有效地组织统计工作，保障统计资料的真实性、准确性、完整性和及时性，发挥统计在了解国情国力、服务经济社会发展中的重要作用，促进社会主义现代化建设事业发展，制定本法。

第二条 本法适用于各级人民政府、县级以上人民政府统计机构和有关部门组织实施的统计活动。

统计的基本任务是对经济社会发展情况进行统计调查、统计分析，提供统计资料和统计咨询意见，实行统计监督。

第三条 国家建立集中统一的统计系统，实行统一领导、分级负责的统计管理体制。

第四条 国务院和地方各级人民政府、各有关部门应当加强对统计工作的组织领导，为统计工作提供必要的保障。

第五条 国家加强统计科学研究，健全科学的统计指标体系，不断改进统计调查方法，提高统计的科学性。

国家有计划地加强统计信息化建设，推进统计信息搜集、处理、传输、共享、存储技术和统计数据库体系的现代化。

第六条 统计机构和统计人员依照本法规定独立行使统计调查、统计报告、统计监督的职权，不受侵犯。

地方各级人民政府、政府统计机构和有关部门以及各单位的负责人，不得自行修改统计机构和统计人员依法搜集、整理的统计资料，不得以任何方式要求统计机构、统计人员及其他机构、人员伪造、篡改统计资料，不得对依法履行职责或者拒绝、抵制统计违法行为的统计人员打击报复。

第七条 国家机关、企业事业单位和其他组织以及个体工商户和个人等统计调查对象，必须依照本法和国家有关规定，真实、准确、完整、及时地提供统计调查所需的资料，不得提供不真实或者不完整的统计资料，不得迟报、拒报统计资料。

第八条 统计工作应当接受社会公众的监督。任何单位和个人有权检举统计中弄虚作假等违法行为。对检举有功的单位和个人应当给予表彰和奖励。

第九条 统计机构和统计人员对在统计工作中知悉的国家秘密、商业秘密和个人信息,应当予以保密。

第十条 任何单位和个人不得利用虚假统计资料骗取荣誉称号、物质利益或者职务晋升。

第二章 统计调查管理

第十一条 统计调查项目包括国家统计调查项目、部门统计调查项目和地方统计调查项目。

国家统计调查项目是指全国性基本情况的统计调查项目。部门统计调查项目是指国务院有关部门的专业性统计调查项目。地方统计调查项目是指县级以上地方人民政府及其部门的地方性统计调查项目。

国家统计调查项目、部门统计调查项目、地方统计调查项目应当明确分工,互相衔接,不得重复。

第十二条 国家统计调查项目由国家统计局制定,或者由国家统计局和国务院有关部门共同制定,报国务院备案;重大的国家统计调查项目报国务院审批。

部门统计调查项目由国务院有关部门制定。统计调查对象属于本部门管辖系统的,报国家统计局备案;统计调查对象超出本部门管辖系统的,报国家统计局审批。

地方统计调查项目由县级以上地方人民政府统计机构和有关部门分别制定或者共同制定。其中,由省级人民政府统计机构单独制定或者和有关部门共同制定的,报国家统计局审批;由省级以下人民政府统计机构单独制定或者和有关部门共同制定的,报省级人民政府统计机构审批;由县级以上地方人民政府有关部门制定的,报本级人民政府统计机构审批。

第十三条 统计调查项目的审批机关应当对调查项目的必要性、可行性、科学性进行审查,对符合法定条件的,作出予以批准的书面决定,并公布;对不符合法定条件的,作出不予批准的书面决定,并说明理由。

第十四条 制定统计调查项目,应当同时制定该项目的统计调查制度,并依照本法第十二条的规定一并报经审批或者备案。

统计调查制度应当对调查目的、调查内容、调查方法、调查对象、调查组织方式、调查表式、统计资料的报送和公布等作出规定。

统计调查应当按照统计调查制度组织实施。变更统计调查制度的内容,应当报经原审批机关批准或者原备案机关备案。

第十五条 统计调查表应当标明表号、制定机关、批准或者备案文号、有效期限等标志。

对未标明前款规定的标志或者超过有效期限的统计调查表,统计调查对象有权拒绝填报;县级以上人民政府统计机构应当依法责令停止有关统计调查活动。

第十六条 搜集、整理统计资料,应当以周期性普查为基础,以经常性抽样调查为主体,综合运用全面调查、重点调查等方法,并充分利用行政记录等资料。

重大国情国力普查由国务院统一领导,

国务院和地方人民政府组织统计机构和有关部门共同实施。

第十七条 国家制定统一的统计标准，保障统计调查采用的指标涵义、计算方法、分类目录、调查表式和统计编码等的标准化。

国家统计标准由国家统计局制定，或者由国家统计局和国务院标准化主管部门共同制定。

国务院有关部门可以制定补充性的部门统计标准，报国家统计局审批。部门统计标准不得与国家统计标准相抵触。

第十八条 县级以上人民政府统计机构根据统计任务的需要，可以在统计调查对象中推广使用计算机网络报送统计资料。

第十九条 县级以上人民政府应当将统计工作所需经费列入财政预算。

重大国情国力普查所需经费，由国务院和地方人民政府共同负担，列入相应年度的财政预算，按时拨付，确保到位。

第三章 统计资料的管理和公布

第二十条 县级以上人民政府统计机构和有关部门以及乡、镇人民政府，应当按照国家有关规定建立统计资料的保存、管理制度，建立健全统计信息共享机制。

第二十一条 国家机关、企业事业单位和其他组织等统计调查对象，应当按照国家有关规定设置原始记录、统计台账，建立健全统计资料的审核、签署、交接、归档等管理制度。

统计资料的审核、签署人员应当对其审核、签署的统计资料的真实性、准确性和完整性负责。

第二十二条 县级以上人民政府有关部门应当及时向本级人民政府统计机构提供统计所需的行政记录资料和国民经济核算所需的财务资料、财政资料及其他资料，并按照统计调查制度的规定及时向本级人民政府统计机构报送其组织实施统计调查取得的有关资料。

县级以上人民政府统计机构应当及时向本级人民政府有关部门提供有关统计资料。

第二十三条 县级以上人民政府统计机构按照国家有关规定，定期公布统计资料。

国家统计数据以国家统计局公布的数据为准。

第二十四条 县级以上人民政府有关部门统计调查取得的统计资料，由本部门按照国家有关规定公布。

第二十五条 统计调查中获得的能够识别或者推断单个统计调查对象身份的资料，任何单位和个人不得对外提供、泄露，不得用于统计以外的目的。

第二十六条 县级以上人民政府统计机构和有关部门统计调查取得的统计资料，除依法应当保密的外，应当及时公开，供社会公众查询。

第四章 统计机构和统计人员

第二十七条 国务院设立国家统计局，依法组织领导和协调全国的统计工作。

国家统计局根据工作需要设立的派出调

查机构，承担国家统计局布置的统计调查等任务。

县级以上地方人民政府设立独立的统计机构，乡、镇人民政府设置统计工作岗位，配备专职或者兼职统计人员，依法管理、开展统计工作，实施统计调查。

第二十八条 县级以上人民政府有关部门根据统计任务的需要设立统计机构，或者在有关机构中设置统计人员，并指定统计负责人，依法组织、管理本部门职责范围内的统计工作，实施统计调查，在统计业务上受本级人民政府统计机构的指导。

第二十九条 统计机构、统计人员应当依法履行职责，如实搜集、报送统计资料，不得伪造、篡改统计资料，不得以任何方式要求任何单位和个人提供不真实的统计资料，不得有其他违反本法规定的行为。

统计人员应当坚持实事求是，恪守职业道德，对其负责搜集、审核、录入的统计资料与统计调查对象报送的统计资料的一致性负责。

第三十条 统计人员进行统计调查时，有权就与统计有关的问题询问有关人员，要求其如实提供有关情况、资料并改正不真实、不准确的资料。

统计人员进行统计调查时，应当出示县级以上人民政府统计机构或者有关部门颁发的工作证件；未出示的，统计调查对象有权拒绝调查。

第三十一条 国家实行统计专业技术职务资格考试、评聘制度，提高统计人员的专业素质，保障统计队伍的稳定性。

统计人员应当具备与其从事的统计工作相适应的专业知识和业务能力。

县级以上人民政府统计机构和有关部门应当加强对统计人员的专业培训和职业道德教育。

第五章 监督检查

第三十二条 县级以上人民政府及其监察机关对下级人民政府、本级人民政府统计机构和有关部门执行本法的情况，实施监督。

第三十三条 国家统计局组织管理全国统计工作的监督检查，查处重大统计违法行为。

县级以上地方人民政府统计机构依法查处本行政区域内发生的统计违法行为。但是，国家统计局派出的调查机构组织实施的统计调查活动中发生的统计违法行为，由组织实施该项统计调查的调查机构负责查处。

法律、行政法规对有关部门查处统计违法行为另有规定的，从其规定。

第三十四条 县级以上人民政府有关部门应当积极协助本级人民政府统计机构查处统计违法行为，及时向本级人民政府统计机构移送有关统计违法案件材料。

第三十五条 县级以上人民政府统计机构在调查统计违法行为或者核查统计数据时，有权采取下列措施：

（一）发出统计检查查询书，向检查对象查询有关事项；

（二）要求检查对象提供有关原始记录和

凭证、统计台账、统计调查表、会计资料及其他相关证明和资料；

（三）就与检查有关的事项询问有关人员；

（四）进入检查对象的业务场所和统计数据处理信息系统进行检查、核对；

（五）经本机构负责人批准，登记保存检查对象的有关原始记录和凭证、统计台账、统计调查表、会计资料及其他相关证明和资料；

（六）对与检查事项有关的情况和资料进行记录、录音、录像、照相和复制。

县级以上人民政府统计机构进行监督检查时，监督检查人员不得少于二人，并应当出示执法证件；未出示的，有关单位和个人有权拒绝检查。

第三十六条 县级以上人民政府统计机构履行监督检查职责时，有关单位和个人应当如实反映情况，提供相关证明和资料，不得拒绝、阻碍检查，不得转移、隐匿、篡改、毁弃原始记录和凭证、统计台账、统计调查表、会计资料及其他相关证明和资料。

第六章 法律责任

第三十七条 地方人民政府、政府统计机构或者有关部门、单位的负责人有下列行为之一的，由任免机关或者监察机关依法给予处分，并由县级以上人民政府统计机构予以通报：

（一）自行修改统计资料、编造虚假统计数据的；

（二）要求统计机构、统计人员或者其他机构、人员伪造、篡改统计资料的；

（三）对依法履行职责或者拒绝、抵制统计违法行为的统计人员打击报复的；

（四）对本地方、本部门、本单位发生的严重统计违法行为失察的。

第三十八条 县级以上人民政府统计机构或者有关部门在组织实施统计调查活动中有下列行为之一的，由本级人民政府、上级人民政府统计机构或者本级人民政府统计机构责令改正，予以通报；对直接负责的主管人员和其他直接责任人员，由任免机关或者监察机关依法给予处分：

（一）未经批准擅自组织实施统计调查的；

（二）未经批准擅自变更统计调查制度的内容的；

（三）伪造、篡改统计资料的；

（四）要求统计调查对象或者其他机构、人员提供不真实的统计资料的；

（五）未按照统计调查制度的规定报送有关资料的。

统计人员有前款第三项至第五项所列行为之一的，责令改正，依法给予处分。

第三十九条 县级以上人民政府统计机构或者有关部门有下列行为之一的，对直接负责的主管人员和其他直接责任人员由任免机关或者监察机关依法给予处分：

（一）违法公布统计资料的；

（二）泄露统计调查对象的商业秘密、个人信息或者提供、泄露在统计调查中获得的能够识别或者推断单个统计调查对象身份的资料的；

（三）违反国家有关规定，造成统计资料毁损、灭失的。

统计人员有前款所列行为之一的，依法给予处分。

第四十条　统计机构、统计人员泄露国家秘密的，依法追究法律责任。

第四十一条　作为统计调查对象的国家机关、企业事业单位或者其他组织有下列行为之一的，由县级以上人民政府统计机构责令改正，给予警告，可以予以通报；其直接负责的主管人员和其他直接责任人员属于国家工作人员的，由任免机关或者监察机关依法给予处分：

（一）拒绝提供统计资料或者经催报后仍未按时提供统计资料的；

（二）提供不真实或者不完整的统计资料的；

（三）拒绝答复或者不如实答复统计检查查询书的；

（四）拒绝、阻碍统计调查、统计检查的；

（五）转移、隐匿、篡改、毁弃或者拒绝提供原始记录和凭证、统计台账、统计调查表及其他相关证明和资料的。

企业事业单位或者其他组织有前款所列行为之一的，可以并处五万元以下的罚款；情节严重的，并处五万元以上二十万元以下的罚款。

个体工商户有本条第一款所列行为之一的，由县级以上人民政府统计机构责令改正，给予警告，可以并处一万元以下的罚款。

第四十二条　作为统计调查对象的国家机关、企业事业单位或者其他组织迟报统计资料，或者未按照国家有关规定设置原始记录、统计台账的，由县级以上人民政府统计机构责令改正，给予警告。

企业事业单位或者其他组织有前款所列行为之一的，可以并处一万元以下的罚款。

个体工商户迟报统计资料的，由县级以上人民政府统计机构责令改正，给予警告，可以并处一千元以下的罚款。

第四十三条　县级以上人民政府统计机构查处统计违法行为时，认为对有关国家工作人员依法应当给予处分的，应当提出给予处分的建议；该国家工作人员的任免机关或者监察机关应当依法及时作出决定，并将结果书面通知县级以上人民政府统计机构。

第四十四条　作为统计调查对象的个人在重大国情国力普查活动中拒绝、阻碍统计调查，或者提供不真实或者不完整的普查资料的，由县级以上人民政府统计机构责令改正，予以批评教育。

第四十五条　违反本法规定，利用虚假统计资料骗取荣誉称号、物质利益或者职务晋升的，除对其编造虚假统计资料或者要求他人编造虚假统计资料的行为依法追究法律责任外，由作出有关决定的单位或者其上级单位、监察机关取消其荣誉称号，追缴获得的物质利益，撤销晋升的职务。

第四十六条　当事人对县级以上人民政府统计机构作出的行政处罚决定不服的，可以依法申请行政复议或者提起行政诉讼。其中，对国家统计局在省、自治区、直辖市派出的调查机构作出的行政处罚决定不服的，向国家统计局申请行政复议；对国家统计局派出的其他调查机构作出的行政处罚决定不服的，向国家统计局在该派出机构所在的省、自治区、直辖市派出的调查机构申请行政复议。

第四十七条　违反本法规定，构成犯罪的，依法追究刑事责任。

第七章　附则

第四十八条　本法所称县级以上人民政府统计机构，是指国家统计局及其派出的调查机构、县级以上地方人民政府统计机构。

第四十九条　民间统计调查活动的管理办法，由国务院制定。

中华人民共和国境外的组织、个人需要在中华人民共和国境内进行统计调查活动的，应当按照国务院的规定报请审批。

利用统计调查危害国家安全、损害社会公共利益或者进行欺诈活动的，依法追究法律责任。

第五十条　本法自 2010 年 1 月 1 日起施行。

中华人民共和国统计法实施细则

(1987年1月19日国务院批准 1987年2月15日国家统计局发布 2000年6月2日国务院批准修订 2000年6月15日国家统计局发布 根据2005年12月16日《国务院关于修改〈中华人民共和国统计法实施细则〉的决定》修订)

第一章 总 则

第一条 根据《中华人民共和国统计法》(以下简称《统计法》)的规定,制定本细则。

第二条 《统计法》所指的统计,是指运用各种统计方法对国民经济和社会发展情况进行统计调查、统计分析,提供统计资料和统计咨询意见,实行统计监督等活动的总称。

国民经济和社会发展的统计项目分类,由国家统计局规定、调整。

第三条 国家有计划地用现代信息技术装备各级人民政府统计机构,建立健全国家统计信息自动化系统。国务院各部门根据工作需要,有计划地用现代信息技术装备本部门及其管辖系统的统计机构。

县级以上各级人民政府应当将国家统计信息工程建设列入发展计划。国家统计信息工程建设,由国家统计局统一领导,县级以上地方各级人民政府统计机构分级负责。

第四条 统计机构和统计人员实行工作责任制,实行考核和奖惩制度,不断提高工作质量和工作效率。

统计机构和统计人员依法独立行使下列职权:

(一)统计调查权——调查、搜集有关资料,召开有关调查会议,检查与统计资料有关的原始记录和凭证。统计调查对象应当依照《统计法》和国家有关规定,如实提供统计资料和情况,不得虚报、瞒报、拒报、迟报,不得伪造、篡改。

(二)统计报告权——将统计调查取得的统计资料和情况加以整理、分析,向上级领导机关和有关部门提出统计报告。任何单位或者个人不得阻挠和扣压统计报告,不得篡改统计资料。

(三)统计监督权——根据统计调查和统计分析,对国民经济和社会发展情况进行统计监督,检查国家政策和计划的实施,考核经济效益、社会效益和工作成绩,检查和揭露存在的问题,检查虚报、瞒报、伪造、篡改统计资料的行为,提出改进工作的建议。有关部门和单位对统计机构、统计人员反映、揭露的问题和提出的建议,应当及时处理,作出答复。

第五条 县级以上地方各级人民政府、各部门、各企业事业组织,应当根据国家统计任务和本地区、本部门、本单位的需要，在下列方面加强对统计工作的领导和监督：

（一）领导和支持统计机构、统计人员和其他有关人员执行统计法规和统计制度，准确、及时地完成统计工作任务，加强统计工作现代化建设；

（二）吸收和组织统计人员参加讨论有关政策和计划、研究经济和社会发展问题的会议，发挥统计的服务和监督作用；

（三）根据国家统一部署，组织实施重大的国情国力普查；

（四）按照规定审批统计调查计划，切实解决经批准的统计调查需要的人员和经费。

第六条　国家统计局及其派出的调查队、县级以上地方各级人民政府统计机构是国家执行统计法规和统计制度的机关，负责监督检查统计法规和统计制度的实施，维护统计机构和统计人员的职权，依法查处违反统计法规和统计制度的行为。

县级以上地方各级人民政府统计机构依法查处本行政区域内发生的统计违法行为；在国家统计局派出的调查队组织实施的统计调查中发生的统计违法行为，由组织实施该项统计调查的调查队负责查处。

第二章 统计调查计划和统计制度

第七条　县级以上各级人民政府统计机构和有关部门按照下列三类情况，分别建立统计制度，编制统计调查计划，按照规定经审查机关批准后实施：

（一）国家统计调查，是指全国性基本情况的统计调查，包括国家统计局单独拟订的和国家统计局与国务院有关部门共同拟订的统计调查项目。国家统计调查计划中新的、重大的统计调查项目，由国家统计局报国务院审批；经常性的、一般性的统计调查项目，由国家统计局审批。

各地方、各部门、各单位必须严格按照国家统计调查方案实施国家统计调查。

（二）部门统计调查，是指各部门的专业性统计调查。部门统计调查计划和统计调查方案，由该部门的统计机构组织本部门各有关职能机构编制。其中，统计调查对象属于本部门管辖系统内的，由本部门领导人审批，报国家统计局或者本级地方人民政府统计机构备案；统计调查对象超出本部门管辖系统的，报国家统计局或者本级地方人民政府统计机构审批，其中重要的，报国务院或者本级地方人民政府审批。各部门统计调查管辖系统的划分办法，由国家统计局会同国务院有关部门提出，报国务院批准后实施。

（三）地方统计调查，是指地方人民政府需要的地方性的统计调查。地方统计调查计划和统计调查方案的报批办法，由省、自治区、直辖市人民政府统计机构规定，报国家统计局备案。

第八条　部门统计调查和地方统计调查不得与国家统计调查重复、矛盾。

国家统计调查与部门统计调查、地方统计调查的分工，由国家统计局会同国务院有关部门和省、自治区、直辖市人民政府统计机构具体商定。

第九条 县级以上各级人民政府的综合协调部门需要的统计资料，应当从本级人民政府统计机构和有关部门搜集；确实需要直接进行统计调查的，应当编制统计调查计划和统计调查方案，依照《统计法》和本细则的有关规定，经批准后实施。

县级以上各级人民政府有关部门组织实施的部门统计调查，应当及时向本级人民政府统计机构报送基本统计资料或者综合统计资料。

国家统计局和县级以上地方各级人民政府统计机构，应当定期、无偿地向本级人民政府部门提供有关综合统计资料。

第十条 统计调查计划按照统计调查项目编制。统计调查项目，是指一定时期内为实现特定统计调查目的而组织实施的统计调查。统计调查项目的计划应当列明：项目名称、调查机关、调查目的、调查范围、调查对象、调查方式、调查时间、调查的主要内容。

编制统计调查计划，必须同时编制统计调查方案。统计调查方案应当包括下列内容：

（一）供统计调查对象填报用的统计调查表和说明书；

（二）供整理上报用的统计综合表和说明书；

（三）统计调查需要的人员和经费及其来源。

第十一条 县级以上各级人民政府统计机构、各部门统计机构对送审的统计调查计划和统计调查方案的必要性、可行性、科学性应当进行严格审查；对不符合本细则规定的，应当退回修改或者不予批准。编制和审查统计调查方案，应当遵循下列原则：

（一）在已经批准实施的各种统计调查中能够搜集到资料的，不得重复调查；

（二）抽样调查、重点调查或者行政记录可以满足需要的，不得制发全面统计调查表；一次性统计调查可以满足需要的，不得进行经常性统计调查；按年统计调查可以满足需要的，不得按季统计调查；按季统计调查可以满足需要的，不得按月统计调查；月以下的进度统计调查必须从严控制；

（三）编制新的统计调查方案，必须事先试点或者征求有关地方、部门和基层单位的意见，进行可行性论证，保证切实可行，注重调查效益；

（四）统计调查需要的人员和经费应当有保证。

第十二条 国家建立周期性的普查制度。周期性普查由国务院和地方各级人民政府统一领导，组织统计机构和有关部门共同实施，所需要的经费由中央和地方财政共同负担。

进行经常性抽样调查，应当通过基本统计单位普查和行政记录的方式，查明基本统计单位及其分布情况，建立科学的抽样框，按照随机原则在调查总体中选取足以代表总体的样本单位，减少抽样误差。

第十三条 按照规定程序批准的统计调查表，必须在右上角标明表号、制表机关、批准或者备案机关、批准或者备案文号、有效期限。

对未标明前款所列内容或者超过有效期限的统计调查表，有关统计调查对象有权拒绝填报，统计机构有权废止。

第十四条　统计调查方案所规定的指标涵义、调查范围、计算方法、分类目录、调查表式、统计编码等，未经批准该统计调查方案的机关同意，任何单位或者个人不得修改。

第三章 统计资料的管理和公布

第十五条　各地方、各部门、各单位应当健全统计资料的审核制度，保障统计资料的准确性和及时性。

各部门、各企业事业组织提供的统计资料，由本部门、本单位领导人或者统计负责人审核、签署或者盖章后上报。有关财务统计资料由财务会计机构或者会计人员提供，并经财务会计负责人审核、签署或者盖章。县级以上各级人民政府统计机构和乡、镇统计员提供的统计资料，由本级人民政府统计机构负责人或者乡、镇统计员审核、签署或者盖章后上报。

第十六条　各级领导机关制定政策、计划，检查政策、计划执行情况，考核经济效益、社会效益和工作成绩，进行奖励和惩罚等，需要使用统计资料的，必须依照《统计法》第十三条的规定，以统计机构或者统计负责人签署或者盖章的统计资料为准。

第十七条　县级以上各级人民政府统计机构必须做好统计信息咨询服务工作，充分利用可以公开的社会经济信息为社会公众服务。

符合国家有关规定，在《统计法》和统计制度规定之外提供统计信息咨询，实行有偿服务。具体办法由国家统计局会同国务院价格主管部门制定。

第十八条　各地方、各部门、各单位必须执行国家有关统计资料保密管理的规定，加强对统计资料的保密管理。

第十九条　各地方、各部门、各单位必须建立统计资料档案制度。统计资料档案的保管、调用和移交，应当遵守国家有关档案管理的规定。

第二十条　国家建立健全统计资料定期公布制度。

国家统计局统计调查取得的统计数据，由国家统计局公布。国务院有关部门统计调查取得的统计数据，由国务院有关部门公布；其中，与国家统计局统计调查取得的统计数据有重复、交叉的，应当在同国家统计局协商后，由国务院有关部门公布。国务院有关部门公布统计数据，应当自公布之日起10日内报国家统计局备案。

县级以上地方各级人民政府统计机构和有关部门公布其统计调查取得的地方统计数据，比照前款规定执行。

第二十一条　国家建立健全统计数据质量监控和评估的制度，加强对各省、自治区、直辖市重要统计数据的监控和评估。

第四章 统计机构和统计人员

第二十二条　国家统计局履行下列职

责：

（一）根据有关法律、行政法规和国家有关政策和计划，制定统计工作规章，制订统计工作现代化规划和国家统计调查计划，组织领导和协调全国统计工作，监督检查统计法规和统计制度的实施；

（二）健全国民经济核算制度和统计指标体系，制定全国统一的基本统计报表制度；制定或者与有关部门共同制定国家统计标准，审定部门统计标准；

（三）在国务院领导下，会同有关部门组织重大的国情国力普查，组织、协调全国社会经济抽样调查；

（四）根据国家制定政策、计划和进行管理的需要，搜集、整理、提供全国性的基本统计资料，对国民经济和社会发展情况进行统计分析、统计预测和统计监督；

（五）审查国务院各部门编制的统计调查计划和统计调查方案，管理国务院各部门制发的统计调查表；

（六）检查、审定、管理、公布、出版全国性的基本统计资料，定期发布全国国民经济和社会发展情况的统计公报；

（七）统一领导和管理国家统计局派出的调查队；

（八）组织指导全国统计科学研究、统计教育、统计干部培训和统计书刊出版工作；

（九）开展统计工作和统计科学的国际交流。

国家统计局派出的调查队承担国家统计局布置的各项调查任务，依法独立开展统计调查，独立上报统计资料。

第二十三条　县级以上地方各级人民政府统计机构履行下列职责：

（一）完成国家统计调查任务，执行国家统计标准，执行全国统一的基本统计报表制度；

（二）制订本行政区域内的统计工作现代化规划、统计调查计划和统计调查方案，统一领导和协调本行政区域内包括中央和地方单位的统计工作，监督检查统计法规和统计制度的实施；

（三）根据本行政区域内制定计划和进行管理的需要，搜集、整理、提供基本统计资料，对本行政区域内国民经济和社会发展情况进行统计分析、统计预测和统计监督；（四）审查本行政区域内各部门的统计调查计划和统计调查方案，管理本行政区域内各部门制发的统计调查表；

（五）按照国家有关规定，检查、审定、管理、公布、出版本行政区域内的基本统计资料；省、自治区、直辖市人民政府统计机构定期发布本行政区域内国民经济和社会发展情况的统计公报；自治州、县、自治县、市、市辖区人民政府统计机构按照本级人民政府的决定，发布本行政区域内国民经济和社会发展情况的统计公报；

（六）组织指导本行政区域内各部门、各单位加强统计基础工作建设，加强统计教育、统计干部培训和统计科学研究工作；对本行政区域内人民政府统计机构干部和乡、镇统计员进行考核和奖励。

县级以上地方各级人民政府统计机构受本级人民政府和上级人民政府统计机构的双重领导，在统计业务上以上级人民政府统计机构的领导为主。

第二十四条 乡、镇统计员执行乡、镇综合统计的职能，履行下列职责：

（一）完成国家统计调查和地方统计调查任务，执行国家统计标准，执行全国统一的基本统计报表制度，执行统计法规和统计制度，监督检查统计法规和统计制度的实施；

（二）按照国家有关规定，搜集、整理、分析、提供和管理本乡、镇的基本统计资料；

（三）组织指导本乡、镇各有关单位、人员加强农村统计基础工作建设，健全本乡、镇的统计台账制度和统计档案制度，组织乡、镇以下的统计业务工作。

乡、镇人民政府应当根据《统计法》等有关规定和统计工作的需要，设置专职的或者兼职的统计员，建立健全乡、镇统计信息网络。乡、镇统计员和乡、镇统计信息网络在统计业务上受县级人民政府统计机构的领导。

村的统计工作，由村民委员会指定专人负责，其在统计业务上受乡、镇统计员的领导。

第二十五条 县级以上各级人民政府有关部门的统计机构或者统计负责人执行本部门综合统计的职能，履行下列职责：

（一）组织指导、综合协调本部门各职能机构（包括生产、供销、基建、劳动人事、财务会计等机构）的统计工作，共同完成国家统计调查、部门统计调查和地方统计调查任务，执行统计法规和统计制度，监督检查统计法规和统计制度的实施；

（二）制订本部门的统计工作现代化规划、统计调查计划和统计调查方案，组织指导本部门及其管辖系统内企业事业组织的统计工作，加强统计队伍和统计基础工作建设；

（三）按照国家有关规定，向上级领导机关和本级人民政府统计机构报送和提供本部门的基本统计资料，会同计划和其他有关职能机构对本部门执行政策、计划和经营管理效益的情况，进行统计分析、统计预测和统计监督；

（四）管理本部门制发的统计调查表和基本统计资料；

（五）会同本部门的人事教育机构，组织指导本部门的统计教育和统计干部培训；对本部门统计人员进行考核和奖励；加强本部门统计科学研究工作。

县级以上各级人民政府有关部门统计机构的设置，应当根据实际需要，本着精简、效能的原则，依照《统计法》的规定执行。

第二十六条 企业事业组织的统计机构或者统计负责人执行本单位综合统计的职能，履行下列职责：

（一）组织指导、综合协调本单位各职能机构和下属机构的统计工作，共同完成国家统计调查、部门统计调查和地方统计调查任务，制订、实施本单位的统计工作计划和统计制度，执行统计法规和统计制度，监督检查统计法规和统计制度的实施；

（二）按照国家有关规定，报送和提供统

计资料，对本单位计划的执行情况和经营管理的效益，进行统计分析和统计监督；

（三）管理本单位的统计调查表和基本统计资料；

（四）会同本单位有关职能机构完善计量、检测制度，建立健全原始记录、统计台账和核算制度。

企业事业组织的统计机构或者统计负责人在统计业务上，受所在地人民政府统计机构或者乡、镇统计员的指导。

中小型企业事业组织不单设统计人员的，可以指定人员专门负责统计工作。

第二十七条 统计负责人，是指代表本部门或者本单位履行《统计法》规定职责的主要责任人员。不设统计机构的，一般应当由具备相当统计专业技术职务条件的人员担任统计负责人。

第二十八条 各地方、各部门、各单位应当根据国家有关规定和工作需要，设置统计专业技术职务。

第二十九条 具有统计专业技术职务的人员的调动，应当分别征求本地区、本部门、本单位统计机构或者统计负责人的意见；其中，具有中级以上统计专业技术职务的人员的调动，应当征得上级统计机构的同意。

县级以上地方各级人民政府统计机构主要负责人的调动，应当征得上一级人民政府统计机构的同意。乡、镇统计员的调动，应当征得县级人民政府统计机构的同意。

各部门和企业事业组织统计负责人的调动，应当征求上级主管部门和所在地人民政府统计机构的意见。

第三十条 国家统计局和县级以上地方各级人民政府统计机构，应当有计划地对统计人员进行培训，加强对统计人员的职业道德教育，提高统计人员的业务素质。

国家统计局和县级以上地方各级人民政府统计机构增加和补充统计人员，应当从具备统计专业知识的人员中选调。

第五章 奖励和惩罚

第三十一条 县级以上各级人民政府统计机构、各部门、各企业事业组织，应当依照国家或者企业事业组织的规定，对有下列表现之一的统计人员或者集体，定期评比，给予奖励：

（一）在改革和完善统计制度、统计方法等方面，做出重要贡献的；

（二）在完成规定的统计调查任务，保障统计资料的准确性、及时性方面，做出显著成绩的；

（三）在进行统计分析、统计预测和统计监督方面，有所创新，取得重要成绩的；

（四）在运用和推广现代信息技术方面，取得显著效果的；

（五）在改进统计教育和统计专业培训，进行统计科学研究，提高统计科学水平方面，做出重要贡献的；

（六）坚持实事求是，依法办事，同违反统计法规和统计制度的行为作斗争，表现突出的；

（七）揭发、检举统计违法行为有功的。

奖励分为:通令嘉奖、记功、记大功、晋级、升职、授予荣誉称号,并可以发给奖品、奖金。奖金按照国家或者企业事业组织的规定在有关经费中开支。

第三十二条 下列行为,属于《统计法》第二十七条第一款所称情节较重的违法行为:

(一)虚报、瞒报、伪造、篡改统计资料数额较大或者占应报数额的份额较多的;

(二)虚报、瞒报、伪造、篡改或者拒报统计资料,二年内再次发生的;

(三)虚报、瞒报、伪造、篡改、拒报或者屡次迟报统计资料,被责令改正而拒不改正的;

(四)虚报、瞒报、伪造、篡改、拒报或者屡次迟报统计资料,造成严重后果或者恶劣影响的;

(五)在接受统计检查时,拒绝提供情况、提供虚假情况或者转移、隐匿、毁弃原始统计记录、统计台账、统计报表以及与统计有关的其他资料的;

(六)使用暴力或者威胁的方法阻挠、抗拒统计检查的;

(七)国家统计局依法认定的其他行为。

第三十三条 企业事业组织有《统计法》第二十七条第一款所列违法行为之一的,由县级以上人民政府统计机构或者国家统计局派出的调查队予以警告,并可以处5万元以下的罚款。

个体工商户有《统计法》第二十七条第一款所列违法行为之一的,由县级以上人民政府统计机构或者国家统计局派出的调查队予以警告,并可以处1万元以下的罚款。

第三十四条 任何单位或者个人有《统计法》第二十九条第二款所列违法行为的,由县级以上人民政府统计机构责令改正,没收违法所得,并可以处违法所得1倍以上3倍以下的罚款;没有违法所得的,可以处3万元以下的罚款。

第六章 附　则

第三十五条 中华人民共和国境外的组织、个人需要在中华人民共和国境内进行统计调查活动的,应当委托中华人民共和国境内具有涉外统计调查资格的机构进行。

统计调查范围限于省、自治区、直辖市行政区域内的,应当持有关证明文件和统计调查方案,向省、自治区、直辖市人民政府统计机构提出申请,由省、自治区、直辖市人民政府统计机构审批;统计调查范围跨省、自治区、直辖市行政区域的,应当持有关证明文件和统计调查方案,向国家统计局提出申请,由国家统计局审批。

第三十六条 本细则自发布之日起施行。

统计违法违纪行为处分规定

第一条 为了加强统计工作,提高统计数据的准确性和及时性,惩处和预防统计违法违纪行为,促进统计法律法规的贯彻实施,根据《中华人民共和国统计法》、《中华人民共和国行政监察法》、《中华人民共和国公务员法》、《行政机关公务员处分条例》及其他有关法律、行政法规,制定本规定。

第二条 有统计违法违纪行为的单位中负有责任的领导人员和直接责任人员,以及有统计违法违纪行为的个人,应当承担纪律责任。属于下列人员的(以下统称有关责任人员),由任免机关或者监察机关按照管理权限依法给予处分:

(一)行政机关公务员;

(二)法律、法规授权的具有公共事务管理职能的事业单位中经批准参照《中华人民共和国公务员法》管理的工作人员;

(三)行政机关依法委托的组织中除工勤人员以外的工作人员;

(四)企业、事业单位、社会团体中由行政机关任命的人员。

法律、行政法规、国务院决定和国务院监察机关、国务院人力资源社会保障部门制定的处分规章对统计违法违纪行为的处分另有规定的,从其规定。

第三条 地方、部门以及企业、事业单位、社会团体的领导人员有下列行为之一的,给予记过或者记大过处分;情节较重的,给予降级或者撤职处分;情节严重的,给予开除处分:

(一)自行修改统计资料、编造虚假数据的;

(二)强令、授意本地区、本部门、本单位统计机构、统计人员或者其他有关机构、人员拒报、虚报、瞒报或者篡改统计资料、编造虚假数据的;

(三)对拒绝、抵制篡改统计资料或者对拒绝、抵制编造虚假数据的人员进行打击报复的;

(四)对揭发、检举统计违法违纪行为的人员进行打击报复的。

有前款第(三)项、第(四)项规定行为的,应当从重处分。

第四条 地方、部门以及企业、事业单位、社会团体的领导人员,对本地区、本部门、本单位严重失实的统计数据,应当发现而未发现或者发现后不予纠正,造成不良后果的,给予警告或者记过处分;造成严重后果的,给予记大过或者降级处分;造成特别严重后果的,给予撤职或者开除处分。

第五条 各级人民政府统计机构、有关部门及其工作人员在实施统计调查活动中,有下列行为之一的,对有关责任人员,给予记过或者记大过处分;情节较重的,给予降级或者撤职处分；情节严重的，给予开除处分：

（一）强令、授意统计调查对象虚报、瞒报或者伪造、篡改统计资料的；

（二）参与篡改统计资料、编造虚假数据的。

第六条 各级人民政府统计机构、有关部门及其工作人员在实施统计调查活动中，有下列行为之一的，对有关责任人员，给予警告、记过或者记大过处分；情节较重的，给予降级处分；情节严重的，给予撤职处分：

（一）故意拖延或者拒报统计资料的；

（二）明知统计数据不实，不履行职责调查核实，造成不良后果的。

第七条 统计调查对象中的单位有下列行为之一，情节较重的，对有关责任人员，给予警告、记过或者记大过处分；情节严重的，给予降级或者撤职处分；情节特别严重的，给予开除处分：

（一）虚报、瞒报统计资料的；

（二）伪造、篡改统计资料的；

（三）拒报或者屡次迟报统计资料的；

（四）拒绝提供情况、提供虚假情况或者转移、隐匿、毁弃原始统计记录、统计台账、统计报表以及与统计有关的其他资料的。

第八条 违反国家规定的权限和程序公布统计资料，造成不良后果的，对有关责任人员，给予警告或者记过处分；情节较重的，给予记大过或者降级处分；情节严重的，给予撤职处分。

第九条 有下列行为之一，造成不良后果的，对有关责任人员，给予警告、记过或者记大过处分；情节较重的，给予降级或者撤职处分；情节严重的，给予开除处分：

（一）泄露属于国家秘密的统计资料的；

（二）未经本人同意，泄露统计调查对象个人、家庭资料的；

（三）泄露统计调查中知悉的统计调查对象商业秘密的。

第十条 包庇、纵容统计违法违纪行为的，对有关责任人员，给予记过或者记大过处分；情节较重的，给予降级或者撤职处分；情节严重的，给予开除处分。

第十一条 受到处分的人员对处分决定不服的，依照《中华人民共和国行政监察法》、《中华人民共和国公务员法》、《行政机关公务员处分条例》等有关规定，可以申请复核或者申诉。

第十二条 任免机关、监察机关和人民政府统计机构建立案件移送制度。

任免机关、监察机关查处统计违法违纪案件，认为应当由人民政府统计机构给予行政处罚的，应当将有关案件材料移送人民政府统计机构。人民政府统计机构应当依法及时查处，并将处理结果书面告知任免机关、监察机关。

人民政府统计机构查处统计行政违法案件，认为应当由任免机关或者监察机关给予处分的，应当及时将有关案件材料移送任免机关或者监察机关。任免机关或者监察机关应当依法及时查处，并将处理结果书面告知人民政府统计机构。

第十三条 有统计违法违纪行为，应当给予党纪处分的,移送党的纪律检查机关处理。涉嫌犯罪的,移送司法机关依法追究刑事责任。

第十四条 本规定由监察部、人力资源社会保障部、国家统计局负责解释。

第十五条 本规定自 2009 年 5 月 1 日起施行。

统计执法检查规定

第一章　总　则

第一条　为了科学有效地组织统计执法检查工作，保障统计法和统计制度的贯彻实施，维护和提高统计数据质量，根据《中华人民共和国统计法》及其实施细则，制定本规定。

第二条　县级以上各级人民政府统计机构、国家统计局派出的各级调查队是统计执法检查机关，负责监督检查统计法和统计制度的实施，依法查处违反统计法和统计制度的行为。

县级以上地方各级人民政府统计机构、国家统计局派出的各级调查队应当分工协作、加强沟通，避免重复检查。

第三条　县级以上人民政府各有关部门在同级人民政府统计机构的组织指导下，负责监督检查本部门管辖系统内统计法和统计制度的贯彻实施，协助同级人民政府统计机构查处本部门管辖系统内的统计违法行为。

第四条　各级统计执法检查机关应当建立行政执法责任制，切实保障统计执法检查所需的人员、经费和其他工作条件。

第五条　统计执法检查应当贯彻有法必依、执法必严、违法必究的方针，坚持预防、查处和整改相结合，坚持处罚与教育相结合，合法、公正、公开、高效地进行。

第六条　各级统计执法检查机关鼓励对统计法贯彻实施情况的社会监督。国家统计局设立举报中心，受理社会各界对统计违法行为的举报。

第二章　统计执法检查机构和统计执法检查员

第七条　国家统计局法制工作机构负责统一组织、管理全国的统计执法检查工作。

省及地市级统计执法检查机关应当设置专门的统计执法检查机构，配备专职统计执法检查员。

县级统计执法检查机关可以根据工作需要，设置专门的统计执法检查机构。未设机构的，应当配备必要的统计执法检查员。

县级以上人民政府各有关部门可以根据工作需要，配备统计执法检查员。

第八条　统计执法检查机构的主要职责是：

（一）宣传、贯彻统计法；

（二）组织、指导、监督、管理统计执法检查工作；

（三）受理统计违法举报，查办、转办、督办统计违法案件；

（四）办理统计行政复议和行政应诉事项；

（五）法律、法规和规章赋予的其他职责。

第九条 统计执法检查员应当具备下列条件：

（一）坚持原则、作风正派、忠于职守、遵纪守法；

（二）具有大专以上学历；

（三）具备相关法律知识，熟悉统计业务；

（四）参加统计执法检查员资格培训，经考试合格，取得统计执法检查证。

第十条 统计执法检查员的资格培训及考核由国家统计局统一规划、组织和管理，省级统计执法检查机关负责实施。

第十一条 各级统计执法检查机关应当加强对所属统计执法检查员的职业道德教育和业务技能培训，健全管理、考核和奖惩制度。

第三章 统计执法检查的一般规定

第十二条 各级统计执法检查机关和有关部门应当建立统计执法检查制度，综合运用全面检查、专项检查、重点检查等方式，进行经常性的统计执法检查工作。

第十三条 统计执法检查事项包括：

（一）是否存在侵犯统计机构和统计人员独立行使统计调查、统计报告、统计监督职权的行为；

（二）是否存在违反法定程序和统计制度修改统计数据的行为；

（三）是否存在虚报、瞒报、伪造、篡改、拒报和迟报统计资料的行为；

（四）是否依法设立统计机构或配备统计人员；

（五）是否设置原始记录、统计台帐；

（六）统计人员是否具备统计从业资格；

（七）统计调查项目是否依据法定程序报批，是否在统计调查表的右上角标明法定标识；

（八）是否严格按照经批准的统计调查方案进行调查，有无随意改变调查内容、调查对象和调查时间等问题；

（九）统计资料的管理和公布是否符合有关规定，有无泄露国家秘密、统计调查对象的商业秘密和私人、家庭的单项调查资料的行为；

（十）是否依法进行涉外调查；

（十一）法律、法规和规章规定的其他事项。

第十四条 统计执法检查机关在组织实施统计执法检查前应当先拟定检查计划。检查计划包括检查的依据、时间、对象、内容和组织形式等。

对未发现统计违法嫌疑的单位，同一统计执法检查机关每年对其实施统计执法检查不得超过一次。

第十五条 实施统计执法检查，应当提前通知被检查对象，告知统计执法检查机关的名称，检查的依据、范围、内容、方式和时间，对被检查对象的具体要求等。对有统计违法嫌疑的单位实施检查，检查通知可于统计执法检查机关认为适当的时间下达。

第十六条 检查人员进行统计执法检查时，应当先向被检查对象出示统计执法检查证或法律、法规、规章规定的其他执法证件。

未出示合法执法证件的，有关单位和个人有权拒绝接受检查。

统计执法检查证是实施统计执法检查的有效证件，由国家统计局统一印制，国家统计局和省级统计执法检查机关负责核发。

第十七条 统计执法检查机关和检查人员具有下列职权：

（一）依法发出统计检查查询书，向被检查对象查询有关事项；

（二）要求被检查对象提供与检查事项有关的原始记录和凭证、统计台账、统计调查表、会计资料以及其他相关证明、资料，进入被检查对象运用电子计算机管理的数据录入、处理系统检查有关资料；

（三）进入被检查对象的业务场所及货物存放地进行实地检查、核对；

（四）经统计执法检查机关负责人批准，登记保存被检查对象的原始记录和凭证、统计台账、统计调查表、会计资料及其他相关证明和资料；

（五）就与统计执法检查有关的事项，询问统计人员、单位负责人和有关人员；

（六）对与统计违法案件有关的情况和资料，进行记录和复制；

（七）要求被检查对象将有关资料送至指定地点接受检查。

第十八条 统计执法检查机关和检查人员对在检查过程中知悉的被检查对象的商业秘密和私人、家庭的单项调查资料，负有保密义务。

第十九条 被检查对象和有关人员不得拒绝提供情况或提供虚假情况，不得使用暴力或者威胁的方法阻挠、抗拒检查，对统计检查查询书应当按期据实答复。

第二十条 检查人员应当及时向统计执法检查机关提交检查报告，对检查中发现的问题提出处理意见或建议。

统计执法检查机关对发现的统计违法行为应当分别以下情况予以处理：

（一）统计违法行为轻微的，责令被检查对象改正，或者提出统计执法检查意见；

（二）统计违法行为需要立案查处的，依照法定程序办理。

第四章 统计违法案件的查处

第二十一条 统计违法案件由各级统计执法检查机关负责查处。

各级统计执法检查机关可以委托依法成立的统计执法队（室、所）等组织查处统计违法案件。

第二十二条 各级统计执法检查机关及其直属事业单位工作人员的统计违法行为，由该机关或监察机关依干部管理权限负责处理。

第二十三条 县级以上人民政府各有关部门对在统计执法检查中发现的统计违法行为，认为应当给予行政处罚的，应当及时移交给同级人民政府统计机构处理。

第二十四条 查处统计违法案件应当做到事实清楚，证据确凿，定性准确，处理恰当，适用法律正确，符合法定程序。

第二十五条 查处统计违法案件的一般

程序为：立案、调查、处理、结案。

对在统计执法检查中发现并已调查清楚的统计违法行为，需要立案查处的，应当补充立案。

第二十六条 符合《中华人民共和国行政处罚法》第三十三条规定，统计违法事实确凿并有法定依据，应对公民处以五十元以下、对法人或者其他组织处以一千元以下罚款或者警告的行政处罚的，可以适用简易处罚程序，当场作出统计行政处罚决定。

第二十七条 对下列统计违法行为，统计执法检查机关应当依法进行查处：

（一）地方、部门、单位的领导人自行修改统计资料、编造虚假数据或者强令、授意统计机构、统计人员篡改统计资料、编造虚假数据的；

（二）地方、部门、单位的领导人对统计人员进行打击报复的；

（三）统计机构、统计人员参与篡改统计资料、编造虚假数据的；

（四）虚报、瞒报、伪造、篡改统计资料的；

（五）拒报、屡次迟报统计资料的；

（六）提供不真实、不完整的普查资料的；

（七）在接受统计执法检查时，拒绝提供情况、提供虚假情况或者转移、隐匿、毁弃原始记录、统计台帐、统计报表以及与统计有关的其他资料的；

（八）使用暴力或者威胁的方法，阻挠、抗拒统计执法检查的；

（九）国家机关擅自制发统计调查表的；

（十）违反统计法和统计制度规定，泄露国家秘密、统计调查对象商业秘密或者私人、家庭单项调查资料的；

（十一）利用统计调查窃取国家秘密、损害社会公共利益或者进行欺诈活动的；

（十二）违反《统计从业资格认定办法》，聘请、任用未取得统计从业资格证书的人员从事统计工作的；

（十三）违法进行涉外调查的；

（十四）法律、法规和规章规定的其他违法行为。

第二十八条 县级以上地方各级人民政府统计机构管辖发生在本行政区域内的统计违法案件。其中，在国家统计局派出的各级调查队组织实施的统计调查中发生的统计违法案件，由国家统计局派出的调查队管辖。

国家统计局管辖在全国范围内有重大影响的或认为应当由其查处的统计违法案件。

第二十九条 决定立案查处的案件，应当及时组织调查。一般案件调查人员不得少于二人，重大案件应当组成调查组。

调查人员应当合法、客观、全面地收集证据，不得主观臆断、偏听偏信，不得篡改、伪造证据。

第三十条 调查结束后，调查人员应当将调查情况及处理意见报领导审批。重大案件的处理由统计执法检查机关的负责人集体讨论决定。

第三十一条 统计违法案件审理终结，应当分别以下情况作出处理：

（一）违反统计法律、法规、规章证据不足，或者违法事实情节轻微，依法不应追究法律责任的，即行销案；

（二）违反统计法律、法规、规章事实清楚、证据确凿，尚未构成犯罪的，由统计执法检查机关依法作出处理；

（三）违反统计法，涉嫌犯罪的，移送司法机关依法追究刑事责任。

第三十二条 统计执法检查机关在依法作出统计行政处罚决定前，应当告知当事人作出处罚的事实、理由、依据及拟作出的行政处罚决定，并告知当事人依法享有的权利。

第三十三条 统计执法检查机关在作出对法人或者其他组织二万元以上的罚款，对公民二千元以上的罚款的行政处罚决定前，应当告知当事人有要求举行听证的权利。当事人要求听证的，统计执法检查机关应当依法组织听证。

当事人对县级以上地方各级人民政府统计机构查处的统计违法案件要求听证，省、自治区、直辖市人大常委会或人民政府对较大数额罚款的额度有具体规定的，从其规定。

第三十四条 立案查处的统计违法案件，应当在立案后三个月内处理完毕；因特殊情况需要延长办理期限的，应当按规定报经批准，但延长期不得超过三个月。

统计违法案件处理决定执行后，予以结案。

第五章 备案与报告

第三十五条 下列统计违法案件应当在立案后十日内报上一级统计执法检查机关：

（一）统计违法责任人涉及科级以上党政领导干部的；

（二）对拒绝、抵制篡改统计资料、编造虚假数据行为的统计人员进行打击报复的；

（三）使用暴力或威胁的方法阻挠、抗拒统计执法检查的；

（四）群众集体署名举报或新闻媒介公开报道，在社会上造成较大影响的；

（五）检查机关认为应当报告的其他案件。

第三十六条 下列统计违法案件应当在结案后十日内向上一级统计执法检查机关备案：

（一）给予科级以上党政领导干部行政处分的；

（二）举行听证的；

（三）经复议变更或撤销具体统计行政行为的；

（四）统计行政诉讼案件；

（五）经新闻媒介曝光的；

（六）罚款数额三万元以上的；

（七）立案后已上报上一级统计执法检查机关的各类案件

前款所列（一）（三）（四）项案件，应当在结案后三十日内由省级统计执法检查机关报国家统计局备案。

第三十七条 国家统计局建立统计违法案件查处情况定期统计制度。

统计执法检查机关应当定期向上一级统计执法检查机关报告统计执法检查和统计违法案件查处情况。

第六章　法律责任

第三十八条　任何单位和个人有下列行为之一的，由统计执法检查机关责令改正，予以通报批评，并可以对负有直接责任的主管人员和其他直接责任人员依法给予行政处分或提请有关机关给予行政处分；违反《中华人民共和国治安管理处罚法》的，由公安机关依法给予行政处罚；涉嫌犯罪的，移送司法机关依法追究刑事责任：

(一)在接受统计执法检查时，拒绝提供情况、提供虚假情况或者转移、隐匿、毁弃原始记录、统计台帐、统计报表以及与统计有关的其他资料的；

(二)使用暴力或者威胁的方法阻挠、抗拒统计执法检查的；

(三)不按期据实答复统计检查查询书的。

企业事业组织有前款违法行为之一的，根据《中华人民共和国统计法实施细则》的规定，由统计执法检查机关予以警告，并可以处五万元以下的罚款。个体工商户有前款违法行为之一的，由统计执法检查机关予以警告，并可以处一万元以下的罚款。

第三十九条　地方、部门、单位的领导人及其他责任人员有下列行为之一的，由统计执法检查机关予以通报批评，并可以提请主管单位或监察机关依法给予行政处分；涉嫌犯罪的，移送司法机关依法追究刑事责任：

(一)不接受或不按规定组织实施统计执法检查，造成本地区、本部门、本单位重要统计数据失实的；

(二)对抵制、揭发统计违法行为的单位和个人进行打击报复的；

(三)包庇、纵容统计违法行为的。

第四十条　统计执法检查机关有下列行为之一的，对负有直接责任的主管人员和直接责任人员，由主管单位或监察机关给予批评教育；情节严重的，依法给予行政处分；涉嫌犯罪的，移送司法机关依法追究刑事责任：

(一)瞒案不报，压案不查，包庇、纵容统计违法行为的；

(二)不按法定权限、程序和要求执行公务，造成不利后果的；

(三)违反保密规定，泄露举报人或案情的；

(四)滥用职权，徇私舞弊的；

(五)其他违法违纪行为。

统计执法检查人员泄露在检查过程中知悉的被检查对象商业秘密和私人、家庭的单项调查资料，造成损害的，依法给予行政处分，并依法承担民事责任。

第七章　附　则

第四十一条　本规定由国家统计局负责解释。

第四十二条　本规定自公布之日起实施。《统计法规检查暂行规定》和《统计违法案件查处工作暂行规定》同时废止。

统计上严重失信企业信息公示暂行办法

第一条 为贯彻落实《中共中央关于全面推进依法治国若干重大问题的决定》和《统计法》《企业信息公示暂行条例》《社会信用体系建设规划纲要(2014—2020年)》,加强依法统计,推进诚信统计,建立保障企业独立真实报送统计信息长效机制,提高统计数据质量和政府统计公信力,制定本办法。

第二条 本办法所称统计上严重失信企业,是指在依法开展的政府统计调查中,有下列情形之一的企业:

(一)编造虚假统计数据;

(二)虚报、瞒报统计数据数额较大或者虚报率、瞒报率较高;

(三)有其他严重统计违法行为,应当受到行政处罚。

第三条 对依法认定的统计上严重失信企业,政府统计机构应当通过中国统计信息网,向社会公示失信企业信息。

公示的失信企业信息包括企业名称、地址、法定代表人或者主要负责人、统计违法行为、依法处理情况等。

第四条 公示失信企业信息应当遵循合法真实、公正及时、鼓励诚信的原则。

第五条 国家统计局组织管理全国统计上严重失信企业信息公示工作,在中国统计信息网上直接公示特别严重的失信企业信息。

省级统计机构在其门户网站建立统计上严重失信企业信息公示专栏,统一链接到中国统计信息网。省、市、县级统计机构按照《统计法》规定的查处统计违法行为职责分工,在本级或者上级统计机构门户网站向社会公示失信企业信息,同时加载到省级统计机构失信企业信息公示专栏。

第六条 政府统计机构自依法认定失信企业之日起20个工作日内公示失信企业信息。

对严重失信企业和严重干预企业独立真实报送统计数据的单位、个人,依法追究责任。

第七条 失信企业信息公示期限为1年。在公示期间,企业认真整改到位,经企业申请,履行公示职责的政府统计机构核实后,可以从公示网站提前移除失信企业信息,但公示时间不得少于6个月。企业整改不到位,公示期限延长至2年。

在失信企业信息公示期间,政府统计机构应当重点检查企业遵守统计法情况,再次发现企业有统计违法行为的,公示期限延长至2年。

第八条 政府统计机构应当按照《企业信息公示暂行条例》《社会信用体系建设规划纲要(2014—2020年)》等国家有关规定,将统计上严重失信企业信息纳入金融、工商等行业和部门信用信息系统，与企业融资、政府补贴、工商注册管理等挂钩。

第九条 下级统计机构未按照本办法履行职责的，由上级统计机构责令改正；情节严重的，对负有责任的主管人员和其他直接责任人员依法给予处分。

第十条 政府统计机构发现公示的失信企业信息不准确的，应当及时更正。公民、法人或者其他组织有证据证明政府统计机构公示的失信企业信息不准确的，有权要求政府统计机构予以更正。

第十一条 鼓励公民、法人或者其他组织举报统计上严重失信企业和其他统计违法行为，对举报者依法予以保护。

第十二条 公民、法人或者其他组织认为政府统计机构在公示失信企业信息工作中的具体行政行为侵犯其合法权益的，可以依法申请行政复议或者提起行政诉讼。

第十三条 企业报送的统计资料异常且不能做合理解释的，由政府统计机构列入统计信用异常企业名录，告诫企业自我检查更正。

企业认真整改到位 由政府统计机构从统计信用异常企业名录移除；企业整改不到位，经依法查实具有严重统计违法行为的，将作为统计上严重失信企业，由政府统计机构公示失信企业信息。

第十四条 本办法适用于在各级人民政府、县级以上人民政府统计机构组织实施的统计活动中，统计上严重失信企业的信息公示。

在上述统计活动中严重失信的其他组织，其信息公示参照本办法执行。

第十五条 本办法由国家统计局负责解释。

第十六条 本办法自 2015 年 1 月 1 日起施行。

江西省统计管理条例

（1991年2月5日江西省第七届人民代表大会常务委员会第十九次会议通过，1997年8月15日江西省第八届人民代表大会常务委员会第二十九次会议第一次修正，2004年9月25日江西省第十届人民代表大会常务委员会第十一次会议第二次修正）

第一条 为加强统计管理，保障统计资料的准确性和及时性，根据《中华人民共和国统计法》（以下简称《统计法》）和《中华人民共和国统计法实施细则》（以下简称《实施细则》），结合我省实际情况，制定本条例。

第二条 本省行政区域内的国家机关、社会团体、企业事业组织和个体工商户，以及其在省外、国外设立的企业事业组织等统计调查对象，应当依照统计法律、法规和统计制度的规定，如实提供统计资料，不得虚报、瞒报、拒报、迟报，不得伪造、篡改。

基层群众性自治组织和公民，有义务如实提供国家和地方统计调查所需要的情况。

第三条 县级以上人民政府设置独立的统计机构，组织领导和协调本行政区域的统计工作，贯彻执行并监督检查统计法律、行政法规和本条例的实施。

乡（镇）人民政府和城市街道办事处配备专职的综合统计人员，并组织和协调本乡（镇）、街道的统计工作。

村民委员会、居民委员会应当指定人员负责统计工作。

第四条 县级以上人民政府各主管部门设置统计机构或者在有关机构中配备专职的综合统计人员，并指定统计负责人，组织指导和综合协调本部门各职能机构及下属单位的统计工作，贯彻执行并监督检查统计法律、行政法规和本条例在本部门的实施。

其他国家机关、社会团体以及各企业事业组织根据需要设置统计机构或者在有关机构中配备专（兼）职的综合统计人员，并指定统计负责人，组织指导和综合协调本单位各职能机构和下属单位的统计工作。

第五条 各级人民政府统计机构或者乡（镇）、街道统计人员受同级人民政府和上级人民政府统计机构的双重领导，在统计业务上以上级人民政府统计机构的领导为主。

县级以上人民政府各主管部门的统计机构或者统计人员，在统计业务上受同级人民政府统计机构的指导。

企业事业组织的统计机构或者统计人员，在统计业务上受所在地人民政府统计机构的指导。

第六条 从事统计工作的人员，应当按照国家规定，取得省人民政府统计机构颁发的统计人员从业资格证书。

第七条 统计人员应当保持相对稳定。

调动统计人员必须依照《实施细则》第二十九条的规定执行，并按照先补后调的原则办理手续。

第八条 统计机构及统计人员必须会同有关职能机构加强计量、检测、原始记录等基础工作，建立健全统计管理制度和数字质量检查制度，保证统计数据的准确性。

第九条 各级人民政府及其行政主管部门应当加强统计信息自动化系统建设，根据统计任务的需要配备数据处理和数据传输设备，建立健全现代化统计信息管理系统。

各企业事业组织的统计机构应当根据需要，逐步采用现代化的统计信息技术。

第十条 县级以上人民政府统计机构和乡（镇）、街道统计人员提供的统计资料，由人民政府统计机构负责人或者乡（镇）、街道统计负责人审核、签署或者盖章后上报。

各部门、各企业事业组织向上级部门提供的统计资料，必须由本部门、本单位领导人或者统计负责人审核、签署或者盖章后上报。有关财务统计资料由财务会计机构或者会计人员负责提供，并经财务会计负责人审核盖章。

第十一条 各级人民政府、各部门、各企业事业组织，应当加强对统计工作的领导，维护统计机构和统计人员依法独立行使统计调查、统计报告、统计监督的职权。

各地方、各部门、各单位的领导人不得强令或者授意统计机构、统计人员篡改统计资料或者编造虚假数据，对统计机构和统计人员依照统计法律、法规和统计制度提供的统计资料，不得自行修改。如果发现数据计算或者来源有错误，应当提出，由统计机构、统计人员核实订正。如果上报期已到，统计机构、统计人员应当按照国家规定先行上报并加说明；经核实后确有错误的，应当在上级统计机构规定的期限内订正。

第十二条 工商、机构编制、民政等有关部门应当将其职责范围内所办理的国家机关、社会团体、企业事业组织和个体工商户等统计调查对象的设立、迁入、变更、注销等事项的有关资料，及时提供给本级人民政府统计机构。

第十三条 统计调查对象应当自批准设立、迁入、变更之日起 30 日内，到所在地的县级以上人民政府统计机构领取统计报表，并按照统计制度规定报送统计资料。

第十四条 新开工的固定资产投资建设项目的建设单位应当按照国家有关规定，向所在地人民政府统计机构及时报送统计资料。

第十五条 全省性社会经济基本情况的统计调查表由省人民政府统计机构统一制订，或者会同有关主管部门联合下达，并报国家统计局备案。重大灾情或者其他不可预料等特殊情况的调查，应报省人民政府批准。

设区的市、县（市、区）社会经济基本情况的统计调查表的制订，比照前款规定执行。

乡（镇）人民政府和街道办事处及其所属单位不得制发统计调查表。

第十六条 县级以上人民政府各主管部门可以制发统计调查对象属管辖系统内的专

业性统计调查表，由本部门负责人审批，报本级人民政府统计机构备案；统计调查对象属管辖系统以外的，由本部门负责人签署意见，报本级人民政府统计机构审批，其中重要的，报本级人民政府审批。

第十七条 省属社会团体、科研机构一般不得制发统计调查表，确实需要制发的，由省人民政府统计机构审批。其他社会团体、科研机构不得制发统计调查表。

第十八条 按规定程序批准或者备案的统计调查表，必须在表的右上角标明表号、制表机关、批准或者备案机关、批准或者备案文号、有效期限。

未标明前款所列内容或者超过有效期限的统计调查表，任何单位或者个人有权拒绝填报，县级以上人民政府统计机构有权废止。

第十九条 各地方、各部门、各单位必须根据档案法律、法规的有关规定，建立健全统计资料档案管理制度，对原始凭证、统计台账和统计分析等统计资料，实行分级管理，集中保管，专人负责，并应妥善保管、调用和移交，不得擅自销毁。

第二十条 各级人民政府统计机构管理和提供本行政区域的国民经济和社会发展基本统计资料，各主管部门、各单位管理和提供本部门、本单位的统计资料。

第二十一条 统计机构必须建立统计资料分级负责审核制度，依照国家规定定期发布统计公报和不定期发布统计资料。公布统计资料必须注明统计资料的提供单位。

县级以上人民政府统计机构和各主管部门负责公布其统计调查取得的统计数据。各主管部门统计调查取得的统计数据与本级人民政府统计机构统计调查取得的统计数据有重复、交叉的，应当在与本级人民政府统计机构协商后公布。各主管部门公布的统计数据，应当自公布之日起10日内报本级人民政府统计机构备案。

县级以上人民政府统计机构公开发表本行政区域的国民经济和社会发展统计公报，须报同级人民政府审批；各主管部门公开发表本部门管辖系统内有关国民经济和社会发展的统计数字，须经同级人民政府统计机构审核。对外提供或者公开发表绝密、机密、秘密或者虽非秘密但未公布过的统计资料，须按国家有关统计资料保密管理办法的规定办理审批手续。

未经法定程序批准，任何单位和个人不得擅自公布和提供统计资料。

属于私人、家庭的单项统计调查资料，非经本人同意，不得泄露。

统计机构、统计人员对在统计调查中知悉的统计调查对象的商业秘密，负有保密义务。

第二十二条 县级以上人民政府统计机构应当建立健全统计数据质量监控和评估制度，加强对重要统计数据的监控和评估。

第二十三条 各级领导机关制定政策、计划，检查政策、计划执行情况，考核经济效益、社会效益和工作成绩，进行奖惩等，需要使用统计资料的，必须依照《统计法》和本条例第二十条规定的管辖范围，以各该统计机构或者统计负责人签署、盖章的统计资料为准。

第二十四条 各级人民政府统计机构应做好统计信息咨询服务工作,充分利用社会经济统计信息,依法履行无偿服务的职责。在统计法律、法规和国家统计制度规定的职责之外提供的统计信息咨询,实行有偿服务。

第二十五条 县级以上人民政府统计机构和主管部门根据工作需要,可以在不突破本单位总编制的原则下设置统计检查机构或者配备统计检查员。统计检查员须具备专业知识。

统计检查员由县级以上人民政府统计机构或者主管部门委任,由省人民政府统计机构核发统计检查证件。

统计检查员在执行公务时,应当出示统计检查证件,依法实施监督检查。被检查单位有义务如实提供统计检查所需要的资料和情况。

第二十六条 统计检查机构或者统计检查员对被监督检查单位的统计活动可以随时检查,需要查询问题时,有权发出《统计检查查询书》。被检查单位的领导人及有关责任人员必须在接到该《统计检查查询书》之日起15日内据实答复。逾期不答复的,以拒报论处。**第二十七条** 各级人民政府统计机构,各部门、各企业事业组织对执行统计法律、行政法规和本条例成绩显著的单位和个人,按照《实施细则》的有关规定给予奖励。

第二十八条 地方、部门、单位的领导人自行修改统计资料、编造虚假数据或者强令、授意统计机构、统计人员篡改统计资料或者编造虚假数据的,依法给予行政处分,并由县级以上人民政府统计机构予以通报批评。

地方、部门、单位的领导人对拒绝、抵制篡改统计资料或者对拒绝、抵制编造虚假数据行为的统计人员进行打击报复的,依法给予行政处分;构成犯罪的,依法追究刑事责任。

统计人员参与篡改统计资料、编造虚假数据或者过失造成统计资料重大差错,或者对领导人强令、授意篡改统计资料、编造虚假数据的行为不抵制,又不及时向上级报告的,由县级以上人民政府统计机构予以通报批评,依法给予行政处分或者建议有关部门依法给予行政处分。

统计机构、统计人员违反本条例规定,泄露私人、家庭的单项调查资料或者统计调查对象的商业秘密,造成损害的,依法承担民事责任,并对负有直接责任的主管人员和其他直接责任人员依法给予行政处分。

第二十九条 统计调查对象有下列违法行为之一的,由县级以上人民政府统计机构责令改正,予以通报批评;情节较重的,可以对负有直接责任的主管人员和其他直接责任人员依法给予行政处分:

(一)虚报、瞒报统计资料的;

(二)伪造、篡改统计资料的;

(三)拒报或者屡次迟报统计资料的。企业事业组织有前款所列行为之一的,由县级以上人民政府统计机构予以警告,并可以处2000元以上2万元以下的罚款;情节较重的,可以处2万元以上5万元以下的罚款。

个体工商户有本条第一款所列行为之一的，由县级以上人民政府统计机构予以警告，并可以处200元以上2000元以下的罚款；情节较重的，可以处2000元以上1万元以下的罚款。

第三十条　任何单位或者个人利用统计调查损害社会公共利益或者进行欺诈活动的，由县级以上人民政府统计机构责令改正，没收违法所得，并可以处违法所得1倍以上3倍以下的罚款；没有违法所得的，可以处3万元以下的罚款；构成犯罪的，依法追究刑事责任。

第三十一条　对统计违法行为，应当按照国家有关规定，实行分级负责的办法进行查处。

本条例规定的行政处分，由当事人所在单位或者上级主管机关或者监察机关决定。

本条例规定的行政处罚决定，由县级以上各级人民政府统计机构作出并执行。

第三十二条　因虚报、瞒报、伪造、篡改统计资料而取得荣誉称号、受到奖励的，由授予机关、单位或者上级机关撤销其荣誉称号、追回奖品奖金。

第三十三条　本条例具体应用中的问题由省人民政府统计机构负责解释。

第三十四条　本条例自1991年5月1日起施行。

景德镇市人民政府
关于进一步加强统计调查工作的意见

各县(市、区)人民政府,市政府各部门,市直有关单位:

为深入贯彻落实科学发展观,进一步提高统计能力,提高统计数据质量,提高政府统计公信力,使统计调查工作更好地服务于景德镇市科学发展、进位赶超、绿色崛起,根据《中华人民共和国统计法》等有关法律、法规规定,现就进一步加强我市统计调查工作提出以下意见:

一、高度重视统计调查工作,发挥统计职能作用

(一)充分认识加强统计调查工作的重要性和紧迫性。统计调查工作是实行科学决策和宏观管理的基础工作,是指导经济发展和社会管理的重要手段,是准确把握市情、正确制定政策规划的重要依据,并起着不可替代的重要作用。随着经济社会快速发展,各级党委政府和社会各界对统计信息需求量越来越大、要求越来越高。同时,经济利益主体多元化、经济类型多样化和结构成份复杂化,真实获取源头数据的难度越来越大。只有不断加强和改进统计调查工作,才能适应新形势发展的要求。

(二)切实加强对统计调查工作的领导。各级政府及有关部门要高度重视统计调查工作,实行"一把手"负责制,把统计调查工作纳入重要议事日程,关心、支持统计改革和建设,切实解决统计工作中的重要问题和实际困难,保障统计力量、统计经费和统计工作条件。要重视统计调查工作在政府工作中的基础指导作用,将统计工作列入政府年终工作考核的内容和范围。

(三)建立健全统计调查经费保障的长效机制。随着各项常规调查、专项调查的领域和范围日趋广泛,统计方法制度改革不断深化,统计调查任务更加繁重,各级政府要加大对统计工作的投入力度,对统计工作的预算经费要建立科学合理的保障机制,保证统计部门正常的业务支出和必需的调查经费及调查员、辅助调查员、调查对象的补助经费,以健全统计调查网络,完善和强化统计手段。

(四)重视发挥统计调查的职能作用。各级政府及有关部门在制定决策、作出重大部署时要注意听取统计部门的意见和建议,真正把统计部门当成政府的参谋和助手。要支持统计机构、统计人员依照统计法独立行使统计调查、统计报告、统计监督的职责,严格执行国家统计数据管理制度和公布制度。统计部门要紧紧围绕党委、政府的中心工作,建立和完善统计工作监测和评价制度,增强科学性和可操作性。充分发挥监测评价的导向作用,做好宏观经济运行态势和社会发展情况的监测,及时反映经济社会发展的新情况、新问题;要紧紧围绕党委、政府的中心工作和任务,针对我市经济社会发展中出现的苗头性、倾向性问题深入调查研究,加强统计分析,多出有情况、有分析、有观点、有价值的统计精品力作;要紧紧围绕领导、部门、公众需求,及时提供统计信息。

(五)关心支持调查队的工作。国家统计局直属调查队是各级政府的重要统计力量。各级政府要把调查队作为同级政府组成部门同等对待,切实加强领导,帮助解决有关问题。

二、加强统计基础建设,充实基层统计力量

(六)健全统计机构。各县(市、区)政府要根据统计工作任务越来越重的实际情况,加强统计人员的配备,选拔专业水平高,责任心强的人员充实统计队伍,以满足统计工作发展的需要。乡(镇)政府、街道办事处和工业园区都要设置专门的统计站或统计工作办公室。没有独立设置国家调查队的县(市、区),由于承担了部分调查队的职能和任务,要设立地方调查机构,配备相应的人员。为完成国家重大国情国力调查任务,各县(市、区)要尽快设置普查机构,配备工作人员,落实工作经费,以承担日益增多的全国性普查和地方性调查任务。

(七)配强统计人员。乡(镇)、街道办事处、工业园区实行首席统计员制度,配备具有统计从业资格的首席统计员和辅助统计员,并享受岗位津贴。具体标准由各县(市、区)政府制定,并列入县(市、区)财政预算,每年拨付给县(市、区)统计局,各县(市、区)统计局在年度进行目标考核后分等次给予岗位津贴奖励。城市社区要确定一名能胜任统计工作的公益岗位人员作为助理统计员,农村村委会在其组成人员中指定1人作为助理统计员从事统计工作。乡(镇)、街道、工业园区、村(社区)配备和聘用的统计人员要承接国家和各级政府统计调查部门布置的统计调查任务。调整乡(镇)、街道及工业园区统计员必须经县(市、区)统计部门同意。积极探索要首席统计员由县(市、区)统计部门垂直管理制度。

(八)严格统计管理。各级统计调查单位要自觉接受政府统计部门的统计管理和监督,按照统计法规的规定科学妥善保存统计原始记录和设置统计台帐,建立健全统计资料的审核、上报、交接、档案管理和工作责任等制度。严格执行《统计从业资格认定办法》,从事统计工作的人员必须取得统计从业资格。统计工作专业性较强,统计人员要保持相对稳定,保持工作的连续性。统计人员如有调整、更换,要及时参加统计部门组织的业务培训,取得统计从业上岗资格。

(九)夯实统计基础。加快实现乡(镇)、街道办事处、工业园区统计基层基础“六有”、“六化”建设(即:有机构、有编制、有办公场所、有专职人员、有自动化办公设备、有必要的业务经费,做到统计管理制度化、统计人员专业化、统计报表规范化、统计资料档案化、统计信息网络化、主要指标台帐化)。加快实现企业统计基层基础“四有”、“四化”建设(即:有机构、有专职人员、有自动化办公设备、有必要的业务经费。做到统计管理制度化、统计人员专业化、统计报表规范化、统计资料档案化)。逐步统一工作流程、统一管理制度、统一业务规范、统一考核标准。要创新探索在其他经济组织中的统计代理员制度,大力推进统计基础工作规范化建设。

三、规范部门统计工作，构建政府统计体系

（十）强化部门统计对政府统计的支持和配合意识。政府统计部门负责组织领导本行政区域内的统计工作，政府其他有关部门在统计业务上要自觉接受同级政府统计部门的指导和协调。加快建立由政府牵头负责的部门统计工作联席会议制度，定期召开部门统计联席会议，衔接统计数据，建立统计信息资源共享机制。相关部门要及时向政府统计部门提供国民经济核算和政府管理所需的统计、财务、业务资料和行政记录，做到资料完整，资源共享。工商、税务、民政、质监、编制等部门要按有关规定，配合和支持政府统计部门搞好基本单位名录库建设，实行统计单位名录库的动态维护。

（十一）建立部门统计数据报送和发布制度。政府有关部门要按照政府经济工作和经济形势分析的需要，及时向政府统计部门报送相关统计数据。要按照行业统计要求，在同级政府统计部门协调指导下，向上级主管部门报送统计报表时，应抄送给同级政府统计部门。相关统计报表报送前，须经政府有关部门主管领导签批，确保数据真实可靠，相互衔接。政府有关部门新增或修订统计调查项目，须依法向政府统计部门报批或备案，不得随意制发统计报表、开展统计调查。政府有关部门发布涉及全局性的社会经济统计资料，须经政府统计部门核准。各级发改委、工信委、建设主管部门审批、核准和备案的所有投资项目及施工许可登记资料，应及时抄送同级统计部门。

四、加强统计法制建设，确保统计数据质量

（十二）认真执行“企业一套表”制度。各相关单位和部门要定期深入基层单位指导、督促、检查统计工作，对主要统计指标数据要加强质量评审，把好数据质量关，建立数据质量责任追究制，防止发生趋势性差错。各级领导要树立科学的发展观和政绩观，坚决反对和制止统计弄虚作假行为，确保统计数据质量。

（十三）切实加强统计普法宣传。各级政府和有关部门要切实加强对《统计法》等法律法规和政策的宣传，不断增强全社会的统计法制意识。各级政府及其部门的主要领导要带头学习、遵守统计法律法规，自觉维护统计秩序，支持统计机构和统计人员依法独立行使统计职权。

（十四）积极开展统计执法。政府统计部门要认真落实执法检查计划，对数据质量进行严格的审核评估。要加强与监察、司法、政府法制等部门的配合，加大统计执法力度。各县（市、区）和有关部门要建立和完善经常性的统计执法制度，坚持专业检查与执法检查相结合，严肃查处统计违法违规案件，确保统计数据的严肃性和权威性。

五、加强信息化建设，提高统计现代化水平

（十五）认真搞好统计信息网络升级建设。各级政府及有关部门要按照国家统计信息网络建设标准，解决必要的经费，改造统计信息网络系统和信息安全系统，加快统计信息网络系统的延伸，实现与统计部门的网络互联，形成完备的覆盖政府相关部门、乡镇（街道）、工业园区、“三上”企业的统计信息传输网络，实现数据联网直报和信息资源共享。

（十六）切实加强县（市、区）统计信息网站建设。整合信息访问机制，建立内容板块丰富、功能模块完整、管理功能完善、人机界面友好，具有标准架构和定制规范的统计信息网站。使之成为统计信息资源服务经济社会发展的重要平台，方便社会各界浏览和查询统计信息。

（十七）积极实施“金统工程”建设。按照国家统计局“统筹考虑、统一规划、分期建设、分步实施”的规划要求，推进我市统计系统统一数据采集处理软件平台建设，提升网络系统能力和功能。要在2012年前建立市、县政府统计部门联网视频系统，所需经费分别由市、县两级财政安排。

六、加强统计队伍建设，提升统计人员能力

（十八）加强领导班子建设。各级统计部门的领导班子要不断加强和改进思想作风建设，进一步增强事业心和责任感；不断提高思想政治素质和业务素质，努力建设一支政治坚定、作风优良、业务精通、勤政廉洁的坚强领导集体。要以敬业和创新的精神、勤奋和务实的作风、公正和廉洁的形象，推动统计工作争创一流。

（十九）加强人才培养教育。认真抓好统计人员的教育培训工作，不断提高统计队伍的整体素质。根据分级负责的原则，计划用1—2年时间，对各部门单位、乡镇（街道）、规模（限额）以上企业统计人员和规模（限额）以下样本抽中企业的统计人员全面轮训一次，培训经费列入年度财政预算。同时，要加强统计人才的培养、选拔力度，面向社会公开招聘或招考高素质人才，改善统计干部队伍的人才结构。

（二十）加强统计职业道德教育。全市统计系统广大干部职工要牢固树立忠诚统计、真实统计、依法统计、科学统计的理念，大力弘扬爱岗敬业、求真务实、创新奉献、开拓奋进的统计新风，树立良好的统计形象。

二〇一一年九月三十日

景德镇市人民政府办公室
关于完善全市“在地统计”工作的通知

各县(市、区)人民政府,市政府各部门,市直各单位:

为适应社会主义市场经济体制改革和社会经济管理的需要,进一步发挥统计工作在国民经济和社会发展中的作用,使市、县(市、区)两级政府全面掌握区域经济和社会发展情况,科学制定区域整体发展规划,促进我市区域经济整体发展。根据《市委经济体制和生态文明体制改革专项小组2014-2015年工作计划》(景改办字〔2014〕19号)文件精神,结合我市实际,现就健全完善全市“在地统计”工作通知如下。

一、充分认识实施在地统计工作的重大意义

在地统计是顺应市场经济体制改革不断深化的必然要求和趋势。实行在地统计,有利于按区域观察社会经济发展全貌,真实反映区域经济发展规模;有利于区域之间的比较,更好地为宏观政策的制定和经济结构的调整提供统计咨询服务;有利于提供方便、快捷的信息收集渠道,增强各级党委、政府的宏观调控能力;有利于理顺政府综合统计与部门统计的关系,实现市、县(市、区)两级政府统计机构的合理分工;有利于统计工作管理职能下移,缩短政府统计机构与企业之间的距离,增强统计管理效能,提高统计数据质量。

二、认真把握实施在地统计的基本原则

(一)地域统计原则。在认真执行国家现行统计制度的前提下,强化区域统计工作,由现行的以条为主、条块结合的方式,改革为以县(市、区)为基本单元的在地统计的方式,实行区域管理统计调查制度,满足各级政府经济管理的需求。

(二)统筹兼顾原则。对全市统计工作实行分级管理,理顺政府综合统计与部门统计的关系,实现市、县(市、区)两级政府统计机构的合理分工。

(三)数据质量原则。强化依法统计,做到不重不漏、不断不乱,实现统计资料的准确、及时、全面、科学。

(四)统计信息化原则。加快县(市、区)统计部门统计信息化、网络化建设步伐,改进统计调查和数据管理手段,提高统计工作效能和服务水平,努力实现统计信息资源的社会共享。

三、科学划分在地统计的实施范围

(一)各类法人单位、法人单位所属的产业活动单位,以及个体工商户和自然人,包括中央、省属、市属的企业、事业、机关、社会团体和民办非企业等统计调查行为相对人,按在地原则和统计制度,向所在县(市、区)政府统计调查部门或其派驻机构报送统计资料。即法人单位按单位坐落地归县(市、区)(含高新技术产业开发区、陶瓷工业园区、乐平工业园区,下同)统计,产业活动单位由其归属的法人单位进行统计。

建筑业企业、房地产开发企业原则上以企业(单位)注册地统计。

投资统计原则上以项目法人单位地址实行在地统计,同时结合投资项目地址对项目投资统计隶属关系进行划分。

(二)下述两方面具体统计业务经市统计局核定后,可暂不下放,仍执行向市统计局直报制度。市统计局按单位地址定期向所在县(市、区)统计局反馈相关资料,以满足县(市、区)国民经济核算的需要。

1. 属于劳动工资统计范畴的市级行政事业单位、社会团体和群众组织。

2. 部分实行垂直领导、财务上统一核算、业务上难以按县(市、区)分割的单位,如金融、保险、海关、邮政、电信、铁路、航空、电力等单位。

市统计局对实施对象、实施范围可根据工作需要作适当调整,但应遵循在地统计的基本原则。

四、合理厘清各级统计机构的工作职责

1. 市统计调查部门:负责国家、省统计局、省调查总队和市委、市政府布置的各项统计调查任务的组织实施工作;负责建立并制定符合本市实际的统计调查制度和统计调查方法;负责全市企业一套表单位市级验收、汇总工作和全市统计数据的审核、汇总、上报工作,并向社会发布;负责本级统计资料的编辑、整理和统计分析的撰写工作;负责指导各县(市、区)提高统计分析和监测预警水平;负责全市统计法制工作的组织、实施。

2. 县(市、区)统计调查部门(含高新区科发局):负责国家统计局和省、市统计调查部门及当地党委、政府布置的各项统计任务的组织实施工作;负责建立并制定符合本地区实际的统计调查制度和统计调查方法;负责执行本辖区国民经济核算工作;负责组织辖区内企业一套表单位做好数据上报工作;负责辖区内企业一套表单位县级数据验收、汇总工作和本级所有统计数据的审核、汇总、上报工作,并向社会发布;负责本级统计资料的编辑、整理和统计分析的撰写工作;负责辖区内所有单位的统计登记、上岗培训、统计执法等统计管理工作;负责指导乡(镇、街道)统计站业务工作。

3. 乡(镇、街道)统计调查机构:根据县(市、区)统计调查部门的统一部署,负责本辖区统计调查管理工作。

五、切实加强实施在地统计的保障措施

(一)健全统计机构,配强统计人员

1. 各县(市、区)人民政府:根据《统计法》及其《实施细则》规定,切实加强统计队伍建设,配备与统计任务相适应的统计人员编制,以满足日益增加的统计工作任务需要。国家统计局没有设立直属调查队的县(市、区),由于承担了部分国家调查队的职能和任务,应设立地方调查机构或配备相应的人员。

2. 各工业园区管委会:包括市高新技术产业开发区、陶瓷工业园区、乐平工业园区等各类园区,必须设立统计调查机构,并配备具有统计从业资格的专、兼职统计人员3-5名。

3. 各乡(镇)人民政府、街道办事处:必须设置专门的统计站(或统计工作办公室),配备2-3名统计人员,指定统计负责人。同时,城市社区居委会和农村村委会设置统计工作岗位,城市社区居委会要确定一名能胜任统计工作的公益岗位人员作为助理统计员,农村村委会在其组成人员中指定一人作为助理统计员从事统计工作。

各级政府和部门要从工作、生活和政治上关心基层统计调查人员，维护统计调查队伍稳定，调整乡（镇、街道）统计人员，必须经县（市、区）统计部门同意；调入、新进专职统计人员应实行“凡进必考”的原则。

（二）保障工作经费，改进工作条件

各级政府要将统计工作经费列入同级财政预算，按时拨付，确保到位。各地要综合考虑财力情况、物价水平和工作实际，做好对普查员、普查指导员等人员劳动报酬的经费保障工作。

要加快实现乡（镇）、街道办事处、工业园区统计基层基础“三有”、“三化”建设（即：有办公场所、有自动化办公设备、有必要的业务经费；做到统计管理制度化、统计报表规范化、统计资料档案化）。逐步统一工作流程、统一管理制度、统一业务规范、统一考核标准。要创新探索在其他经济组织中的统计代理员制度，大力推进统计基础工作规范化建设。

（三）推进统计信息化，夯实统计基础

1. 切实加强统计信息化建设。以信息化带动统计现代化，通过统计管理制度的改革，实现统计信息资源的社会共享。切实做好一套表网络平台建设，大力推进网上调查、联网直报等现代化技术手段，统计信息专网应由连接到县（市、区）级统计调查部门逐步连接到乡（镇、街道）和园区统计机构，形成国家、省、地市、县（市、区）、乡（镇、街道）五级统计机构的互联互通，实现统计资源共享。

2. 不断健全单位名录库建设。县级以上人民政府统计机构应当组织建立统一的基本单位名录库，作为统计调查的基础。

机构编制、税务、民政、市场监管等有关部门，应当按照规定及时向同级人民政府统计机构提供所需要的行政记录资料，不得以任何理由拒绝。

国家机关、企业事业单位和其他组织等统计调查对象，应当在每年 3 月底前，向所在地的县级人民政府统计机构报送本单位基本信息。

县级以上人民政府统计机构、乡（镇）人民政府、街道办事处、社区服务管理机构，应当根据有关部门提供的行政记录和统计调查对象报送的基本信息，及时更新和维护基本单位名录库。

（四）坚持依法统计，保证数据质量

为加快在地统计工作的顺利实施，各级统计部门要加强统计执法检查，加大统计执法力度，对拒报、迟报、虚报、瞒报和篡改统计数据等统计违法行为，要根据《中华人民共和国统计法》和《中华人民共和国统计法实施细则》有关规定进行严肃查处，追究其法律责任，维护统计工作的严肃性和正常秩序。

各级统计调查部门和各主管部门在实施在地统计过程中，要始终把确保统计数据的真实性、提高数据质量作为重中之重的工作抓紧抓好，做到科学统计、规范统计、阳光统计、真实统计，切实保证统计调查数据的准确性和可信度。

对于本通知不明确的内容，以及实际执行过程中出现的问题，由市统计局结合实际情况加以解释和解决。

二0一五年六月十五日

中国统计出版社最新图书简目

(仅供参考，以实际出版为准)

统计资料

中国统计年鉴	中国统计摘要	中国发展报告
中国经济普查年鉴2013	国际统计年鉴	金砖国家联合统计手册
中国-东盟国家统计手册	中国农村统计年鉴	中国县域统计年鉴
中国城市统计年鉴	中国对外直接投资统计公报	中国地区经济监测报告
中国贸易外经统计年鉴	中国零售和餐饮连锁企业统计年鉴	中国商品交易市场统计年鉴
大中型批发零售和住宿餐饮企业统计年鉴	中国农产品价格调查年鉴	中国住户调查年鉴
中国价格统计年鉴	中国能源统计年鉴	全国农产品成本收益资料汇编
中国环境统计年鉴	中国建筑业统计年鉴	国外资源、能源和环境统计资料汇编
中国工业统计年鉴	中国城乡建设统计年鉴	中国房地产统计年鉴
中国城市建设统计年鉴	中国科技统计年鉴	中国第三产业统计年鉴
中国证券期货统计年鉴	中国劳动统计年鉴	中国高技术产业统计年鉴
工业企业科技活动资料	中国社会统计年鉴	中国人口和就业统计年鉴
中国人才资源统计报告	中国教育经费统计年鉴	中国文化及相关产业统计年鉴
文化及相关产业统计概览	中国民政统计年鉴	中国民族统计年鉴
中国残疾人事业统计年鉴	中国妇女儿童状况统计资料（英）	中国乡镇街道行政区域简册
中国基本单位统计年鉴		

省级综合统计年鉴系列

北京 天津 河北 山西 内蒙古 辽宁 吉林 黑龙江 上海 江苏 浙江 安徽 福建 江西 山东 河南 湖北 湖南 广东 广西 海南 重庆 四川 贵州 云南 西藏 陕西 甘肃 青海 宁夏 新疆 新疆生产建设兵团

市(县)级综合统计年鉴系列

天津滨海新区 石家庄 唐山 邯郸 保定 沧州 邢台 廊坊 承德 衡水 秦皇岛 张家口 太原 大同 阳泉 长治 晋城 朔州 晋中 运城 忻州 临汾 呼和浩特 呼和浩特新城区 鄂尔多斯 包头 沈阳 大连 长春 延吉 四平 通化 哈尔滨 齐齐哈尔 黑龙江垦区 上海浦东新区 南京 无锡 徐州 常州 苏州 南通 连云港 淮安 盐城 扬州 镇江 泰州 宿迁 江阴 丹阳 杭州 宁波 温州 嘉兴 湖州 绍兴 金华 衢州 舟山 台州 丽水 合肥 安庆 马鞍山 福州 厦门 宁德 漳州 南昌 九江 上饶 新余 抚州 萍乡 赣州 吉安 景德镇 济南 青岛 潍坊 枣庄 日照 滕州 郑州 洛阳 平顶山 三门峡 商丘 信阳 济源 武汉 十堰 荆州 宜昌 荆门 咸宁 长沙 广州 深圳 惠州 东莞 南宁 柳州 桂林 来宾 海口 三亚 成都 贵阳 昆明 西安 安康 兰州 庆阳 银川 乌鲁木齐 兵团一师 兵团十师

调查年鉴系列

天津 山西 内蒙古 辽宁 吉林 上海 福建 江西 河南 湖北 湖南 广西 重庆 四川 云南 甘肃 宁夏 新疆

统计方法应用/实用手册

实用SAS统计分析教程　马克威统计分析与数据挖掘应用案例

乡镇统计人员岗位知识培训系列教材：辅助调查员岗位基础知识　乡镇统计人员岗位基础知识

县级统计人员岗位知识培训系列教材：Excel在统计工作中的应用　简明统计分析

EXCEL在基层统计工作中的应用　统计公文知识问答

统计通俗读物/统计科普图书

漫话诺贝尔经济学大师与数学情缘　魅力统计　漫话信息时代的统计学　统计使人更聪明

漫游数据王国　探访随机世界　新中国统计工作历史流变1949-1999　无处不在的统计

重点图书

新编英汉汉英统计大词典　中华医学统计百科全书

挑大学选专业2016—考研择校指南　挑大学选专业2016—高考志愿填报指南

中国统计出版社发行部电话：（010）63376907　63376908　同楫行书店电话：68783171　68783172

地址：北京市丰台区西三环南路甲6号　邮政编码：100073　网址：http://www.zgtjcbs.com

©中国统计出版社 2016
版权所有。未经许可，本书的任何部分不得以任何方式在世界任何地区以任何文字翻印、拷贝、仿制或转载。

©2016 China Statistics Press
All rights reserved. No part of the publication may be reproduced or transmitted in any form or by any means, electronic or mechanical, including photocopying, recording, or any information storage and retrieval system, without written permission from the publisher.

图书在版编目（C I P）数据

景德镇统计年鉴. 2016 / 景德镇市统计局，国家统计局景德镇调查队编. -- 北京 : 中国统计出版社，2016.8
ISBN 978-7-5037-7840-7

Ⅰ. ①景… Ⅱ. ①景… ②国… Ⅲ. ①统计资料－景德镇市－2016－年鉴 Ⅳ. ①C832.563-54

中国版本图书馆 CIP 数据核字(2016)第 159837 号

景德镇统计年鉴-2016

作　　者/ 景德镇市统计局　国家统计局景德镇调查队
责任编辑/ 陈越月　曹　璐　吴　巍
装帧设计/ 邱敬琳　李斯宇　张志岳
出版发行/ 中国统计出版社
地　　址/ 北京市丰台区西三环南路甲 6 号　邮政编码/100073
电　　话/ 邮购（010）63376909　书店（010）68783171
网　　址/ http://csp.stats.gov.cn
经　　销/ 新华书店
开　　本/ 889mm×1194mm　1/16
字　　数/ 1100 千字
印　　张/ 35
版　　别/ 2016 年 8 月第 1 版
版　　次/ 2016 年 8 月第 1 次印刷
定　　价/ 380.00 元

如有印装差错，由本社发行部调换。